KB188441

숫자에 의한 협치

콜레주 드 프랑스 강의 (2012~2014)

LA GOUVERNANCE PAR LES NOMBRES
by Alain SUPIOT

Copyright ⓒ Librairie Arthème Fayard, 2015,
en partenariat avec l'Institut d'Études avancées de Nantes.
Korean translation copyright © 2019 by HanulMPlus Inc.

All rights reserved. This Korean edition was published
by arrangement with Librairie Arthème Fayard.

이 책의 한국어판 저작권은 Librairie Arthème Fayard와의 독점 계약으로
한울엠플러스(주)에 있습니다. 저작권법에 의해 보호를 받는 저작물이므로
무단전재 및 복제를 금합니다.

이 도서의 국립중앙도서관 출판예정도서목록(CIP)은 서지정보유통지원시스템
홈페이지(http://seoji.nl.go.kr)와 국가자료공동목록시스템(http://www.nl.go.kr/kolisnet)에서
이용하실 수 있습니다. CIP제어번호: CIP2019018118(양장) CIP2019018117(무선)

콜레주 드 프랑스 강의(2012~2014)

La Gouvernance par les nombres

숫자에 의한 협치

알랭 쉬피오 지음
박제성 옮김

한울
아카데미

옮긴이의 글

사람들이 한 곳에 모여 살면 거기에는 누군가 이끄는 사람과 따르는 사람으로 나뉘게 마련이다. 수렵과 채취로 살아가는 가장 원시적인 형태의 사회에서도, 자연적 능력의 차이에 따라 남들보다 사냥을 더 잘하는 사람이 있을 것이고, 사냥과 관련된 중요한 의사 결정 과정에서는 이 사람의 의견이 중시될 것이다. 반대로 채취와 관련해서는 사냥 전문가의 의견보다는 약초와 독초를 구별할 줄 아는 사람의 의견이 중시될 것이다. 이처럼 의사 결정을 주도하는 사람과 그 결정을 따르는 사람으로 나뉘는 것은 자연스럽다. 이것은 불평등이 아니라 기능에 따른 위계일 뿐이다. 중요한 것은 이 분업구조가 예속과 불평등으로 변질되지 않고 기능적 위계관계에 머물러 있을 수 있도록 제도를 잘 설정하는 일일 것이다.

이끄는 사람(통치자)과 따르는 사람(피통치자)이 나뉠 수밖에 없는 사회에서 어떻게 하면 자유와 평등을 확보할 수 있을 것인가? 다시 말해 좋은 통치(정부)란 무엇인가? 이것이 동서고금을 막론하고 법과 정치에 던져진 핵심 질문이다. 통치와 피통치라는 말 자체를 지배와 종속으로 등치시키면 안 된다. 통치는 뱃사공의 키질 같은 것이다. 뱃사공은 사람들을 안전하게 강 건너로 데려다 주기 위해 키를 잡을 뿐이지 사람들을 지배하는 것이 아니다. 사람들이 뱃사공이 이끄는 곳으로 가만히 따르는 것은 뱃사공을 믿기 때문이지 뱃사공에게 종속되어 있는 것이 아니다. 그러므로 좋은 통치는 피통치자들의 믿음을 이끌어낼 수 있어야 한다. 그리고 이 믿음은 통치자가 주도하는 의사 결정 과정에 피통치자들이 자유롭게 관여할 수 있을 때 생겨난다. 사공이 많으면 배가 산으로 간다는 말은 사람들의 자유로운 의사 표현을 가로막기 위해 지어낸 말일 가능성이 농후하다. 사공이 아무리 많아도 배가 산으로 가는 일은 없다. 만약 실제로 그런 일이 생긴다면 오히려 사공들의 영웅적 위대함으로 칭송될 것이다.

통치자의 자의가 허용되고 피통치자들이 그 자의에 구속되는 사회는 자유롭고 평등한 사회가 아니다. 그렇다면 통치자의 자의를 어떻게 규제할 것인가? 다시 말해 인치(人治)의 자의성을 어떻게 억제할 것인가? 전통적인 법사상에서는, 인격적 통치는 통치자의 자의가 개입할 수 있고, 그 만큼 피통치자의 자유가 억압된다고 보았다. 그래서 비인격적(인간의 자의가 개입되지 않는다는 의미에서) 통치가 자유를 보장할 것이라고 기대하였다. 이것이 법의 지배, 즉 법치의 이상이다.

법치에서 법은 모두에게 똑같이 적용되는 공통의 규칙이다. "모든 사람은 법 앞에 평등하다." 이 말은 진부하지만 여전히 법치의 핵심을 표현하고 있다. 만인이 법 앞에서 평등한 것은 단순히 법전에서 그렇게 선언하고 있기 때문이 아니다. 법치에서 말하는 법은 신의 율법이나 자연의 법칙과 마찬가지로 외부에서 주어지는 보편적 규칙으로서의 법률을 의미한다. 서양의 언어, 예를 들면 영어나 불어에서 이 세 가지, 율법과 법칙과 법률은 모두 한 단어(Law, Loi)로 표현된다. 이것을 우리말로 표현하면 율칙(律則)이라고 할 수 있다. 율칙에는 구체적 인간의 자의가 개입할 여지가 없다. 그래서 율칙으로서의 법 앞에서는 모두가 평등한 것이다. 마치 십계명 앞에서 모든 기독교인들이 평등하고, 만유인력의 법칙 앞에서 모든 근대인들이 평등하듯이.

그런데 알랭 쉬피오에 따르면, 오늘날 비인격적 통치의 모델은 법의 지배에서 수(數)의 지배로, 즉 법치에서 수치(數治)로 이행하고 있다. 법치가 주권적 판단, 민주주의적 심의에 근거한 통치 모델이라면, 수치는 효용 계산에 근거한 자율 조정 장치를 모델로 삼는다. 숫자는 인격적 자취를 완전히 제거한 순수 추상이라는 점에서 비인격적 통치의 가장 이상적인 모델인 것처럼 보인다. 그리고 그만큼 더 인간의 자유를 보장하는 데 우월한 시스템인 것처럼 여겨진다.

법치가 신호등 사거리라면, 수치는 원형 교차로이다. 신호등 사거리에서 자동차들은 신호등의 지시에 따라 움직인다. 반면에 원형 교차로에서는 상호 위치와 속도와 거리를 가늠하면서 자율적으로 움직인다. 법치가 운전자의 통제와 판단에 따라 운행하는 수동기어 자동차라고 한다면, 수치는 자동기어와 네비게이션으로 운행하는 자동차라고 할 수 있으며, 더 나아가 자율 운행 자동차는 수치의 결정판이라고 할 수 있다. 이런 식의 통치 구조는 이제 더 이상 통치(거버먼트)가 아니라 협치(거버넌스)라고 불린다. 법치가 법에 의한 통치라면, 수치는 "숫자에 의한 협치"이다.

현대의 기업은 이 수치의 모델을 기본적인 경영 원리로 삼는다. 그것이 이른바 기업거버넌스 개념이다. 어찌 보면 이것은 지극히 당연한 결과이다. 왜냐하면 수치의 가장 이상적인 제도 모델이 바로 자생적 질서와 동일시되는 시장이기 때문이다. 이 협치 개념은 경제적 영역을 넘어 정치와 문화 또는 학술 영역의 모델로도 자리 잡았다. 과거에는 국가가 기업의 모델이었다면, 오늘날에는 기업이 국가의 모델이 되었다. 신공공관리 개념은 기업의 경영 방식을 국가의 운영 원리로 삼고자 하는 주장을 웅변한다. 문화와 예술과 학술 또한 나름의 고유한 가치와 원리를 잃어버리고, 이해타산과 효율성의 해일에 휩쓸려가고 있다.

하지만 알랭 쉬피오에 따르면, 역설적으로 숫자에 의한 협치는 일체의 자의와 속박으로부터 인간을 자유롭게 한다는 비인격적 통치의 이상을 실현하기보다는, 반대로 약자가 강자에게 오히려 인격적으로 예속되는 결과를 초래하는 것처럼 보인다. 법치에서 각자는 초월적 제3자(신, 자연, 국가)에 의하여 제정된 일반적이고 추상적인 율칙에 구속된다. 반대로 그러한 제3자가 존재하지 않는 수치에서 각자는 인격적 의존 관계의 그물망 속에 편입된다. 비계산의 영역(심의와 법률)과 계산의 영역(협상과 계약)에 대한 구별이 모호해지면서 이해당사자에 의한 입법이 이루어진다. 여기에서는 초월적 제3자도 그물망 속의 수많은 결절 중의 하나로 파편화된다. 주권의 개념이 흔들리면서 절대군주의 표상은 봉건군주의 표상으로 대체된다. 비인격적 통치의 이상이었던(?) 수치가 "봉건적 주종관계"로 귀결되는 역설이 발생하는 것이다. 봉건적 주종관계는 기업 내부(사용자와 노동자), 기업과 기업(원청과 하청), 국가와 국가 등 현대 사회의 거의 모든 제도적 관계에서 발견된다.

최근 한국에서 많이 말하는 갑을 관계는 바로 이러한 맥락에서 이해될 필요가 있다. 갑과 을은 계약에서 채권자와 채무자를 가리키는 관행상 용어이다. 그렇다고 한다면 갑을 관계란 채권자와 채무자의 계약관계를 가리키는 말일 뿐이어야 한다. 그러나 사람들이 말하는 갑을 관계는 단순히 계약관계가 아니라 일종의 신분 관계를 가리킨다. 그런데 이 신분 관계는 혈통에 의한 것이 아니라 계약에 의한 것이다. 사용자와 노동자의 노동계약, 원청과 하청의 납품 계약, 가맹본부와 가맹점의 프랜차이즈 계약 등. 말하자면 갑을 관계란 일종의 계약적 신분 관계라고 할 수 있다. 이것은 한국 사회가 새로운 신분 사회로 변질되고 있다는 경고이다. 그 정점에 재벌이 있다. 재벌을 정점으로 신분 관계가 다단계 구조를 형성하는 것은 전형적으로 봉건적인 주종 관계의 구조이다.

그러나 강자의 지배와 약자의 굴종은 자연의 본성도 아니고 사회의 법칙도 아니다. 인간의 숙명 따위는 더더욱 아니다. 그것은 법이 있어야 할 자리에 법은 없고 힘만 있을 때 나타나는 모습이다. 왜냐하면 법은 힘과 힘의 관계를 법과 법의 관계로 전환시키는 기술이기 때문이다. 법은 권력의 도구이기는 하지만, 또한 권력 그 자체를 구속하는 도구이기도 하다. 법은 권력이 권력을 행사하기 위하여 스스로 자신의 목에 걸어 놓은 올가미이다. 법이 강자의 손을 들어 줄 때가 많지만, 그렇다고 법이 없는 상태가 약자에게 더 유리한 것은 결코 아니다. 힘이 모든 관계와 질서의 기준이 될 때 강자는 약자의 말에 귀를 기울일 이유가 전혀 없다. 강자는 자신의 힘에 근거하여 약자의 생명과 재산을 마음대로 약탈할 수 있다. 힘이 준거인 사회에서 약자는 힘이 없다는 바로 그 이유 하나만으로 어떠한 항의도 할 수 없기 때문이다. 하지만 법이 준거가 되는 사회에서는 강자도 자신의 힘을 법에 근거해서 사용하지 않으면 안 된다. 강자가 법을 위반하면 약자는 법에 근거해서 강자의 힘을 물리칠 수 있다. 힘이 아니라 법으로 이기는 것이 중요한 이유는, 힘으로 이기는 것은 강자의 힘보다 더 강한 힘을 갖고 있는 약자(?)에게만 유효하지만, 법으로 이기는 것은 모두에게 유효하기 때문이다.

노동은 생존의 필연성과 관련되어 있기 때문에 지배와 종속의 위험이 다른 영역보다 더 크다고 할 수 있다. 수치를 모델로 삼는 오늘날의 기업이 노동을 비용으로 취급하여 노동자의 안전과 존엄성을 무시할수록 그러한 위험은 더욱 커진다. 그러므로 수치의 위험성을 경고하고 해법을 모색할 수 있는 가능성이 상대적으로 더 큰 곳도 노동의 영역일 것이다. 알랭 쉬피오에 따르면 그것은 "진정으로 인간적인 노동체제"를 실현하는 것이다. 인간적인 노동이란 고용, 임금, 안전 등 노동을 이행하는 조건들이 인간적이어야 한다는 것을 의미할 뿐만 아니라, 나아가 노동 그 자체가 인간적인 것이어야 한다는 것을 의미한다. 그것은 인간의 가장 본질적인 속성을 보장할 수 있는 노동일 것이다. 그것은 곧 말이다. 인간은 무엇보다 먼저 말하는 존재이기 때문이다. 노동자는 자신의 노동에 대해서, 자신의 노동을 통해서, 자신의 노동을 위해서 말할 수 있어야 한다.

알랭 쉬피오는 2012년부터 프랑스의 특수 대학인 콜레주 드 프랑스에서 법학 분야의 석좌교수로 재직하면서 "사회국가와 세계화: 연대에 관한 법학적 분석"이라는 강좌를 맡고 있다. 『숫자에 의한 협치』는 쉬피오가 이곳에서 2012년부터 2014년까지 했던 강의를 모아 출판한 책이다. 우리는 이 책에서 현대 사회가 겪고 있는 (한국 사회도 다르지 않을 것이다) 질곡의 원인이 어디에 있는지, 그 해법은 만약 찾을 수 있다면 어디에서 어떻게 찾을 수 있을 것인지에 관하여, 신학과 철학과 경제학 등을 넘나드는 최고 수준의 법학 담론을 접할 수 있을 것이다. 다만 역자로서는 그 성취를 한국 독자들이 충분히 만끽할 수 있을 만큼 제대로 번역을 했는지 그것이 두려울 뿐이다.

2019년 3월
박제성

"모자란 것은 셀 수 없다."

『전도서』, 1:15.

차례

서론

인간이 만든 모든 것은 그것을 착상하도록 이끌었던 이미지를 간직하고 있다. 인간이 만든 제도도 마찬가지다. 기술이나 종교 또는 예술과 마찬가지로 법은 문화적 산물로서, 특정한 시대를 지배하는 세계관과 그 표상들을 시간 속에 새겨 넣은 것이다. 물론 이 표상들은, 기술적 표상이든 법률적 표상이든 예술적 표상이든, 각각 자신의 고유한 준거체계를 갖고 있다. 비행기는 하늘을 날고 싶다는 인간의 꿈을 기술적 대상 속에 담아내지만, 그것이 실제로 하늘을 날 수 있는지 여부는 비행기를 제작하는 데 동원되었던 과학적 지식들이 얼마나 사실에 가까운지 여부에 달려 있다. 이처럼 과학적 사실에 기대고 있다는 점이 근대의 기술이 고대의 기술과 구별되는 특징이다. 고대의 기술은, 장피에르 베르낭(Jean-Pierre Vernant)의 표현에 따르면 "자연이 허용하는 지점까지 설치된 덫"[1]에 불과했다. 즉 현실적으로 가능한 것만 만드는 레시피에 지나지 않았다. 반대로 예술 작품은 사실의 정언명령에서 완전히 해방되어 있으며, 따라서 있는 그대로의 세상이 짓누르는 무게로부터 완전히 벗어날 수 있다. 하지만 어떤 작품이 예술 작품으로 인정받으려면 (원칙적으로는!) 미학적 가치를 갖고 있어야 하며, 예술 작품은 바로 이 미학적 준거에 의해 평가받는다.

....

1   Jean-Pierre Vernant, *Mythe et pensée chez les Grecs* (Paris: Maspero, 1971, t. II), p.58[한국어판: 장피에르 베르낭, 『그리스인들의 신화와 사유』, 박희영 옮김(아카넷, 2005)].

법은 기술과 예술의 중간에 자리 잡는다. 법의 궁극적 준거는 사실도 아니고 미학도 아니다. 법의 준거는 바로 정의이다. 어떤 비행선은 위험할 수 있고, 어떤 그림은 볼품없을 수 있는 것과 마찬가지로, 어떤 법은 부정의할 수 있다. 그러나 어떤 법이 부정의하다고 말하는 것이야말로 법이라면 마땅히 어떠해야 한다는 생각을 전제하는 것이다. 예술과 마찬가지로 법은, 예를 들면 자유와 평등과 박애의 원칙에 의해 통치되는 공화국과 같은 허구의 세계에 산다. 그러나 기술과 마찬가지로 법은 실재의 세계를 상대하며, 따라서 실재 세계를 고려해야 한다. 이 서로 다른 표상들은 상호 영향을 주고받으면서, 코르넬리우스 카스토리아디스(Cornelius Castoriadis)가 "상상적 사회제도"라고 불렀던 것을 구성한다.[2] 사회제도가 상상적이라고 말하는 것은 인간이 만든 제도들이 순전히 환상에 불과하며, 탄생에서 죽음까지 인간의 삶을 사로잡는 잡다한 표상들을 모아놓은 것일 뿐이라는 뜻이 아니다. 오히려 정반대이다. 개인을 사회적으로 제도화하는 것은 개인을 표상의 잡동사니에서 끌어내어 "모두의 세계이자 누구의 세계도 아닌 세계로서의 사회적 세계와 의미의 세계에 다가갈 수 있도록"[3] 만드는 것이다. 다시 말하면, 의미를 공유하는 세계라고 하는 것은 제도가 정신에 부과하는 것으로서 그 자체가 사회적 상상력의 산물이며, 다만 사회가 존속하기 위해서는 이 사회적 상상력이라는 것이 물리적, 생물학적 존재조건과 부합할 수 있어야 한다.

　법질서 또한 이 상상적 사회제도에 속하는 것으로서, 법이 터 잡고 있는 물리적 존재조건에서 분리될 수 없을 뿐 아니라 이 물리적 존재조건에서 연역될 수도 없다. 사실 언제나 법은 이 물리적 존재조건에 맞서 인간이 제시할 수 있는 여러 대답 중 하나로 표현된다.[4] 그러므로 법을 어떤 초월적 기반 위에 세우려고 하는 시도나 아니면 물질적 토대로 법을 설명하려고 하거나 또는 법을 어

2　Cornelius Castoriadis, *L'Institution imaginaire de la société* (Paris: Le Seuil, 1975, p.538)[한국어판: C. 카스토리아디스, 『사회의 상상적 제도 1』, 양운덕 옮김(문예출판사, 1994)].

3　C. Castoriadis, *ibid.*, p.453.

4　Cf. Jean-Louis Gardies, *L'Erreur de Hume* (Paris: PUF, 1987, p.135).

떤 의미도 담고 있지 않은 기술적 대상으로 분석하려는 시도는 모두 잘못된 것이다. 자연법론과 다양한 법유물론들(생물학적 법유물론, 사회학적 법유물론, 경제학적 법유물론) 그리고 켈젠의 법실증주의는, 상호 간의 대립과 차이에도 불구하고, 모두 주체와 객체의 이분법, 즉 인간이 세계와 맺는 관계를 표상하는 서양 고유의 관점에 터를 잡고 있다는 공통점이 있다. 서양은 이 세계관의 덕을 크게 보고 있지만(특히 자연과학의 발전), 자칫하면 인간의 근원적인 특성을 제대로 바라보지 못할 수 있다. 인간의 근원적인 특성이란, 인간이라고 하는 비자연적인 동물이 사용하는 말과 도구는 인간을 둘러싸고 있는 이미지들의 세계로 투영되지만, 인간의 생존은 인간을 둘러싸고 있는 삶의 장소인 외쿠메네(écouméne)[5]의 현실에서 길을 잃지 않는 능력에 달려 있다고 하는 것이다.[6]

전기로 돌아가는 대공장, 프리츠 랑 감독의 1927년작 영화 〈메트로폴리스〉그리고 노동법을 탄생시킨 것은 모두 동일한 산업주의적 상상력[7]이다. 그것은 고전물리학 법칙에 의해 지배되는 상상력이다. 이 고전물리학 법칙은 세상을 하나의 거대한 시계로, 즉 무게와 힘의 법칙에 따라 한 치의 오차도 없이 작동하는 거대한 시계태엽장치로 바라본다. 무게와 힘은 인간에게 강요되는 것이기도 하지만 동시에 인간의 필요에 복무할 수도 있다. 사회국가 또한 산업의 진보가 초래한 폐해들을 교정하기 위해 고안된 일종의 기계와 같은 것으로서, 새로운 형태의 노동의 비인간화를 완전히 해소하는 것을 목표로 삼기보다는 그것이 초래하는 폐해들을 보상함으로써 비인간적 노동양식을 인간적으로 견딜 만한 것으로 만드는 것을 목표로 삼았다. 사회국가는 산업사회의 산물로서,

5   Cf. Augustin Berque, *Écoumène. Introduction à l'étude des milieux humains* (Paris: Belin, 2000, 271 p)[한국어판: 오귀스탱 베르크, 『외쿠메네』, 김웅권 옮김(동문선, 2007)].

6   Cf. Simone Weil, *L'Enracinement. Prélude à une déclaration des devoirs envers l'être humain* [1943], in *Œuvres* (Gallimard, collection "Quarto" 1999), pp.1128 이하[한국어판: 시몬 베유, 『뿌리내림: 인간에 대한 의무 선언의 서곡』, 이세진 옮김(이제이북스, 2013)]. 같은 의미로 Max Horkheimer et Theodor Adorno, *Dialektik der Aufklärung* (New York, 1944), 프랑스어판: *La Dialectique de la Raison* (Paris: Gallimard, 1974), p.26 이하도 참조[한국어판: 테오도르 아도르노·M. 호르크하이머, 『계몽의 변증법』, 김유동 옮김(문학과지성사, 2001)].

7   이 개념에 대해서는, *L'Imaginaire industriel* (Paris: Manucius, 2014, p.50).

오늘날 숫자에 의한 협치의 이상을 담지하고서 세상을 지배하고 있는 사이버네틱스의 상상력에는 더는 부합하지 않는다. 그런데 인간의 행동과 사회의 조직을 바라보는 이 새로운 사이버네틱스의 관점이 문제로 삼는 것은 사회국가만이 아니다. 좀 더 근본적으로는 근대국가의 형상, 즉 11~12세기 그레고리우스 혁명에 의해 발명된 이 불멸의 초월적 국가의 형상 그 자체를 문제시한다.[8] 복지국가는 그 표현양식 중 하나에 지나지 않는다. 이 책을 쓰게 된 동기가 된 가설은 다음과 같다. **복지국가의 위기**는 훨씬 더 근본적인 제도적 단절을 드러내는 것으로서, 이 제도적 단절은 인간과 세상에 대한 통치양식을 착상하는 서양 고유의 관점과 관계가 있다. 그래서 이 책에서는 국가와 법률 또는 민주주의를 법학적 분석의 프레임으로 삼는 대신, 지구화라는 이름 아래 거대한 규모로 진행되고 있는 제도적 변화들을 이해하기 위해 재검토해야 하는 범주들로 상정한다.

이 제도적 단절의 동력을 분석하기 위해 우리는 좀 더 포괄적인 개념에서 시작하고자 한다. **통치**(gouvernement)의 개념과 **협치**(gouvernance)의 개념이 그것이다. 법과 제도를 통치의 개념으로 분석하는 것은 사실 새로운 것은 아니다. 존 로크(John Locke)의 『통치론』(초판 1690년)에서 국가의 개념은 "자연상태(State of Nature=자연국가)"와 "전쟁상태(State of War=전쟁국가)"의 형태로만 등장하는데, 말하자면 법의 지배가 통하지 않는 권력의 형태를 정의하기 위해서이다. 로크는 법의 지배에 따르는 권력 형태를 가리킬 때 "스테이트(State)"가 아니라 "커먼웰스(Commonwealth)"라는 말을 사용한다. 반면에 토마스 홉스(Thomas Hobbes)는 "스테이트(State)"를 "레스푸블리카(res publica)"나 "커먼웰스"와 동의어로 사용한다. 이 점에서 로크는 홉스와 구별된다. 프랑스식 국가의 개념으로 흔히 간주되는 보편성과 명확성은 이처럼 도버해협을 건너자마자

---

8   Cf. Harold J. Berman, *Law and Revolution: The Formation of the Western Legal Tradition* (Harvard University Press, 1983), 프랑스어판: *Droit et Révolution* (Raoul Audouin, Librairie de l'Université d'Aix-en-Provence, 2002)(이하 *Droit et Révolution I*)[한국어판: 해롤드 버만, 『법과 혁명 1』, 김철 옮김(한국학술정보, 2013)].

반박에 부딪히고 만다. 최근으로 오면 미셸 푸코(Michel Foucault)가 권력의 행사 양식을 포괄하는 개념으로 통치 또는 좀 더 정확하게는 "통치 가능성"⁹ 개념을 사용한 바 있다. 이 위대한 저자들의 권위로부터 이끌어낸 주장에 더하여, 훨씬 더 결정적인 주장 하나가 추가된다. 즉 초국적 기업은 오늘날 형성되고 있는 제도의 세계에서 국가에 비견되는 지위를 차지하고 있다는 주장이 그것이다. 그런데 산업주의 시대 이래로 국가에 의한 통치 양식과 기업에 의한 통치 양식은 끊임없이 상호 영향을 주고받았다. 통치 개념을 활용하는 것은 이처럼 국가와 기업이 주고받는 상호 영향을 관찰하고, 양자를 통일적으로 고려하면서 오늘날의 제도적 변화 양상을 분석하는 데 유용하다.

이처럼 지구화의 법률적 차원을 분석하기 위해서는 국가의 개념을 한 발 물러서서 바라보는 것이 필요하다. 하지만 그것만으로는 충분하지 않다. 다른 법학적 개념들도 이 전 지구적 관점에서 재검토되어야 한다. 왜냐하면 그것들도 국가와 마찬가지로 서양의 역사적 산물이기 때문이다. 거기에는 당연히 통치의 개념도 포함된다. 사실 서양인들은 통치하는 것과 권력을 행사하는 것이 같은 것이라고 생각하는 경향이 있다. 그런데 통치를 권력에 맞춰 깎아내는 것, 그것은 아마도 미셸 푸코가 "생체권력" 개념으로 분석한 바와 일맥상통할 것인데, 그것이 언제나 당연한 것은 아니다. 아니 좀 더 정확하게 말하면, 이것은 현대 서양의 문화라고 하는 특정한 시대와 특정한 문화의 징후와 같은 것이라고 할 수 있다. 서양인이 이 시대와 문화에서 벗어날 수 있다고 주장하는 것은 어리석은 생각이다. 왜냐하면 그것은 서양인에게 고유한 것이기 때문이다. 반대로, 서양인은 인간 사회를 법적으로 조직하는 다른 관점들과 비교해 스스로를 정립하려고 노력할 필요가 있다.

....

9 Michel Foucault, *Sécurité, territoire, population. Cours au Collège de France (1978-79)* (Le Seuil, collection "Hautes études", 2004)[한국어판: 미셸 푸코, 『안전, 영토, 인구』, 오트르망 옮김(난장, 2011)] 및 *La Naissance de la biopolitique. Cours au Collège de France (1978-1979)* (Le Seuil, collection "Hautes études" 2004)[한국어판: 미셸 푸코, 『생명관리정치의 탄생』, 오트르망 옮김(난장, 2012)].

이렇게 서양 고유의 사고범주들에 대한 비판적 검토를 첫 번째 방법론으로 삼는 이유는 그 사고범주들을 해체하기 위해서가 아니라, 그것들이 서양의 법사상사에서 어떤 위치를 차지하고 있으며 얼마나 그 역사 속에 깊이 뿌리를 내리고 있는지를 파악하기 위해서이다. 다른 말로 하면, 그 개념들이 우리를 대신해서 사고하도록 내버려두는 것이 아니라, 그것들이 우리의 사고에 복무하도록 만들기 위해서이다. 이러한 맥락에서 **서양**이라는 준거는 특별한 의미를 갖는다. 그것은 서양 제도들의 장구한 역사, 좀 더 구체적으로는 서양 문화의 로마법적 모태를 환기시킨다. 로마제국이 동로마제국과 서로마제국으로 나뉜 것은 단순히 정치적이고 종교적인 문제만이 아니었다. 그것은 법의 역사에서도 결정적인 중요성을 갖는 것이었다. 서기 476년 서로마제국의 멸망은 제도적 공백을 초래했는데, 이 공백을 메운 것은 가톨릭 교회였다. 그렇게 해서 중세의 로마-가톨릭 혼종의 시대가 열렸고, 서양 근대국가의 개념이 거기에서 비롯된다. 한편, 동로마제국은 1453년까지, 즉 서로마제국이 멸망한 후에도 1000년 가까이 더 존속했다. 동방정교회의 땅에서는 교회와 제국의 공생관계가 성립되었는데, 이는 성직자인 군주의 형상을 탄생시켰다.[10] 서양의 통치자들은 동방정교회 세계의 제도적 특수성을 전혀 이해하지 못했는데, 서유럽 나라들이 아테네 민주주의의 직접적인 계승자로 여기는 그리스가 유럽연합에 가입하기 위해 충족해야 했던 조건들이나 서유럽 나라들이 현대의 러시아와 평화적인 관계를 수립하는 데 어려움을 겪고 있는 것은 그러한 몰이해를 보여주는 가장 최근의 사례들에 지나지 않는다.

이른바 대륙법과 보통법은 이 서양 법문화의 두 갈래이며, 세계의 서양화 기획에서 서로 경쟁하는 관계이긴 하지만 식민지 개척 이후에는 양자 모두 낯선 제도적 몽타주들과 부딪히고 화해할 수밖에 없었으며, 지금은 그 어느 때보다도 더 그러한 화해가 요구되고 있다.[11] **지구화**(globalisation)라고 하는 무비판적

---

10 Cf. Gilbert Dagron, *Empereur et prêtre. Étude sur le "césaropapisme" byzantin* (Paris: Gallimard, 1996, 435 p).

11 이 책 제2장 참조.

인 개념은 오늘날 정언명령이 되었는데, 이 개념에는 서양의 문화를 전 지구 차원으로 확장하는 것은 피할 수 없는 일이라는 순진한 믿음이 결부되어 있다. 반대로 **세계화**(mondialisation)라는 개념은 문명의 다양성을 시야에서 놓치지 말 것을 요구한다. 문명의 다양성이란 세상을 살아가는 방식은 다양하다는 것, 즉 세상을 인간적으로 살 만한 곳으로 만들어가는 방식은 다양하다는 것을 의미한다. 코스모스가 카오스에 대립하는 것과 마찬가지로, '몽드(monde=세계)' 는 '이몽드(immonde=비세계)'에 대립한다.[12] 그러므로 세계화의 과정이란 세계를 서양의 모델에 맞추어 획일화시키는 것이 아니라, 정반대로 사회를 제도화하는 다른 세계관들에 비추어 서양의 모델을 재검토하는 것을 의미한다. 이 다른 세계관들 자체도 서양의 근대성에 의해 혼돈을 겪었고, 지금도 계속해서 영향을 받고 있다. 그러므로 모든 법문화를 그 존재 속에서 유지되는 불변의 구조로 간주하는 본질주의적 환상과 서양의 법문화가 다른 모든 법문화에 대해서 승리를 거두었으며 역사는 끝났다고 하는 환상 모두를 배격해야 한다.

이 법문화들 사이의 상호 영향은 사회법에서 특히 강하다. 19세기의 유럽에서는 전통적인 연대 시스템이 자본주의의 역동성에 의해 파괴되었다. 가족, 종교, 교구, 직업 등의 친근성에 근거한 전통적 연대 시스템은 최초의 산업화 이후 다양한 강도로 약화되었으며, 그 이후에는 식민지 개척과 흑인노예무역에 의해서 또한 급격히 붕괴되었다. 이 전통적 연대 시스템의 공백을 메운 것은 국가 차원의 연대 시스템인데, 오늘날에는 이 국가 연대 시스템이 다시 흔들리고 있다. 지구화의 기획은 전체주의적 시장의 기획으로서, 이 전체주의적 시장에 사는 사람들은 이해타산에만 근거해서 관계를 맺는 계약적 입자들로 간주된다. 이해타산은 사람들의 계약 체결 여부를 주재하고, 그렇게 해서 종전에 규범적 준거로서의 법률에 부여되었던 자리를 차지하기에 이른다.

이 새로운 유토피아는 이전에 존재했던 유토피아들, 즉 생물학적 법칙이나 역사의 법칙 속에서 정치의 기초를 세우는 준거를 발견하고자 했지만 20세기

----

12 Cf. Augustin Berque, "La mondialisation a-t-elle une base?," in Guy Mercier, *Les territoires et la mondialisation* (Quebec: Presses universitaires de Laval, 2004), pp.73~92.

에 들어와 나치즘의 패망 및 현실 공산주의의 붕괴와 함께 그 파국적 한계를 드러냈던 유토피아들과 같은 운명을 맞이할 수밖에 없다. 오늘날 지구화가 모든 문명에 가하는 압력은 그 반작용으로 종교, 민족, 지역 또는 국가에 근거한 강력한 정체성 회복 운동을 야기하고 있다. 이 다양한 정체성 회복 운동의 공통점은 새로운 연대의 기초를 국가나 전통이 아니라 다른 곳에서 찾는다는 점이다. 자신의 교리경전을 근본주의적 방식으로 재해석하면서 카를 슈미트(Carl Schmitt)식의 '적과 동지'의 이분법[13]에 근거한 전투적 연대가 그것이다.

어째서 그리고 어떤 조건에서 법학적 분석이 이러한 변화들의 의미를 밝히는 데 기여할 수 있는가? 법은 지식의 장에서 약간 애매한 위치를 차지한다. 근대법의 중세적 기원과 관련된 이유들로 인해 서양의 법학자들은 법을, 다른 분야의 지식들로부터 배울 것도 없고 가르칠 것도 없는 자기완결적인 시스템으로 이해하는 습관이 있다.

법은 종교적 강제 규범 체계의 세속적 등가물이라고 할 수 있다. 과거의 서양이나 다른 문화권에서는 이 강제 규범 체계가 종교적 신앙이나 의례에서 비롯했으며, 일부에서는 여전히 그렇다. 요컨대 모든 법체계는 미국 독립선언문이 "자명한 진리"라고 이르는 것, 즉 법체계에 하나의 의미를 부여하고 법체계의 해석을 허용하는 도그마적 기초 위에 근거하고 있다.

우리는 다음과 같은 것을 자명한 진리로 믿는다. 모든 사람은 평등하게 창조된다. 모든 사람은 창조주로부터 양도할 수 없는 권리를 부여받는다. 이 권리에는 생명, 자유, 행복을 추구할 권리가 포함된다. 이 권리를 보장하기 위해 사람들 사이에 정부가 수립되며, 정부의 정당한 권력은 피치자들의 동의에서 비롯된다. 어떠한 정부든 이 목적을 파괴할 때에는 시민은 정부를 바꾸거나 철폐하고, 시민의 안전과 행복을 가장 잘 보장할 것으로 생각되는 원칙과 형식으로 새 정부를 수립할 권리가 있다.

....
13 이 책 제11장 참조.

이 미국 독립선언문의 전문은 연역적 논리로 작성되었다. 이 전문은 개인적 권리들의 존재를 전제하면서 시작하고 있는데, 이 권리들의 본성은 명백히 도그마적이다. 이 권리들은 창조주와 마찬가지로 "자명한 진리"에 속하는 것으로서, 입증될 필요가 없으며 반대로 천명되고 찬양되어야 하는 성질의 것이다. 이 도그마적 기초는 정부의 권력에 토대를 제공하는 동시에 두 가지 한계를 설정하고 있다. 정부의 권력은 피치자의 동의에 근거해야 하며, 피치자들의 권리를 보장하기 위해 사용되어야 한다는 것이 그것이다. 만약 정부가 이 임무를 망각할 때에는 시민은 그 정부를 철폐하고, 시민의 안전과 행복을 보장할 수 있는 새로운 정부를 수립할 권리, 집단적 권리를 갖는다. 이 전문에서 "행복"이라는 단어는 두 번 등장하는데, 한 번은 각자가 자유롭게 추구할 수 있어야 하는 개인적 목적으로 등장하고, 또 한 번은 좋은 정부가 통치할 때 보장되는 시민 전체의 행복으로 등장한다.

그러므로 한편으로 법은 도그마적 천명에 기초하지만, 다른 한편으로 법은 사람들이 원하는 바에 따라 사용할 수 있는 통치의 기술로 표현된다. 이 이중성이 법실증주의와 자연법주의 사이에 깊이 파인 단절을 설명한다. 법실증주의는 법학의 영역에서 일체의 도덕가치적 요소를 배제하고자 하는 반면, 자연법주의는 초월적 질서 또는 내재적 질서에 비추어 법체계를 판단하고자 한다. 자연법주의에 따르면 이 초월적 질서는 보편적인 것이며, 실정법은 이 보편적 질서를 실현하기 위한 수단이 되어야 한다.

그러나 법이 갖고 있는 이 두 가지 차원, 기술적 측면과 가치적 측면 중 어느 하나를 무시하는 것은 진지한 법학적 분석이 아니다. 물론 법학적 분석은 사회학이나 경제학의 일부에서 보이는 경향과 달리 법 텍스트를 그 콘텍스트 속으로 용해시키고자 해서는 안 되지만, 법 텍스트를 둘러싸고 있는 역사적 맥락, 인류학적 맥락 또는 사회경제학적 맥락에서 법 텍스트를 잘라내어서도 안 된다. 이 두 가지 요소야말로 진지한 법학적 분석이 현상의 이해를 위해 기여할 수 있는 조건이다. 무릇 어떤 학문도 현상을 이해할 수 있는 모든 열쇠를 다 지니고 있다고 주장할 수는 없는 법이다. 생물학적 규범이나 경제학적 규범과 달리 법규범은 오로지 사실의 관찰로부터만 비롯되는 것은 아니다. 법규범은 있는 그대로의 세상만을 반영하는 것이 아니라, 있어야 할 세상에 대한 어떤 사회의 생각 또한 반영한다. 당위에 대한 표상이야말로 법의 변화를 추동하는 동력 가운데 하나이다.

그러므로 법학적 분석의 고유한 과제는 사실의 세계, 즉 존재의 세계를 직접 파악하는 것이 아니라 당위의 세계를 이해하는 것이다. 이것은 이 두 가지 세계, 존재의 세계와 당위의 세계가(아마도 여기에 순수한 상상의 세계를 추가해야 할 것이다) 인간의 행동 안에서 역동적으로 연결되어 있다는 점을 무시하고자 하는 것이 아니다. 반대로 그것은 어떤 사회에서 법을 만들어내는 힘으로서의 표상체계를 확인하지 않고서는 이 역동성을 이해할 수 없다는 것을 의미한다. 사실 형식적 표상들과 실재 세계 사이에는 많은 일들이 벌어진다. 이 간격이 너무 크거나 계속 멀어지면 규범질서의 신뢰성은 무너지고 법은 법으로서의 자격을 상실하게 된다. 예를 들어 만인의 평등이라는 외양 뒤에서 실제로는 특권과 인적 예속이 지배하는 경우가 그러하다. 현실 공산주의의 붕괴는 그런 일이 일어나 공적인 것의 신뢰가 완전히 무너지고 개인적 이해타산에 따른 각자도생 원칙이 승리했음을 보여주는 사례이다. 하지만 반대로 어떤 규범체계는 그것이 추구하는 세계에 대한 표상을 사실들의 세계 속으로 적어도 부분적으로 끌어들일 수 있다. 예를 들면 평등의 원칙이 일단 헌법적 가치를 획득하게 되었을 때 보여주는 역동성을 이해하려면 토크빌을 읽는 것으로 충분하다. 오늘날 여전히 사실상의 불평등이 만연한 현실에서 남녀평등의 원칙이 현실을 제대로 보여주지 못하고 있는 것은 맞다. 그러나 평등원칙의 규범력 덕분에 원칙과 현실의 간격이 줄어든 것 또한 부인할 수 없는 사실이다.

그러므로 법학적 분석이 풍부한 것이 되기 위해서는 법의 역사적, 지리적 상대성을 인정해야 한다. 법은 인간 사회를 조직하는 데서 시간을 초월해 주어진 것(所與)이 아니기 때문이다. 법학적 분석은 또한 법규범의 중심성을 인정해야 한다. 서양의 문화에서 법규범은 심의를 통해서 만들어지고 스스로를 의식하는 유일한 규범이며, 또한 우리 모두를 구속하는 유일한 규범이기 때문이다.[14]

법학적 분석이 법규범의 상대성과 중심성을 고려할 때, 다른 학문 영역에서 다루고 있는 규범성의 의미를 밝히는 데 기여할 수 있다. 다른 학문들은 자기도 모르게 법적 개념들을 동원하는 경우가 많은데, 이때 흔히 그 개념들에 보편적인 사실 발견의 가치를 부여하곤 한다. 그러한 개념들은 로마법에서 비롯된 것들이 많은데, 예를 들어 문명화, 계약, 법률, 종교 등의 개념은 경제학이나 사회학에서 많이 쓰이고, 재산(=형질)이나 상속(=유전) 등의 개념은 생물학에서 많이 사용된다.

법을 문화적 사실로 이해하는 것은 두 가지 비판에 직면한다. 하나는 사회과학의 비판인데, 사실에 그치지 않고 이데올로기적 구성물에 신뢰를 부여한다고 비판한다. 또 하나는 법실증주의의 비판인데, 사회과학의 비판과 반대로 법을 자기완결적인 일체로 파악하지 않고 그것을 둘러싼 환경 속으로 집어넣는다고 비판한다. 그러한 관점으로 본다면 몽테스키외(Montesquieu)나 포르탈리스(Portalis) 또는 카르보니에(Jean Carbonnier)는 법학에 아무런 기여도 하지 않은 것으로 평가될 것이다. 하지만 바로 이러한 지적 전통 위에서만 법학은 현대 사회의 변화를 이해하는 데 기여할 수 있다.

사실, 이렇게 정의된 법학적 분석은 심각한 방법론상의 문제를 제기한다. 텍스트와 콘텍스트를 연결하는 복잡한 관계들은 역사학적이고 비교법적인 연구를 통해서만 확인되고, 이해될 수 있다. 그러므로 법학적 분석의 수준은 다른 학문 영역들에서 길어 올린 원천들에 달려 있다. 그래서 법학자는 어쩔 수 없이 이 다른 학문 영역에서 벌어지는 논쟁들의 덫에 빠질 위험이 있다.

이 첫 번째 방법론상의 문제점이 텍스트를 콘텍스트 속에서 파악하기 위한 필요성에서 비롯한 것이라면, 두 번째 문제점은 법에 내재한 것이다. 법률 텍스트는 근대의 시작과 함께 양적으로 엄청나게 증가했으며, 지금은 오히려 더 빠르게 증가하고 있는데, 이러한 상황은 법학자와 법률가의 일을 점점 더 전문적으로 만들고 있다. 그런데 특정한 법 분야의 편안함에서 벗어나지 않고서는

----

14   Cf. François Brunet, *La Normativité en droit* (Paris: Mare & Martin, 2012, 678 p).

전체로서의 법의 변화에 영향을 미치는 근본적인 문제들을 탐구할 수 없다. 그러므로 일종의 법학 내부의 학제 간 연구가 필수적인데, 기하급수적으로 늘어나는 법원(法源)들과 점점 더 협소하게 정의되는 전공별로 연구가 분리되어 있는 상황은 학제 간 연구를 어렵게 만든다.

법을 분야별로 구분하는 것은 법학의 역사에서는 상대적으로 최근 일이다. 그러한 분리는 16세기에 르네상스 인문주의 법학자들과 종교개혁 법이론가들에 의해서 시작되었다. 이때부터 비로소 법은 규율 대상의 성질에 따라 분야별로 갈래를 이룬 하나의 집합으로 여겨졌다. 이런 식으로 법을 사고하는 것을 당시에는 '근대적 활용'이라고 불렀는데, 그것은 신학과 철학에도 영향을 미친 훨씬 더 거대한 지적 흐름의 일부분이다.[15] 그때 열린 시대는 다시 닫히고 있으며, 여러 가지 요소를 볼 때 중세의 법학자들이 구사했던 방법들이 재등장하고 있다고 생각할 만한 이유들이 있다. 중세의 법학자들은 법을 칸막이로 구획된 상자로 생각하지 않았으며, 사건을 해결할 때 하나의 사례를 하나의 칸에 집어넣는 방식으로 하지 않았다. 그들은 일반적 원칙들과 다양한 분야에서 빌려온 법리들에 바탕을 두고 사건을 해결할 줄 알았다.

법을 전공별로 세분하는 것은 한 세기 전부터 매우 심해졌는데, 거기에는 법원의 증가라고 하는 실제적인 이유만이 아니라 인식론적인 이유도 있다. 법을 전공별로 세분하는 것이 갖는 직업상 중요성은 부정할 수 없지만, 그것이 갖는 해석학적 가치는 취약할 수밖에 없으며, 어쩌면 점점 더 취약해지고 있는지도 모른다. 사회법의 경우, 즉 역사적으로 볼 때 최근에 생겨난 분야이며, 사법과

---

15 이 주제에 대해서는 Harold J. Berman, *Law and Revolution II. The Impact of the Protestant Reformation on the Western Legal Tradition* (Harvard University Press, 2003), 프랑스어판: *Droit et Révolution II: L'impact des Réformes protestantes sur la tradition juridique occidentale* (A. Wijffels, Fayard, 2010)(이하 *Droit et Révolution II*)[한국어판: 해롤드 버만, 『법과 혁명 2』, 김철 옮김(한국학술정보, 2016)]. 이 책은 개신교의 땅에서 이러한 체계화가 진행된 역사를 추적한다. 이 주제에 대한 독일어 문헌으로는 Jan Schröder, *Recht als Wissenschaft. Geschichte der Juristischen Methode vom Humanismus bis Historische Schule* (Beck Verlag, 2001). 한편, Alain Wijffels, "Qu'est-ce que le ius commune?," in A. Supiot (dir.), *Tisser le lien social* (Paris: Maison des sciences de l'homme, 2004), p.131 이하도 참조.

공법의 양쪽에 걸쳐 있고, 그 직경은 법원 조직이나 행정 조직에 따라 나라마다 다른 이 낯선 법의 경우에 그러한 취약함은 훨씬 더 심각하다. 그러므로 사회법을 심도 있게 연구하려면 전공 구분을 위반하지 않기란 어려운 일인데, 그것은 연구자의 본래 전공 영역보다 훨씬 낯선 땅에서 모험을 강행하는 일이어서, 여기에서도 다시 무시할 수 없는 위험을 감내해야 한다.

이러한 모든 난관에도 불구하고, 법학적 분석은 지구화와 함께 모든 대륙에 다양한 수준으로 영향을 미치면서 확산되고 있는 수많은 위기 속에서 어디로 나아가야 할지를 판단하는 데 기여할 수 있을 것이다. 생태학적 위기의 고조, 갈수록 심각해지는 불평등, 가난과 이민의 증가, 종교전쟁의 재발과 정체성 회복 운동의 자폐적 현상들, 정치 또는 금융의 신용 붕괴 등등. 역사의 종말과 행복한 세계화를 예찬하는 사람들이 예언했던 영광의 미래는 멀리 있다. 이 모든 위기들은 서로 얽혀 있으며, 하나의 화재에 여러 개의 발화점들처럼 서로서로 양분을 취하면서 자라나고 있다. 이 위기들은 하나의 공통점을 갖고 있다. 제도의 파산이 그것이다. 한 나라의 제도든 국제 사회의 제도든 마찬가지다. 개별 국가 차원이든 국제기구 차원이든, 제2차 세계대전 이후 새로운 세계 질서를 정초했던 제도적 기반들은 심각하게 붕괴되었다. 그러므로 지금 지구의 상태에 대해, 화폐의 가치에 대해, 인간들 사이의 정의에 대해 답할 수 있는 보증인을 다시 찾아야 한다. 그것을 위해 신과 시장이 소환되고 있다. 양자는 흔히 동시에 소환되는데, 왜냐하면 유일신 사상과 전체주의적 시장에 대한 믿음은 어떤 종교인지 여부를 떠나 근본주의자들의 정신 속에서 매우 잘 어울리기 때문이다. 시장의 보이지 않는 손은 신의 섭리가 세속화된 버전이 아닌가?[16]

우리를 괴롭히는 위기들에 맞서기 위해 신을 불러내든 시장을 불러내든, 두 경우 모두에서 언제나 법과 제도는 인간의 심의를 벗어나는 힘에 복속된다. 다시 말하면, 어떤 사회가 자유롭게 스스로에게 부여한 법에 의해 다스려진다고 하는 이상을 포기하거나 배신하는 결과로 이어진다. 고대 그리스의 유산인 이

16 Cf. Tzvetan Todorov, *Le Siècle des totalitarisme* (Paris: Robert-Laffont, 2010), p.31.

이상이 딛고 서 있는 토대는 사실 취약한 것이어서 역사를 거치며 수많은 부침을 겪었다. 20세기에 들어와서는 전체주의 체제들과 그 체제들의 과학주의적 규범성에 의해 위기에 빠졌다가, 1948년 세계인권선언에서 장엄하게 재천명되었다. 세계인권선언의 전문은 다음과 같이 천명한다. "사람들이 폭정과 억압에 맞서 마지막 수단으로 반란을 일으킬 수밖에 없도록 만들지 않으려면, 법의 지배로 인권을 보호하는 것이 필수적이다." 이것은 여전히 공식적으로는 우리의 이상형으로 남아 있다. 이 책의 전반부에서는 한 세기 전부터 이 이상형이 겪고 있는 위기의 심각성을 파악하기 위해서, 그것이 역사적으로 어떻게 다양한 모습으로 변모했는지를 추적할 것이다. 과거 서양의 통치 형태를 특징지었던 비인격적 통치에 대한 약속이 어떻게 해서 오늘날 숫자에 의한 협치[17]의 형태를 띠게 되었는지를 이해하기 위해서는 그러한 역사적 관점을 취하는 것이 필요하다.

법의 지배는 국가의 주권과 관련되어 있기 때문에 국가가 쇠퇴함에 따라 법의 지배도 쇠퇴한다. 낡고 억압적인 형상이라는 이유로 비판받는 국가는 과거 전체주의 체제들이 부여했던 도구적 역할로 다시 한 번 전락하고 있다. 이번에는 역사의 의미를 체화하는 유일 정당의 도구로서가 아니라, 모든 사람을 무한 경쟁으로 끌어들이고 삶의 모든 측면을 경제적 이해타산으로 관할하는 전체주의적 시장의 도구로서이다. 이러한 맥락 속에서 법 자체도 이해타산의 대상으로, 즉 전 세계적 규범 시장에서 경쟁에 처해 있는 입법 상품으로 전락하고 있다. 소비에트식 계획경제의 경험은 이미 법이 효용 계산에 복무하는 이러한 상황을 예비했다. 이처럼 법이 이해타산에 복무하는 현상은 공산주의와 자본주의의 재결합에 의해 더욱 촉진되는데, 1979년 중국의 덩샤오핑이 추진했던 경

---

17 이 개념은 내가 *L'Esprit de Philadelphie* (Le Seuil, 2010, ch.4, p.77 이하)에서도 사용한 적이 있는데, 알랭 데로지에르의 논문집 제2권의 제목에서 영감을 얻은 것이다. Alain Desrosières, *L'Argument statistique*, t.2, *Gouverner par les nombres* (Paris: Presses de l'École des mines, 2008, 336 p). 내가 데로지에르에게 진 빚은 이 제목에 그치지 않는다. 왜냐하면 그의 모든 저작은 제도적 현상에 관한 보기 드문 지성을 보여주기 때문이다.

제개혁은 그 출발점이었으며, 오늘날에는 개별적 노동관계부터 전 유럽적 또는 전 세계적 구조개혁에 이르기까지 모든 차원에서 사회를 조직하는 원리로 확장되고 있는, 숫자에 의한 협치라는 형태를 취하고 있다.

숫자에 의한 협치 또는 수치(數治)가 법의 지배를 전복시키는 현상은 계산을 통해서 조화를 꿈꾸는 오래된 역사의 일부로서, 그 가장 최근의 버전이라고 할 수 있는 디지털 혁명은 현대의 상상력을 지배한다. 이 사이버네틱스의 상상력은 입법이라는 용어가 아니라 프로그램이라는 용어로 규범성을 사고한다.[18] 사이버네틱스 세계의 인간은 법이 정하는 테두리 안에서 자유롭게 행위하는 인간이 아니라, 할당된 목표를 달성하기 위해서 외부에서 주어지는 신호에 실시간으로 반응하는 인간이다. 이러한 전복적 상황에서 노동의 개념은 중심적인 위치를 차지하며, 그런 이유로 이 책의 후반부에서는 제1차 세계대전 당시 테일러주의의 형태로 등장했던 '총동원'의 지상명령이 오늘날 새로운 형태를 취하고 있다는 점을 설명하고자 한다. 이 총동원의 개념은 또한 인간의 특수성을 부정하는 모든 규범은 막다른 골목에 직면하게 된다는 점을 보여줄 것이다. 인간의 특수성이란 자기 자신의 고유한 개념들을 머릿속에 가지고서 생각하고 행위할 수 있는 능력을 의미한다. 과거의 테일러주의에서도 이것은 진실이었으며, 오늘날 숫자에 의한 협치에서도 못지않게 진실이다. 국가의 쇠퇴 및 그것이 초래하는 새로운 형태의 소외에 대응해 하나의 법적 구조가 재등장하고 있다. 이 법적 구조는 전형적으로 봉건적이다. 즉, 주종관계의 망으로 짜인 법적 구조가 그것이다. 이 주종관계의 네트워크에서는 각자는 자기보다 더 강한 자의 보호를 구하거나 자기보다 더 약한 자의 충성을 구한다.

그러므로 이 책이 서술하는 것은 이중의 흐름이다. 첫째는 비인격적 권력에

---

18 사이버네틱스 상상력에 관해서는 다음을 참조. Lucien Sfez, *Critique de la communication* (Paris: Le Seuil, 1988, 339 p); Philippe Thuillier, *La Grande Implosion. Rapport sur l'effondrement de l'Occident 1999-2002* (Paris: Fayard, 1995), p.363 이하; Céline Lafontaine, *L'Empire cybernétique. Des machines à penser à la pensée machine* (Paris: Le Seuil, 2004, 240 p); Philippe Breton, *L'Utopie de la communication. Le mythe du "village planétaire"* (Paris: La Découverte, 2006, 171 p).

대한 추구라는 흐름이다. 그 전형적인 모델은 아마도 통치기계일 것이다. 이 흐름은 결국은 숫자에 의한 협치로 귀결되고 만다. 둘째는 이 숫자에 의한 협치가 다다르는 궁지에 대한 해법으로 제시되는 흐름, 즉 인격적 예속관계 또는 봉건적 주종관계의 재등장이라는 흐름이 그것이다.

제1부

법의 지배에서
숫자에 의한 협치로

제1장

통치기계를 찾아서

"인간을 사물이나 혹은 순전한 기계 시스템으로 취급하는 것은 인간을 부엉이로 여기는 것보다 더하면 더했지 결코 덜하지 아니한 상상력이다."

— 코르넬리우스 카스토리아디스

현재 유럽이 직면한 제도적 파산 상태는 인간 사회의 통치에 관한 독특한 사고방식에서 비롯한다. 그것은 근대의 여명기에 나타났으며 이후 계속해서 유럽의 규범적 상상력을 지배하고 있다. 그것은 통치를 일종의 권력기술로, 인간에 대한 과학적 이해에 연동해 작동하는 일종의 기계 같은 것으로 바라보는 상상력이다. 그런데 이렇게 통치를 권력으로 깎아내리는 것은 자명한 것이라고 할 수 없다. 오히려 특정한 시대 특정한 문화에 고유한 것이라고 말하는 것이 더 정확할 것이다. 이 특정한 문화적 현상은 인간 사회의 통치를 바라보는 다른 관점들과 비교하면서 검토해야 한다. 우리는 이러한 접근법을 통해 통치의 미학적 차원과 시적 차원을 드러냄으로써 통치기계라는 상상력의 범위를 좀 더 잘 파악할 수 있고, 오늘날 통치에서 협치로 넘어가게 되는 이유들을 더 잘 이해할 수 있을 것이다.

통치의 미학

프랑스어에서 통치를 뜻하는 단어 'gouvernement'은 그리스어의 'kybernan'이 라틴어 'guberno'를 거쳐 프랑스어로 온 것이다. 그것은 항해술과 관련된 단어이다. 통치한다는 것은 키를 잡고 배와 선원들을 이끈다는 것이다. 모든 문명이 인간 사회의 조직을 그런 식으로, 인간과 사물에 동시적으로 행사되는 명령과 강제라는 모델 위에서 생각하는 것은 아니다. 민속식물학자인 앙드레 오드리쿠르(André-Georges Haudricourt)에 따르면, 그러한 모델은 목축문화가 지배적인 사회의 전형적인 특징에 가깝다.[1] 목축문화를 특징짓는 것은 지팡이를 들고 사람들에 대해 직접적으로 행동하면서 사람들을 이끄는 목동의 은유이다. 반대로 원예문화가 지배적인 사회에서 두드러지는 것은 정원사의 은유이다. 정원사는 각각의 식물이 발화하는 데 가장 적절한 조건을 조성하는 식으로 간접적으로 행위한다. 예를 들어 유교문화에서 통치란 각자가 자신의 역할을 가장 잘 수행할 수 있도록 조화를 보장하는 것이다. 그러므로 덕을 발산하는 자가 통치하는 것이 바람직하다. "그 처신이 바르면 명령하지 않아도 이루어질 것이지만, 그 처신이 바르지 않으면 명령하더라도 따르지 않을 것이다(其身正 不令而行 其身不正 雖令不從: 『논어』, 자로편)."[2]

통치를 권력의 행사로 환원하는 것은 전형적인 서양의 사고방식이다. 통치를 권력으로 환원하는 것은 에른스트 칸토로비치(Ernst Kantorowicz)가 근대적 제도들의 중세적 기원을 분석하는 자신의 책에서 "성스러운 왕국이라는 이상의 해체"라고 부르는 것에서 비롯한다고 할 수 있다.[3] 권력과 권위의 분리는 바

---

1 André-Georges Haudricourt, "Domestication des animaux, culture des plantes et traitement d'autrui," *L'Homme*, 1962, pp.40~50, in *La Technologie, science humaine. Recherches d'histoire et d'ethnologie des techniques* (Paris: Maison des sciences de l'homme, 1987), p.277 이하에 재수록.

2 *Entretiens de Confucius*, XIII, 6, 프랑스어판: Pierre Ryckmans(Paris: Gallimard, 1987), p.72.

3 Ernst Kantorowicz, "Kingship under the Impact of Scientific Jurisprudence," in M. Clagett,

로 이때부터 시작되는데, 양자의 결합이야말로 지속적인 통치의 조건이라는 점을 망각하게 만들었다. 이미 키케로는 국가에 관한 대화편에서 다음과 같이 적었다. "법무관들은 충분한 권력을, 귀족원은 충분한 권위를, 평민은 충분한 자유를 가지는 식으로 권리와 역할과 의무 사이에 균형이 성립되지 않으면 국가의 체제는 유지될 수 없다."[4] 쿠엔틴 스키너(Quentin Skinner)는 매우 뛰어난 에세이에서 그러한 전통은 중세 인문주의자들의 정치사상에도 여전히 배어 있었음을 보여준 바 있다.[5] 예를 들면 이탈리아 시에나의 옛 시청사 2층 평화의 방 벽에 남아 있는 프레스코화, 암브로지오 로렌체티(Ambrogio Lorenzetti)가 1338년경 그린 〈좋은 정부와 나쁜 정부에 대한 알레고리〉 연작 그림이 바로 그러한 정치사상을 대변하고 있다. 이 프레스코화는 두 가지 상반되는 정치적 광경을 하나의 무대 위에 올려놓고 있다. 나쁜 정부의 알레고리에서는 한 명의 독재자가 지배하고 있는 반면, 좋은 정부는 정치권력을 의인화하는 남성의 형상과 정의를 의인화하는 여성의 형상이 균형을 이루고 있다. 이처럼 권력과 권위로 구성된 이중의 형상 아래, 정직한 시민들이 조화를 상징하는 끈을 통해 이 두 형상에 연결되어 있다. 이렇게 권력과 권위의 조화 속에서 시민들은 도시의 번영에 기여할 수 있으며, 번영하는 도시의 모습은 평화의 방 다른 벽에 그려져 있다.

....

G. Post, R. Reynolds(ed.), *Twelves-century Europe and the Foundations of Modern Society* (Madison, University of Wisconsin Press, 1961), 프랑스어판: "La royauté médiévale sous l'impact d'une conception scientifique du droit," *Politix*, vol.8, no.32(4e trimestre 1995), p.16.

4 Cicéron, *De Republica*, I, 33, 프랑스어판: *De la République. Des Lois*, Charles Appuhn(Paris: Garnier Flammarion, 1965), p.68. 또한 로마 헌법의 특수성을 구성하는 세 가지 권력의 묘사에 대해서는 Polybe, *Histoire*, L. VI, ch.5(Paris: Gallimard, collection "Quarto", 2003), p.562 이하.

5 Quentin Skinner, *L'Artiste en philosophe politique. Ambrogio Lorenzetti et le bon gou-vernement*, 프랑스어판(Rosine Christin, Éditions Raison d'agir, 2003, 185 p). 이 프레스코화에 대한 또 하나의 해석으로는 Patrick Boucheron, *Conjurer la peur. Sienne 1338. Essai sur la force politique des images*(Paris: Le Seuil, 2013, 288 p).

이 프레스코화는 도시의 통치든, 국가의 통치든, 정당의 통치든, 기업의 통치든, 모든 통치는 무대 위에 연출되는 것이 중요하다는 것을 아주 인상적으로 보여주는 예이다. 피에르 르장드르(Pierre Legendre)는 제도적 현상에서 미학적 차원이 갖는 핵심적인 위상을 지적한 바 있다.[6] 공법이나 노동법에서 '대표' 개념은 이러한 연극적 의미를 간직하고 있다. 어떤 정부가 대표성이 있다고 말하는 것은 곧 피통치자들이 그 정부에서 인정받을 수 있다고 말하는 것과 같다. 노동법이 공법과 사법 사이에서 구축한 집단적 노동관계의 무대에서도 이와 마찬가지다. 피통치자들이 인정받지 못하는 무대는 더는 신뢰할 수 없고 자신과 동일시할 수 없는 꼭두각시 인형극에 지나지 않는다. 꼭두각시 인형극에 대해서는 그저 웃을 수밖에 없으며, 웃음은 피통치자들이 고통을 꾹 참기 위해서 택할 수 있는 유일한 수단이다. 권위주의 체제에서 피통치자들은 조롱과 풍자를 통해서 통치자들을 향한 불신을 표현하고, 그렇게 은밀한 방식으로 연대를 조직했다. 자유롭게 정치적 공동체를 결성할 수 있는 권리가 인정되지 않는 사회에서 사람들은 자신들을 정치적으로 하나로 묶어줄 수 있는 형상들을, 정치 지도자들보다 훨씬 더 강력하고 지속적인 형상들을 자신들이 사랑하는 시인이나 음악가에게서, 예를 들면 쇼팽의 음악이나 마흐무드 다위시(Mahmoud Darwich)의 시에서 발견하곤 했다.

법률적이자 동시에 연극적인 의미로 이해되는 집단적 대표 개념의 가장 주목할 만한 특징 중 하나는 피통치자들의 집단을 제도적으로 정초한다는 점, 즉 법의 무대 위에 등장시킨다는 점이다. 고대 그리스의 연극이 부자들만의 여흥이 아니라, 민주주의와 법치를 확립하는 시민적 의식이었던 것도 그런 이유에서이다. 베르낭이 지적하는 바와 같이, 루이 제르네(Louis Gernet)는 다음과 같이 말했다. "연극의 진정한 소재는 도시에 고유한 사회사상, 특히 지금 한창 형성 중인 법률사상이다."[7] 연극이나 음악 또는 시는 도시를 다스리는 법률을 뒷

---

6   특히 Pierre Legendre, *La 901e Conclusion. Étude sur le théâtre de la Raison* (Paris: Fayard, 1998), pp.291 이하.

7   Cf. Jean-Pierre Vernant, "La tragédie grecque selon Louis Gernet," in *Hommage à Louis*

받침하면서 사람들을 한목소리로 공명하게 만든다. 사람들로 하여금 같은 꿈을 꾸게 만들고, 사람들을 하나로 묶고, 연대하게 만든다. 다른 법률적 형식의 집단적 대표도 마찬가지다. 노동자들을 대표하는 기관은 기업의 종업원이라는 집단, 관리직이라는 집단 또는 금속노동자라는 집단 등 특정한 노동자 집단을 제도적으로 정초한다. 민법상 대리에서는 피대리인이 대리인을 정초하는 반면, 공법이나 노동법상의 집단적 대표에서는 반대로 대표자가 피대표자를 정초한다.[8] 이처럼 대표의 제도는 개인들의 단순한 덩어리에 불과했던 것에 하나의 신체, 집단적 정체성을 부여한다.

이렇게 형성된 공동체를 하나로 묶는 것은 법이라는 끈이다. 즉 공동체를 정의하고 규율하는 텍스트들이다. 그러나 법률적 관계는 미학의 개념이 포괄하는 다른 형태의 사회적 상상력을 통해서만 실체를 얻는다. 인간 사회의 연대를 정초하는 데 법이 차지하는 특별한 위치를 파악하고자 한다면 이 점을 이해하는 것이 중요하다. 일반적으로, 법과 기술과학이 어떻게 연관을 맺는지 파악하는 것은 어렵지 않다. 사회법은 기술이 만들어낸 '객관적' 연대들(예를 들면 방사선에 집단적으로 노출된 노동자들[9]) 또는 특정한 개인들의 집합 속에서 사회과학이 발견한 '객관적' 연대들(예를 들면 "취약도시지역에 거주하는 만 16세 이상 25세 미만의 청년들"[10])에 법률적 힘을 부여한다. 그러나 법은 또한 록음악 콘서트나 클래식 음악회에 모이는 청중들을 하나로 묶는 연대감과 같은 유형의 '주관적' 연대를 형성하기도 한다. 시험에 합격한 젊은이를 국가공무원으로 임명하는 것은 단순히 조직적 합리성에 대응하는 행정행위에 그치는 것이 아니다. 그것은 또한 갓 임명된 공무원에게 조직의 영혼을 불어넣는 상징행위이기도 하다. 여기에서 그 젊은이가 느끼는 것은 일종의 동업자적 연대감으로서, 프랑스

Gernet (Paris: 1966), pp.31~35.

8 Cf. Georges Borenfreund, "La représentation des salariés et l'idée de représentation," Droit social, 1991, pp.685~695.

9 프랑스 노동법전, L.4451-1조 및 R.4451-1조 이하.

10 프랑스 노동법전, L.5134-54조.

국가의 구체적인 작동에서 그것이 갖는 영향력은 잘 알려져 있다. 마찬가지로 "취약도시지역에 거주하는 청년"이라는 법률적 분류는 실업의 원인이라고 알려져 있는 것을 단순히 적용하는 데 그치는 범주가 아니다. 그것은 또한 특정한 사회집단에 소속되어 있음을 드러내는 표식이기도 하다. 낙인의 표식이며, 하위문화에 속해 있음을 드러낸다. '합리적' 행정은 법률적 분류가 갖는 상징효과를 무의식적으로 활용한다. 예를 들어, 대학교의 위계에서 아래쪽에 있는 지위나 학위를 지칭하기 위해 'ATER'(기간제 대학강사) 또는 'DUST'(이공계 전문대학 학위)라는 약어를 사용할 때 그렇다. 'ATER'는 프랑스어로 '땅으로'를 의미하는 '아테르(à terre)'와 발음이 같고, 'DUST'는 '먼지'를 의미하는 영어 단어와 철자가 같다. 법률적 범주를 순전히 도구적 관점으로만 접근하는 이면에는 이처럼 주관적 차원이 숨어 있다. 이 점을 이해하지 않으면, 예를 들어 연대활동수당(RSA)을 받을 수 있는 자격이 되는 사람들 중에 "스스로 문제를 해결할 수 있으며" 또한 "공공부조에 의존하고 싶지 않다"[11]는 이유로 수당을 신청하지 않는 사람들이 왜 그렇게 많은지 이해하지 못한다.

법의 미학적 차원은 법률문장 그 자체에 대해서도 역시 마찬가지로 적용된다. 어떤 법규칙의 권위와 지속성은 그 규칙을 표현한 문장의 문학적 수준에 많이 의존한다. 프랑스 민법전은 흔히 드는 사례이지만, 대법원의 판결문이나 법학논문 또는 법학저서도 마찬가지다.[12] 그 문서들의 힘은 문체의 질적 수준에 달려 있다. 프랑스의 법학자들은 오늘날에도 여전히 두 개의 장과 각각 두 개의 절 그리고 계속해서 각각 두 개로 구분되는 하위 항목으로 목차를 구성하는데, 이러한 방법은 스콜라 학파의 유산으로서 무엇보다 균형을 중시함으로써 논증의 공정함을 드러내고자 하는 것이다. 미학적인 것의 규범력에 대한 인식은 오늘날에는 다소 희미해졌지만, 유스티니아누스 대제의 『법학제요』 서문에서는 그러한 인식이 다음과 같은 유명한 문장에서 표출되고 있다. "황제의

----

11 Cf. Pauline Domingo et Muriel Pucci, "Le non-recours au RSA et ses motifs," in *Rapport du Comité d'évaluation du RSA*, Annexe 1, 2011.12., pp.25~26.

12 Cf. Archives de philosophie du droit, *Droit et esthétique* (Dalloz, t. 40, 1995, 534 p).

위엄은 전시든 평시든 언제나 한결같이 정의롭게 통치할 수 있기 위해 무기로 장식되어야 할 뿐만 아니라 법률로 무장되어야 한다." 칸토로비치는 이 **무기로 장식하기와 법률로 무장하기** 원리가 16세기에 얼마나 독특한 성취를 이루었는지 명료하게 분석한 바 있다. 당시의 사람들은 이 문장이 사용되는 몇몇 용법에서 '법률(Loi)'을 '문학(Lettre)'으로 대체하는 방식으로, 좋은 정부는 권력만큼이나 예술에도 바탕을 두어야 한다는 점을 말하고자 했다.[13] 18세기에도 잠바티스타 비코(Giambattista Vico)는 당시의 합리주의적 사조와 반대로 시와 법률의 관계를 체계적으로 탐구했다. 비코에 따르면, "석학들은 최초의 시인들이 최초의 저자들이었다는 점에 동의한다. 그러나 시적 언어가 시민들의 첫 번째 언어였으며, 그 언어가 최초의 법률들과 최초의 종교들을 정초했다는 사실, 그들이 동의하는 사실과 멀지 않은 사실은 인정하지 않았다".[14] 시와 법을 연결시키는 것은 근대의 관점에서 보면 엉뚱해 보이겠지만, 고대 그리스어에서 포이에시스(poiesis)는 새로운 것을 만들어내는 창조적 행위를 가리켰으며, 부차적 의미로 시적 작품을 가리키게 되었을 뿐이라는 점을 기억한다면, 시와 법의 관계는 명확해진다.[15] 아름다움을 갖춘 시는 모순들을 조화시키고, 창조자이면서 동시에 조직자로서 행위한다. 그렇게 해서 시는 사람들 사이의 조화를 확립하거나 재확립하는 역할을 수행한다.

이러한 사상은 일본에서는 익숙한 것이었다. 일본은 전통 문화를 포기하지 않고 서양의 법문화를 흡수하는 데 성공한 최초의 나라라는 점에서 매우 흥미로운 사례이다. 메이지 시대 이후 일본은 서양법을 동화시키기 위해 엄청난 번

---

13 E. Kantorowicz, "La royauté médiévale sous l'impact d'une conception scientifique du droit," *art. cit.*, p.15 이하. 같은 저자의 중세시대 군주의 전례 집전에 관한 연구로 *Laudes Regiæ. A Study in Liturgical Acclamations and Medieaval Ruler* (1946), 프랑스어판: *Laudes Regiæ. Une étude des acclamations liturgiques et du culte du souverain au Moyen Âge*, A. Wijffels(Paris: Fayard, collection "Les Quarante Piliers", 2004, 403 p).

14 Giambattista Vico, *Origine de la poésie et du droit. De Constantia Juriprudentis* (초판은 1721년 나폴리), 프랑스어판, C. Henri et A. Henry(Paris: Café Clima éd., 1983), p.121.

15 Pierre Chantraine, *Dictionnaire étymologique de la langue grecque* (Paris: Klincksieck, 1999), p.922.

역 사업을 진행했는데, 이것은 천황제의 전통에서 비롯된 일본의 고유한 개념들을 되살리는 방식으로 서양의 법개념들에 실체를 부여하는 작업이었다. 그 중에 통치의 개념이 있다.[16]

쇼군(將軍)이 다스리는 사무라이들의 통치 기구는 환유적 방식으로 막부(幕府)라고 불렀다. 막(幕)은 어떤 장소를 빙 둘러치는 천을 가리키며, 부(府)는 지휘부가 머무르는 곳을 가리킨다. 그래서 막부는 원래 전쟁터에서 쇼군이 머무르는 처소를 의미하는 것이었다. 12세기에 들어오면서 막부는 쇼군이 그의 가신들에 대해서 행사하는 권력을 가리키게 되었다. 한편, 임금을 가리키는 말은 텐노(天皇)인데, 텐노의 역할은 쇼군의 역할과는 달랐다. 텐노의 통치와 관련된 말들도 모두 은유적인 것이 아니라 환유적인 것이다. 예를 들어 고쇼(御所)와 고요테(御用邸)는 텐노의 거처와 피서용 별장을 가리킨다. 이러한 표현들은 교황의 통치를 의미하는 성좌 또는 사도좌 같은 표현들에 비견할 수 있다. 오늘날에도 유효한 교회법 제361조에 따르면, "사도좌 또는 성좌라는 명칭은 교황뿐만 아니라, 사물의 본성이나 문맥에 의해 달리 해석되는 경우가 아닌 한, 국무원과 교회의 외무평의회 및 기타 교황청의 기관들도 함께 가리킨다". 교회의 통치 기관이 자리하는 완벽한 장소는 주교의 인격 자체이다. 이러한 비교를 통해 우리는 19세기 일본 법학자들이 텐노의 권력을 복원하기 위해 채택했던 용어들을 이해할 수 있다. 1870년대까지 일본어에는 통치를 뜻하는 프랑스어 'gouvernement'에 해당하는 번역어가 존재하지 않았다. 교황과 마찬가지로 텐노는 무오류의 존재이다. 그러므로 텐노의 전능함은 막스 베버 이후 서양인들이 폭력의 합법적 독점이라고 부르는 것에 기반을 두는 것이 아니라, 신민들에 대해 행사하는 정신적 영향력에 근거한다. 교황과 마찬가지로 텐노는 무기가 아니라 영혼으로 통치한다. 쇼군이 권력의 실재를 담보했다면, 텐노는 시의 경

---

16 이하에서 설명하는 내용의 핵심적인 부분은 가도 가즈마사(嘉戶一將) 교수에게 빚진 것이다. 가도 교수는 법률 용어의 수입을 세밀하게 분석했다. 가도 교수의 논문 가운데 프랑스어로 된 것으로 Kazumasa Kado, "Revisiter la notion de souveraineté," *Droits*, no.53(2011), pp.215~239.

연을 주재했다.

19세기에 메이지유신을 일으켰던 자들이 권력의 실재를 텐노에게 부여함으로써 정치적으로 복원하고자 했던 것이 바로 이 형상이다. 상당히 어려운 작업이었을 텐데, 일본의 법학자들은 서양의 법학자들이 신비롭게 생각하는 개념들에 기대어 이 작업을 완수했다. 메이지헌법 제1조에 따르면, "대일본제국은 만세일계의 텐노가 통치한다(大日本帝国ハ万世一系ノ天皇之ヲ統治ス)". 메이지헌법의 초안을 기초한 이노우에 고와시(井上毅)에 따르면, 통치(統治)는 원래 거울처럼 진실을 비출 수 있는 능력을 의미한다. 텐노는 하늘의 임금으로서 모든 것을 알고 또 모든 것을 가르칠 수 있으며, 그러므로 세상을 주재할 수 있다. 다른 말로 하면, 텐노의 통치는 폭력을 수반하지 않고 행사되는 전지전능함을 가리킨다. 이노우에는 서양의 통치 개념은 원래 항해와 관련된 의미로서 사람들을 일종의 기술적 대상으로 취급함으로써 비인간화하는 개념이라고 비판했다. 이러한 비판을 반영해 일본의 법학자들은 텐노의 임무를 지칭하는 개념으로 통치를 착상했다.

통치에 해당하는 프랑스어 'gouvernement'의 번역어는 1880년대 들어와서야 비로소 정치(政治) 또는 정부(政府)로 확립되었다. '정치'는 **통치행위**를 의미한다. 이 말은 고대 중국의 문헌에서 나온 것으로, 중국과 일본에서 프랑스어의 'politique'를 가리키는 말로 쓰인다. 메이지 이전의 일본에서는 의례의 주재를 가리키기도 했다. '정부'는 **통치기구**를 의미한다. 이 말도 중국 고대 문헌에서 비롯되었으며, 근대화 이전의 일본에서는 거의 사용되지 않았다. 그러나 막부(幕府)의 예에서도 언급했듯이, 부(府)는 지도자의 처소를 의미할 뿐 아니라 지도자의 기능을 의미하기도 한다. 1870~1880년대에 '정부'는 'gouvernement'의 번역어로 채택되었다. 텐노와 그의 부(府)는 정치만이 아니라 국가적 의례로서의 정(政)의 지도자들이라는 점을 드러내고자 했기 때문이다.

기계로서의 인간

아주 드문 경우를 제외하면,[17] 통치를 순전히 다른 사람을 지배하기 위한 수단으로만 여기는 자들은 통치의 미학적이고 시적인 차원을 인식하지 못했다. 사실 근대 이후 지금까지 정치사상을 지배하는 합리주의적이고 기계론적인 상상력에는 통치의 미학적, 시학적 차원이 받아들여질 여지가 없다. 기계의 모델에 비추어 제도를 구상하는 한, 통치술에서 미학적 차원이 갖는 핵심적 위상을 이해하기란 어려운 일이다. 모든 통치에 내재하는 연출장치는 숨길 수가 없기 때문에, 그 연출장치를 조작과 커뮤니케이션에 관한 기술로만 여기고자 한다. 즉, 연출장치를 기계론적 패러다임 안에 강제로 집어넣으려고 한다. 이 기계론적 패러다임과 그것을 정당화하는 객관성의 추구는 사물을 바라보는 시선으로, 즉 피에르 부르디외가 말한 바와 같이, "마치 자기장 안에서 인력과 척력 등의 힘에 구속되는 '미립자'처럼"[18] 사람을 바라보도록 한다. 이러한 관점에서 바라보는 통치는 톱니바퀴와 분동과 평형추의 역학에 의해 작동하는 거대한 기계와 같다.

이러한 관점이 가장 명료하게 표현된 것은 의심할 나위 없이 17세기 홉스의 『리바이어던』이다. 유럽의 법사상에 관한 이 고전의 서문 맨 첫머리에 이미 기계론적 통치 모델이 화학적으로 순수한 상태로 표현된다.[19] 홉스의 출발점, 책

17 중앙아프리카의 탈식민적 정치 관행에 대해서는 Joseph Tonda, *Le Souverain moderne. Le corps du pouvoir en Afrique centrale (Congo, Gabon)*(Paris: Karthala, 2005, 297 p). 서유럽 국가들과 초국적 기업에 대해서는 Pierre Legendre, *La Fabrique de l'homme occidental* (Paris: Mille et une nuit, 1996, 55 p) 및 같은 저자의 *Dominium Mundi. L'Empire du Management*(Paris: Fayard, 2007). 이 두 책은 르장드르와 제라르 카이야(Gérald Caillat)가 공동 연출하고 피에르올리비에 바르데(Pierre-Olivier Bardet)가 제작한 동명의 다큐멘터리 영화를 확장한 것이다.

18 Pierre Bourdieu, *Réponses* (Paris: Le Seuil, 1992), p.82.

19 Thomas Hobbes, *Léviathan. Traité de la matière, de la forme et du pouvoir de la république ecclésiastique et civile* (초판은 1658), 프랑스어판, François Tricaud(Paris: Dalloz, 1999, 780 p).

의 첫 단어는 '자연(Nature)'이다. "자연(신이 세계를 창조하고 다스리는 기예)은 이것에서나 다른 많은 것들에서나 인간의 기예에 의해 매우 훌륭히 모방되어, 인간의 기예는 인공의 동물을 만들어낼 수 있을 정도이다." 홉스는 법을 자연 속에 뿌리내리고자 했던 최초의 인물도 아니고 최후의 인물도 아니다. 하지만 홉스가 바라보는 자연은 신이 그것을 창조하고 주재할 때 구사했던 기술이 표현된 것이다. 신의 형상을 본떠 만들어진 인간은 이 기술을 모방할 수 있고, 또 모방해야 하며, 기계적 솜씨를 구사해 인공적인 존재들, 즉 "인공의 동물"을 창조해야 한다. 다시 말하면, 살아 있는 것을 모방해 스스로 움직일 수 있는 자동기계인형을 창조해야 한다. 자동기계인형은 중세 말기부터 산업혁명 시기까지 사람들을 매료시켰으며, 유럽의 솜씨 좋은 시계공들은 눈부신 기술적 성취를 이루었다. 예를 들면, 1775년 무렵 피에르 자케드로(Pierre Jaquet- Droz)와 그의 아들인 앙리 루이 자케드로(Henri Louis Jaquet-Droz)가 제작했던 〈작가〉, 〈음악가〉, 〈화가〉 등 세 개의 자동기계인형이 그것이다. 이 세 작품은 오늘날 스위스 뉴샤텔 예술사박물관에 전시되어 있다.

홉스는 계속해서 말한다. "생명이란 팔다리의 운동에 불과하며, 그 운동은 내부의 어떤 중심 부분에서 시작된다는 점을 생각할 때, 모든 자동기계인형(시계처럼 태엽과 톱니바퀴에 의해 스스로 움직이는 기계)도 인공의 생명을 갖는다고 말하지 못할 까닭이 어디 있겠는가?"

"시계처럼"이라고, 홉스는 썼다. 실제로 중세 말기부터 산업혁명 시기까지 서양의 상상력을 사로잡게 될 대표적인 자동기계는 시계이다. 시계는 흔히 시계공으로 비유되는 조물주 신[20]의 창조를 인간 세계에 복제한다. 프랑스 스트라스부르에서 볼 수 있는 것처럼, 대성당의 한복판에 서 있는 거대한 천문시계를 바라보면서 신앙심 깊은 신자들이 신과의 합일을 느낄 정도이다. 요컨대 신의 창조는 질량과 에너지의 상호작용으로 움직이는 거대한 시계 장치로 간주되고, 고전물리학은 그 비밀을 해독하기 위해 분투하게 된다.

----

20   Cf. Lewis Mumford, *Technics and Civilization* (New York: Harcourt, Brace & Co., 1934), 프랑스어판: *Technique et civilisation* (Paris: Le Seuil, 1950, 416 p), pp.22 이하를 볼 것.

자료: 위키미디어 ⓒ Rama

자료: 위키미디어 ⓒ Rama

앙리 루이 자케드로, 〈화가〉, 1774.

화가는 종이 위에 손을 움직이면서 소묘를 하며, 입으로 바람을 불어 연필심 부스러기를 날리곤 한다.

피에르 자케드로, 〈작가〉, 1774.

작가는 세 개의 자동인형 중에서 가장 복잡한 장치를 갖고 있다. 사전에 입력된 프로그램에 따라 어떤 문장이든지 40자를 세 줄로 쓸 수 있다.

여기에 이른 홉스는 전환을 시도한다. 즉, 만약 신의 작품을 모방하는 인간이 자동기계를 창조한다면, 그것은 인간 자체가 거대한 시계공이 창조한 자동기계이기 때문이라는 것이다. "왜냐하면 태엽이 아니라면 심장은 무엇이며, 수많은 줄이 아니라면 신경은 무엇이며, 장인이 원했던 대로 온몸에 움직임을 부여하는 수많은 톱니바퀴가 아니라면 관절은 무엇이겠는가." 이러한 전환은 마치 현대인들이, 컴퓨터는 뇌가 가진 몇몇 능력을 모델로 해 구상되었을 것이라는 점에 근거해 이제는 거꾸로 컴퓨터를 모델로 해 인간의 뇌를 구상하는 것과 마찬가지이다. 그러므로 이 "종교적이고 시민적인 국가의 재료와 형태와 권력에 관한 개론"(『리바이어던』의 부제)의 근저에는 은유가 아니라 진정한 형질인류학이 자리 잡고 있다. 즉 기계로서의 인간에 관한 인류학이다. 기계로서의 인간이라는 이미지는 이미 16세기에 등장한 바 있다. 예를 들면, 앙브루아즈 파레(Ambroise Paré)의 의학서가 그것이다. 2세기 후에 쥘리앵 오프루아 드 라

© David Iliff

© Fryderyk

스트라스부르 대성당의 천문시계

원쪽 그림은 스트라스부르 대성당의 천문시계이다. 14세기에 만든 시계를 교체하고 16세기에 만들어졌으며 19세기 전반기에 보수되었다. 오른쪽 그림은 천문시계의 왼쪽 아래에 있는 교회축일계산기이다.

메트리(Julien Offray de La Mettrie)는 좀 더 과격한 버전을 선보인다. "우리는 이렇게 말하는 시계와 같다. '뭐야! 이 어리석은 직공이 나를 이렇게 만들었다. 시간을 나누는 나, 태양의 운행을 아주 정확하게 표시하는 나, 내가 가리키는 시각을 높은 목소리로 반복하는 나! 아니, 그럴 리가 없다'."[21]

이렇게 인간과 동물과 기계 사이에 연속성이 일단 확보되자, 홉스는 국가를 인간이 자기의 형상을 본떠 만든 자동기계로 착상하기에 이른다.

21 Julien Offray de La Mettrie, *L'Homme machine* (1748)(Paris: Gallimard, 1999), pp.210~211.

기예는 더욱 나아가 자연이 만든 가장 멋지고 이성적인 작품인 인간을 모방하여, 공화국 또는 국가(라틴어로 CIVITAS)라고 부르는 이 거대한 리바이어던을 창조한다. 그것은 비록 자연적 인간보다 더 크고 강하지만, 결국 인간을 보호하고 지키기 위해 태어난 인공적 인간에 지나지 않는다. 주권은 이것의 온몸에 생명과 움직임을 부여하는 인공영혼이며, 사법과 행정에 복무하는 법관과 공무원은 인공관절이다. (주권의 자리에서 관절과 사지를 그 임무에 맞게 움직이는) 보상과 처벌은 신경이다. 이 모든 것은 자연적 신체처럼 작동하며, 모든 구성원의 번영과 부는 힘이고, 공공복리(시민의 보호)는 이것의 기능이다. 이것이 알아야 할 모든 것을 제안하는 의원들은 기억이고, 형평과 법률은 인공의 이성과 의지이며, 조화는 건강이고, 반란은 질병이며, 내전은 죽음이다. 마지막으로 이 정치적 신체의 구성요소들을 처음으로 만들고 모으고 결합한 협정과 협약은 신이 세상을 창조할 때 말씀하신 "있으라(Fiat)" 또는 "인간을 만들자"에 해당한다.

유럽의 법사상을 잉태시킨 이 근본 텍스트는 종교와 법과 과학과 기술을 결합하여, 여전히 서양인의 것으로 남아 있는 어떤 규범적 상상력을 표현한다. 그것은 기계를 모델로 해 인간사회의 통치를 상상하는 것이다.

유럽인들은 신의 창조를 표상하는 상징으로 거대한 천문시계를 대성당에 설치하는 것으로 만족하지 않았다. 유럽인들은 도시의 망루와 종루에도 시계를 설치했는데, 이것은 노동시간을 새롭게 조직하는 중세적 방식의 시작이었다. 이제 노동시간은 자연의 리듬으로부터 점차 벗어나 기계의 리듬에 맞추게 되었다.[22] 즉, 새로운 통치 모델의 시작이었으며, 테일러주의는 그것의 도달점이라고 할 것이다. 〈모던타임스〉의 노동자는 생산라인의 리듬에 종속되는 물리력의 상호작용으로 환원될 것이다.[23] 노동자의 신체는 홉스와 라메트리의

---

22 Cf. Jacques Le Goff, *Pour un autre Moyen Âge. Temps, travail et culture en Occident* (Paris: Gallimard, 1977), pp.66 이하.

23 찰리 채플린의 〈모던타임스〉(1936)는 기계적 인간관에 대한 가장 천재적이고 신랄한 비판이다. 기계적 인간관에 대한 예술적 인식에 관해 좀 더 일반적인 논의로는 Véronique Adam,

시계 모델을 따르게 될 것이다.[24] 시몬 베유(Simone Weil)는 다음과 같이 지적한다. "기계 위의 노동자들이 강요되는 리듬에 맞추기 위해서는 마치 시계의 째깍거리는 소리와 같이 초단위의 동작들이 쉴 새 없이 이어져야 한다. 한 가지 일이 끝나고 다른 일이 시작되는 흔적은 전혀 없다. 이 음울하고 단조로운 시계 초침 소리는 오랫동안 참고 들을 수가 없기 때문에, 노동자들은 거의 몸으로 그 소리를 재생해야 한다."[25] 이처럼 '과학적 관리'의 대상이 된 노동은 측정 가능한 단순동작의 연속으로 환원된다. 장인적 솜씨의 신비로움은 투명하고 개방적인 공장의 작동으로 대체되어야 한다.[26] 그러한 산업의 세계에서 노동은 가축의 노동처럼 가장 단순한 모습의 노동으로 표현된다. 공장의 노동자는 순수하게 인간적인 노동의 경험, 즉 머릿속에 상상한 것을 실현시키는 경험을 박탈당한다.[27]

19세기에는 인간을 기계로 여기는 물리학적 시계 모델 위에 자연선택의 생물학 모델이 겹쳐졌다. 이 생물학 모델은 사회진화론에 영감을 주었으며, 오늘날에도 극단적 자유주의와 무한경쟁의 모습으로 구현되고 있다. 오늘날에는 이러한 상상력들 위에, 사이버네틱스와 디지털 혁명이 촉발한 또 하나의 상상력, 즉 프로그래밍할 수 있는 인간의 표상이 겹쳐진다. 이 상상력들은 상호 대체하는 것이 아니라, 서로 겹쳐져 있다. 마지막 상상력이 모델로 삼고 있는 것은 톱니바퀴의 역학으로 움직이는 시계가 아니라, 디지털 신호를 처리하는 컴

Anna Caiozzo(dir.), *La Fabrique du corps humain: la machine modèle du vivant* (Grenoble: CNRS MSH-Alpes, 2010, 388 p).

24 J. O. de La Mettrie, *L'homme machine*, *op. cit.*, pp.172~173.

25 S. Weil, *Expérience de la vie d'usine* (1941), in *La Condition ouvrière* (Paris: Gallimard, 1964), pp.337~338. 시몬 베유의 사상에서 속도와 리듬의 구별에 대해서는 A. Supiot, "La pensée juridique de Simone Weil," in *Mélanges à la mémoire de Yota Kravaritou: a trilingual tribute* (Bruxelles: ETUI, 2010), p.551.

26 마르크스가 지적하는 바와 같이, 18세기까지 "직업"은 "비법"이라고 불렀다. Marx, *Le Capital*, Livre I, ch.XV, § 9, in *Œuvres. Économie* (Paris: Gallimard, collection "Bibliothèque de la Pléiade", 1965), p.989.

27 이 책 제12장 참조.

퓨터이다. 컴퓨터는 율칙(律則)을 따른다기보다는 프로그램을 따른다. 컴퓨터는 인간의 뇌가 가지고 있는 능력들 중 일부를 외부화할 수 있도록 해줌으로써 인간이 기계와 맺는 관계 및 인간의 노동을 조직하고 그 내용을 구성하는 데서 새로운 시대를 열었다.[28]

이렇게 노동을 사물화하는 관점에는 근대성의 전형적인 사회적 상상력이 표현되어 있다. 카스토리아디스는 그 상상력이 갖고 있는 정신착란의 잠재성을 다음과 같이 위엄 있게 갈파했다. "인간을 사물이나 혹은 순전한 기계 시스템으로 취급하는 것은 인간을 부엉이로 여기는 것보다 더하면 더했지 결코 덜하지 아니한 상상력이다. 이것은 전혀 다른 차원의 상상력이다. 왜냐하면 인간과 부엉이가 갖는 실제의 동류성은 인간과 기계의 동류성보다 비교할 수 없을 정도로 훨씬 클 뿐 아니라, 어떤 원시사회도 근대산업사회가 인간을 자동기계 인형으로 은유한 것에 비교할 만큼 급진적으로 인간과 다른 무엇인가를 동일시한 적이 없기 때문이다. 원시사회는 인간과 사물을 동일시함에서도 언제나 일정한 이중성을 간직하고 있는 것 같다. 그러나 근대사회는 가장 원시적인 방식으로 글자 그대로 인간과 사물을 동일시하고 그것을 현실에 적용한다."[29]

명민한 지성들이 비판했음에도,[30] 좌파는 1세기 전부터 노동의 기술적 합리화에 매혹되었고, 그 이후 노동의 기술적 합리화는 좌파와 자유주의적 우파가 공유하는 이데올로기적 기초가 되었다. 그것은 거의 전적으로 인간을 자동기계로 바라보는 상상력과 노동에 대한 기술과학적 유사합리화에 근거하고 있었을 뿐 아니라, 기업의 경영 모델을 사회 전체로 확대하려는 기획을 내포하고

28   Cf. Philippe Breton, *Une histoire de l'informatique* (Paris: La Découverte, 1987, Le Seuil, 1990).

29   C. Castoriadis, *L'Institution imaginaire de la société, op. cit.*, p.238. 이 정신착란에 대해서는 Olivier Rey, *Itinéraire de l'égarement. Du rôle de la science dans l'absurdité contemporaine* (Paris: Le Seuil, 2003, 328 p) 또한 참조.

30   Cf. S. Weil, "La rationalisation"(1937), in *La Condition ouvrière, op. cit.*, p.289 이하; Bruno Trentin, *La città del lavoro. Sinistra e crisi del fordismo* (Feltrinelli, 1997), 프랑스어판: *La Cité du travail. La gauche et la crise du fordisme* (Paris: Fayard-IEA de Nantes, collection "Poids et mesure du monde", 2012, 448 p).

있었다. 레닌은 테일러주의를 "과학의 거대한 진보"[31]로 여겼으며, 볼셰비키 혁명은 "전체 사회가 하나의 사무실, 하나의 공장에 지나지 않게 되는 날"[32] 완수될 것이라고 주장했다. 그러한 이데올로기가 투영하는 인간 모델은 브루노 트렌틴(Bruno Trentin)이 "새로운 주체, '기술'과 노동조직이 부과하는 한계들을 인식하고 그 한계들을 자발적으로 수용할 수 있는 주체, 같은 이유에서 어떻게 보면 더 의식적이고 더 자유로울 수 있는 주체"[33]로 묘사한 인간의 모델이다. 이러한 지적을 보면 제1차 세계대전 이후 에른스트 윙거(Ernst Jünger)가 묘사했던 노동자의 형상이 생각나지 않을 수 없다.[34] 그것은 전선의 참호에서 경험했던 바와 같이 인간을 산업적 방식으로 관리했던 경험의 상속자이며, 정당이나 시장의 제단에 스스로를 완전히 희생하는 자유만을 향유하는 노동자의 형상이다. 이러한 상상력을 이해할 때 비로소 우리는 오늘날 동유럽으로 확장된 유럽과 중국에서 볼 수 있는 것처럼 자본주의와 공산주의가 결합하는 현상을 해명할 수 있으며, 또한 기업의 경영에서 비롯된 관리기법을 공적 영역에 도입하는 것에 대해 광범위한 합의가 이루어지는 이유를 이해할 수 있다.

....

31 Jean Querzola, "Le chef d'orchestre à la main de fer. Léninisme et taylorisme," in *Recherches, Le Soldat du travail,* no.32/33(septembre 1978), p.58에서 재인용.

32 Lénine, *Que faire?*(1902), Jean Querzola, "Le chef d'orchestre à la main de fer. Léninisme et taylorisme," *ibid.,* p.70에서 재인용.

33 B. Trentin, *La Cité du travail, op. cit.,* p.246.

34 Ernst Jünger, *Der Arbeiter*(1932), 프랑스어판: *Le Travailleur,* Christian-Bourgois (1989, 370 p). 같은 의미에서 마르셀 고셰(Marcel Gauchet)는 "해방된 존재로서 존재를 완성하는 개인, 자기 자신에게서 전적으로 이성을 발견하는 개인, 전체를 구축하는 법칙을 떠맡고 그 속에서 스스로를 희생시키는 개인"이 제1차 세계대전의 경험 속에서 부상하고 있음을 관찰했다. "그런 이유로 이 희생의 형상은 최근의 연구가 강조했던 '야만화'보다 사실상 더 위험한, 전쟁이 평화에 남겨준 유산이라고 할 수 있다." Marcel Gauchet, *L'Avènement de la démocratie,* t. 3, *À l'épreuve des totalitarismes (1914-1974)*(Paris: Gallimard, 2010), p.47.

통치에서 협치로

과학적 노동조직이라고 상상하는 것을 사회 전체의 통치로 확장하려는 의지는 오늘날에도 전혀 사라지지 않았다. 단지 모델을 바꾸었을 뿐이다. 법치의 개념과 연결되어 있는 기계론적 시계 모델[35] 위에 사이버네틱스의 컴퓨터 모델이 겹쳐졌다. 이제 노동조직은 노동자를 단순한 톱니바퀴로 취급하는 질량과 역학의 상호작용으로 착상되지 않는다. 그 대신, 프로그램에 따라 전달받는 신호들에 반응할 수 있는 단위들 사이에 커뮤니케이션을 가능하게 하는 제어시스템으로 착상된다. 이 모델은 '신공공관리'[36] 이론에 의해 공적 영역에 도입되었다. 신공공관리 이론의 적용은 광범위한 정치적 합의를 이루었으며, 아마 고스플랜(Gosplan) 또는 구소련의 계획경제에서 중추적 역할을 담당했던 연방국가계획위원회의 이론가들도 마다하지 않을 것이다.

사이버네틱스의 제창자 중 한 명인 노버트 위너(Norbert Wiener)는 1950년에 출판된 『사이버네틱스와 사회』(이 책의 부제는 "인간의 인간적 활용"인데, 그 자체로 하나의 기획이었다)에서 그러한 작동 양식을 사회 전체로 적용할 수 있다는 생각을 최초로 피력했다.

나의 주장은 이것이다. 살아 있는 인간의 작동과 새로운 커뮤니케이션 기계의 작동은 모두 피드백을 통해 엔트로피를 통제하려고 애쓴다는 점에서 정확히 대응한다. 둘 다 약한 에너지 수준에서 외부의 세계로부터 오는 정보를 모아 인간이나 기계의 작동을 위해서 사용할 수 있도록 만드는 특별한 장치가 존재한다. 이 외부의 메시지들은 순수한 상태로 받아들이는 것이 아니라, 개체건 기계건 이 장치의 내부 기관에 의해 변환된다. 그렇게 해서 정보는 다음 단계의 수행을 위해 이용할 수 있는 새로운 형태를 취하게 된다.

35　이 점에 대해서는 Lewis Mumford, *Technique et civilisation, op. cit.*, pp.22~26 및 126~127.
36　이 책 제8장 참조.

인간과 기계의 경우 모두 수행은 외부 세계에 대해서 효율적으로 대응하는 것을 목적으로 한다. 그리고 그 반대로 내부 규율 장치로 보고되는 것은 단순히 의도된 행위가 아니라 외부 세계에 대해서 실제로 수행된 행위이다.

이 복잡한 작동은 보통 사람은 느끼지 못하며, 특히 우리가 통상적으로 사회를 분석할 때에도 생각보다는 별 영향을 미치지 않는다. 왜냐하면 인간의 신체적 반응을 이러한 관점에서 고찰할 수 있는 것과 마찬가지로, 사회 자체의 유기적 반응도 이러한 관점에서 고찰할 수 있기 때문이다.[37]

이 인용문은 지난 30년 동안 법제와 관련된 어휘에서 통치가 협치로, 또는 규제가 규율로 바뀌게 된 원인을 명쾌하게 밝히고 있다. 실제로 협치의 특징은 모두가 따라야 하는 어떤 법률의 정당성에 근거하는 것이 아니라, 존재의 지속을 위해 주위 환경의 변화에 따라 자신의 행동을 조정할 수 있는 모든 인간의 공통된 능력에 근거하는 것이다.

'gouvernance'라는 단어는 프랑스어에서는 13세기에 통치술을 가리키는 단어로 처음 등장했는데, 영어로 건너갔다가 새로운 의미 즉 '협치'라는 의미를 가지고서 다시 프랑스어로 되돌아왔다.[38] 이 새로운 의미로 쓰이는 협치는 무엇보다 우선 기업의 경영진이 쥐고 있는 권력을 문제 삼는 데 쓰였다. 이것이 이른바 기업거버넌스 이론의 바탕에 있는 것이다. 유명한 경제학자 로널드 코스(Ronald Coase)는 이미 1937년에 기업의 개념에 관한 유명한 논문에서 그 이

---

37 Norbert Wiener, *Cybernetics and Society. The Human Use of Human Beings* (1950), 프랑스어판: *Cybernétique et Société. L'usage humain des êtres humains* (Paris: UGE, 1962), pp.31~32(강조는 원저자)[한국어판: 노버트 위너, 『인간의 인간적 활용: 사이버네틱스와 사회』, 이희은·김재영 옮김(텍스트, 2011)]. 위너는 말년에 자신의 관점에 과도한 신뢰를 부여할 정도로 충분히 천재적이었다. 위너의 *God & Golem inc. A Comment on Certain Points where Cybernetics Impinges on Religion* (MIT Press, 1964), 프랑스어판: *God & Golem inc. Sur quelques points de collision entre cybernétique et religion*, Nîmes(éd. de L'Éclat, 2000, 123 p) 참조.

38 Cf. Guy Hermet, "Un régime à pluralisme limité? À propos de la gouvernance démocratique," *Revue française de science politique*, vol.54(2004/1), pp.159~178.

론적 토대를 구축했다.[39] 기업거버넌스의 주요 원리들은 1992년에 캐드버리
(Cadbury) 보고서에 의해,[40] 1998년에 경제협력개발기구(OECD)에 의해,[41] 그리
고 마침내 유럽집행위원회에 의해[42] 채택되었다. 프랑스에는 1992년 비에노
(Viénot) 보고서에 의해 도입되는데, 이 보고서는 1990년대 말에 이루어진 회
사법의 개정에 영향을 주었다.[43] 기업거버넌스는 주주를 위한 '가치창조'를 정
언명령으로 삼아 그것에 따라 노동조직을 구성하도록 요구함으로써, 금융 성
과를 기업 경영진의 행위 동력으로 만들고 기업을 경영함에서 기술적 합리성
을 이익의 계산으로 대체했다.

　기업거버넌스는 경영진의 보수와 기업의 금융 성과를 연동시킴으로써, 존
갤브레이스(John Galbraith)가 "테크노스트럭처(technostructure)"[44]라고 불렀던
권력의 자립화에 반격을 가했다. 포드주의 유형의 기업은 위계적이고 통합적
인 구조를 갖고 노동자들에게 경제적 안전을 제공했다. 이 위계적 기업 모델은
'영광의 30년'을 지배했던 기업 모델인데, 기업거버넌스는 이것을 '가치창조'
단위들의 그물망 모델로 대체했다.[45] 이것은 정보의 그물망으로서, 각자는 자

39　Ronald Coase, "The nature of the firm," *Economica*, 4, no.16(1937), pp.386~405.

40　*The Financial Aspects of Corporate Governance* (Londres: Professional Publishing Ltd.,
1992) <www.ecgi.org/codes/documents/cadbury.pdf>.

41　OECD의 최근 보고서를 참조. *Principles of Corporate Governance* (Paris: OECD, 2004, 66
p). 프랑스어판: *Principes de gouvernement d'entreprisede l'OCDE.*

42　유럽집행위원회가 유럽이사회와 유럽의회에 보낸 통신, *Modernising Company Law and
Enhancing Corporate Governance in the European Union - A Plan to Move Forword* (프랑
스어판: *Modernisation du droit des sociétés et renforcement du gouvernement d'entreprise
dans l'Union européenne*), COM(2003) 284 final.

43　Cf. Philippe Bissara, "Les véritables enjeux du débat sur le gouvernement d'entreprise,"
Revue des sociétés, 1998, 5; Bernard Bruhnes, "Réflexions sur la gouvernance," *Droit social*,
2001, pp.115~119; Patricia Charléty, "Le gouvernement d'entreprise: évolution en France
depuis le rapport Viénot de 1995," *Revue d'économie financière*, no.63(2001), pp.25~34.

44　갤브레이스는 제조업에서 테크노스트럭처가 권력을 잡고 있다는 사실을 명백하게 밝히고
있다. John Kenneth Galbraith, *The New Industrial State* (Houghton Mifflin Company
Boston, 1967), 프랑스어판: *Le Nouvel État industriel. Essai sur le système économique
américain* (Paris: Gallimard, 1989, 제3판, 504 p).

신의 고유한 이익을 극대화하는 데 이끌려 행동한다.

　이 새로운 기업 모델 안에 노동은 어떠한 자리도 없다. 이 새로운 기업 모델은 주주와 이해관계자들만 알 뿐이다. 노동자는 '인적자원' 또는 '인적자본'으로서 이 이해관계자의 일부를 구성할 뿐, 노동자 그 자체로 대접받지 못한다. 사실 노동자라는 말은 협치의 어휘 목록에서는 추방된 단어이다.[46] 오귀스탱 베르크(Augustin Berque)가 다른 맥락에서 사용한 개념을 빌려오자면, 이 "노동의 축출"[47]은 산업사회에서 노동이 겪었던 사물화의 운명을 계승한다. 테일러주의는 생각하는 대가로 보수를 받는 소수의 사람들과 생각하는 것이 금지되고 지시에 기계적으로 따르는 것에 만족해야 했던 다수의 노동자들로 노동을 분리했다. 하지만 협치의 사이버네틱스에서는 그러한 노동의 분리가 사라지고, 모든 노동은 "수행"[48]으로 변환된다. 즉 자신의 성과를 극대화하는 쪽으로 프로그래밍된 커뮤니케이션 기계의 수행이다. 그리고 좋은 협치의 기준은 법률의 준수 여부가 아니라, 바로 양적인 지표에 따라 측정되는 금융 성과이다.

　이렇게 재정의된 협치 개념은 지난 세기 말에 국제 경제 기구들[세계은행,[49] 국제통화기금(IMF)[50]]에 의해 채택되었으며, 이 기구들은 이른바 개발도상국의 구조개혁과 빈곤 퇴치에 이 개념을 적용했다. 이 국제 경제 기구들이 약속한

....

45　이 개념이 노동법에 미친 영향에 대해서는 Elsa Peskine, *Réseaux d'entreprises et droit du travail* (Paris: LGDJ, 2008, 363 p).

46　기업거버넌스에서 이해관계자들에게 일정한 자리를 마련하는 것이 타당하다는 점에 대해서는 S. Deakin & A. Hughes(eds.), *Enterprise and Community: New Directions in Corporate Governance* (Londres: Blackwell, 1997, 176 p).

47　Augustin Berque, *Histoire de l'habitat idéal. De l'Orient vers l'Occident* (Paris: Éditions du Félin, 2010), p.347 이하.

48　Cf. N. Wiener, *Cybernétique et société. L'usage humain des êtres humains*, op. cit., loc. cit. 같은 의미로 이 개념을 사용하는 논의로는 Amartya Sen, *Inequality Reexamined* (Harvard University Press, 1992), 프랑스어판: *Repenser l'inégalité* (Paris: Le Seuil, 2000, 281 p).

49　World Bank, *L'Afrique subsaharienne: de la crise à une croissance durable. Étude de prospective à long terme* (Washington, 1989); *Governance and Development* (Washington, 1992).

50　IMF, *Good Governance: The IMF's Role* (Washington, IMF Publications, 1997, 13 p).

"좋은 협치"는 특히 사회적 분야와 문화적 분야에서 국가의 영향력을 대폭 축소하고, 그 대신 민간 부문과 시민사회의 주도권을 강화하는 것으로 귀결되었다. 1997년부터 2000년까지 세계은행의 부총재이자 수석경제학자였던 조지프 스티글리츠(Joseph Stiglitz)가 고백한 바와 같이, 사실상 문화 구조개혁은 언제나 개발도상국의 정책을 선진국 금융가들의 이익에 맞추어 추진하도록 하는 것이었다.[51]

같은 시기에 협치 개념은 또한 유럽공동체와 이어 유럽연합의 어휘도 정복했다.[52] 협치 개념은 유럽연합의 규범 체계에 관해서뿐만 아니라, 경제정책, 조세정책, 통계, 국제기구, 개발도상국과의 관계, 항공, 신기술, 환경 등의 영역에서도 활용되었다. 2013년 1월 1일 발효된 "유럽경제통화동맹 내 안정과 조정 및 협치를 위한 조약"의 채택은 유럽연합 법문서의 위계 가운데 가장 상위 수준에서 협치 개념이 승인된 것으로서, 협치 개념의 대관식이라고 할 만하다. 이 조약은 프랑스 대통령 선거 후보였던 프랑수아 올랑드(François Hollande)가 절대 그대로는 비준하지 않겠다고 공약했지만, 당선되자마자 곧바로 비준한 조약이다. 그러나 사실 실시간으로 외부의 신호에 반응하는 능력에 근거하고 있는 협치가 약속에 대한 존중과 양립하는 것은 거의 불가능하다고 할 것이다.

일반적으로, 협치는 정치적 민주주의의 어휘를 경영의 어휘[53]로 대체하면서 언어의 영역에서 핵심적인 위치를 차지하고 있는데, 〈표 1-1〉의 일람표가 보여주는 바와 같다.

....

51 Joseph E. Stiglitz, *Globalization and its Discontents* (Norton, 2002), 프랑스어판: *La Grande Désillusion* (Paris: Fayard, 2002, 324 p). 같은 의미로 M. Mahmoud Mohamed Salah, *L'Irruption des droits de l'homme dans l'ordre économique international. Mythe ou réalité?* (Paris: LGDJ, 2012), p.21 이하.

52 Eur-lex 사이트의 데이터베이스를 검색하면 "협치"라는 제목이 붙은 문서가 205건 나오고, 그중에서 27건은 법령이다(2013년 4월 10일 검색).

53 Cf. Corinne Gobin, "Le discours programmatique de l'Union européenne. D'une privatisa-tion de l'économie à une privatisation du politique," *Sciences de la société*, 55, 2002. 2., pp.157~169; Guy Hermet, "Un régime à pluralisme limité? À propos de la gouvernance démocratique," *art. cit.*, pp.167~168.

사이버네틱스의 상상력에 의해 추동되는 협치는 통치와 달리 사람들의 **종속**이 아니라, 사람들의 **프로그래밍**에 근거한다. 이러한 중심 이동은 앞에서 인용한 위너의 글에서 위너가 행위의 동력으로 수행과 의도를 대립시킬 때 이미 엿볼 수 있었던 것이다. 종속된 노동자는 하달된 명령과 지시에 따라 행위하는 반면, 프로그래밍된 노동자는 외부 환경으로부터 전달되는 정보에 반응한다. **종속**에서 **프로그래밍**으로의 전환은 인간의 행위에 관한 현대

〈표 1-1〉 통치와 협치의 어휘 비교

통치	협치
인민	시민사회
주권	부차성
영토	공간
법률	프로그램
자유	유연성
도덕	윤리
정의	효율성
판단	평가
규칙	목표
규제	규율
대표	투명성
노동자	인적자본
자격	고용 가능성
노동조합	사회적 파트너
단체교섭	사회적 대화

의 표상에서 대단히 핵심적이다. 계획을 입안한 자의 타율적 개입을 함축하는 계획과 달리, 프로그램은 생리 평형적이고 자기준거적인 시스템이라고 할 수 있다. 프로그램이 생물학에서 거둔 성공(유전학 프로그램은 신의 계획을 멋지게 대체했다)이나 경영학에서 거둔 성공(프로그램은 지배자의 형상을 감춘다)이 모두 그러한 성질에서 비롯된다. 대중매체들은 어떤 사람이나 정당의 행위를 설명하려고 할 때, 더는 그 사람이나 정당의 이념이나 신념이 아니라, 그 사람 또는 그 정당의 '소프트웨어', 'DNA', '유전코드', '하드디스크' 같은 표현을 사용한다.

인간이 수요나 욕구를 만족시키기 위해 인간의 형상을 본떠 창조한 존재라는 신화는 새로운 것이 아니다. 그러나 그러한 상상력이 최초의 자동기계인형의 제작에서 프리츠 랑이나 찰리 채플린이 묘사한 바와 같은 산업사회를 거쳐 정보통신기술의 발명에 이르기까지 기술의 발전을 추동하는 원동력이 된 곳은 오직 근대의 서양뿐이다. 기술사학자 필립 브르통(Philippe Breton)은 그리스 신화 속의 피그말리온과 갈라테이아 또는 탈무드 전통 속의 골렘에서 현대의 컴퓨터와 로봇에 이르기까지, 인간의 형상을 본뜬 피조물들의 계보를 작성한 바 있다.[54] 이 계보 속에 리바이어던은 보이지 않지만, 리바이어던은 인간의 특

징을 닮은 르네상스의 자동기계들 가운데 확실히 한 자리를 차지할 것이다. 법률적 규제를 '정치적 신체'에 대한 생물학적 규율과 동일시하기 그리고 이 정치적 신체를 하나의 기계로 환원하기 등 필요한 요소는 다 있다. 그 계보에는 또한 이 통치기계의 수많은 후손들이 등재될 수 있을 것이다. 즉, 자코뱅주의 공화국, 프랑켄슈타인 박사의 피조물처럼 무고한 사람들을 학살하는 끔찍한 전체주의 국가, 인간의 모든 필요를 만족시키기 위한 장치로 길들여진 자비로운 복지국가, 마지막으로 단연코 현대적인 형상으로서 사전에 프로그래밍되고 (보상과 처벌이라는 그 '신경망'의 상호작용에 의한) 반응 능력을 갖춘 항상성의 기계가 그것이다. 요컨대 통치기계는 더 이상 시계가 아니라 컴퓨터를 모델로 해 착상된다. 이것은 머리가 없는 기계로서, 권력이 어디에 있는지 더는 알 수 없으며, 규제는 규율로 대체되고 통치는 협치로 대체된다. 이처럼 디지털 혁명은 법의 영역에서 나타나고 있는 혁명과 동행하고, 숫자에 의한 협치의 이상은 법률에 의한 통치의 이상을 대체한다.

홉스가 상상한 통치기계는 자동기계인형의 모델을 본뜬 것으로서, 홉스와 동시대 인물인 갈릴레이가 천문학에서 발견한 것과 같은 유형의 불변의 법칙에 의해 지배되는 것이었다. 오늘날의 통치기계는 사이버네틱스의 모델을 본뜬 것으로서, 법칙이 아니라 항상성을 보장하는 프로그램에 의해 지배된다.[55] 다른 말로 하면, 이 새로운 통치기계는 생물학적 기관이나 컴퓨터를 본떠 스스로 규율하는 존재로 간주된다. 통치에서 협치로의 대체가 표현하고 있는 것이 바로 이 새로운 상상력이다. 이것은 한편으로는 법치의 이상과 단절하는 것이면서, 또 한편으로는 법치의 이상을 계승하는 것이다. 그것이 단절인 이유는 법률이 주권성을 상실하고 프로그램의 실현을 위한 도구가 되기 때문이며, 그

54　Philippe Breton, *À l'image de l'homme. Du Golem aux créateurs virtuelles* (Paris: Le Seuil, 1998, 187 p).

55　이 개념에 대해서는 Gilbert Simondon, *Du mode d'existence des objets techniques* (1958) (Paris: Aubier, 2012), p.59[한국어판: 질베르 시몽동, 『기술적 대상들의 존재양식에 대하여』, 김재희 옮김(그린비, 2011)].

것이 계승인 이유는 인간의 자의적 의사에서 벗어난 나라에 대한 이상은 협치에 의해 더욱 강화되기 때문이다. 사실 협치는 사회의 프로그래밍을 다수의 의사, 즉 민주주의에서 벗어나게 만들고자 한다. 그런 점에서 협치는 서양의 역사를 특징짓는 또 다른 꿈에 충실하다. 그 꿈은 바로 계산에 의한 조화이다. 그러므로 숫자에 의한 협치의 역동성과 영향력을 파악하는 한편 협치가 다다르는 궁지를 이해하기 위해서는 이 두 가지 원천, 법률과 숫자를 재검토하는 것으로부터 시작해야 한다.

제2장

이상향을 찾아 떠나는 모험들
법의 지배

"도시의 법률이 힘이 없고 예속되어 있다면 그 도시는 곧 멸망할 것이
며, 법률이 주인을 지배하고 주인이 노예의 법률이 되는 곳에서는 신
이 그 도시에 허락한 모든 행복들과 안녕이 찾아올 것이다."

— 플라톤, 『법률』

　일체의 인격적 종속관계에서 벗어나기 위해서는 보편적이고 추상적인 법률
이 모든 사람에게 똑같이 적용되어야 한다. 미국혁명과 프랑스혁명 당시에 장
자크 루소(Jean-Jacques Rousseau)는 누구보다도 감동적인 문장으로 이 법률의
지배라는 이상을 옹호했다. "자유로운 인민은 따르되 섬기지 않는다. 자유로
운 인민에게 지도자는 있지만 주인은 없다. 자유로운 인민은 법률을 따르고,
법률만을 따르며, 법률의 힘에 의해 사람을 따르지 않는다. 공화국에서는 법률
의 성스러운 울타리를 보호하기 위해 관헌들의 권력에 제한을 가한다. 관헌들
은 법률의 집행자이지 지배자가 아니며, 법률을 수호해야지 위반해서는 안 된
다. 정부에서 법률의 기관만 보일 뿐 사람이 보이지 않을 때 인민은 정부의 형
태와 상관없이 자유롭다. 한마디로 말해서 자유는 언제나 법률의 운명을 따르
고, 자유는 법률과 함께 번성하거나 쇠퇴한다. 이것보다 더 분명한 것을 나는

알지 못한다."[1] 20년이 채 지나지 않아서 이 문장이 표현하고 있는 의지, 즉 사람이 아니라 법률에 의해 통치되고자 하는 의지는 최초의 근대적 헌법들을 정초하는 주춧돌이 되었다. 예를 들면 1780년 매사추세츠 주헌법이 그것인데, 이 헌법은 사람에 의한 통치가 아니라 법률에 의한 통치를 위해 삼권분립의 원칙을 세웠다. "마지막까지 이 정부는 사람의 정부가 아니라 법의 정부가 될 것이다"(Article XXX). 계속해서 1789년 프랑스의 인권선언(현행 프랑스 헌법의 일부)은 다음과 같이 천명한다. "법률은 일반의지의 표명이다. 모든 시민은 개인적으로 또는 대표자를 통해 입법에 참여할 권리가 있다. 법률은 보호하는 경우나 처벌하는 경우나 만인에게 평등해야 한다."

법의 지배를 바라는 염원은 새로운 것은 아니다. 법치의 이상은, 루소보다 2000년 앞서 플라톤이 그랬듯이, 통치자가 법률의 하인이 되는 도시에 대한 그리스의 오래된 이상향이 그려온 훨씬 더 긴 역사의 일부이다. "오늘날 통치자로 일컬어지는 자들을 내가 법률의 하인들이라고 부른다면, 그것은 새로운 낱말을 만들어내는 즐거움 때문이 아니라, 도시의 안녕과 쇠락은 다른 무엇보다도 더 그것에 달려 있다고 생각하기 때문이다. 도시의 법률이 힘이 없고 예속되어 있다면 그 도시는 곧 멸망할 것이며, 법률이 주인을 지배하고 주인이 노예의 법률이 되는 곳에서는 신이 그 도시에 허락한 모든 행복들과 안녕이 찾아올 것이다."[2] 통치기계는 이 오래된 그리스적 법치의 이상을 축적하고 재해석하는 긴 작업의 결실이다. 이 작업의 중요한 단계들에 대한 기억을 되살리는 것은 오늘날 우리가 서 있는 지점을 이해하기 위해서 필요하다. 오늘날 우리가 서 있는 곳은 더 이상 법률이 지배하지 않는다. 왜냐하면 법률이 거꾸로 계산기계의 작동을 위해서 복무하기 때문이다.

1   Rousseau, "Huitième Lettre écrite de la montagne"(1764), in *Œuvres complètes*, Gallimard, collection "Bibliothèque de la Pléiade," t. 3, 1966, p.842.
2   Platon, *Les Lois*, 프랑스어판, Jacqueline de Romilly.

그리스의 노모스(nomos)

몇 년 전에 마르셀 데티엔(Marcel Détienne)은 서양 문명의 그리스적 기원을 언급하는 말들이 종종 갖는 신화적 성격을 비판한 적이 있다.[3] 그러한 비판의 정당성을 부정할 필요는 없다. 다만, 도시가 그 법률을 스스로 자유롭게 정한다는 이상이 최초로 표명된 곳은 그리스였다는 점은 인정해야 한다.[4]

이전까지 공동체의 삶에 대한 규칙은 구술언어에 의존했고, 그래서 문자언어가 갖고 있는 대항력을 담보하지 못했다. 문자언어와 함께 그 규칙을 법률 속에 새겨 넣을 수 있는 가능성이 생겨났다. 리쿠르고스나 솔론 같은 위대한 입법자들이 그리스의 도시들에서 제정했던 법률들을 스파르타에서는 레트라(rhetra)로 불렀으며, 아테네에서는 테스모스(thesmos)라고 불렀다. 레트라는 '말하다'라는 동사에서 나왔고, 테스모스는 '놓다', '정초하다'라는 동사에서 나왔다. 아테네에 민주주의가 도래하면서 테스모스는 사라지고 노모스(nomos)가 등장했다. 이러한 용어 변화는 기원전 5~6세기 무렵 일어났는데, 이것은 외부에서 강제된 법률 개념이 시민들이 스스로 제정한 법률 개념으로 대체되었음을 나타낸다. 다른 말로 하면, 노모스와 함께 법의 지배라는 개념이 생겨났고, 그리스인들에게 법의 지배는 민주주의와 동의어였다.[5] 나중에 플라톤은 다음과 같은 말로 이 이상을 옹호하게 된다. "사람들이 법률의 지배자가 되는 것이 아니라, 법률이 사람들을 주권적으로 지배했다."[6] 노모스는 '나누다'라는 동

3   Cf. Marcel Détienne, *Comment être autochtone. Du pur Athénien au Français raciné* (Paris: Le Seuil, 2003, 192 p).

4   근대적 의미에서 법이 "발견"될 수 있었던 조건 및 법치의 이상이 최초로 겪었던 부침에 대해서는 Jacqueline de Romilly, *La Loi dans la pensée grecque* (Paris: Les Belles Lettres, 1971, 265 p).

5   Claude Mossé, "Comment s'élabore un mythe politique: Solon, 'père fondateur' de la démocratie athénienne," *Annales ESC,* no.3(1979), pp.425~437.

6   Platon, *Lettre VIII*, in *Œuvres complètes,* t. 2, Paris: Gallimard, collection "Bibliothèque de la Pléiade", 1964, p.1227.

사에서 비롯된 말인데, 이전까지 제의나 예술 분야의 다양한 규칙들을 가리키는 말로 쓰였다. 노모스의 새로운 용법은 이상적 질서를 표방하는 규정과 실제의 관습들에 대한 묘사 사이의 긴장을 일으켰다. 이 긴장은 인정법(人定法)이라는 개념 자체에 내재하는 것이며, 오늘에 이르기까지 긴 역사 동안 내내 이어진다.

권력이라는 말로밖에는 정치를 사고할 줄 모르는 근대인들과 달리, 그리스인들은 정치를 무엇보다 공정한 질서의 문제로 생각했다. 기원전 6세기에 노모스를 중심으로, 도시의 정의로운 질서를 상징하는 에우노미아(eunomia)와 불의와 무법의 지배를 상징하는 디스노미아(dysnomia)를 대립시키는 정치사상이 정돈되었다. 에우노미아와 디스노미아는 각각 그 이념을 상징하는 여신의 이름이기도 하다. 그리고 점차 시민들의 평등이 공정한 질서의 일부로 천명되었으며, 이소노미아(isonomia)라는 개념이 탄생하게 된다.[7] 기원전 5세기에는 도시를 다스리는 자가 질서를 정한다는 생각이 등장하고, 에우노미아는 점차 구체적으로 개념화된다. 즉 권력의 형태에 따라서 도시의 정체를 구분하는 언어들이 등장하는데, 군주정, 과두정, 귀족정, 민주정이 그것이다. 크리스티앙 마이어(Christian Meier)에 따르면, 이러한 용어의 변화는, 공정한 질서란 사람들이 좌우할 수 없으며 선험적으로 주어지는 어떤 것이 아니라, 시민들은 어떤 형태의 질서 속에서 살고자 하는지 스스로 결정할 수 있다는 점을 깨닫게 되면서 일어났다.[8] 이때부터 노모스는 근대적 용법으로서의 '법률', 즉 시민들에 의해 시민들을 위해 만들어진 법이라는 의미를 갖게 되었다.

이 인정법에 대해서는, 그 법은 어디에서 정당성을 획득하는가, 다른 말로 하면 그 법은 어떤 권위에 의거하는가, 그 법의 보증인은 누구인가 하는 질문이 제기된다. 신정법(神定法)에 대해서는 당연하게도 그러한 질문이 제기되지 않는다. 하지만 인간이 만든 작품으로 착상되는 법은 보증인을 잃어버린 채 변

7   Cf. Christian Meier, *Introduction à l'anthropologie politique de l'Antiquité classique* (Paris: PUF, collection "Essais et conférences du Collège de France", 1984), p.28 이하.

8   *Ibid.*, p.30.

덕스러움과 상대성이라는 위험에 노출된다. 그러자 곧바로 다음과 같은 의문이 제기되는데, 이 의문은 결코 법사상에서 떠난 적이 없다. 즉, 인간이 만든 법의 내용과 일치하지 않더라도 모든 인간이 준수해야 하는 상위의 불문법이 존재하지 않을까 하는 의문이 그것이다. 이것이 바로 '신의 확고부동한 불문법'을 이유로 모든 인간이 마땅히 지켜야 하는 장례식을 존중해야 한다고 크레온에게 맞선 안티고네의 테마이다.

오늘날에는 신이 아니라 불가침의 신성한 인권의 이름으로, 그러한 권리를 침해하는 자들을 실정법의 형태로 기소하고, 또한 억압에 맞서 저항할 권리를 정초한다. 저항권은 1776년 미국 독립선언문에서 천명되었으며, 1789년 프랑스 인권선언 제2조에서도 역시 승인되었다. 따라서 저항권은 언제나 프랑스 헌법의 기초를 구성한다. 그러나 미국 독립선언의 기초자들은 인종주의적 입법에 매우 익숙했고, 자기 자신들에게는 인정했던 저항권을 노예들에게는 인정하려고 하지 않았다는 점을 지적하지 않을 수 없다. 다시 말하면, 그들은 오늘날 국제형사재판소에 관한 로마규정 제7조가 반인도주의적 범죄로 규정하고 있는 행위의 정당성을 인정했던 것이다. 프랑스가 식민지에 강요했던 원주민 통치 체제나 제2차 세계대전이 끝난 뒤에도 한참 동안 유지되었던 북유럽 국가들의 우생법에 대해서도 같은 말을 할 수 있을 것이다. 요컨대 인정법은 아무리 신성하고 영원한 불가침의 원칙들을 제시한다고 주장하더라도, 이론의 여지가 없는 보증인이 결여되어 있으며 따라서 변덕스럽고 다양할 수밖에 없다. 인정법의 정당성은 상대적인 것에 불과하다.

알다시피 몽테스키외는 법률의 상대성에 저작의 많은 부분을 할애했다. 몽테스키외보다 훨씬 앞서, 비교법에 관해 부정할 수 없는 저자의 자격을 갖고 있는 헤로도토스(Herodote)도 이미 같은 지적을 했다. 헤로도토스는 긴 여정 끝에 『역사』를 저술하면서, 자신이 여행했던 나라들의 법률들이 서로 다른 점을 평가하고 기록했다. 그런데 헤로도토스는 다음과 같이 근본적인 점을 지적한다. 즉 죽은 자의 시체를 먹는 풍습을 갖고 있는 바로 그자들이 죽은 자를 화장하는 풍습에 기겁한다는 것이다. 그리고 반대로도 마찬가지다.[9] **요컨대 인간 사**

회에서 법률의 상대성 이면에는 금기의 보편성이 존재한다. 법이 인류학적 기능을 수행한다면, 그것은 바로 인간 사회에 존재하는 이 금기의 보편성 때문이다.

어쨌든 법률의 상대성은 이 인위적인 법률에 맞서 진정한 법률 즉 자연의 법률을 제시하고자 하는 논자들이 공격하는 빌미를 제공했다. 그리고 이후 여러 세대에 걸쳐 철학자들과 법학자들은 자연적 질서에 비추어 법질서의 정당성을 평가하려는 시도를 멈추지 않았다. 자연, 하지만 어떤 자연인가? 아리스토텔레스는 자연적 정의와 법적인 정의를 구분하면서 다음과 같이 말했다. "사람들의 편견이 그 가치를 인정하는지 부정하는지 여부에 상관없이 어느 곳에서나 동일한 가치를 갖는 정의는 자연적이다."[10] 그러나 어느 곳에서나 동일한 효력을 가지며 편견에 좌우되지 않는 것은 무엇인가? 인간의 의지를 초월하고 강제하는 우주적 질서, 세상의 질서인가? 자신의 관점을 강요하고 동료들을 지배하고자 하는 인간의 본성인가? 아니면 사실상 이 두 가지는 같은 것으로서, 진정으로 보편적인 법은 강자의 법뿐인가?

고대 그리스인들의 정신을 자극했던 이 모든 질문들은 여전히 우리에게도 유효하다. 오늘날 '자생적 시장질서'의 존재를 믿으면서 '사회정의의 신기루'를 비난하는 자들은 플라톤의 『고르기아스』에서 칼리클레스(Callicles)가 실정법에 대해 가하는 비판을 한 글자도 바꾸지 않고 그대로 취할 수 있을 것이다. "법을 제정하는 자가 약자와 다수 대중이라는 사실은 불행한 일이다."[11] 평등에 근거하고 있는 인정법은 약자들의 무기이다. 이 무기에 힘입어 약자들은 강자들에게 복종하지 않을 수 있을 뿐 아니라, 강자들을 복종하게 만들 수도 있다. 이 인위성에 맞서 칼리클레스는 긴 세월이 지난 후 지적 후세가 실현하게 될 문장 이전에 이미 다원주의적 문장으로 다음과 같이 자연을 호출한다. "그런데

9   Hérodote, *L'Enquête*, III, 38, in *Œuvres complètes* (Paris: Gallimard, collection, "Bibliothèque de la Pléiade", 1964), pp.235~236.

10 Aristote, *Éthique à Nicomaque*, V, 10(1143b), A. Gauthier et J.-Y. Jolif 역(Presses universitaires de Louvain, 1970, 제2판, t. 1, 제2부), p.140.

11 Platon, *Gorgias*, in *Œuvres complètes* (Paris: Gallimard, collection, "Bibliothèque de la Pléiade", t. 1, Léon Robin 역), pp.426.

반대로 자연 그 자체는 다음과 같은 것이 정의로운 것이라고 말한다. 즉 더 가치 있는 자가 덜 가치 있는 자의 위에 서고, 우월한 자가 열등한 자의 위에 서는 것이다."[12]

이처럼 약육강식의 법칙만이 자연의 질서에 부합한다는 생각이 현대의 사상계에서 다양하게 일으키는 변용들을 혼동하지 말아야 한다. 사드와 니체 그리고 히틀러(Hitler)를 한 바구니에 담을 수 없듯이, 애덤 스미스(Adam Smith), 다윈(Darwin), 밀턴 프리드먼(Milton Friedman), 프리드리히 하이에크(Friedrich Hayek)도 마찬가지다. 하지만 이렇게 다양한 변용들이 존재한다는 사실 자체가, 자연적 질서라고 생각하는 것을 법에 투영하는 일이 지식인들에게 얼마나 매력적인 것이었는지를 보여준다.

사드는 법률(=법칙)이 갖는 치명적 잠재력을 폭로하면서, 다소 정열적인 태도로 법률을 파악했다. 사드의 이러한 법률관은 최근에 여러 저작에 영감을 주었다.[13] 사드는 다음과 같이 썼다. "우리가 다른 모든 자연의 산물들과 닮았다는 것이 맞다면, 우리가 그것들보다 더 나을 바 없다면, 왜 우리에게는 다른 법칙이 적용된다고 고집스럽게 믿어야 하는가? 나무들과 벌레들이 자비와 사회적 의무와 친지에 대한 사랑을 아는가? 자연에서 이기주의보다 더 지고의 법칙을 찾아볼 수 있는가?"[14]

그럼에도 불구하고 강단의 철학에서 집단학살에 이르기까지 20세기가 넘어서버린 선이 있다. 특히 히틀러에 의해서이다. 히틀러는 다음과 같이 말했다. "내재적 법칙에 의해서 자연적 부는 그것을 정복한 자에게 속한다. …… 이것은 자연의 법칙에 부합한다. …… 자연선택의 법칙은 적자생존을 위한 중단 없는 투쟁을 정당화한다."[15] 히틀러가 사드에 추가한 것은 다윈이다. 즉 생물학

---

12 *Ibid.*, p.427.

13 Cf. François Ost, *Sade et la Loi* (Paris: Odile Jacob, 2005, 345 p); Dany-Robert Dufour, *La Cité perverse. Libéralisme et pornographie* (Paris: Denoël, 2009, 389 p).

14 D.A.F. de Sade, *L'Histoire de Juliette ou les prospérités du vice*, Ve Partie, in *Œuvres complètes* (Paris: Tête de feuille, 1973, t. 9), p.291.

15 Adolf Hitler, *Libres propos sur la guerre et sur la paix, recueillis sur l'ordre de Martin*

적 역사관에 대한 준거이다. 그러나 이기주의를 자연의 '지고의 법칙'으로 규정하고 악덕의 번영과 미덕의 불행이라는 주제를 옹호한 최초의 인물이 사드는 아니다. 버나드 맨더빌(Mandeville)은 1714년에 출판한 철학적 콩트 『꿀벌의 우화: 개인의 악덕과 공공의 미덕』에서, 부제가 명료하게 말하고 있듯이 그러한 주제를 펼쳐 이야기했다. 루이 뒤몽(Louis Dumont)은 현대의 경제 이데올로기가 탄생하고 만개하는 데 이 책이 갖는 중요성을 강조한 바 있다.[16] 최근에는 다니로베르 뒤푸르(Dany-Robert Dufour)가, 사드는 칸트식 정언명령을 따르지 않는 것이 가능하다고 하면서 자기애와 타인의 도구화를 공정한 질서의 지상 법칙으로 제시하는 이론의 규범적 진실을 폭로했을 뿐이라는 점을 설득력 있게 분석했다.[17]

그리스인들은 민주주의적 법률의 정당성 위기를 어떻게 극복하려고 했을까? 이 인정법은 더는 신의 보증에 기댈 수 없는데, 그렇다면 어떻게 인간의 정열과 편견에 사로잡히지 않고 강자의 손에 쥐어진 단순한 도구로 전락하지 않을 수 있을까? 소크라테스에서 아리스토텔레스까지 이 질문에 대한 대답은 다양했다. 하지만 **그 모든 대답들은 신의 이성을 대체하기 위해 인간의 이성을 호출한다는 공통점을 갖는다**고 말할 수 있다.

소크라테스는 합의에 기초한 법률을 이성적인 것이라고 보았다. 합의는 자의적인 것이 아니며, 도시가 유지되기 위해서는 꼭 필요한 것이다. 르네상스의 철학자들이나 존 롤스(John Rawls)와 달리, 소크라테스는 법률을 탄생시키는 일종의 규범적 빅뱅인 원초적 사회계약을 상정하지 않는다. 소크라테스가 보기에, 설령 부정의한 법률이라 하더라도 법률을 지키는 것은 법률이 다스리는 도시에서 살고 있다는 바로 그 사실로부터 비롯하는 일상의 약속이다. 그렇지

....

Bormann (Paris: Flammarion, 1952), p.51 및 69.

16   Louis Dumont, *Homo æqualis*, t. I, *Genèse et épanouissement de l'idéologie économique* (Paris: Gallimard, 1977), ch.5, "*La Fable des abeilles* de Mandeville: l'économique et la moralité", p.83 이하.

17   D.-R. Dufour, *La Cité perverse*, *op. cit.*

않으면 도시는 멸망으로 치달을 것이기 때문이다. 『크리톤』에서 소크라테스는 사형선고를 받은 후 죽음을 선택할 것인지 망명을 선택할 것인지를 결정하는 순간에 이러한 대답을 내놓았고, 그런 점에서 이 약속을 자신의 생명보다 위에 놓았다고 말할 수 있다. 하지만 플라톤은 이 부정의함을 목격한 후 더는 법률에 의한 통치라는 이상을 아무런 유보 없이 받아들일 수는 없었다. 플라톤에게 이성적인 것이란 법률은 필요악이라는 사실을 인정하는 것이다. 즉 법률은 불완전하지만 불가결한 도구라는 것이다. 이상적인 세계에서는 법률이 필요 없을 것이다. 왜냐하면 그러한 세계는 과학에 의해, 즉 사실의 세계와 관념의 세계를 일치시킬 수 있는 완벽한 과학에 의해 통치될 것이기 때문이다. 플라톤의 『국가』는 수많은 개별 사례와 상황 변화를 파악할 수 없는 법률의 불완전성을 정당하게 비판하는 동시에, 그러한 이상적 질서를 묘사하는 책이다. 반면에 플라톤이 마지막으로 저술한 『법률』은 법률의 주권성을 옹호하는 책이다.[18] 이 책에서 플라톤은 법률이 관념 세계와 인간 세계 사이에 다리를 놓을 수 있는 조건을 검토한다. 플라톤에 따르면 법률은 도시의 공통된 이익에 근거해야 하며, 인간이 자신의 이성을 행사할 때 드러나는 신적 모델로부터 영감을 얻어야 한다. 이렇게 이해되는 법률이야말로 도시를 다스려 마땅한 그 무엇이며, 통치자는 법률의 수호자, 나아가 법률의 노예에 지나지 않는다.

아리스토텔레스가 보기에 법률의 권위를 정초하는 것은 법률의 안정성이다. 도시가 오랜 시간 동안 노모스의 사용을 승인할 때 그 노모스는 안정성을 갖는다. 이 점에 착안해 아리스토텔레스는 입법을 통치 기술과 동일시하는 것을 거부한다. 왜냐하면 기술은 효율성이라는 기준에 따라서 변할 수밖에 없는 반면, 법률의 효율성은 그 안정성에 달려 있기 때문이다. 아리스토텔레스는 다음과 같이 말한다. "기술에서 일어나는 일을 예로 드는 것은 허망하다. 왜냐하면 기술의 관행을 바꾸는 일과 법률을 바꾸는 일 사이에는 어떠한 유사성도 없기 때문이다. 법률은 관습의 힘을 빌리지 않고서는 결코 복종을 강제할 수 없

---

18 이 책에 대한 꼼꼼한 주석으로 Leo Strauss, *Argument et action des* Lois *de Platon* (Paris: Vrin, 1990, 254 p).

으며, 관습의 힘은 오랜 시간이 지난 후에만 확립된다. 그러므로 지금 있는 법률에서 전혀 다른 새로운 법률로 쉽게 넘어가는 것은 법률의 권위를 약화시키는 것이다."[19] 요컨대 아리스토텔레스에게 통치기계라는 관념보다 더 이상한 것은 없다. 아리스토텔레스가 보기에 법은 기술로 용해될 수 없다.

법률의 권위는 법률의 안정성에 달려 있다는 생각은 오늘날에도 여전히 존재한다. 프랑스 법을 재정초하는 작업을 수행했던 포르탈리스는 『민법전서론』의 유명한 구절에서 그러한 생각을 밝힌 바 있다. "입법을 할 때에는 새로운 것을 절제해야 한다. 왜냐하면, 새로운 제도에 관한 이론이 제공하는 장점들을 **계산**하는 것은 가능할지 몰라도, 현실만이 발견할 수 있는 단점들을 모두 아는 것은 가능하지 않기 때문이다. …… 기존의 법률을 바꾸는 것보다는 그것을 사랑해야 할 이유를 시민들에게 설명하는 것이 거의 언제나 더 유용하다."[20] 법률을 이해타산에 복무시키는 것을 경계했던 포르탈리스의 관점은, 이미 가능성에 대한 계산을 사회문제에 적용하기 시작했던 그 혁명적 시기에, 숫자에 의한 협치의 대두를 예감하고 있었음을 보여준다.[21] 플라톤이나 울피아누스와 마찬가지로[22] 포르탈리스는 입법을 한편으로는 관념과 순수지의 세계로 여기고, 다른 한편으로는 경험의 다양성과 습관의 힘을 중재하는 일, 즉 일종의 성직으로 여긴다. 전자는 "이론이 제공하는 장점들을 계산하는 것"에 관련되는 반면, 후자는 "오직 떨리는 손으로만 법을 만질 것"을 주문한다.[23] 이 두려움, 입법자가

---

19 Aristote, *La Politique* (1269a), Jules Tricot 역(Vrin, 1982), p.133.

20 Jean-Étienne-Marie Portalis, *Discours préliminaire du premier projet de Code civil* (1801). 강조는 필자.

21 이 책 제5장 참조.

22 Digeste, Livre I, 1: "Cujus merito quis nos sacerdotes appelet……"(사람들은 당연히 우리 법률가들을 사제라고 부른다. 왜냐하면 우리는 정의의 신도이며, 선하고 올바른 것을 알아 적법한 것과 그렇지 않은 것을 가려내는 일을 하기 때문이다).

23 몽테스키외는 이 유명한 구절을 129번째 페르시아인의 편지에서 사용하고 있다. 이 편지의 첫 번째 구절도 주목할 필요가 있다. "입법자의 대부분은 편협한 사람들이다. 그들은 우연히 다른 사람들보다 우월한 자리에 있을 뿐이며, 자신들의 편견과 환상을 좇을 뿐이다." [Montesquieu, *Œuvres complètes* (Paris: Gallimard, collection "Bibliothèque de la Pléiade,"

자신의 일을 하는 그 순간에 염두에 두어야 할 이 두려움이라는 주제는 이미 고대 그리스인들도 알고 있었던 것이다. 데모스테네스(Demosthene)는 아테네 사람들에게 고대 그리스의 도시국가 중 하나인 로크리스의 관습을 다음과 같이 예로 들었다. "누구든지 새로운 법률을 제안하는 자는 자신의 목에 밧줄을 건다. 법률안이 바람직하고 유용하면, 제안자는 밧줄을 풀고 목숨을 건진다. 그렇지 않으면 밧줄을 당긴다. 즉 죽음이다."[24] 오늘날 법률 인플레이션 현상에서 보이는 것은 그 반대인 것 같다. 공표하라 아니면 사라져라, 이 명령은 지식인과 정치인을 가리지 않고 후려치는 것 같아 보이니 말이다.

현대의 법학자들은 고대 그리스가 우리의 법 개념에 이바지한 공로를 대부분 등한시한다. 기껏해야 아리스토텔레스가 『니코마코스 윤리학』에서 서술한 특별한 정의에 대해서만 관심을 가질 뿐이다. 나머지는 모두 정치철학에 속하는 것으로, 즉 법에서 파문당한 것으로 간주된다.[25] 그러나 이러한 완고한 태도도 법의 지배에 대한 그리스의 이상이 서양의 법제사에 남겨준 놀라운 **법적** 자산을 숨길 수는 없다. 이 그리스적 이상은 18세기 말에 새로운 법질서의 초석을 놓았던 헌법과 선언들 속으로 배어들었으며, 이 법질서는 오늘날에도 여전히 원칙으로 이어지고 있다. 그러므로 이 그리스의 유산을 '법과학'에서 몰아내는 것은 별로 과학적이지 않다. 여기에서 우리는 해럴드 버만(Harold Berman)의 지적에 동의하지 않을 수 없다. 버만에 따르면, 자연법주의나 역사법학 또는 법사회학과 마찬가지로(이 목록에 법경제학도 추가해야 할 것이다) 법실증주의는 어떤 경우에도 법을 **설명**할 수 없다. 왜냐하면 그것들은 모두 법의 구성요소이기 때문이다. 버만은 다음과 같이 말한다. "어떤 면에서 보면 서양법의 역사는 이 다양한 법철학 학파들의 등장과 충돌에 관한 이야기이다. 이 학파들

---

t. 1, 1949), p.322].

24 Démosthène, *Contre Timocrate*, Jacqueline de Romilly, *La Loi dans la pensée grecque, op. cit.*, p.204에서 재인용.

25 프랑스에서 이 입장을 옹호한 견해로는 Michel Villey, *Philosophie du droit*, t. 1, *Définitions et fins du droit* (Paris: Dalloz, 1982, 3e éd.), p.55 이하.

은 법의 역사를 설명하지 못한다. 왜냐하면 그 학파들을 설명하는 것이 역사이기 때문이다. 그것들이 왜 등장했는지, 왜 특정한 시대와 특정한 장소에서 그러한 학파들이 지배했는지를 설명하는 것이 역사이기 때문이다."[26] 법의 개념에서 일체의 정치적, 철학적 질문을 제거한 '순수' 법개념을 그리스적 전통으로 간주하는 것은 실은 로마법이 남겨준 유산이다.

로마법의 렉스(lex)

프랑스어에서 법률을 의미하는 단어 'loi'는 라틴어 렉스(lex)에서 나왔다. 렉스의 어원은 논쟁거리이다. 다른 인도-유럽어에는 렉스에 해당하는 말이 없다. 렉스가 레게레(legere)라는 동사에서 나왔다고 생각하는 것은 충분히 합리적인데, 이 말은 원래 '따다(cueillir)'를 의미했으며, 나중에 '읽다'라는 뜻을 갖게 되었다(읽는다는 것은 쓰여 있는 것의 의미를 눈으로 딴다는 것이다). 이 어원을 채택하고 있는 앙드레 마그들랭(André Magdelain)에 의하면, 이 어원은 무엇보다 렉스와 유스(ius)의 구별을 명확하게 해주는 장점이 있다.[27] 라틴어 유스의 첫 번째 의미는 권위를 갖는 문장이라는 의미이다. 유스의 동사는 유로(iuro)인데, 이것은 '맹세하다', '선서하다'라는 뜻이며, 유스디케레(ius dicere)는 사람들이 지켜야 하는 것을 규정하는 문장을 가리킨다.[28] 고대 로마에서 유스의 첫 번째 성질은 비밀스러운 것이었다. 유스는 폰티펙스(pontifex)라는 사제들에게 맡겨져 있는 지식인데, 이 사제들은 선조들의 관습을 의미하는 모스의 수호자들이

---

26 Harold J. Berman, *Droit et Révolution I, op. cit.*, p.28.

27 André Magdelain, *La Loi à Rome. Histoire d'un concept* (Paris: Les Belles Lettres, 1978, p.94).

28 Cf. Émile Benveniste, *Vocabulaire des institutions indo-européennes*, t.2, p.111 이하; A. Magdelain, *Ius, Imperium, Auctoritas. Études de droit romain* (École française de Rome, 1990), ch.1: "Le *ius* archaïque", p.3 이하.

다. 고대 로마에는 원래 두 종류의 고위 사제단인 신성한 전문가들이 있었다. 신이 새를 통해 인간들에게 보낸 메시지를 해석하는 임무를 안고 있는 여섯 명의 복점관 아우구르 및 다섯 명의 폰티펙스가 그들이다. 폰티펙스는 테베레 강의 다리 건설을 감독하는 임무를 수행하는 자들로서, 무엇보다도 측량과 숫자의 비밀을 알고 있는 엔지니어들이었다. 그러므로 그들은 또한 달력을 공지하는 의무도 갖고 있었다. 길일과 액일을 판별할 수 있는 능력은 폰티펙스를 법률 전문가로 만들었다. 이 두 종류의 사제단 외에 20명의 외교 담당 사제 페티알이 있다. 페티알(feciales)은 이웃 나라들과 체결한 조약을 기억하고 있는 자들로서, 폰티펙스가 로마 시민에게 적용되는 시민법을 위해 수행하는 역할과 유사한 역할을 일종의 국제법인 만민법을 위해 수행했다. 이 사제들의 지위가 아무리 고귀한 것이었다고 하더라도, 이들은 권한이 없는 단순한 자문역에 불과했고, 질문을 받았을 때에만 대답을 주었을 뿐이다.[29] 폰티펙스는 특히 희생제례를 집전했는데, 이 희생제례는 신과의 평화 그리고 인간들 사이의 평화를 유지하기 위해서 반드시 지켜야 하는 것이었다. 이 계율들은 그러므로 성스러운 영역과 법의 영역 모두에 관련된 것이었으며, 이 두 영역은 서로 얽혀 있었다.[30] 가장들은 특정한 상황에서 따라야 할 규칙인 유스를 알고 싶을 때, 즉 특정한 행위(예를 들어 재산을 주장하거나 양도하는 행위, 계약을 체결하는 행위)를 유효하게 처리하기 위해 지켜야 할 제례상의 태도와 발언을 알고 싶을 때, 폰티펙스를 찾아 갔으며, 그러면 폰티펙스는 이유를 달지 않고 신탁의 형식으로 대답했다. 이것을 레스폰사(responsa)라고 하며, 언제나 명령법의 형식을 취했다. 이 레스폰사는 원칙적으로 해당 사례에 대해서만 유효한 것이지만, 폰티펙스는 사례에서 일반적 규칙을 도출하는 방법론에 따라 그것을 기억하면서 선례에 권위를 부여했다. 이 선례는 폰티펙스만 알 수 있었다.

레스폰사와 마찬가지로 레게스(leges)도 명령법의 형식을 취했으며 유스의 일반 범주에 포함되었다. 하지만 레게스는 선포되거나 게시되는 방식으로 사

---

29 Theodor Mommsen, *Histoire romaine*, t.1, L. I, ch.12, p.230 이하.

30 Pierre Noailles, *Fas et Jus. Études de droit romain* (Paris: Les Belles Lettres, 1948, 283 p).

람들에게 공개되는 유스였다. 왕의 명령을 선포하는 경우, 신전을 봉헌하는 경우, 조약을 게재하는 경우 등 어떤 경우든지 읽기의 의례는 렉스의 유효 요건이었다. 시간이 지나면서 렉스는 텍스트를 읽는 행위가 아니라 텍스트 그 자체를 가리키게 되었다. 기원전 6세기 말 로마 공화정의 탄생과 함께 렉스는 그리스의 노모스 모델, 즉 법률과 법 앞의 평등 원칙에 의해 통치되는 국가라는 모델을 로마에 수입하는 데 사용되었다. 기원전 450년에 십이표법을 채택하고 그것을 로마 광장의 청동판에 새긴 일은 바로 이 법적이고 민주적인 전환의 표식이다.

그러나 알도 스키아보네(Aldo Schiavone)가 지적한 바와 같이,[31] 그리스의 모델은 그대로 로마에 접목될 수는 없었다. 왜냐하면 로마의 법률 전문가인 폰티펙스의 존재를 고려할 수밖에 없었기 때문이다. 폰티펙스는 법률의 수호자들이었는데, 이들은 법률의 제정자는 아니었지만 법률의 해석권을 갖고 있었다. 그러다가 5세기 중엽 해방된 율법학자인 그나에우스 플라비우스(Gnaus Flavius)가 그때까지 폰티펙스의 비밀이었던 지식, 즉 법을 적용하기 위해 사용해야 하는 문장과 지켜야 하는 달력을 누설한 후에는 법률의 해석권은 세속적 법학자들의 손에 넘어갔다.[32]

그렇게 해서 유스는 렉스를 흡수하고 체화했으며, 종교적 기원이 옅어진 채다양한 형태의 정치 조직에 복무할 수 있는 기술로 자처할 수 있게 되었다. 이기술은 일종의 소화제라고 부를 수 있을 만한 역할을 수행한다. 즉 법이라는 기술은 어떠한 법률의 내용이든지 소화할 수 있다. 이 기술은 법률가들의 수중에 놓이는데, 이들은 법률의 내용에 대해서 중립성을 공언하는 한편, 엄격하게 규정된 요건에 따라 그것을 적용한다. 법률은 판사가 공식적으로 인정하는 소

31 Aldo Schiavone, *Ius. L'invenzione del diritto in Occidente* (Turin, Einaudi, 2005), 프랑스어 판: *Ius. L'invention du droit en Occident* (Paris: Belin, 2008, 542 p).

32 이 유명한 에피소드에 관해서는 Marie Therese Fögen, *Römische Rechtsgeschichten. Über Ursprung und Evolution eines sozialen Systems* (Vandenhoeck & Ruprecht, 2002), 프랑스어 판: *Histoire du droit romain. De l'origine et de l'évolution d'un système social* (Paris: Maison des sciences de l'homme, 2007), p.133 이하.

송 양식에 따라 집행될 수 있다는 조건 아래서만 개별적 권리의 원천이 될 수 있었다.[33]

판사에 의해 공인된 소송 양식은 그야말로 법률에 접근할 수 있는 비밀번호로서, 소송 사례들을 유형화한 것, 즉 다양한 사실관계들을 추상화한 것으로부터 만들어졌다. 그러므로 그것은 일종의 사회적 대수학 같은 것, 즉 이해하기 어려운 것으로 여겨졌다. 폴 프레데리크 지라르(Paul Frédéric Girard)는 다음과 같이 말한다. "오늘날 보통 사람이 로그함수를 이용할 때 당황스러워하듯이, 보통의 로마 사람도 마찬가지로 십이표법을 특정한 상황에 적용하는 데 어려움을 겪었다."[34] 로그함수와 십이표법을 비교한 것은 확실히 정확한 비교이긴 하지만, 오늘날 우리가 실체와 형식을 구분하고 있는 방식에 비추어 과거를 판단해서는 안 된다. 로마법은 실체법과 절차법을 명확하게 구분하지는 않았다. 유스는 아직까지 양자를 혼합한 채로 있었다. 즉 법은 특정한 사건에서 **소송할 수 있는 권리**로 정의되고 있었다. 그리고 각각의 사례에 상응하는 소송 양식의 준수는 의례적 효율성에 대한 관심에서 비롯되는 것이었다. 물론 나중에 가면 어떠한 내용도 처리할 수 있는 순수한 형식으로서의 기술이라는 법 개념이 등장하게 되지만 말이다.

소송 양식은 엄격한 구성 규칙에 따랐다. 소송 양식의 구조는 (소송의 유형에 따라 달라지는) 주된 부분과 (사건의 구체적인 성격에 따라 달라지는) 부수적 부분으로 구분할 수 있다. 주된 부분은 판사의 지명, 청구원인, 청구취지, (재산의 분배에 관한 소송의 경우에 판사에게 부여되는) 소유권 할당권 그리고 판결 등으로 구성된다. 다음은 마리 테레스 푀젠(Marie Therese Fögen)이 『학설휘찬』에서 뽑아낸 사례인데, 소송의 세 가지 기본 요소만 포함하고 있는 매우 단순한 경우이다.[35]

....

33 소송 절차의 변화에 대해서는 Paul Frédéric Girard, *Mannuel de droit romain* (Paris: Rousseau, 1911, 제5판), p.971 이하.

34 *Ibid.*, p.44.

35 M. T. Fögen, *Histoire du droit romain, op. cit.*, p.175.

[지명] 아무개가 판사가 되어야 한다. [청구취지] 원고 갑이 피고 을에게 은 탁자를 맡겼는데, 을이 배신해 은 탁자를 돌려주지 않았다는 주장이 사실이라면, [판결] 판사는 은 탁자에 상응하는 금액을 을이 갑에게 지불하도록 판결해야 한다. 만약 그 주장이 사실이 아니라면, 판사는 을의 면책을 판결해야 한다.

소송을 제기하는 원고는 이 소송 양식을 따라야 한다. 그러나 법무관은 양식을 수정해 애초에 예정되지 않은 다른 상황에 적용할 수 있다. 이 경우 법무관은 자신이 처리하는 사건을 선례들과 구별하기 위해 변수를 추가한다. 예를 들면, 위 사례에서 탁자의 보관인이 탁자를 반환하지 않은 데 정당한 이유가 있음을 항변하는 경우에, 법무관은 신의칙 개념을 활용할 수 있다. 또는 인적 치환을 활용해 원래는 타인에 의해 손괴된 물건의 소유권자에게만 허용되는 소송을 용익권자에게 허용할 수 있다. 즉 소유권자의 자리에 용익권자가 대신 들어서는 것인데, 이것은 새로운 소송 양식을 만들어낸다. 또 다른 방식은 소송 양식의 요건이 **마치** 충족된 것처럼 의제하는 것이다. 이것은 다음과 같은 형식의 의제소송으로 귀결된다.

아무개가 판사가 되어야 한다. 사건은 다음과 같다. 원고 갑은 을의 노예인 병에게 은 탁자를 맡겼다. 판사는 병이 자유롭다면 갑에게 주어야 하는 것 또는 신의칙에 근거해 갑을 위해 해야 하는 것을 말하고, 갑을 위해 을에게 유책을 판결해야 한다.

이러한 법제에서 개별적 권리는 청구권과 동일시된다. 즉 분쟁 사례에 상응하는 소송 양식이 존재하지 않으면, 그것은 구속력 있는 권리가 아니다. 루이 뒤몽이 전혀 다른 맥락에서 벼린 개념을 사용하자면,[36] 로마법은 유스가 렉스를 병합함으로써 탄생했다고 말할 수 있는데, 그 결과 놀라운 성공을 약속하는

---

36 Louis Dumont, *Essais sur l'individualisme. Une perspective anthropologique sur l'idéologie moderne* (Paris: Le Seuil, 1983), p.245.

제도적 패러다임이 탄생하게 된다. 즉 지배자의 권력 도구이자 동시에 지배자 자신 또한 구속하는 법질서의 패러다임이 그것이다. 법질서는 지배자를 구속한다. 왜냐하면 법형식을 자율화함으로써 피지배자들에게 구속력 있는 개별적 권리를 부여하기 때문이다. 그리고 법질서는 지배자의 권력 도구이다. 왜냐하면, 종교적 율법이나 과학적 법칙과 달리, 인간의 법률은 인간의 의지에 규범력을 부여함으로써 인간의 의지에 의해 수정되거나 변경될 수 있기 때문이다.

이 패러다임은 확실히 법의 지배라는 패러다임이기는 하지만, 원래의 그리스 모델과 달리 특정한 정치 체제와 동일시되지는 않는다. 법은 일종의 통치 기술이 됨으로써 민주정뿐 아니라 군주정이나 과두정에도 복무할 수 있게 되었다. 통치 기술로서의 법 개념은 역사 속의 로마법에서 빚어낸 것으로서, 11세기 말에 교황 그레고리우스 7세는 그리스도의 대리인으로서 기독교 세계 전체에 적용되는 법률의 살아 있는 원천임을 자처하면서, 이 통치 기술로서의 법 개념을 재구상했다.

그레고리우스 혁명

흔히 생각하는 것과 달리, 근대법은 르네상스가 아니라 중세의 한복판에서 등장한다. 칸토로비치,[37] 르장드르,[38] 해럴드 버만[39]이 명확하게 분석한 바와 같이, 근대법은 중세에 로마법이 재발견되고 그렇게 재발견된 로마법이 교회

37 E. Kantorowicz, "La royauté médiévale sous l'impact d'une conception scientifique du droit," *art. cit.* 또한 같은 저자의 *Kaiser Friedrich der Zweite* (Berlin, Georg Bondi, 1927), 프랑스어판: *L'Empereur Frédéric II* (Paris: Gallimard, 1987, 657 p).

38 Pierre Legendre, *La Pénétration du droit romain dans le droit canonique classique, de Gratien à Innocent IV(1140-1254)* (Paris: Jouve, 1964, 144 p); 같은 저자의 *Les Enfants du Texte. Essai sur la fonction parentale des États* (Paris: Fayard, 1992), p.237 이하.

39 H. J. Berman, *Droit et Révolution I, op. cit.*, Christian Atias의 서문.

법과 혼합됨으로써 탄생한다. 12~13세기는 버만이 그레고리우스 혁명이라고 부르는 것의 무대가 되었다. 혁명의 제1막은 1075년에 그레고리우스 7세 교황이 "교황의 양심명령"을 선포했을 때이다. 이 양심명령은 다음과 같은 내용들을 포함했다. ⓐ 로마교회와 로마주교의 권위는 신적인 원천을 갖는다. ⓑ 로마주교는 로마교회 전체에 대해서 최우선권을 갖는다. ⓒ 로마주교는 입법권을 갖는다. ⓓ 로마주교는 최상위의 사법권을 갖는다. ⓔ 로마주교는 세속권력에 대해서 독립적이다. ⓕ 로마주교의 권위가 우선한다.[40] 엘리 포르(Élie Faure)가 말하듯이, 로마제국이 무너진 후 교황청은 "로마의 행정이 서양에 관념적으로 연장된 것"[41]이었다. 서방교회는 봉건주의를 로마제국의 제도와 연결하는 다리였다.[42] 그렇게 해서 서방교회는 초국가적 단위로 자처할 수 있었으며, 고유한 자치권과 법인격을 향유하면서, 황제나 왕 또는 봉건영주의 지배로부터 완전히 해방되었다.

그레고리우스 혁명은 세속적 권력과 종교적 권위를 구별하는 새로운 법 개념을 탄생시켰다. 그레고리우스 7세는 교회의 행정과 기독교인들의 영적 삶에 대한 교황의 주권을 천명함으로써 세속적인 것과 종교적인 것이 얽혀 있던 종전의 상태에서 벗어났고, 그럼으로써 반대로 세속적 권력이 인정되고 근대국가가 등장할 수 있는 길을 열었다. 그렇지만 교황청 그 자체를 최초의 근대적 서양 국가로 여기는 것은 정확하지 않은 것 같다. 교황의 권위는 특정한 영토로 한정되는 것이 아니라, 신의 구원과 관련되는 것(그러므로 사람들의 인격적 신분과 관련된 것)으로 한정되었다. 즉 교황의 권위는 사람들의 삶의 일부분에 대해서만 행사되는 것이었고, 나머지는 여전히 세속적 권력에 방임되어 있었다. 세속적 권력은 자기대로 그레고리우스 7세가 초석을 놓았던 통치 모델을 계승했다. 즉, 세대의 연속을 초월해 모두에게 적용되는 권력을 갖는 주권적

40   *Ibid.*, p.39.

41   Élie Faure, *Découverte de l'archipel*(1932)(Paris: Le Seuil, 1995), p.217.

42   Perry Anderson, *Passages from Antiquity to feudalism*(1974), 프랑스어판: *Les Passages de l'Antiquité au féodalisme*(Paris: Maspero, 1977), pp.141~147.

판사와 입법자의 통치 모델이 그것이다.

이 새로운 통치 모델에서 법은 단순히 주권의 도구가 아니라, 주권을 구성하는 요소가 된다.[43] 이미 13세기에 브랙턴(Bracton)은 다음과 같이 주장했다. "법이 왕을 만든다. 왜냐하면 법이 아니라 의지가 다스리는 곳에는 왕이 존재하지 않기 때문이다."[44] 말하자면, **통치자의 의사가 주권적이기 때문에 법률의 원천인 것이 아니라, 반대로 통치자의 의사가 법률의 원천이기 때문에 주권적인 것이다.** 그러므로 주권자가 법률을 위반하는 것은 그 자체로 자신의 주권을 훼손하는 것이다. 이것은 모차르트가 〈후궁탈출〉이라는 오페라로 표현하고자 했던 주제이기도 하다. 비록 터키의 파샤 제림은 콘스탄체를 자기 마음대로 잡아둘 수 있지만, 자신의 주권적 지위를 훼손하지 않고서는 그녀를 강제로 취할 수 없을 것이다.[45]

이처럼 법률과 법의 결합은, 이미 로마의 렉스에서도 실현된 바 있지만, 그레고리우스 혁명에 의해 재활용되어, 19세기 이래 우리가 법치국가라고 부르는 것을 탄생시켰다. 두 세기 전부터 이 법치국가의 제도적 몽타주는 서양의 '문명 선교'에서 첨병 역할을 했다. 서양은 식민화의 깃발과 개발정책의 깃발에 이어 지구화의 깃발 아래 이 제도적 몽타주를 수출했다. 그 수출의 첫 번째 역사적 계기는 12~13세기에 세속 군주들을 받드는 법학자들이 그레고리우스 7세가 발명한 통치 모델을 자기 식대로 계승했을 때 만들어졌다. 그렇게 해서 차례대로 영국과 프랑스를 위시해서 최초의 근대국가들이 탄생했다. 이것은 잘 알려진 역사이지만, 서양의 두 가지 커다란 법문화가 공통된 기원을 갖고

---

43 Cf. Thomas Berns, *Souveraineté, droit et gouvernementalité. Lectures du politique à partir de Bodin* (Bruxelles, Léo Scheer, 2005, 254 p). 중세 왕국에서 사법이 차지하고 있었던 특별한 중요성에 대해서는 Renaud Colson, *La Fonction de juger. Étude historique et positive* (Presses universitaires de Clermont-Ferrand, 2006, 350 p).

44 "왕은 사람 아래가 아니라 신과 법 아래에 있어야 한다. 왜냐하면 법이 왕을 만들기 때문이다. 왜냐하면 법이 아니라 의지가 다스리는 곳에는 왕이 존재하지 않기 때문이다." Bracton(ca. 1210-1268), *De Legibus et Consuetudinibus Angliae*.

45 Cf. Clemens Pornschlegel, "La question du pouvoir dans les opéras de Mozart," in A. Supiot(dir.), *Tisser le lien social* (Paris: éd. FMSH, 2005), pp.149~162.

있다는 점을 강조할 필요가 있다. 이 두 가지 서양 법문화는 영국과 미국의 보통법 문화와 흔히 로마-게르만 법문화라고 부르는 대륙법 문화이다.

보통법과 대륙법

일반적으로 생각하는 것과는 달리, 보통법 문화는 고대 로마와 커다란 공통점을 갖고 있는 법문화이다. 보통법은 1066년 노르망디 공의 영국 정복에서 탄생한다. 정복왕 윌리엄은 영국 각 지방에 공통적으로 적용되는 법규칙에 따라서 앵글로-색슨 원주민에 대해서는 그들의 관습법을 유지한 반면, 영국의 새로운 지배층에게는 노르망디 법을 적용했다. 이 노르망디 법은 왕의 법정에서 프랑스 원어 그대로 적용되었다. 윌리엄의 후손들, 특히 헨리 2세(1133~1189)는 그레고리우스 교황의 개혁 조치들에 크게 영향을 받은 법제들을 영국에 도입했다. 예를 들어 영국왕은 명시적으로 교황에 비유되곤 했는데, 당시 저명한 법학자였던 브랙턴(대략 1210~1268)은 영국왕을 "그리스도의 대리인"으로 지칭하면서 신 이외에는 누구에게도 복종하지 않는다고 했으며, "정의를 행하는 한, 영국왕은 영원한 왕 하느님의 대리인"[46]이라고 주장했다. 왜냐하면 프랑스에서 흔히 생각하는 것과 다르게, 영국에서 군주의 규범적 권한은 무엇보다 재판권에 기초하고 있었기 때문이다.[47] 당시 영국인들은 국왕의 법정에 소송을

---

46   Cf. Francis Oakley, *The Mortgage of the Past. Reshaping the Ancient Political Inheritance (1050-1300)* (Yale University Press, 2012), 특히 p.161 이하.

47   이 주제에 관한 전체적인 조망으로는 John Anthony Jolowicz(dir.), *Droit anglais* (Paris: Dalloz, 1992, 487 p); Louis Assier-Andrieu, *L'Autorité du passé. Essai anthropologique sur la Common Law* (Paris: Dalloz, 2011, 271 p). 영어로 된 문헌으로는 S. F. C. Milson, *Historical Foundations of the Common Law* (Oxford University Press, 1981, 2e éd., 475 p); J. H. Baker, *An Introduction to English Legal History* (Oxford University Press, 2007, 4e éd., p.600).

빈번히 제기했는데, 이 재판청구권은 여러 면에서 로마의 소송 제도와 유사한 소송 제도의 제한을 받았다. 즉, 국왕의 법정에 소송을 제기하려면 국왕의 대신인 대법관이 발부한 '영장(writ)'이 필요했으며, 이 영장 제도는 나중에 판사가 직접 발부하는 허가서의 형식, 일명 '사례별' 소송 제도로 발전하게 된다. 사례의 유형에 따라 소송의 유형이 정해졌으며, 각 소송에는 소송 절차를 정하는 형식적 요건들이 부과되었다(사용하는 단어들, 입증 방식, 법정 출두 방식, 판결 양식 등). 즉, "구제가 권리에 앞선다"라는 격언이 표현하는 것처럼, 해당 사례에 대응하는 구체적 소송이 존재하는 경우에만 권리를 주장할 수 있었다. 그러므로 로마처럼 영국에서도 법의 발전은 아주 오랫동안 새로운 소송 사례의 인정 여부에 달려 있었다. 그것은 과거에 인정되었던 사례들에 접을 붙인 눈 같은 것이었다. 하나의 사례에 하나의 소송 형식이 대응하는 규칙은 영국에서 1854년까지 유지되었다.

그러한 시스템에서 법은 선례의 권위와 동일시된다. 선례의 판결이유는 새로운 사례를 맡은 판사를 구속한다. 반면에, 다른 고려사항들은 법적 구속력이 없는 방론에 해당한다. 그러므로 로마 시대 법무관의 법 창설 권한과 마찬가지로 보통법상 판사의 법 창설 권한 또한 사례의 새로움을 확인하고 해당 사례로부터 새로운 규칙을 도출할 수 있는 새로운 구별을 인정한다는 것을 전제한다. 그러므로 보통법에서 법은 무엇보다 사례법(case law)으로서, 프랑스인들이 판례라고 부르는 것에 해당한다. 사례법은 판사의 신중함과 태곳적 지혜를 표현한 것으로 간주된다. 군주가 되었든 의회로 대표되는 국민이 되었든 주권자도 법을 만들 수 있다. 판사는 이 제정법을 준수해야 한다. 그러나 판사는 제정법을 보통법으로 걸러내거나, 좀 더 정확하게 말하면, 제정법을 보통법 속에 체화시켜 소화한다. 그 결과 입법자는 자신의 뜻이 왜곡되거나 회피되는 것을 막기 위해 스스로 결의론적 입법론자가 될 수밖에 없다. 보통법의 법률가들이 대륙법 전통에서는 법의 구성 요소로 인정되는 원칙에 법적 효력을 인정하는 데 어려움을 겪는 까닭이 여기에 있다. 토크빌은 보통법 법률가들의 초상을 예리하게 묘사하면서, 이들의 사고방식이 대륙법 법률가들의 사고방식과 어떻게 다른지 다음과 같이 요약했다. "영국이나 미국의 법률가들은 행해진 것을 찾는다. 프랑스의 법률가는 해야 했던 것을 찾는다. 전자는 판결을 원하고, 후자는 이유를 원한다."[48]

　보통법을 사례에서 일반적 규칙을 도출하는 방법론으로 이해할 때 우리는 보통법의 법질서가 피라미드 모양이 아니라 그물 모양으로 착상되는 까닭을 이해할 수 있다. 이 법질서는 국가가 구현하는 공익으로부터 연역적으로 도출되는 것이 아니라, 개인들의 소송으로부터 귀납적으로 도출된다. 이러한 법질서에서는 프랑스인들이 '법(Droit)'이라고 부르는 것, 국가와 영토에 동일시되는 국내법이라는 의미에서의 법이 들어설 자리는 사실상 없다. 유럽 대륙의 어휘에서, 로마인들이 'ius'(법)와 'lex'(법률)로 구별했던 것은 프랑스어의 'droit'(법)와 'loi'(법률) 또는 독일어의 'Recht'(법)와 'Gesetz'(법률) 사이의 구별에서 재발견된다. 다만 무시하면 안 되는 의미의 이동이 있다. 프랑스어의 'droit'는 방향을 의미하는 중세 시대 라틴어 디렉툼(directum)에서 비롯된 말이다. 이 말은 두 가지 점에서 로마의 유스와 다르다. 첫째, 프랑스어의 법에는 올바름과 방향이라는 뜻이 포함되어 있다는 점이다. 즉, 법은 인간의 삶에 일정한 방향을 설정하고 그 길을 따를 것을 명령한다. 둘째, 이 길은 단지 소송을 제기할 수 있는 절차적 길에 그치는 것이 아니라, 즉 개별적이고 주관적인 '권리(droit)'에 그치는 것이 아니라, 한 사회 전체가 스스로 정한 길이기도 하다는 점이다. 즉, 대문자 'D'로 쓰는 '법(Droit)'이다. 법 개념의 이 두 가지 측면, 소문자의 측면과 대문자의 측면은 알다시피 밀접하게 연결되어 있다. 개인이 법주체로 행위하고 법률을 주장할 수 있는 것은 공통의 규범적 틀에 속해 있기 때문이다. 이렇게 개인적인 것과 사회적인 것이 서로 얽혀 있는 모습은 프랑스어에만 고유한 것이 아니다. 독일어의 'Recht', 이탈리아어의 'diritto', 스페인어의 'derecho' 등과 같이 법을 의미하는 유럽 대륙의 모든 언어에서 발견되는 현상이다. 개인과

48　Alexis de Tocqueville, *De la démocratie en Amérique* (Paris: Éditions Médicis, 1951), t.1, p.406. 판사는 생각해서는 안 되며, 입법자의 의사인 법률 텍스트 아래 있어야 한다는 관점의 지속에 대해서는 Robert A. Katzmann, *Judging Statutes* (Oxford University Press, 171 p).

사회는 이렇게 얽혀 있으므로, 개인이 속해 있는 사회를 무시하고 개인을 생각하면 안 된다. 개인이 사회에 속해 있다는 것은 개인이 주체라는 의미이며, 여기에서 주체라는 말은 두 가지를 함축한다. 즉, 예속된 주체이자 동시에 법과 자유의 향유자인 말하는 주체이다. 인간의 정체성이 어떤 공동체의 소속 여부에 예속되어 있음은 지위의 개념에서도 나타난다. 프랑스어에서 '호적(état civil)'을 뜻하는 용어는 문자 그대로 해석하면 '시민적(civil) 지위(état)'를 의미하는데, 이 개념은 절대 영어로 번역할 수 없는 개념이다. 왜냐하면 사람들의 시민적 '지위(état)'는 대문자 'É'로 쓰는 지위, 즉 '국가(État)'를 보증인으로 삼기 때문이다. 사회국가는 이 보증을 사람들의 직업적 지위로 확장했다.

이 모든 언어적 조합들이 영어에도 그대로 존재하는 것은 아니다. 영어의 'right'는 독일어의 'Recht' 또는 프랑스어의 'droit'와 마찬가지로 라틴어 'ius'를 어원으로 하지만, 개별적 권리의 주관적 측면을 포착할 뿐이다. 그러므로 영어에는 대륙적 개념으로서의 법, 즉 소문자 권리들을 하나의 법질서 속에 담아내고 획정하는 대문자 법 개념이 존재하지 않는다. 이 대문자 법을 영어의 'Law'로 번역할 수는 있을 것이다. 그러나 '정해진 것'을 의미하는 고대 노르드어 라그(lag)('lag'는 따라서 독일어의 'Gesetz'나 로마의 'lex'와 유사하다)를 어원으로 하는 이 'law'라는 말은 사실상 프랑스어의 'Loi'(법률) 개념과 'Droit'(법) 개념을 결합한 의미를 갖는다. 영국의 편집자들이 예를 들어 헤겔의 『법철학(Rechtsphilosophie)』을 번역할 때 당혹감을 느꼈던 까닭이 여기에 있다. 어떤 편집자들은 『법의 철학(Philosophy of Law)』이라는 번역을 선택했으며, 다른 편집자들은 『권리의 철학(Philosophy of Right)』이라는 번역을 선택했는데, 이 후자의 번역은 영국 사람들이 듣기에는 그다지 큰 의미가 없다.[49]

이러한 번역의 문제 이면에는 언어의 법칙이 드리워져 있다.[50] 보통법의 개

<hr />

49　Cf. Philippe Raynaud, vol. *Law/Right*, in Barbara Cassin(dir.), *Vocabulaire européen des philosophies*(Paris: Le Seuil-Le Robert, 2004), p.695.

50　Cf. Sitharamam Kakarala & A. Supiot(dir.), *La Loi de la langue*(Zürich: Schulthess Verlag, 2017, 149 p).

념은 특정한 국가에 크게 의존하지 않으며, 많은 국가들 사이에서 공유되고 있다. 이 개념은 로마 제국의 임무와 시민법의 보편적 사명의 일부를 간직하고 있으며, 서양의 **문명** 개념이 여기에서 비롯된다. 반대로 대문자 법의 개념은 국가의 개념과 연결되어 있다. 이 개념은 독일법, 벨기에법, 이탈리아법 등과 같이 영토적 영향권을 명시하는 형용사를 요청한다. 법의 지배(rule of law)는 그 자체로 충분한 개념인 반면에, 그것의 게르만적 대응물인 법치국가(Rechts-staat)는 국가의 형상을 전제로 한다.[51]

세계인권선언(1948)의 프랑스어 버전은 법의 지배라는 개념의 보편성을 표현하기 위해 다소 낯선 개념인 "법치체제(règime de droit)"를 사용해 다음과 같이 천명했다. "사람들이 폭정과 억압에 대항하는 마지막 수단으로서 반란에 호소하도록 강요받지 않으려면, 인권이 법치체제에 의해 보호되어야 함이 필수적이다." 그러나 영어로는 (정관사 'the'를 사용하여) 'the rule of law'이지만, 프랑스어로는 (부정관사 'un'을 사용하여) 'un régime de droit'이다. 부정관사 'un'은 법질서가 불가피하게 다양할 수밖에 없음을 드러내는 반면, 정관사 'the'는 지상의 모든 사람에게 공통적으로 적용되는 법이라는 꿈을 드러낸다. 이 사례는 국제법을 작성하는 데서나 대학 연구에서 사용하는 언어의 문제가 상당할 정도의 정치적 의미를 갖고 있음을 보여준다. 한 언어로 작업하는 것은 그 언어가 주도하는 법문화에 동조하는 결과를 초래할 수밖에 없다. 유럽법의 사정이 특히 그렇다. 유럽법을 제정하는 작업에서 영어가 유일한 언어로 점차 자리잡는 과정은 영토가 특정된 정치적 단위를 건설하려는 기획을 포기하는 과정과 동시에 진행되었다.

하지만 이러한 차이점들을, 비록 그것이 사실이라 하더라도, 과장하면 안 된다. 비교법 연구를 다섯 대륙으로 확장하지 않는 한, 그것은 고작해야 서양의 두 가지 법문화를 하나로 묶어주는 것이 무엇인지, 그리고 다른 법문화들과 비

51 Cf. Olivier Jouanjan(dir.), *Figures de l'État de droit. Le Rechtsstaat dans l'histoire intellectuelle de l'Allemagne*(Presses universitaires de Strasbourg, 2001, 410 p); Luc Heuschling, *État de droit - Rechtsstaat - Rule of Law*(Paris: LGDJ, 2002, 739 p).

교할 때 서양 법문화의 고유한 모습이 무엇인지 확인하는 것에 지나지 않는다. 보통법의 구조는 대륙법의 구조와 그 형식은 매우 다르지만, 기능은 매우 유사하다. 영국의 법률가들에게 넓은 의미의 보통법 구조를 떠받치는 기둥들 가운데 하나인 형평법(equity)과 좁은 의미의 보통법을 구분하는 것은, 마치 프랑스 법률가들에게 공법과 사법을 구분하는 것만큼이나 중요하다. 형평법은 로마의 법무관들이 유스의 엄격한 요건을 기계적으로 적용하는 것이 부정의로 귀결되지 않도록 보완하기 위해 사용하던 형평(æquum) 개념에 조응하는 것이다.[52] 이것이 곧 "극도의 법은 극도의 부정의"[53]라는 격언이 의미하는 바이다. 영국의 형평법도 마찬가지로 보통법원의 경직성과 그것이 초래하는 부정의를 방지하기 위한 것이었다. 부정의의 피해자들은 국왕의 형평성에 호소했고, 국왕은 대법관인 대신에게 그것을 조사하도록 맡겼다. 대법관은 또한 국왕의 고해신부로서 "왕의 양심을 수호하는 자"로 불렸다. 15세기부터 대법관의 법정, 즉 형평법원에서 발전하기 시작한 새로운 법은 어쩌면 영국의 보통법 체계를 대륙법의 체계로 전환하고 의회의 권위에 맞서서 국왕의 주권을 천명하는 방향으로 나아갈 수도 있었을 것이다. 그러나 그런 일은 일어나지 않았으며, 오히려 17세기에 와서 보통법이 자신의 약점을 보완하는 치유제로 마침내 형평법을 흡수하게 되었다. 홉스는 『리바이어던』의 서문에서 "형평과 법률은 인공의 이성과 의지"라고 주장함으로써 양자의 차이점과 상호 보충성을 동시에 드러냈다. 요컨대 형평법은 대륙법의 판사들이, 기술적 법규정이 초래할 수 있는 부당한 결론을 교정하기 위해 그 규정을 초월하는 어떤 목적에 비추어 해석하고자 할 때, 의거하는 법의 일반 원칙과 유사한 역할을 수행한다. 이 상호 보충성, 즉 보통법과 형평법 사이에 존재하는 상호 보충성 또는 법조문과 법의 일반 원칙 사이에 존재하는 상호 보충성은, 보통법 체계에서든 대륙법 체계에서든, 법이 오랫동안 정의를 완전히 외면할 수는 없다는 점을 보여준다. 나아가 하나의 기술로서의 법의 실효성은 특정한 시대에 특정한 사회를 추동하는 정

---

52 Cf. A. Schiavone, *Ius. L'invention du droit en Occident*, *op. cit.*, p.145 이하.

53 Cicéron, in *Des Devoirs*, I, 10, 33.

의감을 만족시킬 수 있는지 여부에 달려 있다고 말할 수 있다. 이것과 반대로 주장하는 사람들은 서양의 기계주의적 상상력에 대응하는 교조적 법개념을 취해야만 할 것인데, 그러나 그것에는 어떠한 지속적인 역사적 경험도 존재하지 않는다.

사실 대륙법과 보통법은 하나의 동일한 서양법 전통의 두 가지로서, 해럴드 버만이 면밀히 검토한 바와 같이 몇 가지 공통점을 갖고 있다.[54] 가장 큰 공통점은 법을 자율적 시스템으로 정립했다는 점이다. 법적 영역의 자율성은 정치적 영역에 대해서도 표출되고, 종교적 영역에 대해서도 표출된다. 다른 기독교 문화에서는 법질서에 근거와 정당성을 부여하는 신성한 텍스트에 반드시 의거해서 법률이 해석된다. 그레고리우스 혁명은 반대로 법과 신학을 분리했다. 그리고 이 법의 자율성은 그레고리우스 혁명으로부터 탄생한 최초의 세속 국가들로 전해졌다. 요컨대 법은 법의 이유를 자문할 필요가 없어진 전문가들의 손에 맡겨진 하나의 기술로 자처하게 되었다.

서양법의 전통

법과대학 강의의 선구자인 아쿠르시우스(Accurse, 대략 1182~1260)는 "법학자는 신학을 공부해야 하는가?"라는 질문에 다음과 같이 부정적으로 대답했다. "법에 모든 것이 있다."[55] 대부분의 법학자들은 이처럼 순전히 기능적이고 자기준거적인 법개념에 여전히 충실하다. 그들은 법의 이유는 자신들의 소관이 아니라고 생각하며, 자신들이 공부하는 법률의 이유와 정당성에 관한 문제는 다른 사람들에게 맡겨버린다. 그들은 자신의 임무를 마치 채권과 채무가 돌아다니는 배관 설비를 관리하는 정직한 배관공의 임무처럼 여긴다.

....

54   H. J. Berman, *Droit et Révolution I, op. cit.*, p.23 이하.

55   P. Legendre, in *La 901e Conclusion. Essai sur le théâtre de la Raison, op. cit.*, p.409에서 재인용.

그렇지만 법의 존재 이유에 관한 질문은 계속해서 제기된다. 근대 이후, 그리고 자연과학의 모델이 법학으로 확장되기 이전까지, 법학자들이 방기한 이 질문을 담당한 사람들은 신학자와 철학자 들이었다. 가톨릭의 땅에서는 특히 살라망카 학파의 프란시스코 수아레스(Francois Suarez)를 언급해야 한다. 수아레스는 반종교개혁 이후 『법과 입법자 신에 관한 논의』에서 법에 관한 일반이론을 펼쳤다. 프로테스탄트의 땅에서는 홉스의 『리바이어던』이 그런 작업의 결실로 나왔으며, "통치술을 자연에 대한 지식처럼 정립"[56]하고자 했다. 이 작업은 르네상스의 철학자들에게로 이어졌으며, 영국에서는 로크가, 프랑스에서는 몽테스키외와 루소가 대표적이다. 19세기부터는 생물학과 막 태동하기 시작한 사회과학 쪽에서 통치의 자연적 기초를 발견할 수 있다고 생각했다.[57] 오늘날에는 법이 경제학에 근거해야 한다는 주장이 제기되는데, 미국에서 법에 관한 정상과학의 패러다임이 된 법경제학(Law and Economics)이 그것이다.[58]

그레고리우스 혁명은 법을 신학으로부터 분리함으로써 정치신학 또는 세속 종교의 여지를 남겨놓았다. 양자의 공통점은 특정한 이념의 규범력에 법질서를 예속시킨다는 점이다. 여기에서 서양 근대성의 핵심적인 특징이 비롯되는데, 그것은 어떤 이념을 우상으로 삼고[59] 그 이미지에 따라 사회를 형성하려는 태도이다. 이 전능한 이념이라는 생각은 플라톤으로까지 거슬러 올라갈 수 있을 것이다. 그리고 플라톤주의가 수학을 비롯해서 끊임없이 과학을 사로잡았던 것도 사실이다. 그러나 플라톤이 우주적 질서에 대한 인간의 관조를 강조했던 반면에, 근대 이론가들은 자신들의 표상에 따라 사회질서를 구축하고자 했

---

56 P. Legendre, *De la société comme Texte. Linéaments d'une anthropologie dogmatique* (Paris: Fayard, 2001), p.230.

57 이 책 제6장 참조.

58 이 책 제7장 참조.

59 이념(idée)과 우상(idole), 이 두 개의 단어는 '보다', '보아서 알다'를 의미하는 인도-유럽어 'weird'라는 동일한 어원을 갖고 있다. cf. Alain Rey, *Dictionnaire étymologique de la langue française*, Le Robert, vol. *idée et idole*. 우상이 이념으로 넘어가는 과정에 대해서는 Max Horkheimer et Theodor Adorno, *La Dialectique de la Raison, op. cit.*, p.24 이하.

다. 자연에 대한 그리스의 표상과 근대의 표상 사이에는 단절이 있다. 로베르 르노블(Robert Lenoble)은 이것을 다음과 같이 묘사했다.

> 기독교인에게 자연은 영원하지 않다. 신은 원할 때 자연을 존재 속에 집어 던졌으며, 최후의 날에 낚아채어 거대한 장식으로 삼을 것이다. 자연은 전부가 아니라, 신의 수중에 있는 것이다. 그리고 인간은 더 이상 자연 속에 존재하는 것이 아니라, 자연 앞에서 세상의 역사로부터 자유로운 운명을 착상하는 데 익숙해질 것이다. 언젠가 인간은 감히 주장할 것이다. 신의 수중에 있는 기계, 자연은 그 자체로 기계에 지나지 않으며, 인간 또한 그 기계의 지렛대를 조종할 수 있을 것이라고.[60]

인간이 자연과 맺는 관계에 관한 고대 그리스인들의 관점과 근대인을 갈라놓는 것은 창조에 대한 구약적 믿음, 빅뱅 이후 세속화된 믿음이다. 수많은 비서양 문화권 사람들과 마찬가지로 고대 그리스인들은 자연을 단선적 시간이 아니라 순환적 시간에 맡겨져 있는 영원한 소여(所與)로 여겼다. 경제적 자원이 아니라 종교적 관조의 대상으로 여겼다. 반대로 근대인들은 자연에 대한 지식을 무엇보다 자연의 자원을 착취하는 수단으로 여긴다. 신이 창조한 자연에 대한 유대-기독교적 믿음은 서양 근대의 과학적 세계관에서 매우 의미심장한 이분법, 즉 주체와 객체의 이분법을 가져왔다.[61] 물리적 세계는 신의 오성에서 나오며 신의 계획에 따라 구성된다. 인간이 '자연의 주인이자 소유자'가 되어, 신이 자연에 새겨놓은 법칙들을 인간을 위해 사용함으로써 인간의 형상으로 세계를 착상하고자 하는 데카르트적 기획이 여기에서 비롯한다.

관조의 능력에서 세상을 변혁하는 능력으로 지식의 의미가 바뀌면서, 기술

---

60 Robert Lenoble, *Histoire de l'idée de nature* (Paris: Albin Michel, 1969), p.227.

61 베르크는 이것을 "근대서양의 토포스(Topos Occidental Moderne)"를 의미하는 약자 TOM으로 부른다. Augustin Berque, Poétique de la Terre. *Histoire naturelle et histoire humaine. Essai de mésologie* (Paris: Belin, 2014), p.35 이하 참조. 주체와 객체의 이분법에 대한 비판은 비코에서 딜타이와 가다머에 이르기까지 오래전부터 인문학에서 소수지만 끈질긴 흐름을 이어왔다. 사실 인간의 고유한 상징주의를 이해하려면 이 비판이 필수적이다.

의 지위에도 변화가 일어났다. 고대 그리스인들에게서 기술은 "전통적인 기법과 실제적인 요령의 체계"[62]라는 수준을 결코 넘어서지 않았다. 17세기 이후 기술은 과학의 실현 도구가 되었으며, 동시에 과학의 첫 번째 존재이유가 되었다. 홉스의 저작에서 볼 수 있듯이, 동일한 변화가 법질서에서도 동시에 일어났다. 즉, 법은 거대한 기계장치로 착상되며, 법학자는 홉스가 말하길 "인공관절" 가운데 하나이다. 오늘날에는 차라리 기술자 또는 관리자라고 말할 것이다. 같은 차원에서 법기술은 세상의 운행에 질서를 부여하는 이념들을 실현하고 보호한다. 그러므로 이 이념들은 그것이 표상하는 신성의 강력함이 부여된 이미지, 즉 우상으로 기능한다. 왕, 국민, 조국, 인종, 계급, 유전자, 시장, 지구화 등은 이 물신주의적 단어의 수많은 예들로서, 인간에게 자연의 비밀을 누설하고 인간이 자신의 필요에 따라 자연을 처분할 수 있도록 해준다고 간주된다. 따라서 실정법은 이 이념들이 우리에게 계시하는 것에 부합해야 한다.

이 이념들을 일종의 '이념적 이념'을 표현하고 있는 사례들로 간주하면서, '정치신학'이나 '교조적'이라는 딱지가 붙어 있는 하나의 가방에 모두 집어넣는 것은 우리 스스로 이념의 우상화에 압도당하는 셈이 될 것이다. 물론 이 이념들은 모두 인간의 질서를 자연적 질서 속에 뿌리내리고자 하는 데 복무한다는 공통점을 갖는다. 그러나 이 이념들의 다양성만으로도 자연의 개념 자체가 일체와 그 반대를 수용할 수 있다는 것을 보여주기에 충분할 것이다. 아리스토텔레스와 키케로 또는 루소의 자연법칙은 갈릴레이 또는 사드 후작의 자연법칙과 결코 같지 않다.

법에 대한 관계라는 관점에서 보면, 그러므로 **자율적인 법질서의 존재와 부합할 수 있는지 여부에 따라서** 이 다양한 이념들을 구별해야 한다. 20세기의 전체주의 체제들이 갖는 공통점은 법질서의 자율성을 전혀 인정하지 않는 과학주의적 이데올로기에 기초하고 있다는 것이다. 삶의 의미와 방향에 관한 질문의

---

62 Jean-Pierre Vernant, "Remarques sur les formes et les limites de la pensée technique chez les Grecs," *Revue d'histoire des sciences*, 1957, pp.205~225, in *Mythe et pensée chez les Grecs*, t. II(Paris: Maspero, 1971), p.44 이하에 재수록.

해답을 과학에서 찾았다고 생각하는 한, 법은 권력기술로 완전히 환원되며, 법의 자율성을 인정해야 할 어떠한 이유도 없다. 전체주의의 경험이 환기시키는 것은 법의 자율성과 법치는 결코 영원하지도 보편적이지도 않으며 서양에서도 심각한 타격을 입었다는 사실이다.

제3장

법에 관한 다양한 관점들

"현명한 군주는 시대의 요청에 따라서 법률을 수정하고 풍속의 변화에 따라서 의례를 조정한다. 옷과 용구들이 쓰임새에 맞아야 하듯이, 입법은 사회에 맞아야 한다."[1]

― 문자, 『통현진경』

　　모든 문명은 자신의 사고범주에 가공의 보편성을 부여하게 마련이다. 서양인들은 과학기술에 힘입어 3세기 전부터 세계를 지배했다는 점에서 더욱 그러한 경향이 강하다. 이 시기는 이제 닫히고 있으며, 서양인들은 인간 사회를 조직하는 다른 관점들을 고려해야 한다. 혹자들은 그렇게 하는 데 어려움을 겪는다. 예를 들어 가장 어리석은 생물학의 회귀와 그것의 논리적인 결과로서, 인문학 연구를 우선시하면서 여러 문명들을 비교 연구하는 태도를 잃어버리는 경우가 그렇다. 마치 종교적인 것의 뉴런적 기초들에 대한 연구가 비서양의 사고 체계를 이해하려는 노력으로부터 서양인들을 해방시켜줄 수 있다고 착각하는 경우가 있는데, 그것은 서양의 사고 체계가 어떤 특징을 갖고 있는지 알려줄 뿐이다. 이렇게 문제를 회피하는 것은 서양에 고유한 도그마로부터 비롯되는데, 그렇게 해서는 진정한 보편주의에 다가갈 수 있는 모든 기회를 망칠 뿐

1　　*Les Écrits de Maître Wen. Livre de la pénétration du mystère*, éd. bilingue, Jean Lévi 번역 및 주석(Paris: Les Belles Lettres, 2012), p.168.

이다. 진정한 보편주의란 세계를 서양의 개념으로 걸러내는 것이 아니라, 정반대로 서양의 개념을 다른 문명들의 틀로 걸러내는 것을 뜻한다.[2] 자신의 문명을 포기하지 않으면서 서양의 문명을 받아들여야 했던 다른 대륙들의 부상에 직면해, 그들의 세계관과 사고 체계에 최소한이나마 주의를 기울이는 것이 현명할 것이다. 그렇게 함으로써 오늘날 지구화에 대면하고 있는 서로 다른 제도적 전통들의 공통점과 차이점을 이해할 기회를 얻을 수 있을 테다.

우주적 질서이든 사회적 질서이든, 율칙(律則)의 이름으로 질서를 사고하는 것은 결코 보편적인 것이 아니다. 이것을 논증하기 위해 세계의 문명들을 둘러보는 대신, 이 장에서는 서로 매우 다르면서도 보충적인 두 가지 사례를 간략하게 언급하고자 한다. 중부 아프리카와 중국의 사례가 그것이다. 아프리카의 사례는 식민화와 함께 수입된 서양의 법률이 여전히 아프리카의 고유한 사고 체계에 이질적인 것으로 남아 있다는 점에서 매우 의미심장하다. 중국의 사례는 좀 더 길게 설명할 것이다. 왜냐하면 중국의 경우 고대 로마와 같은 시기에 법률에 의한 통치라는 개념이 나타났지만, 로마와는 사뭇 다른 형식을 띠었기 때문이다. 중국과 아프리카의 문명은 서로 매우 다르지만, 양자는 모두 법률에 의한 통치가 의례에 의해 다스려지는 사회 질서를 뒤흔들어놓았다는 점에서 공통점이 있다. 그러므로 의례적 질서란 무엇이며 법질서와는 어떻게 다른지 간략하게 언급하면서 시작하는 것이 무익하지는 않을 것이다.

의례적 질서

의심할 바 없이 의례는 사회적 관계를 조직하는 가장 오래되고 가장 널리 퍼진 형식이다. 인류학자들은 아프리카 사회에서 의례가 차지하는 위상에 대해

---

2   Cf. 이런 의미로 Pierre Legendre(dir.), *Tour du monde des concepts* (Paris: Fayard-Institut d'Études avancées de Nantes, collection "Poids et mesure du monde", 2014, 444 p).

서 많은 연구를 수행했는데, 이 연구들은 아프리카인들이 눈에 보이는 세상과 눈에 보이지 않는 힘들을 조화시키는 방법을 밝혀냈다. 하지만 아프리카의 사고 체계들이 (특히 언어적으로) 매우 다양하고 또 그것이 주로 구술을 통해서 전승된다는 점 때문에, 그 체계들을 일반적인 언어로 개념화하는 것은 어려운 작업일 수 있다. 반면에, 중국의 의례주의는 좀 더 통일적이고, 또한 문자로 기록되었기 때문에,[3] 유럽의 법률주의와 비교 연구의 대상이 될 수 있었고[4] 따라서 좀 더 용이하게 개략적이나마 소개될 수 있었다.

의례적 질서는 사회를 구성하는 사람들 사이의 다양한 관계에 조응해 행동하는 방법을 규정한다. 가장 기본적인 관계, 즉 부자관계, 군신관계, 부부관계, 장유관계, 붕우관계 등으로부터 시작해 (이웃과 학교 등) 좀 더 가까운 관계와 (조국, 나아가 인류 전체 등) 좀 더 먼 관계로까지 확장된다. 『예기』에 의하면,

예를 존중하고 예를 따르면 도가 있는 선비(有方之士)라 말하고, 예를 존중하지 않고 예를 따르지 않으면 도가 없는 백성(無方之民)이라 말한다. 예란 공경과 겸손의 도리이므로, 예로써 종묘를 받들면 곧 공경이 있게 되고, 예로써 조정에 들어가면 곧 귀천이 자리를 잡게 되고, 예로써 집에 거처하면 곧 부자의 친함과 형제의 화목이 있게 되고, 예로써 마을에 거처하면 장유의 차례가 있게 된다.[5]

"도가 있는 선비"의 삶이 보여주는 것처럼, 의례와 법질서에서 규칙이 의미하는 바는 같지 않다. 법이 지배하는 사회에서 규칙은 개인의 외부에 존재하는 객관적 소여를 의미하는 반면, 의례적 질서에서 규칙은 개인에 의해 체화되는 존재 방식을 의미한다. 유교적 전통에서 의례주의는 "자신의 에고를 극복하는

---

3 유교의 사상과 전통에서 의례의 위상에 대해서는 Anne Cheng, *Histoire de la pensée chinoise* (Paris: Le Seuil, 1997, 696 p).

4 Léon Vandermeersch, "Ritualisme et juridisme," in *Études sino-logiques* (Paris: PUF, 1994), pp.209~220.

5 *Li-Ki, ou Mémorial des rites* (『예기』), Joseph-Marie Callery(1810-1862) 역(Imprimerie royale, Turin, 1853, XXXII + 200 pages), ch.XXI, p.137.

것"[6]을 의미하는 수행에 기초하고 있다. 인간관계의 규율에서는 사회가 개인보다 우선하는데, 각자는 이 사회의 우선성을 내면화해야 한다. 조화는 자리의 배분 원리에 의해 실현되는데, 각자는 자신이 차지하는 자리에 걸맞게 행동해야 한다.[7] 개인보다 사회가 우선한다는 점 그리고 실체보다 형식이 우선한다는 점은 의례적 질서가 개인의 권리가 아니라 의무에 터 잡고 있는 까닭을 설명해 준다. 이와 관련해 레옹 반데르메르쉬(Léon Vandermeersch)는, 프랑스어에서 주관적 권리뿐 아니라 객관적 법질서를 가리키기도 하는 'droit'라는 말에 대응하는 중국의 개념은 '예(禮)'인데, 예는 의례적 형식뿐 아니라 공경의 의무를 가리키기도 한다고 말했다.[8] 이와 관련해서 반데르메르쉬는 『예기』의 다음 구절을 인용한다. "예로써 태도를 다스리는 데에서 공경이 비롯되고, 공경에서 존귀함이 비롯된다."[9] 다시 말하면, 공경이란 의례적 형식 속에서 표현되는 의무의 대상이며, 남을 공경하는 태도로 행동하는 자만이 또한 공경을 받을 것이다. 모든 의례적 형식은 비록 그 형식은 다양할지라도 모두 이처럼 타자에 대한 공경의 정언명령을 표현한다. 이것은 서양인들이 존엄성이라고 부르는 것과 유사한 기능을 수행한다.

이 두 가지 경우 모두 사회생활에 일정한 규칙을 부과하지만 그 규칙들은 성질이 같지 않다. 민법이 지배하는 질서에서는 규칙을 위반한 행위를 무효로 만들거나, 무효로 만들 수 없는 경우에는 그것이 초래한 손해를 배상하도록 함으로써 규칙의 위반을 제재한다. 책임의 원리는 프랑스에서는 헌법적 가치를 획득했다. 1789년 인권선언 제4조에 의하면, "자유는 타인에게 침해를 가하지 않는 한 모든 것을 할 수 있다. 그러므로 각인의 자연권 행사는 사회의 다른 구성원들이 마찬가지로 자연권을 향유할 수 있도록 보장하는 한계만을 갖는다. 이 한계는 법률로만 정할 수 있다".[10] 의례적 질서에서는 책임이 이러한 용어로 정

---

6   Cf. Anne Cheng, *Histoire de la pensée chinoise, op. cit.,* p.73.

7   *Ibid.,* pp.224~225.

8   L. Vandermeersch, "Ritualisme et juridisme," *art. cit.,* p.213.

9   *Li-Ki, ou Mémorial des rites, op. cit.,* ch.21.

의되지 않는다. 왜냐하면 의례적 질서는 행위의 대상을 겨냥하는 것이 아니라, 행위 그 자체의 실행 방법을 겨냥하기 때문이다. 처신을 잘못한 사람은 자신의 잘못된 처신을 취소할 수 없으며, 단지 그것이 초래한 손해를 보상할 수 있을 뿐인데, 이 손해는 금전적으로 평가될 수 없다. 그러므로 이때 가해지는 제재는 다른 성질의 것인데, 그것이 곧 부끄러움이며, 동양에서 면목이 없다고 말하는 것이다.[11]

그러나 여기에서 서양에는 없는 동양의 고유한 특징을 발견했다고 생각하는 것은 문화지상주의에 빠지는 결과를 초래할 것이다. 서양도 함께 살아가는 규칙을 위반한 경우에 부과되는 이러한 종류의 제재를 모르지 않는다. 친구 집에 저녁 초대를 받고 갔다가 술에 취해 아주 무례하게 굴었다면, 친구들에게 돈으로 배상하고 그 일을 무마할 수는 없을 것이다. 공생은 사회적 인격을 구성하는 것이기 때문에, 공생의 규칙을 위반하는 것은 사회적 인격의 박탈로 귀결된다. 법규칙만 하더라도 의례와 완전히 단절되어 있는 것은 아니다. 로마법은 법무관들이 의례의 형식으로 제시한 답변들에서 탄생했으며,[12] 법형식주의는 이러한 기원의 일부를 간직하고 있다.[13] 권리와 의무의 쌍을 보더라도, 그것은 분리할 수 없다. 주관적 권리는 타인으로부터 존중받을 의무를 함축하며, 마찬가지로 존중할 의무는 존중받을 권리를 불러낸다. 이것이 바로 분리할 수

....

10 프랑스 헌법재판소, 1999.11.9., 99-419, 시민연대계약법에 관한 결정. 앞선 결정으로 프랑스 헌법재판소, 1982.10.22., 82-144, 종업원대표제도에 관한 법률에 관한 결정. 이 주제에 관해서는 Pascale Deumier et Olivier Gout, "La constitutionnalisation de la responsabilité civile," *Cahier du Conseil constitutionnel*, no.31(mars 2011); Bénédicte Girard, *Responsabilité civile extracontractuelle et droits fondamentaux*(Paris: LGDJ, 2015).

11 공자에 따르면, "덕과 예로 백성을 조화시키면 부끄러움의 감정이 규칙으로 하여금 다스리도록 만든다"(『논어』위정편, L. Vandermeersch, "Ritualisme et juridisme," *art. cit.*, p.218에서 재인용).

12 아프리카에서 이러한 종류의 문답이 의례의 실시에서 차지하는 중요성에 대해서는 Michel Cartry, "Le chemin du rite," *Incidence*, no.6(2010), pp.37~44.

13 이 책 제2장 참조. 또한 P. Legendre "Légalité du rite," in *Sur la question dogmatique en Occident*(Paris: Fayard, 1999), pp.259~272.

없는 인간관계의 두 측면이다. 하지만 프랑스 사회에서 "인정투쟁"이, 혹자는 여기에 2세대 사회정의의 가치를 부여하는데,[14] 권리의 요구로 표출되는 것은 징후적이다. 즉, 타인에 대한 존중이 사회에서 함께 살아가는 데 내재하는 하나의 의무로서가 아니라 개별적 권리로 요구된다는 점에서 그렇다. 유사한 변조가 의례에 기반을 둔 사회에서도 관찰된다. 즉 그 사회에서도 법을 모르는 것이 아니라, 법이 다른 색으로 착색되어 나타난다.

아프리카: 법의 이질성

아프리카 문명은 사회의 질서를 법질서가 아니라 다른 방식으로 사고했다. 그래서 식민지 지배자들이 이 개념을 번역할 때 어려움을 겪었다. 최근에 다누타 리베르스키바그누(Danouta Liberski-Bagnoud)는 볼타어의 사례를 들어 식민지 지배자들이 어떤 어려움을 겪었으며, 그것을 어떻게 극복했는지 연구한 바 있다.[15] 부르키나파소의 61개 언어 가운데 가장 많은 600만 명이 사용하는 무어어는 세 가지 유형의 규범을 구별했다. 첫째, 인간의 의지를 벗어나 있는 타율적 규범으로서의 의례적 규칙, 즉 금기이다[무어어로 키그수(kigsu)라고 한다]. 둘째, 왕이나 부족의 최연장자 등 인적 권위자가 발포하는 칙령이다[무어어로 누레(noorè)라고 하는데, 그 첫 번째 의미는 '입'이다]. 셋째, 매개적 범주로서 선조들의 처방이 그것이다. 이것은 의례와 동일한 권위를 획득한 수정 조치를 의례에 삽입시킨다. 식민지 지배자들은 모계혈통주의, 상속 또는 토지의 양도를 규

----

14   Axel Honneth, *Kampf um Anerkennung: Zur moralischen Grammatik sozialer Konflikte* (1992)(Suhrkamp, 2003, 2e éd.), 프랑스어판: Pierre Rush, *La Lutte pour la reconnaissance* (Paris: Éditions du Cerf, 2000), p.240.

15   Danouta Liberski-Bagnoud, "Langues du Burkina Faso," vol. *Loi*, in P. Legendre(dir.), *Tour du monde des concepts, op. cit.*, pp.92~97.

율하고 있었던 이 규칙들의 일부를 그대로 존속시키면서 '관습법'이라는 명칭 통합했다. 그러므로 유럽의 법 개념을 번역하기 위해서는 다른 용어를 찾아야 했다. 그들은 두 가지 용어를 활용했다. 의무를 뜻하는 틸라이(tilaï)와 위력을 뜻하는 판가(panga)가 그것이다. 이것은 유럽의 식민지배 이전에 모시족의 지배자들이 토착 원주민들에게 강요했던 규칙들을 가리키는 용어였다. 그런데 이 두 용어는 힘에 의한 강제, 정당성이 결여된 강제를 가리키는 말이다. 그런 까닭에 이 나라가 독립국이 되었을 때, 인민의 의지에서 비롯되었으므로 모두에게 적용되는 법이라는 개념을 번역하는 데 어려움을 겪었던 것이다. 언론인들은 영구집권을 위해서 헌법을 습관적으로 개정하는 독재자들에 맞서 헌법의 불가침성을 천명하기 위해, 텡쿠그리(tengkugri)라는 무어로 나라의 근본법을 지칭했다. 이 말은 성스러운 대지의 제단을 가리키는 특별한 말이다. 즉, 이 말은 금기의 신성한 얼굴을 의미한다.[16] 독재자들은 이 용어가 대통령 임기의 중임 횟수를 정할 수 있는 권능을 인간의 의지로부터 박탈하는 것을 의도하고 있다는 이유로 민주주의에 반한다고 비난했다.

중앙아프리카는 잘 다스려지는 사회에 대해서, 법에 의한 통치라고 하는 서양의 이상과는 사뭇 다른 관념을 갖고 있었다. 그런 까닭에 오늘날에도 여전히 그들의 관념이 세계화의 맥락 속에서 법사상에 기여하는 바가 많을 수 있다는 점을 이해하는 자는 드물다.[17] 예를 들어 아프리카인들은 식민화를 기다릴 필요도 없이, '언회(言會)'라고 하는 개념, 즉 공통의 규범에 관해 합의할 수 있는 공개적인 심의 절차를 활용할 줄 알았다. 그러한 절차를 거쳐 생산된 규범들은 서양인들이 민주주의적 법률이라고 부르는 것에 상응하는 것들이다.[18] 하지만 지난 30년 동안 아프리카 국가들에 주어졌던 과제는 자신들의 전통을 고려하

....

16 *Ibid.*, p.95.

17 토지 소유권에 대해서는 A. Supiot, "L'inscription territoriale des lois," *Esprit*, novembre 2008, pp.151~170.

18 Cf. Marcel Détienne, *Comparer l'incomparable* (Paris: Le Seuil, 2000), pp.105~127; Jean-Godefroy Bidima, *La Palabre. Une juridiction de la parole* (Paris: Michalon, 1997, 127 p).

는 것이 아니라 유럽의 민주주의 모델을 수입하는 것이었다. 그러나 식민지의 경험은 그러한 이상을 배반하는 경험이었다. 식민지의 엘리트들이 깨달은 교훈은, 그렇게 수입된 (그리고 흔히 서양의 법학자들에 의해 작성된) 법은 사실상 강자의 법(무어어로 '판가'라고 하는 것)에 불과하다는 사실이다. 국가라는 개념도 마찬가지다. 식민지배국의 '문명 선교'는 무엇보다도 식민지의 자원과 인구를 착취하는 것이었다. 이처럼 오만하고 약탈하는 국가는 어떤 경우에도 식민지 피지배자들에게 복무하는 것으로 여겨질 수 없었다. 독립된 후 새로운 정치 지도자들은 과거 식민통치자들의 지위를 물려받았으며, 국가는 약탈자로서의 모습을 계속 유지했다.[19] 베유는 런던의 프랑스 망명정부를 위해 1943년에 식민화에 대해 작성한 글에서 다음과 같이 말했다. "회의주의라는 독약은 과거에 피해를 입지 않은 땅에서 훨씬 더 유독하다. 불행하게도 우리는 대단한 것을 믿지 않는다. 우리는 우리와의 접촉으로 아무것도 믿지 않는 인간종을 만든다. 만약 이러한 상황이 계속된다면, 우리는 언젠가는 그 반동을 겪게 될 것이다. [1943년의] 일본이 단지 맛보기만 보여주었던 바의 야만성과 함께."[20] 식민화가 아프리카 나라들에 남긴 국가 모델이 약탈 국가의 모델이라는 사실을 망각한다면, 많은 아프리카 나라들이 제대로 된 국가를 갖추는 데 겪고 있는 어려움을 이해하지 못할 것이다. 탈식민화 이후 등장한 대부분의 정치 지도자들은 이 모델을 자기 것으로 취함으로써, 조제프 통다(Joseph Tonda)가 근대적 절대군주라고 부르는 것의 도래를 예비했다.[21] 그리고 제도에서 일어났던 일은 식민

---

19 Cf. Pierre-Olivier de Sardan, "Gouvernance despotique, gouvernance chefferiale et gouvernance postcoloniale," in *Entre tradition et modernité: quelle gouvernance pour l'Afrique?* (Actes du Colloque de Bamako, 2007.1.23.-25., IRG 2007), pp.109~131 <http://www.institut-gouvernance.org/fr/analyse/fiche-analyse-263.html>.

20 S. Weil, "À propos de la question coloniale dans ses rapports avec le destin du peuple français"(1943), in *Œuvres, op. cit.*, p.429. 같은 의미에서, 식민주의의 적들이 인종주의와 압제를 박멸하기보다는 거꾸로 뒤집는 데 만족하는 경우에, "식민주의와 그 이데올로기가 식민주의의 적들에 대해서 거두는 어두운 승리"에 대한 토도로프의 분석을 볼 것. Tzvetan Todorov, *Les Morales de l'histoire* (Paris: Hachette, 1991), p.118.

21 Joseph Tonda, *Le Souverain moderne. Le corps du pouvoir en Afrique centrale(Congo,*

통치를 받았던 개인들의 경우에도 마찬가지여서, 이들은 식민통치자들의 정체성의 일부를 체화함으로써 그들의 "친밀한 적"[22]이 되었다.

그러므로 검은 대륙을 법치국가에 어울릴 수 없게 만드는 아프리카의 '본질' 같은 것은 없다. 아프리카 나라들은 '국가 과잉'으로 고통받는 것이 아니라, 사람들의 기본권과 평화를 보증하는 보증인이라는 의미에서의 국가가 결여되어 있다는 사실로 고통받고 있다.[23] 이 공백을 메우려면, 유럽이나 미국에서 고안된 협치 모델을 외부에서 강요하는 것이 아니라, 이 나라들이 유지하고 있는 전통의 장점을 살리는 가운데 스스로의 통치 모델을 만들어갈 수 있는 조건을 조성해야 한다. 아프리카에서든 다른 어디에서든, '글로벌' 문화에 용해되거나 또는 피해자로 여기면서 본질주의적인 '로컬' 문화 속에 딱딱하게 굳어 있는 것은 올바른 선택이 아니다. 왜냐하면, 아프리카든 다른 어디든, 전통은 도약의 장애물이나 숨기 위한 피난처가 아니라, 근대성을 위한 원천으로 간주되어야 하기 때문이다.

사실 법과 의례는 서로 대립되는 것으로 생각하면 안 된다. 왜냐하면 어떤 문화에서나 법과 의례는 사실상 서로 결합되어 있기 때문이다.[24] 서양인들은 이러한 사실을 깨닫지 못한다. 왜냐하면 서양인들은 양자를 대립하는 것으로 사고하는 경향이 있으며, 나아가 의례주의를 시대에 뒤떨어진 원시적 형식으로 바라보는 경향이 있기 때문이다. 다시 말하면, 서양인들은 의례주의에서 법률주의로 이어진다고 하는 단선적 역사관 속에서 양자의 관계를 사고하는 데 익숙하다. 이 '진보'의 역사관은 법률 행위와 관련해서는 형식주의에서 의

Gabon), *op. cit.*, 297 p.

22   Ashis Nandy, *The Intimate Ennemy. Loss and Recovery of Self Under Colonialism* (Oxford University Press, 1984), 프랑스어판: Annie Montaut, *L'Ennemi intime. Perte de soi et retour à soi sous le colonialisme* (Paris: Fayard, collection "Les Quarante Piliers", 2007, 181 p).

23   Cf. Ousmane O. Sidibé, "La déliquescence de l'État: un accélérateur de la crise malienne?," in Doulaye Konaté(dir.), *Le Mali entre doutes et espoirs*, Alger, Éd. Tombouctou, pp.171~191.

24   이 이분법의 폐해에 대해서는 Anne Cheng(dir.), *La Pensée en Chine aujord'hui* (Paris: Le Seuil, 1997), pp.7 이하.

사주의로의 이행으로 표출될 수 있을 것이다. 로마법의 역사는 의례와 법의 관계를 연속적인 것으로 파악하는 역사적 관점의 한 원형을 제공한다. 고대 로마의 신관(폰티펙스)은 처음에는 의례를 구술적 방식으로 정의하는 자들이었다가, 나중에는 법률의 수호자가 된다. 이처럼 서양의 법률주의는 법률의 불가침성과 함께 시작되었으며, 그 이후로도 계속해서 입법자가 지향하는 하나의 이상이 되었다.[25] 법률을 수호하는 것은 어떤 의미에서는 의례의 지속성을 유지하는 한 방법이었다. 사실 활자화된 것에는 푀겐이 "폭발력"[26]이라고 적절하게 불렀던 것이 있다. 이 폭발력은 일련의 해석적 연쇄반응을 촉발시키는 원자핵의 속성을 텍스트에 부여하는 주석들의 발아 속에서 드러난다. 다양한 해석들의 자유로운 게임이 더는 원 텍스트의 불변성에 의해 제어되지 않을 때, 그러한 연쇄반응은 통제불가능한 것이 된다. 그런데 헌법을 포함해 법 그 자체가 협치의 수단이나 '입법 상품'으로 축소되어 일체의 안정성을 잃어버릴 때, 위협받는 것은 법의 개념 그 자체이다. 그럴 때 법은 인간들의 행위에 공통의 의미를 부여하는 안정적인 기반이 되지 못하고, 반대로 인간들을 무의미 속에 표류하도록 몰아간다. 마치 바닥은 물렁물렁하고 벽은 끊임없이 이동하는 집처럼. 모든 위대한 입법자는, 자신이 제정한 법률을 수정하고 싶은 유혹으로부터 벗어나기 위해 10년 동안 아테네를 떠났던 솔론에서부터 포르탈리스에 이르기까지, 이러한 위험을 매우 잘 인식하고 있었다. 이 입법적 히브리스(hybris)는 결국에는 법의 개념 그 자체를 파괴할 것이다. 부르키나파소인들이 인간의 의지에서 벗어나 있는 금기를 가리키는 말 '텡쿠그리'로 헌법이라는 개념을 번역하고자 했을 때, 그들은 바로 이 히브리스에 맞서 싸우고자 했던 것이다.

안정적인 법규칙도 의례도 없이 어떤 사회가 오랫동안 지속될 수 있을 것인가는 회의적이다. 20세기의 전체주의 국가들에서 법률주의에 대한 불신은, 신화적 역사나 찬란한 미래를 연출하는 온갖 의례적 장치들을 격앙된 태도로 사

---

25   이 책 제2장 참조.

26   M. T. Fögen, *Histoires du droit romain, op. cit.*, p.86.

용하는 현상과 짝을 이루었다. 대기업들도 의례를 열렬히 추구한다. 이 의례들은, 일본 회사들이 새로 공장을 착공할 때 치르는 의례적 행사처럼 때로는 전통에서 빌려오기도 하지만,[27] 대부분은 '이벤트' 전문가들에 의해 규격품으로 대량 생산된다. 예를 들면, 우리는 마이크로소프트가 해마다 영업 실적을 축하하려 개최하는 대회에서 빌 게이츠가 춤추는 광경을 볼 수 있다.[28] 그리고 사실대로 말하면, 프랑스처럼 탈의례화된 사회에서도 장례를, 비록 대단히 투박하고 단순해졌다고는 하더라도, 아직 완전히 거부하지는 않는다.

중국: 법가

오늘날에는 누구도 중국 정부로 하여금 근대화를 위해서 중국의 전통 문화를 백지화하도록 요구하려는 생각을 하지 않을 것이다. 1911년에 설립된 중화민국은, 반세기 전에 일본이 그랬듯이, 고유의 전통을 유지하는 가운데 서양의 대포에 응대하는 입법을 갖추기 위한 개혁을 추진했다.[29] 마오쩌둥 체제에서는 법형식을 제거했지만, 1978년부터 다시 서양법에 동화하는 작업을 재개했다.[30]

....

27   Cf. Jean-Noël Robert, "Les religions du Japon," in *Orientalisme, Courrier du CNRS*, 1982, supplément au no.48.

28   Cf. *Dominium Mundi. L'Empire du Management*, 다큐멘터리 영화, P. Legendre, G. Caillat et P.-O. Bardet(2007).

29   Jean Escarra, *Le Droit chinois. Conception et évolution. Institutions législatives et judiciaires. Science et enseignement* (Paris: Sirey, 1936, XII-562 p).

30   Mireille Delmas-Marty et Pierre-Étienne Will(dir.), *La Chine et la Démocratie* (Paris: Fayard, 2007, 894 p); X.-Y. Li-Kotovtchikine(dir.), *Les Sources du droit et la réforme juridique en Chine* (Paris: Litec, 2003, bilingue, 271 + 257 p); Pitman B. Potter(ed.), *Domestic Law Reforms in Post-Mao China* (London: East Gate Book, 1994, 311 p); Stanley B. Lubman(ed.), *China's Legal Reforms* (Oxford University Press, 1994, 218 p); 같은 저자의 *Bird in a Cage. Legal Reform in China after Mao* (Standford University Press, 1999, 447 p).

중국의 서양법 동화 작업은 이미 청제국 말기부터 법률주의와 의례주의를 종합하는 방식으로 진행되었는데, 사실 중국 제국은 바로 그러한 종합과 함께 시작되었다고 할 수 있다.[31] 왜냐하면 중국의 전통에서 통치술은 유교의 통치 모델인 '인치(人治)'로 환원되는 것이 아니기 때문이다. '법치' 또한 중국 전통의 한 축이었으며, 법치는 제국의 제도를 정초하는 데 핵심적인 역할을 담당했고, 오늘날에도 눈부신 현재성을 유지하고 있다. 사실 중국에서 '법가(法家)'라고 불렸던 것을 일별이라도 하지 않고서는 지구화 속에서 중국이 차지하는 특별한 위상을 이해하기 어려울 것이다. 법가는 중국 정부뿐 아니라 대기업에서도 제도적 현실을 이끄는 원리로 작동하고 있기 때문이다.

법가는 춘추전국시대(기원전 6~3세기) 때, 즉 봉건적 쟁투와 무질서의 시기 때 형성되었다. 진시황은 법가 사상을 중국 대륙 최초의 제국인 진나라(기원전 221~210)의 정초 원리로 삼았다. 진시황의 분서갱유는 유학자들에게 끔직한 기억으로 남았다. 하지만 진시황은 중국에 최초로 통일된 법이 적용되는 중앙집권적 관료체제를 확립했다. 이 체제는 현대에 이르기까지 중국의 통치 모델로 작용했다고 말해도 크게 과장된 것은 아니다. 법가의 대표적 사상가들인 상앙, 신도 그리고 한비자[32]는 중국에서 공자와 노자만큼이나 유명하다. 이들의 사상은 중국학 연구자들의 박식한 작업 덕분에 프랑스에 알려지게 되었다.[33] 대표적인 것이 법가의 형성에 관한 레옹 반데르메르쉬의 저작들이다.[34] 법가

31 Cf. Anne Cheng, *Histoire de la pensée chinoise, op. cit.*, pp.614 이하.

32 *Han-Fei-tse ou le Tao du Prince*(『한비자』), Jean Lévi 번역 및 해제(Paris: Le Seuil, 1999, 616 p).

33 Henri Maspero, *La Chine antique*(1927)(Paris: PUF, 1965), p.426 이하; Jean Escarra, *Le Droit chinois. Conception et évolution, op. cit.*, pp.3~84; Jérôme Bourgon, "Principes de légalité et règle de droit dans la tradition juridique chinoise," in M. Delmas-Marty et P.-É. Will, *La Chine et la Démocratie, op. cit.*, pp.157~174; Xiaoping Li, "L'esprit du droit chinois. Perspectives comparatives," *Revue internationale de droit comparé*, vol.49, no.1(1997), pp.7~35; 같은 저자의 "La civilisation chinoise et son droit," *Revue internationale de droit comparé*, vol.51, no.3(1999), pp.505~541; Anne Cheng, *Histoire de la pensée chinoise, op. cit.*, pp.235~249.

의 법 개념은 도가에 뿌리를 두고 있는데, 도가에 의하면 유일한 법은 바로 자연의 법, 즉 '도(道)'[35]이다. 도가에서는 우주를 창조의 힘과 파괴의 힘이 상호작용하는 가운데 스스로 다스려지는 시스템으로 바라본다. 따라서 의례도 왕의 명령도 도덕적 근거를 갖지 않는다. 법가의 사상은 그렇게, 예와 덕의 문화에 기초한 인치의 이상을 주장하는 유가에 대항해 형성되었다.[36] 그러나 중국에서 2000년이 넘는 긴 시간 동안(기원전 2세기부터 20세기 초까지) 제국의 제도를 뿌리내리는 데 원리가 되었던 것은 법가와 유가의 혼종이었다. 법가와 유가의 공존은 통치술에 관한 수많은 중국 고전 속에서 실현되었는데, 이 고전들은 법가에 고유한 전체주의적 측면을 유가의 예로 완화시키고자 노력했다.[37] 오늘날에도 여전히 법가는 중화민국의 사회주의 시장경제를 채색하고 있는 유가적 겉모습 아래에서 뚫고 나오고 있다.

법가의 사상가들은 세상에는 이기심만 존재하기 때문에 덕에 의지하는 것은 헛되다고 생각했다. 그러므로 왕이 예를 지킴으로써 덕을 백성들의 가슴 속에 퍼뜨리면 사회적 조화를 이룰 수 있다고 주장하는 유가는 틀린 것이라고 한다. 맹자는 "인간의 본성은 물처럼 위에서 아래로 흐른다"고 주장하지만, 법가는 "물이 언덕을 따르듯이, 백성은 이익을 따른다"고 주장한다.[38] 따라서 법가에서 통치의 문제는 이 이기심을 어떻게 왕의 이익이 되도록 할 수 있는가로

34 L. Vandermeersch, *La Formation du légisme. Recherche sur la constitution d'une philoso-phie politique caractéristique de la Chine ancienne* (Paris: École française d'Extrême-Orient, 1987, 299 p).

35 Kristofer Schipper, "Chinois," vol. Loi, in P. Legendre(dir.), *Tour du monde des concepts, op. cit.*, pp.166~171. 도가에 대해서는 Henri Maspero, *Le Taoïsme et les religions chinoises* (Paris: Gallimard, 1971, préface de Max Kaltenmark, 658 p). 이 책은 강제수용소에서 사망한 위대한 중국학 학자의 논문집이다.

36 Cf. Anne Cheng, *Étude sur le confucianisme han: l'élaboration d'une tradition exégétique sur les Classiques* (Paris: Collège de France et Institut des Hautes Études chinoises, 1985, 322 p); 같은 저자의 *Histoire de la pensée chinoise, op. cit.*

37 Cf. 특히 *Les Écrits de Maître Wen. Livre de la pénétration du mystère, op. cit.*

38 L. Vandermeersch, *La Formation du légiste, op. cit.*, p.219.

모아진다. 이 문제의 좋은 사례는 전쟁터이다. 전쟁터에서 병사의 개인적 이익은 걸음아 날 살려라 하고 도망치는 것이다. 병사들이 도망치지 못하게 하려면, 다음 두 가지가 필요하다. 첫째, 병사들의 두려움을 적으로 돌리기 위해서 도망친 자를 엄정하게 처벌해야 한다. 둘째, 병사들의 전쟁 참여를 독려하기 위해서 공훈을 포상해야 한다. 법가는 그렇게 하면, 겁쟁이도 용기를 갖게 될 것이라고 말한다. 이처럼 법은 이해관계에 따른 반응을 조정하는 기술로 여겨진다. 법가가 질서와 통일을 담보하기 위한 수단으로 삼은 것은 예가 아니라, 즉 형벌이다. 반대로 유가에서는 부차적인 중요성만 가지며 너무 거칠어서 스스로를 다스릴 수 없는 사람들에게만 적용될 수 있는 것. 중국어에서 형(刑)과 형(形)은 [xing]으로 발음이 같다. 형벌은 형태를 바로잡는 것으로 여겨진다. 그리고 그것은 물리적일 수도 있고(거세, 절단, 코 베기 등), 상징적일 수도 있다(예를 들어 붉은 옷 착용). 반대로, 법가라는 명칭이 유래하는 '법'이라는 말은 고대 중국 문헌에서는 성군이 따라야 하는 모델로서의 하늘의 법칙, 즉 보편적 법칙을 가리키는 말이었다. 법의 고대 글자 '灋'은 다음의 세 가지 요소로 구성되어 있다.

- 물(완전히 평평해 올바른 것과 공정한 것을 상징한다)을 의미하는 글자: 氵
- (올바르지 않은 것을) '물리침'을 의미하는 글자: 去
- 올바르게 행동하지 않는 자를 찾아내는 힘을 가진 일각수(해태)를 상징하는 상형문자: 廌

법가 사상은 형과 법을 상호접근시키는 방식으로 구성되었는데, 보편적 법칙으로서의 법이 형벌(刑)만이 아니라 포상(德)과도 결합하게 되었을 때, 법가라는 이름을 얻었다. 통치술은 포상과 형벌이라는 "이병(二柄)" 즉 "두 개의 손잡이"를 활용하는 것이다. 한비자는 다음과 같이 말한다. "군주가 신민을 다스리기 위해서는 두 개의 손잡이만 있으면 된다. 형과 덕이 그것이다. 형은 죽이는 것이고, 덕은 포상하는 것이다. 신민은 형벌을 두려워하고 포상을 이롭게 여긴다. 그러므로 군주가 형과 덕을 적절하게 사용한다면 모두가 그 엄정함을 두려워해 이로운 쪽으로 향할 것이다."[39] 요컨대 법가 사상에서 법은 군주의 수중에 놓여 있는 기계 같은 것으로 여겨진다. 이 기계는 군주로 하여금 물욕과 공포라는 인간의 행위 동기를 이용함으로써 질서를 다스릴 수 있도록 한다. 군주는 자신의 술책이나 지략을 입증하거나 자신의 권력을 드러내 보이면 안 된다. 정반대로 군주는 자신의 권력이 비인격적이고 추상적인 법과 한 몸이 될 수 있도록 권력을 감추어야 한다. 법이 제대로 기능하게 하려면, 군주는 신민들의 눈과 귀를 활용할 줄 알아야 한다. 신민들을 서로 감시하게 하면, 군주는 신민들을 훤히 들여다볼 수 있지만, 신민들은 군주를 볼 수 없다.[40] 법가의 군주는 왕이기보다는 하나의 원리이다. 즉, 이기심을 질서로 변환하는 법칙의 원리이다. 이 지점에서 법가의 논리가 시장의 보이지 않는 손에 대한 현대의 믿음에 근접하는 것은 자연스럽다. 두 경우 모두에서 질서는 이해관계의 상호작용에 따라서 정해지고, 권력의 자리는 감춰진다. 또는, 좀 더 정확하게 말하자면, 인간의 행동을 조정하는 총체적 시스템 속으로 권력이 침잠한다. 장 레비(Jean Lévi)는 법가의 군주는 무위의 명경(明鏡)을 다른 사람들에게 보여주어야 한다고 말했는데,[41] 오늘날의 자율적 시장에 대해서도 이 말을 그대로 할 수 있을 것이다. 그러나 법가에 의하면, 사람들이 각자 자신의 이익을 자유롭게 추구하는 것만으로는 질서가 저절로 생기지 않는다. 정반대로 질서는 군주가 형벌을 통해서 사람들에게 가하는 가혹한 강제력에서 생긴다. 법이 모든 인간의 모든 행위를 주재하는 이기심을 조정할 수 있으려면 반드시 두 가지 조건을 충족해야 한다. 즉 객관성과 보편성이 그것이다.

객관성이란 법이 사람들에게 공포되어야 한다는 것을 함축한다. 중국에서

---

39 *Han-Fei-tse ou le Tao du Prince, op. cit.*, ch.VII "Les deux manipules," J. Lévi 역. 이 두 개의 손잡이는 결코 '동양'의 전유물이 아니다. 같은 의미로 Richelieu, *Testament politique*(1688), présentation d'Arnaud Teyssier(Paris: Perrin, 2011), p.226 이하.

40 *Ibid.*, ch.XIV, p.150.

41 Jean Lévi, *Introduction au Han-Fei-tse ou le Tao du Prince, ibid.*, p.51.

최초의 법전은 기원전 6세기에 제작되었다. 그것은 다리 셋 달린 솥에 새겨졌으며, 더 이상 예전처럼 판관들만 접근할 수 있는 연보에 기록하지 않았다. 법을 공포하는 것은 법을 주관적으로 해석하는 것을 방지한다. 이 법전 편찬은 한 세기 뒤에 로마에서 십이표법을 채택하고 공포한 것과 비교할 만하다. 물론 양자 사이에는 핵심적인 차이가 있다. 법가의 법률 공포는 로마처럼 평민의 요구사항을 만족시키기 위해서가 아니라, 국가의 권위를 확립하기 위한 것이었다. 또한 법가가 공포한 것은 서양에서 말하는 법, 즉 주관적 권리들을 품고 있는 법이 아니었다. 고전 중국어는 이 주관적 권리의 개념을 알지 못한다. 이 개념은 '권(權)'으로 번역되는데, 이것은 원래 군주가 법을 통해서 행사하는 권력을 가리키는 말이었다. 그것은 바로 한비자가 묘사한 두 개의 손잡이, 즉 형과 덕에 해당하는 것이다. 법가 사상가들은 이 두 개의 손잡이를 신료들로부터 빼앗아 군주의 전유물로 삼고자 했던 것이다.

또 다른 중요한 차이점이 있다. 법가에서 말하는 법의 객관성은 법의 불가침성에 대한 어떠한 관념도 함축하고 있지 않다. 법은 군주의 수중에 놓여 있는 권력수단에 지나지 않기 때문에, 정의보다는 효율성의 요구에 따른다. 법의 가치는 도덕적 원칙에서 나오지 않는다. 도덕적 원칙이란 법가가 보기에는 그것을 주장하는 자들의 개인적 이익을 감추는 기만에 지나지 않은 것이기 때문이다. 물론이지만, 법의 가치는 인민의 의지에서 나오지도 않는다. 법의 가치는 바로 사물에 대한 지식에서 나온다. 따라서 법은 정세의 변화와 실행의 경험을 반영해 시간이 지남에 따라 변화해야 한다. 한 유명한 통치론은 다음과 같은 말로 군주에게 시대의 요청에 따라 법을 개정할 것을 권고한다. "옷과 용구들이 쓰임새에 맞아야 하듯이, 입법은 사회에 맞아야 한다. 그러므로 구법을 바꾸는 것이 언제나 나쁜 것도 아니며, 구법을 보존하는 것이 언제나 타당한 것도 아니다."[42] 현대에 이르기 전까지 서양에서는 결코 법이 완전히 권력의 한 수단으로, 톱이나 망치와 같은 종류의 용구로 여겨졌던 적이 없었다. 법가의

42　*Les Écrits de Maître Wen, op. cit.*, p.168.

법은 효율성에 근거하고 있기 때문에 모순을 허용하지 않는다. 더 효율적인 것은 필연적으로 덜 효율적인 것을 배제한다. 우리는 이러한 생각을 콩도르세에게서 재발견할 것이며, 현대의 이론으로는 당연히 "법경제학"[43]에서 재발견할 것이다. 법의 효율성은 모두가 법을 알 뿐 아니라 모두가 법을 이해할 수 있다는 것을 상정한다. 법가는 무엇보다 거칠고 세련되지 못한 사람들을 대상으로 하며, 백성은 어리석다고 여긴다. "백성은 어리석어 다스리기 쉽다. 법이 소용될 수 있는 바가 여기에 있다. 법이 명백하고 알기 쉬우면, 법은 반드시 지켜질 것이다."[44]

이처럼 형벌과 포상에 의한 통치술로 착상된 형법은 모든 사람과 사회적 삶의 모든 영역으로 일반화된다. "예는 서민까지 내려가지 않고, 형은 대부까지 올라가지 않는다"[45]고 주장하면서 군자에게는 (왜냐하면 군자의 형태를 바로잡는 것은 예이기 때문에) 절단형을 면제하는 유가에 맞서서, 법가는 법의 절대적 보편성을 주장한다. 한비자에 이르기를, "형벌은 대신에게도 적용되어야 하고, 포상은 필부라 할지라도 주어야 한다. 법 그리고 법만이 무질서를 끝내고, 거짓말을 멈추게 하며, 과도함을 바로잡고, 잘못을 교정하며, 행실을 통일한다".[46]

법가는 또한 서양인의 눈에는 도덕규범이나 기술규범 등 다른 유형의 규범에 속하는 것으로 보이는 영역들까지 포함해 사회적 삶의 모든 영역으로 법기술을 확장한다. 법이라는 한자어의 어원이 가리키는 바와 같이, 중국의 법은 물의 이미지를 갖고 있다. 물의 평평한 수면이 형평을 상징하듯이, 법은 어느 쪽도 편들지 않고 똑바른 선을 가리키며, 참과 거짓, 정의와 불의 사이에 경계선을 긋는다. 그러나 법은 또한 사회 전체를 관개한다는 점에서도 물의 이미지와 유사하다. 도(道)에 가장 가까운 원초적 모습을 물에 비유하는 도가의 영향

43 이 책 제7장 참조.

44 *Shangjun shu* (『상군서』), ch.26, p.43, L. Vandermeersch, *La Formation du légiste, op. cit.*, p.195 및 200에서 재인용.

45 *Liji* (『예기』), ch.1, L. Vandermeersch, *ibid.*, p.192에서 재인용.

46 *Han-Fei-tse ou le Tao du Prince, op. cit.*, ch.VI, p.98.

을 받은 법가는 "道生法",[47] 즉 도가 법을 낳는다고 말한다. 법가의 견해에서 보면, 법은 결코 자유롭고 평등한 주체들 사이의 합의에서 비롯되는 것이 아니라, 도 안에서 구현되는 힘과 힘의 상호관계가 사회에 굴절된 것이다. 장 레비는 다음과 같이 말한다. "법이 사회에 배어들고 사회를 관개할 수 있는 제도적 장치는 서로서로 끼워 맞춰져 있는 지역적 단위들로 사람들을 분배하는 것이다. 가장 낮은 단위인 십오제(什伍制)에서 집단 책임과 상호 감시를 통해서 풍속이 형성된다."[48]

이처럼 법은 전면적인 상호 감시 체제를 통해서 사회 전체로 확장되어 질서와 효율성을 동시에 달성하는 매체가 된다. 법의 이 두 가지 측면은 서로 결합해 노동을 조직하는데, 전적으로 형법에 맡겨진 이 노동조직에서는 도덕규범과 징계규범 그리고 기술규범 사이에 일체의 경계선이 제거된다. 레옹 반데르메르쉬는 이에 관한 흥미로운 사례를 제공한다. 기원전 1세기경 위나라에서 토지의 생산량을 증대하기 위해 도입한 새로운 농업기술에 관한 이야기이다.

위나라에서 3월의 제사 때, 농업 담당 공무원이 농부들에게 법을 읽어주었다. 법에 이르기를, "보습을 땅에 완전히 박아서 갈지 않으면 땅을 경작하기 쉽게 만들지 못한다. 봄에는 밭을 천처럼 평평하게 고르고 심는다. 여름 밭에는 오리 떼처럼 많이 모여 일한다. 가을밭에서는 경계심을 늦추지 않는다. 예상하지 못한 일은 도둑처럼 온다. 겨울 밭에서는 오나라와 월나라 사람들을 감시한다. 최상의 밭에서 최하의 수확을 하면 처벌받는다. 최하의 밭에서 최상의 수확을 하면 포상받는다".[49]

47　Cf. Jean Lévi, *Introduction aux Écrits de Maître Wen* (Paris: Les Belles Lettres, 2012), p.CXIII.

48　*Ibid., loc. cit.*

49　Huan Tan, *Xinlùn* (환담, 『신론』), L. Vandermeersch, *La Formation du légiste, op. cit.*, p.103 에서 재인용.

이러한 전통의 일부가 현대 중국 대기업들이 노동자들에 대해서 행사하고 자 하는 총체적 지배 양식 속에 잔존하고 있다는 가설을 세워볼 수도 있을 것 이다. 비록 전문 분야는 아니지만 이렇게 중국 법가의 문헌을 짧게나마 훑어봄 으로써, 우리는 좀 더 일반적인 차원에서 서양의 법 개념과 중국의 법 개념 사 이의 공통점과 차이점에 관한 사고의 단초를 찾을 수 있다. 양자는 모두 객관 성, 평등 그리고 일반성을 지향한다는 공통점을 갖는다. 그러나 중국의 법 개 념은 세 가지 핵심적 측면에서 차이점을 갖는다. 첫째, 대항력 있는 개별적 권 리 개념이 존재하지 않는다. 중국의 법 개념에서 렉스(lex)는 개인적 권리의 원 천인 유스(ius)와 결합하지 않는다. 둘째, 서양에서는 신학이나 도덕 또는 기술 의 영역에 속하는 것이 중국에서는 입법의 영역에 속해 있다. 셋째, 법의 가치 를 정하는 것은 정의가 아니라 효율성이다. 이 세 가지 요소는 지구화의 맥락 속에서 이 서로 다른 법 개념들이 얼마나 근접하고 있는지를 가늠할 수 있는 유용한 지표이기도 하다.

법가의 사상은 상인들의 지지를 받았다. 왜냐하면 상인들은 귀족의 교만과 위선 그리고 경제적 번영과는 양립할 수 없는 무정부주의적 정치 상황으로 고 통받았기 때문이다. 그러므로 이들의 인간관이 서양의 경제적 인간(호모 에코 노미쿠스) 개념 및 공리주의 철학과 많은 공통점을 갖는 것은 놀랄 일이 아니 다. 법가 이후 2000년이 지나서 이번에는 공리주의자들이 개인의 이익만이 인 간 행동의 진정한 원동력이라고 생각했다. 하지만 공리주의 철학에 의하면, 개 인의 이익을 자유롭게 추구하는 것은 심지어 사회적 조화를 달성하는 데서도 최선이다. 18세기 초에 맨더빌은 개인의 악덕이 공공의 이익을 만든다고 썼다. 여기에 자유로운 경제 질서에 대한 근본적인 믿음이 있다. 애덤 스미스는 『국 부론』의 유명한 문장에서 이것을 묘사하고 있다. "우리들이 식사를 준비할 수 있는 것은 푸줏간, 술집 또는 빵집의 자비심 때문이 아니라, 그들 자신의 이익 에 대한 그들의 관심 때문이다. 우리는 그들의 인간성이 아니라 그들의 이기심 에 호소한다."[50] 최근에 뒤푸르는 이처럼 개인의 악덕이 저절로 공공의 이익으 로 전환된다는 사상의 종교적 뿌리를 명확히 드러낸 바 있다.[51] 그것은 인간의 불완전함을 대속하고 인간을 구원으로 이끌 수 있는 신의 섭리에 대한 믿음이다. 신의 섭리에 대한 믿음은 시장의 보이지 않는 손에 대한 믿음으로 세속화되어, 개인의 경제적 자유를 법질서의 핵심으로 확립하게 된다. 이 기적 같은 이기심의 덕성에 대한 믿음은 중국의 법가에는 완전히 낯선 것이었다. 법가는 완전히 존재론적인 세계관을 도가로부터 물려받았다. 물론 법가의 인간관은 아무런 환상이 없다. 법가는 인간을 탐욕과 공포에 의해서만 행동하는 존재로 바라본다. 이러한 인간관은 경제적 이데올로기의 인간관과 유사한 점이 없지 않다. 그러나 법가는 욕망과 정열의 해방이 카오스 외에 다른 것으로 귀결될 수 있을 것이라고는 생각하지 않았다. 법가는 개인의 이기심을 자유롭게 내버려두면 조화를 이룰 수 없다고 생각한다. 왜냐하면 이기심에 사로잡힌 개인은 근시안적 이해타산에 갇혀 장기적인 이익을 볼 수 없기 때문이다. 공동체의 이익에 대해서만 그런 것이 아니라, 자기 자신의 이익에 대해서도 마찬가지다. 법가는 말하기를, 이기심에 사로잡힌 개인은 마치 이를 잡기 위해 머리 깎는 것을 거부하는 아이와 같이 행동한다. 따라서 법체계는 포상의 욕망과 형벌의 두려움에 근거할 수밖에 없다. 그것은 단일하고 비인격적인 시스템이다. 이 시스템은 자율적인 사회를 지향하며, 모두에게 똑같이 적용되고, 법규범과 도덕규범과 기술규범을 구분하지 않는다.

법가에 대한 중국학 학자들의 연구는 비교법만이 아니라, 오늘날 국제 무대에서 중국의 국가와 기업들이 구사하는 통치 양식의 특징을 깊이 연구하는 데에도 기여하는 바가 많을 것이다. 나아가, 진부함이나 섣부른 판단에 빠지지 않으려면, 지금과 같이 과거의 문명에 대한 연구와 현대의 문명에 대한 연구 사이에 난폭하게 경계선을 칠 것이 아니라, 양자 사이에 튼튼한 다리를 놓아야 할 것이다. 이 일에는 위험이 따른다. 왜냐하면 풍부한 학식을 담고 있는 저작들을 주먹구구식으로 단순하게 처리할 수 있기 때문이다. 하지만 지구화에 대

50   Adam Smith, *Recherches sur la nature et les causes de la richesse des nations* (1776)(Paris: Gallimard, 1976), p.48.

51   D.-R. Dufour, *La Cité perverse, op. cit.*, ch.1, p.51 이하.

한 진지한 법학적 분석을 하고자 한다면, 그것은 반드시 필요한 일이다. 그러기 위해서는 경제적 자유주의의 관점이든 마르크스주의의 관점이든 서양의 전통적 관점이 아니라 다른 관점으로 지구화를 바라볼 필요가 있다. 현대 중국의 체제는 "인민민주주의 독재"와 "사회주의 시장경제"라는 헌법적 개념 아래 놓여 있어,[52] 서양의 이 두 가지 세계관 어느 쪽에도 갇히지 않는다. 그렇다면 중국의 통치 양식과 서양인들이 법치국가 또는 법의 지배라고 부르는 것의 관계를 어떻게 규정할 것인가? 크리스토퍼 시퍼(Kristofer Schipper)에 따르면, 법가의 영향력은 오늘날까지도 지배적이며, 사실상 국가주의적이고 관료주의적인 권력에 인간성의 분위기를 부여하기 위해 유교의 경전을 인용할 뿐이다.[53] 시퍼의 권위에 기대어 다음과 같은 두 가지 가설을 제시하는 것으로 이 장을 맺고자 한다.

첫 번째 가설은, 지구화를 바라보는 서양의 관점과 중국의 관점이 어떻게 다른지 이해하기 위해서는 서양의 법치 전통과 중국의 법치 전통을 좀 더 깊이 비교 분석할 필요가 있다는 것이다. 서양, 특히 유럽의 정부가 보기에, 지구화는 자생적 시장 질서를 전 세계로 확대하는 것을 의미한다. 국가는 그것을 방해해서는 안 되며, 반대로 그것을 중계하고 실행해야 한다. 시장 질서를 제한할 수 있는 것은 보편적으로 인정되는 경제적 자유와 제1세대 인권(시민적 정치적 권리)뿐이다. 반대로 중국의 정부가 보기에, 개인의 이익 추구에만 근거하는 질서는 혼돈으로 귀결될 수밖에 없다. 다른 곳이라면 몰라도 중국에서는 그러한 혼돈이 용납되지 않는다. 중국에서 개인의 이익 추구는 강력한 국가의 지도 아래 국익에 복무해야 한다. 이것을 위해 국가는 한편으로는 부의 증대를 부추기면서, 한편으로는 국민을 엄밀하게 감시하고 기존 정치 질서로부터의 이탈을 가혹하게 처벌한다.

두 번째 가설은, 나중에 이 가설을 좀 더 길게 다루겠지만,[54] 현실 공산주의

---

52 중화인민공화국헌법(1982), 제1조 및 제15조.

53 Kr. Schipper, "Chinois," vol. Loi, in P. Legendre(dir.), *Tour du monde des concepts, op. cit.*, pp.170~171.

의 붕괴로부터 비롯된 새로운 세계 질서는 동구에 대한 서구의 승리, 전체주의
에 대한 법치국가의 승리 등으로 해석되어서는 안 되며, 오히려 공산주의와 자
유주의의 혼종, 즉 중국 헌법이 이 두 가지 시스템을 각각 따서 "사회주의 시장
경제"라고 부르는 것이 탄생하게 된 배경으로 해석되어야 한다는 것이다.

---

54 제6장 참조.

제4장

계산에 의한 조화를 꿈꾸다

"모든 것은 숫자로 정리된다."

— 피타고라스

숫자에 의한 협치, 즉 수치(數治)의 등장은 역사의 우연이 아니다. 옛날부터 인간은, 자연의 질서와 관련해서는 물리학의 법칙과 수학의 숫자를 통하여, 그리고 사회의 질서와 관련해서는 법과 경제를 통하여, 세상의 질서를 주재하는 궁극적 원리를 탐구해왔다. 종교에서도 사정은 비슷하다. 신의 율법에 대한 복종과 절대적 진리에 대한 비의적 관조는 신의 섭리에 다가가기 위한 서로 다른 두 가지 길로 인정되었다.[1] 나아가 수치는 법을 없애는 것이 아니라, 효용 계산에 따라 법의 내용이 결정되게끔 한다. 그래서 인간 사회의 작동을 주재한다고 간주되는 "경제적 조화"를 위해 법이 복무할 수 있도록 한다.[2] 하

----

1 이슬람의 사례에 대해서는 Ibn Khaldûn, *La Voie et la Loi, ou le Maître et le Juriste*, René Pérez 해제(Paris: Sindbad, 1995, 308 p). 이 주제는 기독교에서도 17세기 정적주의 논쟁을 촉발시켰다.

2 계산에 의한 조화라는 개념에 대해서는 Pierre Legendre, *La Fabrique de l'homme occidental* (Paris: Mille et une nuit, 1996), p.26. 르장드르 자신은 자유주의 경제학자 바스티아의 책에서 영감을 얻었다. Frédéric Bastiat, *Harmonies économiques* (Paris: Guillaumin, 1851, reprint Book-Surge Publishing, 2001, 582 p). <http://bastiat.org/fr/harmonies.html>에서 열람할 수 있다.

지만 법이 숫자로 환원될 수 있을까? 수학에 의해 밝혀질 수 있는 완벽한 조화를 표현하는 것만이 법이 할 일일까? 아니면, 공동체의 삶에서 생기게 마련인 불화를 극복하는 것이 법의 고유한 영역일까? 이 질문들은 경제와 사회에 대한 계량적 표상과 시민들에 대한 민주주의적 대의 사이에서 고민하는 우리의 권력자들에게 매일같이 제기된다. 이 질문들에 답하기 위해서, 그리고 수치라는 기획이 탄생할 수 있었던 오래된 이유들과 그러한 기획은 실패할 수밖에 없다는 점을 이해하기 위해서는 여기에서도 다시 역사를 잠깐 되짚어보는 것이 필요하다.

숫자의 완벽한 조화

사람들은 옛날부터 숫자가 가진 제어력에 매혹되었으며, 이것은 서양 문화에 국한된 것은 아니다. 숫자의 상징적 가치를 주목하는 것은 중국 사상의 두드러진 특징 가운데 하나이며,[3] 인도와 아랍 그리고 페르시아가 수학에 얼마나 큰 기여를 했는지는 모두가 아는 사실이다. 그러나 숫자에 대한 관심이 끊임없이 이 영역을 확장해나간 곳은 서양이었다. 서양에서 숫자는 처음에는 관조의 대상이었다가, 지식과 예측의 수단이 되었으며, 현대에 와서는 수치와 더불어 말 그대로 법적인 힘을 획득했다. 누구는 성경을 출발점으로 삼고 싶어 할 것이다. 왜냐하면 『지혜서』는 "그러나 주님은 모든 것을 잘 재고, 헤아리고, 달아서 처리하셨다"(11:20)라고 말하고 있기 때문이다. 그러나 이 책은 기원전 2세기 무렵 헬레니즘 문화를 잘 아는 무명의 유대인이 그리스어로 직접 저술한 것으로 알려져 있는데, 이 저자는 아마도 신피타고라스 학파의 영향을 받은 것 같다. 피타고라스(기원전 580~500)는 "모든 것은 숫자로 정리된다"라고 말한 것으

---

3   Cf. Marcel Granet, *La Pensée chinoise* (1934)(Paris: Albin Michel, 1968), p.127 이하의 수에 관한 장을 참조.

로 전해진다. 1세기 무렵의 신피타고라스 학파의 철학자이자 수학자인 제라사의 니코마코스가 이 사상을 어떻게 전개했는지 보자.

자연이 부분으로든 전체로든 우주 속에 체계적으로 정리해놓은 것은 모두 숫자로 결정되고 숫자와 조화를 이룬다. 이것은 만물을 창조한 신의 예지와 뜻이다. 왜냐하면 창조주 신은 머릿속에 담고 있던 숫자로 천지창조의 밑그림을 그렸기 때문이다. 이 숫자 개념은 모든 측면에서 순수하게 비물질적이지만, 동시에 진정하고 영원한 본질이다. 그리하여 예술적 구도에 따르듯이 숫자에 따라 만물이 창조되었다. 시간과 운동과 하늘과 별 그리고 만물의 모든 순환도 함께.[4]

그러므로 숫자에 대한 관조는 신의 질서에 다가가는 열쇠가 될 것이다. 이 사상은 피타고라스에서 오늘날에 이르기까지 놀라운 성공을 거두었다. 특히 플라톤과 르네상스의 신플라톤주의자들의 저작이 기여한 바가 크다.[5] 예를 들어 니콜라우스 쿠자누스(Nicolas de Cues)는 다음과 같이 말했다. "신의 뜻에 다가가는 길은 상징을 통해서만 열리는데, 그러한 상징으로는 반박할 수 없는 확실성을 갖고 있는 수학적 기호들이 가장 적합할 것이다."[6] 그리고 갈릴레이는 다음과 같이 말했다. "우리의 눈앞에 끊임없이 펼쳐지는 이 거대한 책은, 나는 우주를 말하고 있다……, 수학이라는 언어로 쓰여 있다. 이 언어의 글자는 삼각형과 원 그리고 다른 기하학 도형들이다. 이 글자들이 없으면 인간은 이 책의 한 단어도 이해할 수 없다."[7] 이처럼 온전히 숫자로 다스려지는 세계에 대한

---

4   Nicomaque de Gérase, *Théologumènes*, Matila Ghyka, *Philosophie et mystique du nombre* (Paris: Payot, 1952), p.11에서 재인용.

5   Cf. Ernst Cassirer, *Individu et cosmos dans la philosophie de la Renaissance* (Paris: Minuit, 1983), p.73 이하; Frédéric Patras, *La Possibilité des nombres* (Paris: PUF, 2014), pp.13~ 42.

6   Nicolas de Cues, *La Docte Ignorance* (1514), 프랑스어판, Hervé Pasqua(Paris: Payot & Rivages, 2011), p.81.

7   Galilée, *L'Essayeur* (*Il Saggiatore*, 1623), édité par Christiane Chauviré(Paris: Les Belles Lettres, 1980), p.141. "세계의 수학적 알파벳"에 대해서는 Olivier Rey, *Itinéraire de l'égarement* (Paris: Le Seuil, 2004), pp.46 이하.

〈그림 4-1〉 테트락티스

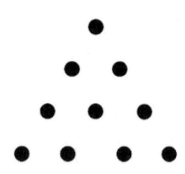

믿음은 지금도 계속해서 우리의 상상력을 살찌우고 있다.

프랑스 신문 『르몽드(Le Monde)』는 2013년에 수학 관련 책들을 소개하는 특집의 제목을 "세계는 수학이다"라고 달았다. 이 특집은 세드릭 빌라니(Cédric Villani)가 책임을 맡았는데, 빌라니는 2010년에 필즈상을 받았으며, 앙리푸앵카레연구원(Institut Henri-Poincaré)의 원장이다. 과거와 마찬가지로 오늘날에도 수학은 세계를 이해하는 열쇠로, 그러므로 세계를 다스리는 열쇠로 여겨진다. 피타고라스의 계승자들은 철학이나 과학의 영역 또는 신비적 영역 등에 다양하게 분포하고 있지만, 그 차이점들을 넘어 하나의 공통점을 갖고 있다. 그것은 바로 세상에는 숫자 형식의 "합법칙성"이 존재한다고 전제하는 것이다. 즉 이 숫자 형식의 합법칙성은 우주론에만 있는 것이 아니라, 신학과 음악과 윤리학 또는 법학에도 존재한다고 전제한다.[8]

연구 공동체이자 신비적 공동체인 피타고라스 학파의 공동체는 모든 수 중에서도 10에 특별한 중요성을 부여했다. 이 공동체의 상징은 10에 관한 도해 테트락티스(Tetractys)였다. 공동체의 구성원들은 이 비의적 상징에 대고, 자신들이 알고 있는 비밀, 특히 수학적 비밀을 결코 발설하지 않겠다는 서약을 했다. 테트락티스는 숫자 10을 기하학적 도형으로 표현한 것인데, 10개의 점으로

---

8 이 신비주의적 유산에 대해서는 예를 들어 Simone Weil, *Commentaires sur les textes pythagoriciens* (1942), in *Œuvres, op. cit.*, pp.595~627.

이루어진 삼각형 모양이다. 삼각형의 꼭짓점에는 1개의 점이 있고, 3개의 변마다 4개의 점이 있다.

미카엘 스톨라이스(Michael Stolleis)는 『법의 눈』이라는 은유에 관한 연구를 통해서, 어떻게 이 상징이 서양의 역사 전체를 관통해왔는지 보여주었다. 이 상징은 목수와 유대교 신비학자에게서도 발견되고, 기독교에서도 발견된다. 기독교는 처음에는 이 상징을 이교도의 것이라고 해서 배척했다가, 나중에는 삼위일체의 상징으로,[9] 그리고 신의 눈을 상징하는 형상으로 사용했다. 거기서부터 테트락티스는 자신의 여정을 계속했고, 마침내 세속화되어 법의 눈으로 변모하게 된다.[10] 그리고 테트락티스는 이 모든 종교적, 법학적, 수학적 상징을 담지한 채 오늘날까지 전승되어 1달러짜리 지폐 뒷면에 인쇄되어 있다. 미국 1달러짜리 지폐 뒷면에는 미합중국 국장(國章)의 앞면과 뒷면이 그려져 있다. 그중 하나는 피라미드이고, 피라미드의 밑부분에는 "MDCCLXXVI"(1776년)이라고 새겨져 있다. 피라미드의 꼭대기에는 섭리의 눈이 있어 새로 탄생한 국가를 굽어 살핀다.

코스모스의 상징, 즉 카오스에서 벗어난 세상의 상징인 테트락티스는 또한 조화를 상징한다.[11] 조화의 신 하모니는 전쟁의 신 아레스와 사랑의 신 아프로디테의 딸로서, 서로 대립하는 것들의 결합, 불협화음을 협화음으로 전환하는 것을 의미한다. 유럽연합의 법제에서 조화는 유럽연합조약이 보장하는 경제적 자유를 법적으로 실현하는 것을 의미하기도 하고, 이 경제적 자유의 실현에서 비롯되는 자생적 절차를 의미하기도 한다. 유럽연합 기능 조약(로마조약) 제151조에 의하면, "사회 시스템의 조화"는 "내부 시장의 운영"으로 달성된다. 다시 말하면, 조화는 경제 주체들 저마다의 이해타산을 둘러싼 자유로운 게임에 의해 달성된다. 마치 8세기 전의 『그라티아누스 교령집』이 "대립되는 교회법

---

9 Cf. Dany-Robert Dufour, *Les Mystères de la trinité* (Paris: Gallimard, 1990), p.354 이하.

9   Cf. Dany-Robert Dufour, *Les Mystères de la trinité* (Paris: Gallimard, 1990), p.354 이하.

10   Michael Stolleis, *Das Auge des Gesetze. Geschichte einer Metapher* (Munich: Beck, 2004), 프랑스어판: *L'Œil de la Loi. Histoire d'une métaphore* (Paris: Mille et une nuits, 2006, 127 p).

11   Matila Ghyka, *Philosophie et mystique du nombre, op. cit.*, pp.50~51.

〈그림 4-2〉 미국 1달러 지폐에 그려진 미합중국 국장

위: 섭리의 눈과 "Annuit Cœptis"(신은 우리의 일을 굽어본다)
아래: "Novus Ordo Seclorum"(새로운 질서의 시대)

들의 조화"를 의도했던 것처럼, 로마조약은 국내법들의 차이와 경쟁력의 지상
명령을 극복하고 "평등한 진보"[12]를 달성하고자 한다. 그러나 그라티아누스와
달리, 로마조약이 말하는 조화는 법적인 것이 아니라, 일종의 경제적 계산의
부산물로 착상된다. 회원국들의 입법을 접근시키는 조치들은 경제적 계산을
원조하고 용이하게 하려는 역할을 수행할 뿐이다. 다만, 로마조약은 계산에 의
한 조화를 "내부 시장"의 일, 즉 유럽법에 의해 제도화되고 규제되는 시장의 일
로 규정하고 있다는 점을 눈여겨보아야 한다. 로마조약의 기초자들은 상품과
자본의 자유로운 유통을 방해하는 일체의 장애물이 제거된 세계시장에 대한
전망을 갖고 있지 않았다. 전 지구적 차원에서 자생적 조화를 만들어내는 전체

----

12 유럽연합 기능 조약, 제136조.

주의적 시장에 대한 유토피아적 전망은 몇십 년 뒤에 신자유주의 이데올로기의 승리와 함께 찾아온다.

피타고라스 학파의 신비주의에 의하면, 조화는 단번에 완벽하게 달성되거나, 아니면 음악에서 그런 것처럼 불협화음을 협화음으로 이끄는 초월적 원리를 통해서 얻어진다. 고대 그리스인들은 음의 주파수를 재기 위해 현의 길이를 이용했다(주파수와 길이는 반비례한다. 현이 길수록 주파수가 낮다). 그런데 테트락티스는 다음과 같이 전음계의 주요 비율을 그 속에 담고 있다.

- 4:2 또는 2:1 = 8도 음정
- 3:2 = 5도 음정
- 4:3 = 4도 음정

다만, 음악적 조화를 주재하는 법칙과 숫자의 이상적 질서를 연결시키기 위해서는 12라는 숫자가 필요했는데, 이 12라는 숫자는 테트락티스의 모든 구성요소들, 즉 1, 2, 3, 4로 나누어진다. 예를 들면, 길이가 각각 12와 6인 두 개의 현은 8도 음정(12:6)에 대응하고, 길이가 각각 12와 8인 두 개의 현은 5도 음정(12:8), 그리고 길이가 각각 12와 9인 두 개의 현은 4도 음정(12:9)에 대응한다. 이 세 가지 8도 음정, 5도 음정, 4도 음정은 각각 산술적 비율 2/1, 3/2, 4/3에 대응한다. 이 산술적 대응은 또한 기하학적 대응이기도 하다. 왜냐하면 9는 (한 변이 3인) 정사각형의 넓이이고, 6은 정육면체의 면 개수이며, 8은 정육면체의 꼭짓점 개수이고, 12는 정육면체의 모서리 개수이기 때문이다.[13] 수학적 비율과 음악적 화음의 완벽한 대응은 우주적 조화의 상징으로 해석되었고, 인간은

----

13 이렇게 비율을 가지고 음을 정의하는 방식은 후대에 심대한 영향을 미쳤는데, 19세기 독일의 물리학자 겸 음향전문가였던 헤르만 폰 헬름홀츠(Hermann von Helmholtz)는 각 음의 주파수가 갖는 절댓값으로 음을 '객관적으로' 정의했다. Cf. Matthias Rieger, *Helmholtz Musicus. Die Objektivierung der Musik im 19. Jahrhundert durch Helmholtz' Lehre von den Tonempfindungen* (Darmstadt, Wissenschaftliche Buch Gesellschaft, 2006), 특히 p.49 이하.

숫자에 대한 관조를 통해서 우주적 조화에 다가갈 수 있다고 여겨졌다.[14] 우주적 조화의 비밀을 간파하는 것은 서양의 과학을 추동한 가장 강력한 원동력 가운데 하나였다.

조화는 가장 단순한 물건부터 예술 작품에 이르기까지 사람들이 자신들의 작품 속에서 울리게 해야 하는 것일 뿐 아니라, 그들 사이의 관계에서도 울리게 해야 하는 것이다. 그러기 위해서는 사람들 사이의 차이점을 초월하는 완벽한 화음을 이루어내야 한다. 화음 또는 일치를 가리키는 프랑스어 'accord'와 'concorde' 또는 그 반대말인 'désaccord'와 'discorde'의 어원이 의미하는 바와 같이, 이 말들은 마음의 일치 또는 분리라고 하는 정서적 의미와 현의 조화라고 하는 물리적 의미를 동시에 갖는다.[15] 사람들을 일치시키기 위해서는 그들의 심장을 동음으로 뛰게 만들어야 할 뿐 아니라 그들을 앙상블로 단단하게 묶어야 한다. 이런 식으로 이해되는 하모니, 즉 조화는 화음에 대한 수학적 표현에 힘입어 보편적 차원을 획득하게 된다. 또한 피타고라스도 샤르트르 대성당의 벽 위에서, 르네상스의 회화 속에서, 또는 20세기의 일부 문학작품[16] 속에 그려진 지적 세계의 이상향 속에서 재인용되고 있다.

법의 영역에서 보면 우주적 조화는 키케로의 『국가론』에서 핵심적인 위치

....

14 중세 다성음악 폴리포니의 발명에서 계량화가 수행한 역할에 대해서는 Alfred W. Crosby, *The Measure of Reality. Quantification and Western Society 1250-1600* (Cambridge University Press, 1997), p.139 이하. 그리고 '황금수' 또는 '신의 비율'에 관한 좀 더 일반적인 설명으로는 Marguerite Neveux et H. E. Huntley, *Le Nombre d'or. Radiographie d'un mythe* suivi de *La Divine Proportion* (Paris: Le Seuil, 1995, 328 p).

15 'accorder' 동사의 어원 참조. 이 동사는 심장을 의미하는 라틴어 'cordis' 및 줄을 의미하는 라틴어 'chorda' 둘 모두와 관련되어 있다. 이 단어에 대해서는 Oscar Bloch et Walter von Wartburg, *Dictionnaire étymologique de la langue française* (Paris: PUF, 1975), p.6; 같은 의미로 A. Rey, *Dictionnaire historique de la langue française*, t.1(Le Robert, 1992), p.12.

16 Cf. Hermann Hesse, *Das Glasperlenspiel. Versuch einer Lebensbeschreibung des Magister Ludi Josef Knecht samt Knechts hinterlassenen Schriften* (1943), 프랑스어판: *Le Jeu des perles de verres. Essai de biographie du Magister Ludi Joseph Valer accompagné de ses écrits posthumes* (Paris: Calmann-Lévy, 1955, LGF, collection "Livre de poche", 1995, 693 p)[한국어판: 헤르만 헤세, 『유리알 유희』].

를 차지한다. 키케로의 『국가론』은 르네상스의 신플라톤주의 인문주의자들에게 많은 영향을 끼친 통치론 가운데 하나이다. 이 책은 꿈 이야기로 끝을 맺는다. 스키피오는 꿈에서 자신의 조상인 아프리카누스를 만난다. 아프리카누스는 스키피오에게 다음과 같이 말한다. "세상을 다스리는 제일신에게 법으로 결합되어 있는 인간 사회, 우리가 나라라고 부르는 것보다 더 좋은 것은 이 세상에 없다."[17] 그리고 나서 아프리카누스는 우주를 구성하고 있는 아홉 개의 천구 속으로 스키피오를 데려가 천구들이 만들어내는 음악을 들려준다. 그리고 이 음악이 어떻게 만들어지는지 설명한다. "이 음악은 서로 똑같지 않은 간격을 두고 떨어져 있는 천구들이 밀고 당기면서 만들어내는 것이다. 그 간격들은 합리적인 비율을 유지하면서 서로 다른 소리들을 만들어내고, 고음은 저음과 결합해 조화로운 화음을 만들어낸다."[18] 수학과 물리학과 음악은 하나다. 이 세 가지가 참여해 만들어내는 하늘의 조화는 또한 법이 국가 안에서 실현시켜야 하는 조화이기도 하다. 국가의 제도를 다루는 책에서 몽환적 분위기를 연출하고 미학과 수학을 언급하는 것은 적어도 오늘날의 법실증주의적 관점에서 보면 사뭇 당황스러운 것이다. 그러나 법경제학의 관점에서는 아마도 덜 당황스러울 것이다. 왜냐하면 법경제학도 수학적 이성을 통해서 사회적 조화를 실현하려고 하기 때문이다. 비록 호모에코노미쿠스가 스키피오의 인간성을 많이 잃어버린다 할지라도 말이다(경제적 인간은 꿈을 꾸지 않으며, 보이지 않는 손이 음악가의 손이 될 수 있을 것이라고는 상상하지 않는다).

최근에 푀겐은 이러한 상상력이 르네상스 이후 오늘날까지 계속해서 법사상에 영향을 미치고 있다는 사실을 보여주기 위해서, 바티칸의 서명의 방을 장식하고 있는 유명한 프레스코화, 라파엘로의 〈아테네 학당〉에 대한 날카로운 비평을 쓴 바 있다.[19] 푀겐은 이 그림을 활용하여, 로마 십이표법의 제정에 관한 티투스 리비우스의 전설을 재해석한다. 푀겐은 묻는다. 로마법의 기원에 왜

17 Cicéron, *De la République*, VI, 13, 프랑스어판, ch.Appuhn(Paris: Flammarion, 1965), p.111.

18 *Ibid.*, VI, XVIII, p.113.

19 M. T. Fögen, *Histoire de droit romain, op. cit.*, p.90 이하.

12개의 표가 있을까? 피타고라스가 완전수라고 했던 10, 모세의 율법인 십계명의 수 10, 왜 10이 아니고 12일까?

분쟁의 제도적 기능

티투스 리비우스의 기록에 의하면, 법을 새긴 판(표)을 제작하는 임무는 기원전 457년 10인 입법위원회에 맡겨졌다. 이 입법위원회는 테트락티스와 같은 원리로 구성되었다. 즉, 직전 연도의 집정관 1명, 해당 연도의 집정관 2명, 그리스에서 돌아온 밀사 3명, 그리고 4명의 노인. 티투스 리비우스는 이 4명의 노인들은 "숫자를 완성하기 위해"[20] 임명되었다고 한다. 여기에서 숫자란 신성한 숫자 10을 말한다. 이 10인의 입법위원들에 의해 작성된 법률은 10개의 표에 새겨졌고, 이 십표법은 로마 시민들의 의견을 들은 후 민회에서 채택되었다. 그러자 "다른 것들에 더해져 로마법의 온전한 형체를 갖추려면"[21] 두 개의 표가 부족하다는 소문이 돌았다. 그래서 새롭게 10인 입법위원회를 조직했다. 여기에는 이미 첫 번째 10인 입법위원회에 참여해 십표법을 작성했던 아피우스 클라우디우스(Appius Claudius)가 있었다. 그러나 이 새로운 10인 입법위원회는 독재적 방식으로 운영되었다. 클라우디우스는 자신이 직접 만든 법률을 어기고, 소송에서 자신의 허수아비 중 한 명에게 젊고 아름다운 평민 처녀 베르기니아(Virginia)를 노예로 내림으로써 재판관으로서의 임무를 배반했다. 베르기니아의 아버지는 딸의 노예생활과 불명예를 피하기 위해서 딸을 목 졸라 죽이는 수밖에 다른 방법이 없었다. 로마 시민들은 불의에 맞서 항거했고, 클라우디우스는 마침내 지하 감옥에서 자살하는 것으로 끝난다. 다시 평화를 찾은 로

---

20   Tite-Live, *Histoire romaine*, III, 33, in *Historiens romains* (Paris: Gallimard, collection "Bibliothèque de la Pléiade", 1968), t. 1, p.222 이하.

21   *Ibid.*, III, 34, pp.223~227.

마는 이제 십이표법으로 다스리게 되었고, 십이표법은 기원전 449년 로마 광장에 설치되었다. 로마법의 기원에 관한 전설은 숫자(10과 12)와 법률로 이중의 보호를 받고 있다는 점에서 눈여겨볼 만하다. 피젠에 따르면, 로마인들은 진정한 법질서를 갖추고 조화로운 사회에 이르기 위해서 "비법(非法)"을 경험해야 했다고 한다. 이 해석은 "비법"이라는 기준이 시대에 맞지 않고 허구적이라는 점에서 설득력이 없다. 법이 없는 곳에서는 법을 어길 수도 없다. 그런데 클라우디우스가 유죄 판결을 받은 이유는 바로 자기 자신이 만든 법을 어겼기 때문이다. 그러므로 법의 기원에 관한 이 전설에서 얻을 수 있는 교훈은 오히려 계산적 이성에만 근거한 법질서는 공허하다는 사실이다.

그럼에도 불구하고 계산을 통해 조화를 달성하고자 하는 시도가 끊임없이 서양의 법사상을 사로잡았다면, 그 이유는 아마도 법과 위법, 질서와 무질서의 근본적인 단일성을 파악하는 데 서양인들이 어려움을 겪기 때문일 것이다. 이 어려움을 극복하기 위해서는 여기에서도 다시 한 번 다른 문명이 질서와 무질서의 관계를 어떻게 바라보는지 살펴볼 필요가 있다. 하인리히 치머(Heinrich Zimmer)는 다음과 같이 힌두교의 우주 생성 이론의 흥미로운 내용에 대해 우리의 주의를 환기시킨다.[22] 비슈누(Vishnu) 신은 그 아름다움에도 불구하고, 그리고 완벽한 우주의 창조를 착상하는 그 순간에도 지저분한 귀를 갖고 있었다! 그리고 비슈누의 귓청이 떨어져 정열과 어리석음의 악마인 마두(Madhu)와 카이타바(Kaitabha)가 태어났다. 이 악마들은 우주의 무질서로 자라날 씨를 뿌린다. 반대로 서양의 신이 갖고 있는 이미지는 전적으로 긍정적이며, 악마적 차원에서 벗어나 있다. 그러나 치머에 따르면, 인간을 살리고 인간이 자기 자신에게 다가갈 수 있도록 하는 것은 자신의 어두운 부분, 자신의 부정성에 대한 인식이다. 치머는 다음과 같이 말한다. "죄의식이 아니라면 어떤 길로 인간이 외부와 내부의 실재에 다가갈 수 있을까? 어떻게 실재에 뿌리를 내리면 죄를 면하게 될까? 우리가 누구인지 알 수 있는 것은 오직 죄를 통해서이다. 그 전에

---

22   Heinrich Zimmer, *Maya. Der indische Mythos*, 프랑스어판: *Maya ou le Rêve cosmique dans la mythologie hindoue*, préface de Madeleine Biardeau(Paris: Fayard, 1987, 329 p).

는 겉모습의 영역에서 떠다닐 뿐이다."[23] 그러므로 있을 법하지 않은 "비법"이
아니라, 차라리 (최초의 십표법을 채택하게 만든) 민주주의적 심의 절차와 (나중
의 이표법을 채택하게 만든) 집단적 저항을 비교하는 것이 더 나을 것이다. 법치
의 확립은 합리적 계산에서 비롯되는 것이 아니라, 불의와 열정의 경험에서 비
롯된다. 십이표법의 전설에서는 위법을 초래하는 인간의 열정이라는 일탈만
이 아니라, 또한 숫자의 제국에 복종하는 완벽한 법률을 꿈꾸는 오만함이라는
일탈이 드러나고 있다. 이렇게 해석해야 완전수 10에서 조화의 열쇠인 12로 이
행하게 된 논리를 이해할 수 있다. 십이표법은 합리적 심의에서 비롯되는 동시
에 저항에서, 불의에 대한 반감으로 촉발된 투쟁에서 비롯된다. 그것도 두 개
의 투쟁에서 비롯된다. 하나는 평민들의 투쟁으로, 로마에 그리스식 모델을 도
입하기 위한 투쟁, 즉 모두에게 적용되는 평등한 법을 만들기 위한 투쟁이다.
또 하나는 모든 로마 시민들의 투쟁으로, 통치자들도 이 법에 따르도록 만들기
위한 투쟁이다. 요컨대 로마법의 원초적 무대는 숫자에 근거한 이상적 질서의
공허함에 대한 인식과 비록 그것이 불완전하더라도, 경험에 근거한 질서의 필
요성에 대한 인식이 펼쳐지는 장소이다.

마키아벨리는 이 로마의 역사에 근거해 좋은 법은 분쟁의 경험에 뿌리를 내
리고 있는 법이라고 주장했다. "모든 공화국에는 두 개의 파벌이 있다. 평민의
파벌과 귀족의 파벌이다. 자유를 누릴 수 있게 하는 법은 모두 이 두 개의 파벌
사이의 대립에서 태어난다. …… 그러한 덕성이 빛을 발하는 공화국(즉, 로마공
화국)을 무질서하다고 비난할 수는 없다. 그러한 덕성을 깨어나게 하는 것은
좋은 교육이고, 좋은 교육은 좋은 법 덕분이다. 좋은 법은 많은 이들이 무분별
하게 비난하는 분쟁과 소요의 결실이다."[24] 클로드 르포르(Claude Lefort)가 지

23 *Ibid.*, p.165. 이 언급은 오늘날 법원에 제기되고 있는 매우 구체적인 문제, 즉 교육을 받지 못
해 한계의 의미를 이해할 수 없는 탓에 죄의식을 가질 수 없었던 소년 범죄자들의 문제를 환
기시킨다.

24 Machiavel, *Discours sur la première décade de Tite-Live*, I, 4, in *Œuvres complètes* (Paris:
Gallimard, collection "Bibliothèque de la Pléiade", 1952), p.390.

적한 바와 같이, 마키아벨리는 여기에서 터무니없어 보이는 진실을 발견한다. 즉, 자유로운 나라에서 법은 차가운 이성의 산물이 아니라, 똑같이 무한한 두 개의 욕망, 언제나 더 가지려고 하는 귀족의 욕망과 지배당하지 않으려고 하는 평민의 욕망이 충돌해 빚어내는 결실이라는 진실을 발견한다. 그러므로 법은 한 번 만들어지면 영원한 것이 결코 아니다. 법은 언제나 갈등에 열려 있으며, 갈등은 언제나 새로운 법을 탄생시킨다.[25]

순전히 수학적인 기초 위에 정의를 세울 수는 없다는 인식, 진정으로 법학적인 이 인식은 이미 고대 그리스인들도 갖고 있었다. 알다시피 아리스토텔레스는 『니코마코스 윤리학』에서 다양한 유형의 정의를 수학적으로 표현하고자 했다. 법철학 서적들이 일반적으로 설명하는 것[26]과 달리, 아리스토텔레스는 정의의 형식을 두 가지가 아니라 세 가지로 구분한다. 이 가운데 두 가지는 시에나 성당의 프레스코화 〈좋은 정부〉에 재현되어 있다.[27] 우선, 분배적 정의는 "명예, 부 또는 정치 공동체의 구성원들이 서로 나누어 갖는 기타 모든 이익들"[28]을 배분한다. 아리스토텔레스에 따르면, 이 분배적 정의는 각자의 기여에 비례하는 성질을 갖는다. "이러한 종류의 비례는 수학에서 말하는 기하학적 비례이다. …… 사실, 공정한 분배는 언제나 (기여에 따른) 비례성을 요구한다. 왜냐하면 공공재를 분배하고자 하는 경우에는 각자가 공동체에 기여한 부와 동일한 비율로 분배되어야 하기 때문이다."[29] 다음으로, 시정적 정의는 다른 사람에게 부당하게 끼친 손해를 교정하는 것이다. 시정적 정의는 기하학적 평등이 아니라 산술적 평등의 원리에 따른다. 이것에 대해서 아리스토텔레스는 다음

25　Claude Lefort, *Le Travail de l'œuvre: Machiavel* (1972)(Paris: Gallimard, collection "Tel", 1986), p.472 이하.

26　예를 들어 Michel Villey, *Philosophie du droit*, t. 1, *Définitions et fins du droit* (Paris: Dalloz, 1982), no.43, p.76 이하.

27　이 책 제1장 참조.

28　Aristote, *Éthique à Nicomaque*, V, 5, Richard Bodéüs 역, in Aristote, *Œuvres* (Paris: Gallimard, collection "Bibliothèque de la Pléiade", 2014), p.106.

29　Aristote, *Éthique à Nicomaque*, V, 6-7, *op. cit.*, pp.108~109.

과 같이 말한다. "판사는 평등을 복원한다. 마치 서로 다른 길이로 분할된 선분을 가지고, 긴 쪽에서 원래 선분의 절반을 넘는 부분을 잘라내어 짧은 쪽에 붙이는 것과 같다."[30]

하지만 아리스토텔레스의 유형학은 여기에서 그치지 않는다. 프랑수아 에발드(François Ewald), 그리고 클라리스 헤렌슈미트(Clarisse Herrenschmidt)가 지적한 바와 같이,[31] 아리스토텔레스는 세 번째 유형의 정의를 추가하는데, 비례적 호혜의 정의가 그것이다. 아리스토텔레스는 이것에 대해 다음과 같이 말한다. "호혜성 개념은 정의의 정의와 부합하지 않는다. 분배적 정의에도, 시정적 정의에도 부합하지 않는다. …… 그러나 교환을 위해 만들어진 사회의 유대는 이러한 종류의 정의에 달려 있다. 비록 비례는 평등의 원리에 따라서가 아니라 비례적으로 돌려줄 것을 원하지만 말이다. …… 사실 나라가 유지되는 것은 받은 것을 호혜적으로 되돌려주기 때문이다."[32] 이 정의는 우리의 사회적 정의 개념을 미리 보여주는 것이라 할 수 있는데, 아리스토텔레스에 따르면 사람들을 공존하게 만드는 화해에 반드시 필요한 것이다. 호혜적 정의는 모든 시민들이 노동의 결실을 교환하고자 할 때 기준으로 삼을 수 있는 척도에 대해 동의한다는 것을 상정한다.

비례적 교환을 가능하게 하는 것은 완전히 상반된 요소들의 결합이다. 건축가, 구두수선공, 집, 구두가 있다고 하자. 건축가는 구두수선공으로부터 구두를 받아야 하고, 반대로 구두수선공에게 집을 주어야 한다. …… 교환되는 물건들이 어떤 식으로든 같지 않으면 (교환도 사회도) 존재하지 않을 것이다. 그러므로 모든 것을 잴 수 있는 일정한 척도가 있어야 한다. …… 그리고 진정한 척도는 필요이다. 필요가 공동체의 유대를 보장한다. …… 화폐는 합의에 의해서 이 필요

---

30 Aristote, *Éthique à Nicomaque*, V, 7, *op. cit.*, p.111.
31 Cf. François Ewald, *L'État providence*(Paris: Grasset, 1986), p.552 이하; Clarisse Herrenschmidt, *Les Trois Écritures. Langue, nombre, code* (Gallimard, 2007), p.289 이하.
32 Aristote, *Éthique à Nicomaque*, V, 8, *op. cit.*, p.112.

를 대체하게 되었다. 그래서 노미스마(화폐)라는 이름을 얻게 된 것이다. 왜냐하면 화폐는 자연이 아니라 노모스(법)에 속하는 것이기 때문이다. 그리고 그것을 바꾸거나 폐기처분하는 일은 오직 우리에게만 속하는 것이기 때문이다.[33]

이 문단은 아리스토텔레스가 정의와 관련해 법과 숫자를 어떻게 읽는지 이해하는 데 매우 중요하다. 이 점이 플라톤과 다른 점이다. 플라톤은 우주 전체의 기초가 되는 수학적 진실을 인간은 충분히 이해할 수 없기 때문에 부득이하게 법이 필요하다고 생각한다. 아리스토텔레스는 그렇게 생각하지 않는다. 아리스토텔레스는 도형과 숫자가 법을 분명하게 이해하는 데 도움이 될 수 있다고 생각하며, 그래서 분배적 정의와 시정적 정의를 정의할 때 도형과 숫자를 이용한다. 그러나 인간 사회를 주재하는 것은 수학이 아니다. 그것은 노동의 차이와 수요의 유사성을 조화시켜야 할 필요성이다. 그래서 아리스토텔레스는 세 번째 유형의 정의에는 수학적 표현을 부여하지 않는 것이다. 마찬가지로 아리스토텔레스는 노동의 결실에 대한 공정한 가격을 화폐가 자생적으로 표현할 수 있다고 생각하지 않는다. "필요를 대체"하는 화폐는 확실히 교환되는 재화들에 대한 공통의 척도를 제공한다. 하지만 화폐는 숫자가 아니라 법에 근거한다. 아리스토텔레스의 논증은 노미스마(nomisma)라는 말이 노모스(nomos)에서 나온다는 어원학의 뒷받침을 받고 있는데, 그러므로 이 논증에 따르면 교환 정의의 문제를 순전히 계산이나 도덕으로 치환하는 것은 허용되지 않는다. 증권 트레이더나 간호사의 노동이 갖는 각각의 가치를 측정하는 것은 윤리나 계산의 문제가 아니라, 법의 문제이다. 오늘날에 좀 더 정확하게 말하자면, 사회법의 문제이다.

헤렌슈미트에 따르면, 인간의 일을 다스리는 데 수학적 이성이 갖는 한계를 인식하는 것은 또한 $\sqrt{2}$ 같은 무리수의 발견에서도 비롯되었던 것 같다. 이 발견은 직각삼각형의 빗변의 길이를 정수의 비례식으로 나타내고자 하는 희망에

---

33 Aristote, *Éthique à Nicomaque*, V, 7, *op. cit.*, pp.112~113.

종지부를 찍었다. 기원전 4세기 동안 동전에서 기하학 도형은 점차 사라지고, 그 대신 정치적 상징이 등장하게 되는데, 헤렌슈미트는 그 원인이 약분되지 않는 값의 발견에 있다고 설명한다. "공통의 척도가 없는 값이 존재한다면, 모든 것을 비례로 나타낼 수는 없게 된다. 따라서 수학적 화폐 문자는 더 이상 인간들의 이해 다툼과 무관한 근거를 가질 수 없었다."[34] 수학에서 이끌어낸 조화가 다스리는 나라, 천공의 꼭대기에서 천사들이 울려대는 하모니로 가득 찬 나라에 대한 꿈은 그렇게 사라진 것 같았다. 하지만 그 꿈은 오늘날까지 계속해서 다양한 형태로 서양을 추동했다. 때로는 악몽으로 변질되기도 하면서.

34 C. Herrenschmidt, *Les Trois Écritures, op. cit.*, p.299.

제5장

계량화의 규범적 활용

"통치의 개념은 단순화된다. 즉 숫자만이 법과 법률을 만든다. 정치는
모두 산술적 문제로 환원된다."[1]

― 알렉시 드 토크빌,『혁명론』

 사회경제적 사실들을 계량화하기 시작한 것은 근대 이후의 일이다. 지난 30
년 동안 수많은 연구들이 이 계량화의 역사를 분석했다.[2] 이 연구들은 국가의
인구와 부를 측정하는 수단들을 근대국가가 어떻게 개선했는지 탐색했다. 가
장 중요한 수단이 통계이다. 이 말은 독일어 'Staatistik'에서 유래하는데, 말 그
대로 국가학을 의미한다. 사실 그 내용은 주로 영국에서 '정치산술'이라고 불렀
던 것에 해당한다. 차이점이 있다면, 독일의 국가학은 국가의 총체적인 이미지
를 제공하는 것을 목적으로 했을 뿐 계량화는 거의 활용하지 않았던 반면, 영

---

1 Alexis de Tocqueville, *Considérations sur la Révolution*, I, 5, in *Œuvres*, t. 3(Paris: Gallimard, collection "Bibliothèque de la Pléiade", 2004), p.492.

2 Cf. François Bédarida et alii, *Pour une histoire de la statistique*, t. 1(Paris: INSEE/Economica, 1987, 593 p); Patricia Cline Cohen, *A Calculating People: The Spread of Numeracy in Early America* (1982)(Routledge, 1999, 288 p); Lorraine Daston, *Classical Probability in the Enlightenment* (1988)(Princeton University Press, 1995, 제2판, 423 p); Alain Desrosières, *La Politique des grands nombres. Histoire de la raison statistique* (Paris: La Découverte, 1993, 2000, 제2판, 457 p); Theodore M. Porter, *Trust in Numbers. The Pursuit of Objectivity in Science and Public Life* (Princeton University Press, 1995, 310 p).

국의 정치산술은 전적으로 수치화된 조사에 근거했다는 점이다.[3] 하지만 이처럼 계량화를 규범으로 활용해온 역사에서 국가의 역할을 핵심적인 것으로 강조하다 보면, 그것이 원래 상업의 영역에서 사업 경영상의 필요에 대응하기 위해 발전했다는 사실을 잊어버리게 만들 위험이 있다. 계량화의 사적 활용은 국가에 의한 공적 활용보다 연구가 훨씬 덜 되었다. 그러므로 통계와 확률 계산의 발전 역사를 검토하기 전에, 우선 계량화의 사적 활용을 살펴볼 필요가 있다. 우리는 이 서로 다른 두 가지 경우를 비교 검토함으로써, 계량화가 어떻게 점차 네 가지 규범적 기능을 부여받게 되었는지 이해할 수 있을 것이다. 계량화의 네 가지 규범적 기능이란 보고, 관리, 판단 및 입법이다.

보고

회계장부는 숫자와 법, 계량화와 법적 의무 사이에 일정한 관계를 확립한 최초의 근대적 표현이라고 할 수 있다. 오늘날 프랑스 상법전이 "모든 상인에게 적용되는 회계상 의무"를 어떻게 정의하고 있는지 보자.

L.123-12조 ① 상인의 지위를 가지고 있는 모든 자연인 또는 법인[이하 '상인'이라 한다 ─ 옮긴이]은 그 영업 재산의 변동을 기재하기 위해 회계장부를 작성해야 한다. 기재는 시간 순으로 해야 한다.
② 상인은 영업의 적극적 재산과 소극적 재산의 존재와 가치에 대해서 매 12개월마다 1회 이상 명세서를 작성해야 한다.
③ 상인은 회계장부와 명세서를 검토해 결산기에 영업보고서를 작성해야 한다. 영업보고서에는 대차대조표,[4] 손익계산서[5] 및 부속명세서를 포함한다. 이 세 가

3　이 차이점에 대해서는 A. Desrosières, *La Politique des grands nombres. Histoires de la raison statistique, op. cit.*, p.28 이하.

지는 분리할 수 없는 일체를 구성한다.

L.123-14조 ① 영업보고서는 적법하고 진실해야 하며, 기업의 재산과 재정 상황 및 손익에 대한 믿을 만한 이미지를 제공해야 한다.

② 회계방침의 적용만으로는 본조에서 말하고 있는 믿을 만한 이미지를 제공하기에 충분하지 아니한 경우에는 부속명세서에 추가적인 정보를 제공해야 한다.

③ 예외적인 경우에 회계방침의 적용이 기업의 재산과 재정 상황 및 손익에 대한 믿을 만한 이미지를 제공하기에 부적절한 경우에는 회계방침이 적용되어서는 안 된다. 이 경우 기업의 재산과 재정 상황 및 손익에 미치는 영향을 포함해 그 이유를 명시해 부속명세서에 이를 기재한다.

이 규정에는 회계의 네 가지 법적 성격이 담겨 있다. 첫째, 회계는 **보고의 의무**이다. 상인은 자신의 영업에 대해 제3자에게 대답할 의무가 있으며, 회계를 작성하고 유지하는 것은 이 상업적 책임의 일환이다. 상인의 책임은 일반 민법상 책임보다 더 넓은 것으로서, 계약 상대방뿐 아니라 국가 그리고 일반적으로는 공공에 대해서도 부여된다.[6] 영어의 'accountability' 개념은 프랑스어의 'comptabilité' 개념보다 이 회계상 책임이라는 관념을 훨씬 더 명확하게 표현한다. 영어에서 이 회계상 책임의 실현은 세 가지 행위 주체를 상정한다. 즉 회계를 보고하는 자, 회계 보고의 상대방, 회계를 작성하는 회계사이다. 오늘날에는 법률이 회계상 의무를 규정하고 있지만, 근대적 회계가 탄생한 중세 시대에는 상인들의 동업조합이 규율했다. 베르톨드 골드만(Bertold Goldman)은 이것을 상인법(lex mercatoria)이라고 불렀다.[7] 이탈리아의 도시국가들은 입증

---

4   대차대조표는 특정 시점, 즉 영업연도의 말에 기업의 재산 상태를 보여준다.

5   손익계산서는 손실과 이익을 계산할 수 있게 하고 그 결과를 정당화한다.

6   최근의 학설에서는 상사책임의 개념을 종합적으로 다룬 연구가 없는 것 같다. 상인의 의무에 관한 연구 목록에 대해서는 Jacques Mestre et alii, *Droit commercial* (Paris: LGDJ, 2012, 제 29판), no.249 이하, p.236 이하.

7   Bertold Goldman, "Frontières du droit et lex mercatoria," *Archives de philosophie du droit*,

양식이자 파산을 예측하는 수단으로 회계 의무를 상인들에게 부과했다. 어원상으로 볼 때, 파산을 의미하는 프랑스어 'banqueroute'는 파산한 (그래서 도망간) 상인이 시장에서 차지하고 있던 판매대를 의미하는 'banc'의 파괴를 의미한다. 애초부터 회계를 유지할 의무는 상사 책임의 구성 요소로 착상되었던 것이다.

둘째, 회계는 **이미지를 통해 진실에 신뢰를 부여하는 양식**이다. 프랑스 상법전 L.123-14조가 또렷이 말하고 있는 "믿을 만한 이미지"라는 개념은 영국의 "진실하고 공정한 견해" 개념이 유럽경제공동체의 78/660/CEE 지침(1978년 7월 25일)을 거쳐 프랑스법에 도입된 것이다. 그러므로 회계적 이미지는 일종의 아이콘으로서의 지위를 갖고 있다고 할 수 있다. 즉, 종교적 아이콘들이 종교적 진실 주위로 신도들의 공동체를 결집시키듯이, 회계적 이미지는 법적 진실 주위로 상인들의 공동체를 결집시킨다. 유럽의 이쪽 끝에서 저쪽 끝까지 상인들이 신용을 얻을 수 있는 까닭은 약속을 보증하는 신적 보증인에 대한 믿음을 공유하고 있기 때문이다.[8] 19세기에도 여전히 많은 산업이 회계장부를 신의 보호 아래 맡겼다. 회계의 이미지가 속임수로 드러나면, 더는 그것을 믿을 수 없다면, 상인 공동체는 무너진다. 이것은 실제로 2001년 말 엔론 사태 때 일어났던 일이다. 미국 기업 엔론은 그때까지 상종가를 치고 있었지만, 그것이 겉으로만 그랬을 뿐 이면에는 회계부정이 있었다는 사실이 드러나자 몇 주 만에 몰락했다.[9] 이 사태를 계기로 미국 의회는 2002년에 사베인스-옥슬리(Sarbanes-Oxley) 법을 도입했다. 이 법은 회계 규범을 강화하고, 기업과 회계법인의 공모

1964, p.177; 같은 저자의 "La lex mercatoria dans les contrats et l'arbitrage internationaux: réalités et perspectives," *Clunet*, 1979, p.475; Paul Lagarde, "Approche critique de la lex mercatoria," in *Le Droit des relations économiques internationales. Études offertes à Bertold Goldman* (Paris: Litec, 1987), pp.125~150.

8   Cf. A. Supiot, *Homo juridicus. Essai sur la fonction anthropologique du droit* (Paris: Le Seuil, 2005), p.153 이하.[한국어판: 알랭 쉬피오, 『법률적 인간의 출현』, 박제성·배영란 옮김 (글항아리, 2015)]

9   Marie-Anne Frison-Roche(dir.), *Les Leçons d'Enron. Capitalisme, la déchirure* (Paris: Autrement, 2002, 180 p).

를 방지하기 위한 제도들을 도입했다. 그러나 여기에 그치지 않고, 상장회사 대표이사와 재무 담당 임원에게 회계의 진실성에 대해서 서약할 의무를 부과함으로써, 회계의 진실성에 대한 오래된 종교적 근거를 부활시켰다. 미국에 상장한 외국 기업의 임원들에게도 마찬가지로 이 서약의 의무가 부과된다. 이것을 위반하면 무거운 벌칙이 따른다.[10] 회계 이미지가 믿을 수 있어야 하는 이유는, 즉 영국식 개념으로 말하자면, 진실과 공정을 동시에 표현해야 하는 이유는, 그것이 시장의 제도적 기초들 가운데 하나를 구성하기 때문이다. 회계는 진실과 정의의 접점에 위치한다. 그러므로 회계 규범은 일정한 정의의 표상 위에 근거하며, 정치적으로 중립적인 단순한 테크닉이 아니다. 유럽연합이 국제회계기준위원회(IASB)라는 민간 기구에 회계 규범의 작성권을 부여한 것은, 회계 규범이 가지고 있는 이러한 정치적 차원을 몰랐거나 감추려고 했기 때문이라고밖에는 설명되지 않는다.[11]

셋째, 회계는 **숫자에 법적 진실을 부여한 최초의 근대적 제도**이기도 하다. 실제로 회계 숫자가 일단 구성되면, 그 숫자는 증거력을 획득한다. "적법하게 작성된 회계는 소송에서 상인들 사이에 거래사실의 증거로 채택될 수 있다."[12] 그러므로 회계 숫자가 어떤 방식으로 구성되었으며, 그렇게 구성하기 위해 어떤 질적 결정들이 취해졌는지에 대해서는 잊어버려도 좋다. 이처럼 진실을 말할 수 있는 숫자의 힘은 공포된 후의 법률이나 체결된 후의 계약에 결부되어 있는 것과는 다르다. 왜냐하면 법률과 계약은 자연언어로 표현되기 때문에 다양한 해석이 가능한데, 숫자에 대해서는 그러한 해석이 완전히 배제되기 때문이다. 다만, 공인된 회계에 기입된 숫자의 도그마적 가치를 약간 완화하는 장치가 존재한다. 부속명세서가 그것이다. 부속명세서는 "대차대조표와 손익계산서가 제공하는 정보를 보완하고 설명"하며, 숫자만 가지고는 회계 이미지의 신뢰성을

....

10 Paul Lanois, *L'Effet extraterritorial de la loi Sarbanes-Oxley* (Éditions Revue Banque, 2008, 136 p).

11 2002년 7월 19일 유럽연합 규칙 제1606/2002호.

12 프랑스 상법전, L.123-23조.

얼을 수 없는 경우에 그것을 보장할 수 있어야 한다.

　마지막으로, 회계는 **화폐를 보편적 측정 기준으로 만든 최초의 기법**이다. 화폐의 특징은 서로 다른 것들을 공통의 척도로 잴 수 있게 한다는 점에 있다.[13] 측정 단위로서의 화폐의 기능은 지불 수단으로서의 화폐의 기능과 다르다. 오늘날 사람들은 이 둘을 서로 혼동하지만,[14] 화폐의 이 두 기능은 혼동될 수 있는 성질의 것이 아니다. 물물교환경제에서는 의사의 진료를 포도주 몇 병과 교환할 수 있을 것이다. 이 두 가지를 동일한 계산 단위에 따라 비율을 정하면 된다. 이 계산 단위는 공통의 기준일 뿐, 채무를 변제하는 수단이 아니다. 채무의 변제는 포도주를 주는 행위가 될 것이다. 화폐의 두 가지 기능을 분리시키려는 생각은 주기적으로 재등장한다. 존 메이너드 케인스(John Maynard Keynes)는 제2차 세계대전이 끝날 무렵 그러한 생각을 채택하게 만들려고 했지만 실패했다. 케인스는 국제기준화폐로 기능할 수 있는 계산화폐 방코르(bancor)의 도입을 제안했는데, 이것은 각국의 환율조작으로부터 경제를 보호하고자 하는 것이었다(또한 미국의 달러 헤게모니로부터도 보호하고자 했는데, 바로 이것이 케인스의 제안이 실패한 이유이다). 최근에 장피에르 슈벤느망(Jean-Pierre Chevènement)은 유럽 단일 화폐의 명백한 결함을 치유하기 위해 화폐 기능의 분리를 도입하자고 제안한 바 있다.[15] 사실 프랑스에서 유로가 지불 수단의 기능을 더는 수행하지 않도록 하는 것은 전혀 어려울 게 없다. 그렇다고 해서 "회계 서류는 유로와 프랑스어로 작성한다"라고 규정하고 있는 상법전의 규정을 개정할 필요는 없다.[16] 1971년에 미국이 브레튼우즈 협정을 파기한 이후, 화폐는 다른 상품들과 마찬가지로

13　이 책 제4장 참조.

14　화폐는 또한 가치 축적의 기능을 갖고 있다는 점에서도 구별된다. 이것은 또 다른 문제들을 제기한다. 화폐의 다양한 기능에 대한 법학적 분석에 대해서는 Remy Libchaber, *Recherches sur la monnaie en droit privé* (Paris: LGDJ, 1992, 440 p).

15　Jean-Pierre Chevènement, *1914-2014. L'Europe sortie de l'histoire?* (Paris: Fayard, 2013), p.295 이하. 유럽 단일 화폐의 결함에 대해서는 Frédéric Lordon, *La Malfaçon. Monnaie européenne et souveraineté démocratique* (Paris: Les Liens qui libèrent, 2014, 296 p).

16　프랑스 상법전, L.123-22조.

하나의 상품으로 취급되고 있는데, 이것은 측정 기준으로서의 화폐의 기능을 훼손할 수밖에 없다. 시장이라는 이름에 걸맞은 시장에서는 교환의 기준으로 사용하는 저울추와 잣대를 사고 팔 수 있는 물건으로 취급할 수 없다. 화폐의 제도적 차원을 무시하면, 시장경제의 기초가 무너지는 것을 피할 수 없다.[17] 어쨌든 회계가 이용하는 것은 바로 가치 기준으로서의 화폐의 기능이다. 회계는 이 기능을 이용하여, 실제로 존재하는 모든 종류의 재산의 가치를 평가할 뿐 아니라, 채권자의 신뢰 수준, 또는 좀 더 일반적으로 특정 재산의 미래 가치를 평가하기도 한다. 다시 말하면, '회계'라는 말은 착각을 일으킨다. 회계는 (같은 종류의 사물의 수효를 헤아린다는 의미로) 세지 않는다. 회계는 평가한다. 그리고 회계는 지금 있는 것만 평가하는 것이 아니라, 미래를 길들이는 수단으로 화폐를 이용함으로써 미래에 일어날 수 있는 것을 평가하기도 한다.

이 첫 번째 형태의 수치(數治)를 창출한 것은 국가가 아니라 기업이었다. 고대 사회, 특히 고대 로마도 물론 회계장부를 이용했지만,[18] 중세에 와서야 비로소 이탈리아 대도시의 상인들이 복식부기를 발명하면서 근대적 회계의 기초를 놓았다.[19] 복식부기는 상인들 사이에 신용거래가 증가하면서 생긴 문제들을 해결하기 위해서 발명되었다. 그전까지 매일매일의 재산이나 뉘메레르(표준재)의 출납을 기록했던 회계장부는 공급자나 고객들과 체결한 신용거래를 기재하기에는 적절하지 않았다. 내가 어떤 고객에게 1000플로린의 외상을 주었다고 가정하자. 나는 이 돈을 돌려받을 수 있을 것이라고 절대적으로 확신할

---

17 Cf. Luca Fantacci, *La moneta. Storia di un' istituzione mancata*(Venis: Marsilio, 2005, 276 p); Samuel Jubé, *Droit social et normalisation comptable*(Paris: LGDJ, 2011), p.63 이하.

18 로마의 사례에 대해서는 Gérard Minaud, *La Comptabilité à Rome. Essai d'histoire économique sur la pensée comptable commerciale et privée dans le monde antique romain* (Lausanne: Presses polytechniques et universitaires romandes, 2005, 383 p).

19 이 역사적 사건에 대해서는 Joseph-H. Vlaemminck, *Histoires et doctrines de la comptabilité* (Bruxelles: Treurenberg, 1956, Vésoul: éd. Pragnos, 1979); Yannick Lemarchand, *Du dépérissement à l'amortissement. Enquête sur l'histoire d'un concept et de sa traduction comptable*(Rennes: Ouest Éditions, 1993, 719 p); Samuel Jubé, *Droit social et normalisation comptable*(Paris: LGDJ, 2011, 673 p).

수가 없으며, 따라서 계정에 자산으로 기재할 수 없다. 마찬가지로, 만약 내가 어떤 공급자에게 1000플로린의 부채를 지고 있다면, 비록 내 주머니에 아직 1000플로린이 있더라도 나는 이 부채를 고려해야 한다. 그래서 이탈리아의 상인들은 이 거래들을 믿을 만하게 기재하기 위해 특별한 계정을 열었다. 즉 신용거래를 기재하기 위한 고객계정 및 공급자계정과 이에 상응하는 재산의 이동을 기재하기 위한 판매 계정 및 구매 계정이 그것이다. 이탈리아 상인들은 이어서 같은 방식으로, 비용과 수입의 원천으로 분리할 수 있는 재산 항목을 위해 특별한 계정을 열었다. 이 모든 계정들은 하나의 동일한 계산화폐로 기입되었다. 이 계산화폐는 지불화폐와 다를 수 있었다. 외상판매를 할 때에는 동일한 액수를 판매 계정과 고객 계정에 기입했다. 그리고 나중에 이 금액이 결제될 때 이것을 고객 계정과 금고 계정에 동시에 기입했다. 모든 거래가 이와 같이 적어도 두 개의 계정으로 기재되었기 때문에, 역사학자들은 신용거래를 위한 계정 구분을 복식부기의 기원으로 보는 데 동의하고 있다.

'자본주의'라는 말을 만든 독일의 위대한 역사학자 및 사회학자인 베르너 좀바르트(Werner Sombart)에 따르면, "자본주의와 복식부기는 결코 분리될 수 없다. 이 둘은 상호 간에 형식과 내용으로 작동한다".[20] 복식부기의 발명과 함께 다른 법기술들도 발명되어 함께 발전한다. 예를 들어 환어음, 할인, 배서, 신탁 등이 있다. 이 법기술들을 면밀히 분석해보면, 모두 **제삼자 보증인**의 원리에 의거해 신용거래를 뒷받침하고 있으며, 시장경제를 떠받치는 도그마적 기초들을 구성한다는 사실을 알 수 있다. 숫자의 규범력이라는 관점에서 볼 때, 복식부

20   Werner Sombart, *Der moderne Kapitalismus. Historisch-systematische Darstellung des ge-samteuropäischen Wirtschaftslebens von seinen Anfängen bis zur Gegenwart* (1928)(Duncker & Humblot, 1986, 3211 p), 인용구 번역은 M. Nikitin in *Cahiers de l'histoire de la comptabilité*, no.2, p.19 이하, Bernard Colasse, *Les Fondements de la comptabilité* (Paris: La Découverte, 2007), p.10에서 재인용. W. Sombart, *Der Bourgeois. Zur Geistesgeschichte des modernen Wirtschaftsmenschen*(1913), 프랑스어판: Samuel Jankélévitch, *Le Bourgeois. Contribution à l'histoire morale et intellectuelle de l'homme économique moderne*(Paris: Payot, 1966), pp.123 이하도 참조.

기는 확실히 핵심적인 위치를 차지하고 있다. 복식부기의 발명은 대수학이 유럽에 도입된 것과 밀접히 관련되어 있다.[21] 아리스토텔레스가 정의론을 묘사하려 참조하기도 했던, 산술적이고 기하학적인 도형들에 근거한 평등 원리는 이미 알려진 값들을 비교할 때에만 적용될 수 있었다. 대수방정식이 등장하면서, **평등은 문제로 제기된다.** 즉 어떤 미지수의 값을 발견할 수 있는 문제로 제기된다.[22] 복식부기가 실현한 것은 바로 이 새로운 가능성이다. 한편으로, 복식부기는 이전까지는 계산과 무관했던 대상들을 계산의 영역으로 포함시킨다. 즉, 수중에 있는 돈과 현재의 재산만이 아니라, 상업의 필요를 위해서 동원할 수 있는 일체의 자원들과 미래의 재산에 대한 평가까지도 계산의 대상으로 삼는다. 다른 한편으로, 복식부기는 평등의 원칙에 질서를 형성할 수 있는 새로운 힘을 부여한다. 사실 복식부기는 권리와 의무 사이에 균형을 잡는 엄격한 원리에 기반을 둔 숫자표의 형식을 처음으로 법체계에 도입했다. 숫자표의 발명은 같은 시기에 이루어진 또 다른 발명, 마찬가지로 하나의 객관성을 회화에 부여하는 원근법의 발명을 떠올리게 한다.[23]

왜냐하면 **숫자표**라는 개념은 그 첫 번째 의미, 즉 '숫자판'이라는 의미로 이해해야 하기 때문이다. 즉, 후대의 통계표와 마찬가지로, 숫자판은 그것이 그려내는 현실에 대한 객관적인 이미지를 제공하는 초상화로 보아야 한다. 미셸

---

21 대수학을 처음으로 체계적으로 설명한 사람은 성직자 겸 수학자인 루카 파촐리이다[Luca Pacioli, *Summa de arithmetica, geometrica, proporzioni et proporzionalita* (Venise, 1494)]. 대수학은 이 책의 한 장을 차지하고 있을 뿐이지만, 대수학을 서양에 도입한 것으로 유명하다. 파촐리는 이것을 아라비아의 학자들에게서 받았다. 신의 비율 개념도 파촐리에게서 나온 것이다(위의 책, 제4장, pp.108~109). 레오나르도 다빈치는 이 신의 비율 개념을 제목으로 하는 책을 저술했다[Léonard de Vinci, *De Divina Proportione* (1509), 프랑스어판: G. Duschesne et M. Giraud(Librairie du Compagnonnage, 1980)].

22 이 통찰은 지혜로운 철학자이자 수학자인 피에르-이브 나르보(Pierre-Yves Narvor)에게 빚진 것이다.

23 Cf. Samuel Jubé, "De quelle entreprise les normes comptables internationales permettent-elles de rendre compte?," in A. Supiot(dir.), *L'Entreprise dans un monde sans frontières* (Paris: Dalloz, 2015), pp.147~163.

푸코는 『말과 사물: 인문학의 고고학』에서 그림판에 새로운 의미를 부여한 바 있다.[24] 그러나 회화에 판을 도입한 것은 세상의 이미지를 평면 위에 투영하는 다른 두 가지 방식과 관련되어 있었다. 그것은 지도와 거울이다.[25] 예전에는 회계를 묘사하는 데 '상인의 거울'이라는 은유가 자주 사용되었다. 예를 들어 리처드 데이폰(Richard Dafforne)은 1636년에 런던에서 출판한 회계책에 『상인의 거울, 또는 회계를 완벽하게 정리하고 관리하는 방법』[26]이라는 제목을 붙였다. 판의 은유와 마찬가지로, 이 거울의 은유는 프랑스 상법전에서 말하고 있는 "믿을 만한 이미지"라는 법개념을 이미 보여주고 있다. 복식부기의 숫자판이 독창성과 힘을 갖는 것은, 그것이 근본적으로 이질적인 사물과 사람과 거래 들을 유기적이고 동질적인 일체로 보여준다는 사실과 관련이 있다. 이 이질성을 초월할 수 있는 것은 말할 것도 없이 계산화폐 덕분이다. 계산화폐에 의거함으로써, 이질적인 사물들, 사람들, 거래들이 영업에서 차지하는 금전적 무게라는 공통의 전망 속에 이것들을 자리매김하는 것이 가능해진다. 이것은 마치 원근법이 그림 위에 재현되는 각각의 존재에 대해, 질적인 기준에 따르는 크기가 아니라, 보는 이의 시점과 떨어져 있는 거리에 엄격하게 비례하는 크기를 할당하는 것과 같다.

물론, 그림만이 아니라 회계도 이러한 객관성을 만들어낸다. 숫자판의 구성은 보는 사람이 누구인지 그리고 어떤 효과를 생산하고 싶은지에 따라 달라진다. 오늘날 지배적인 회계 규범으로 자리 잡고 있는 영미식 회계 규범은 언제나 금융 투자자들의 관점을 우선시한다. 회계가 향하는 대상은 무엇보다 바로 이 투자자들이다. 그것은 투자자들의 신뢰를 이끌어내고, 투자자들의 지배를 허용하기 위해서이다. 반대로, 유럽 대륙에서는 전통적으로 국가의 관점, 좀

---

24 Michel Foucault, *Les Mots et les Choses. Une archéologie des sciences humaines* (Paris: Gallimard, 1966), p.19 이하[한국어판: 미셸 푸코, 『말과 사물』, 이규현 옮김(민음사, 2012)].

25 Victor I. Stoichita, *L'Instauration du tableau* (Genève: Droz, 1999), pp.207 이하.

26 Yannick Lemarchand, *Le Miroir du marchand. Norme et construction de l'image comptable*, in A. Supiot(dir.), *Tisser le lien social, op. cit.*, p.213에서 재인용.

더 구체적으로는 조세 당국의 관점이 우선시되었다. 즉, 무엇보다도 우선 조세 당국이 보기에 기업 회계는 투명해야 했다. 노동을 통해서 기업을 먹여 살리는 사람들의 관점을 우선시하는 회계는 다르게 착상되어야 할 것이다. 현재 임금 노동자인 종업원은 채무 및 비용으로 계산된다.[27] 이것이 바로 주가 상승을 위해서, 즉 '가치창조'를 위해서 기계적으로 정리해고를 하는 이유들 가운데 하나이다. 하지만 그런 해고는 기업의 생명력을 약화시킬 뿐 아니라, 때로는 너무 게걸스러운 뱀파이어의 희생자들처럼 기업을 죽게 만들기도 한다. 그러므로 특정한 회계 규범 시스템 내에서, 회계는 주어진 수치를 기계적으로 기록하는 데 그치는 것이 결코 아니다. 회계는 숫자판을 구성하는 자에게 숫자판의 색깔을 돋보이게 하거나 또는 반대로 어둡게 할 수 있는 폭넓은 여지를 제공한다. 여기에는 여러 가지 기법이 동원되는데, 예를 들어 좀 가벼운 것으로는 '윈도우 드레싱'이 있고, 분식회계에 좀 더 가까운 것으로는 '창조적 회계'가 있다. 그러나 이 모든 것은 완성된 숫자판에서는 보이지 않을 것이다. 왜냐하면 숫자판이 잘 만들어졌다면 진실의 증거와 힘을 가질 것이기 때문이다. 과학적 진실은 세계의 상태에 대한 근사치로서 끊임없이 수정할 수 있는 진실이지만, 법적 진실은 이와 달리 세상에 대한 일정한 표상을 확정하고, 사람들이 이 표상에 대해서 믿음을 유지하는 한 계속해서 규범적 효력을 발생시킨다. 법적 진실의 힘은 변동하는 경험적 소여에 달려 있는 것이 아니라, 법적 진실이 불러일으킬 수 있는 믿음에 달려 있다. 이 경우에는 기업의 경제적 상황에 대해서 회계가 제공하는 이미지에 대한 믿음이다. 타당한 이유로든(회계 이미지와 현실 사이에 간격이 너무 큰 경우), 부당한 이유로든(루머, 주식의 폭락), 이 믿음이 사라지면 엔론 사태에서 볼 수 있는 바와 같이 기업의 신용은 한순간에 무너질 것이다.

복식부기의 두 번째 힘은 엄격한 균형의 원리에 따라 권리와 의무의 시스템을 재현한다는 점에 있다. 대차대조표를 의미하는 프랑스어 'bilan'은 라틴어 'bilanx'에서 유래하는데, 이 말은 두 개의 접시가 균형을 이루는 저울을 가리킨

---

27 이 점에 대해서는 Samuel Jubé, *Droit social et normalisation comptable, op. cit.*

다. 대차대조표를 가리키는 영어 'balance sheet'는 좀 더 분명하다. 모든 것은 이 저울에서 무게를 달고, 상인은 이 저울을 균형 상태로 제시해야 한다. 상인은 이 저울에서 자기 기업의 상태를 읽을 수 있고, 기업의 지속을 위해 어떤 항목에서 움직여야 하는지 알 수 있다. 다시 말하면, 회계에서 바라보는 기업은 내부적 균형을 준수해야 하는 집합, 즉 항상성의 집합이다. 기업의 경영자는 기업이 엔트로피에 빠지는 것을 피하려면, 즉 기업을 파산으로 몰고 갈 수도 있는 불균형 상태가 악화되는 것을 피하려면, 회계가 기업의 상태에 대해서 제공하는 수치화된 정보들에 반응해야 한다. 그런 관점에서 본다면 손실과 이익은 또 다른 숫자들에 비추어 해석될 것을 요구하는 지표들에 불과하다. 기업의 노하우는 시장에서 기업의 지위를 보장해주지만, 숫자화된 회계 이미지에서는 그 가치가 드러나지 않는다. 그렇다고 해서, 오늘날 금융시장의 압력을 받고 있는 많은 기업들이 그러하듯이, '대차대조표의 아랫부분' 즉 기업의 순이익에 정신을 빼앗겨서, 기업의 노하우를 점차 침식하는 대가로 순이익의 크기를 늘이는 데 몰두한다면, 그것은 자살행위나 마찬가지일 것이다. 이것은 '공장 없는 기업들'이 취하고 있는 방식이다. 이 기업들은 황금알을 낳는 오리를 돌보는 일은 다른 사람들에게 맡기면서도 황금알은 오랫동안 계속해서 얻을 수 있을 것이라고 믿는다.

관리

고대 로마공화국에서는 5년마다 새로 호구조사를 했는데, 조사가 끝나면 공화국의 갱생을 기리기 위해 '루스트룸(lustrum)'이라고 부르는 정화의식을 거행했다. 이 조사는 두 명의 검열관이 단임으로 맡았다. 검열관은 인구와 재산을 조사하는 일만 맡은 것이 아니라, 상원의원을 임명하고 풍기를 단속하는 일도 맡았다. 이로부터 검열관의 이중적 의미가 비롯되는데, 이것은 프랑스어 'cens'

와 'lustre'가 나누어 간직하고 있다. [호구조사, 정액지대, 선거의 납입금 등을 의미하는 — 옮긴이] 'cens'는 'censure'(검열), 'recensement'(조사), 'vote censitaire'(납세선거) 등의 파생어를 만들어냈고, [광택, 명성, 5년 등을 의미하는 — 옮긴이] 'lustre'는 (어원은 'luer', 즉 '속죄하다', '지불하다') 광택과 명성을 의미할 뿐 아니라, 일정한 시간의 단위를 의미하기도 한다. 토마스 번스(Thomas Berns)는 최근의 저서를 통해, 근대 초기에 장 보댕(Jean Bodin), 립시우스(Lipse), 몽크레티엥(Montchretien), 또는 개신교 쪽의 알투지우스(Althusius) 등 일군의 법학자들이 어떻게 이 로마의 검열관 제도의 복원을 추진했는지 보여준 바 있다.[28] 검열관은 판사와 같은 법관이지만, 법의 적용이 아니라 다른 영역에 개입한다. 연대의 착오를 두려워하지 않고 이름을 붙이자면, 공공관리 또는 공공경영이라고 부를 수 있는 것, 즉 지식을 통해 행위를 효율화시키는 것에 관한 영역이 그것이다.

실제로 검열관의 첫 번째 역할은 군주가 나라의 부, 즉 인적자원과 물적 자원을 **알 수 있도록** 하는 것이다. 다시 말하면, 검열관 제도는 일종의 정치경제학적 기획의 일환으로서, 아리스토텔레스가 오이코스(oikos)와 폴리스(polis) 사이에 그어놓은 경계선을 지우고, 국가의 관리와 기업의 관리 또는 가정의 관리를 동일한 사고범주에 따라 파악하고자 하는 것이다. 특히 검열관은 사람들 사이에 부가 어떻게 분배되고 있는지에 관해서 군주에게 알려주어야 한다. 회계가 '상인의 거울'이듯이, 나라의 부에 관한 정보는 중세 시대에 이미 '군주의 거울'로 여겨졌다. 군주는 이 거울 덕분에 자신의 위대함과 자신이 다스리는 왕국의 위대함을 알 수 있게 된다. 거울의 은유는 또한 가장 오래된 법전을 가리키는 데에도 활용되었다. 예를 들어, 중세 저지대 독일어로 된 가장 오래된

---

28 Thomas Berns, *Gouverner sans gouverner. Une archéologie politique de la statistique* (Paris: PUF, 2009, 163 p). 이 책은 다음의 책에서 제시한 분석을 발전시킨 것이다. Thomas Berns, *Souveraineté, droit et gouvernementalité. Lectures du politique moderne à partir de Bodin*, *op. cit.*, p.183 이하. 검열관 제도의 복원 역사에 대해서는 또한 Jean-Claude Perrot, *Une histoire intellectuelle de l'économie politique* (Paris: EHESS, 1992), p.143 이하도 참조.

법전인『작센슈피겔』은 '작센인의 거울'이라는 뜻이다. 법의 거울이 군주와 신료에게 이상적 질서의 이미지를 보여준다면, 검열관의 거울은 왕국의 모습을 있는 그대로 보여준다. '군주의 거울'은 몇 세기 뒤에 '국민의 거울'이 되고, 프랑스의 국립통계청(INSEE)이나 유럽연합의 유럽통계청(Eurostat) 같은 제도들이 그 거울을 관리하는 임무를 맡게 된다.

이 거울이 알려주는 정보에 근거해서, 군주는 두 개의 전선에 영향을 미칠 수 있다. 첫째, 과도한 부의 불평등을 **시정**할 수 있다. 이 시대의 정치사상과 법사상은 과도한 부의 불평등이 혼란과 폭동의 원천이며, 따라서 좋은 통치질서에 위협이 될 수 있다는 사실에 특히 민감하다. 이 점을 가장 단호하게 표현한 사람은 의심할 바 없이 프랜시스 베이컨(Francis Bacon)이다. 베이컨은 돈을 퇴비에 비유했는데, 퇴비가 공기를 오염시키지 않고 땅을 비옥하게 만들도록 하려면 퇴비를 쌓아두어서는 안 된다.[29] 둘째, 자격 있는 빈자들과 몽크레티엥이 "귀찮은 거지들"[30]이라고 부르는 자들을 **구분**하는 것, 좀 더 일반적으로 보댕의 말을 빌리자면 "부랑자, 게으름뱅이, 도둑, 사기꾼, 뚜쟁이 들을 추방하는 것"[31]이 가능하다. 추방한다는 것은 방을 붙인다는 것이다. 즉 사람들에게 널리 알린다는 것이다(혼인을 널리 알리는 것과 같다). 방을 붙여 사람들에게 널리 알리는 것은 일종의 처벌이면서 동시에 사회가 스스로를 투명하게 만드는 수단이기도 하다. 보댕의 시대에는 개인들만 추방의 대상이었지만, 오늘날에는 신용평가기관들이 등급을 낮추거나, IMF나 유럽의 트로이카(Troika)가 강제하는 정책에 따를 수밖에 없는 처지로 내몰리거나 해서, 특정한 국가나 민족 전체가 추방의 대상이 되기도 한다. 통치자들이 보기에 사회를 투명하게 만들고자 하는 기획은 오늘날 정보통신기술의 발달에 힘입어 보댕이나 중국의 법가가 감

---

29   Francis Bacon, "Of Seditions and Troubles," in *The Essays or Counsels, Civil and Moral* (제3판, 1625), 프랑스어판: *Essais de morale et de politique* (Paris: L'Arche, 1999), p.67.

30   Antoine de Montchrétien, *Traité d'économie politique* (1615)(Genève: Droz, 1999), p.237.

31   Jean Bodin, *Les Six Livres de la République*, VI, 1, Th. Berns, *Souveraineté, droit et gou-vernementalité, op. cit.*, p.194에서 재인용.

히 꿈도 꾸지 못했을 수단들을 통해 실현할 수 있게 되었다. 그럼에도 불구하고 보댕은 자문한다. 그러한 투명성이 전제 정치로 귀결되지 않을까 두려워해야 하는가? 보댕은 결코 아니라고 대답한다. 이유는 적어도 두 가지이다. 첫 번째 이유는, 정직한 사람은 감출 것이 하나도 없다는 점이다.[32] 두 번째 이유는, 이 투명성은 판사가 내리는 처벌같이 외부에서 작용하는 것이 아니라, 각자가 올바르게 행동하도록 자극하는 방식으로 내부에서 작용한다는 점이다. 정의의 여신은 칼을 든 채, 사사로운 일들을 보지 않으려고 눈을 천으로 가리고 있지만, 이와 반대로 통계의 여신은 모든 것을 보고자 한다. 하지만 어떠한 강제력도 갖고 있지 않다.[33]

이 지점에서, 우리에게 익숙한 통치 유형이 재등장한다. 즉, 로마의 법무관 및 제국주의 일본의 덴노가 모두 추구했던 영혼의 통치가 그것이다. 기독교의 성경에서 호구조사는 종교적 행위로 등장하며, 신의 가르침에 따라 신이 정한 범위 안에서만 행해져야 한다.[34] 오직 신만이 영혼의 장부를 작성할 수 있으며, 다윗 왕은 이스라엘과 유대의 호구를 조사하라는 신의 명령[35](그것은 아마도 사탄의 명령이었을 것이지만[36])에 따른 것을 뉘우치게 될 것이다. 사회가 투명해지면, 개인은 사회의 규칙에 자발적으로 따르게끔 자극받는다. 로마의 검열관 제도는 참여적 경영의 모든 비결을 이미 맹아로 간직하고 있다. 로마의 검열관 제도에 부족한 것은, 통계와 지표가 19세기 이후로 개인의 행동에 대해서 제공한다고 간주되는 '객관적' 이미지뿐이다.

검열관의 첫 번째 임무가 왕국의 부를 파악하는 것이었기 때문에, 통계가 발달하기에 좋은 입법 영역이 조세의 영역이었다는 사실은 놀라운 일이 아니다. 장클로드 페로(Jean-Claude Perrot)에 따르면, "호구조사와 세금을 연결하는 것

---

32 J. Bodin, *Les Six Livres de la République*, VI, 1.
33 Cf. Th. Berns, *Gouverner sans gouverner, op. cit.*, pp.134~135.
34 『민수기』, 1:49.
35 『사무엘서』, 하권, 24:10.
36 『역대기』, 상권, 21:1-17.

은 최선이자 최악의 회계적 자극제로 오랫동안 남을 것이다".[37] 페로는 18세기 초에 보방(Vauban)이 십일조의 도입을 결정하기 위해 추진했던 일들을 예로 든다. 보방은 잠재적인 생산량을 측정하기 위해 두 가지 방법을 썼다. 어떤 경우에는 동일한 대상(예를 들어 왕국의 면적)을 여러 번 측정한 값들의 기하평균을 사용했다. 또 어떤 경우에는 이질적인 값들을 "일종의 전체"라고 그가 부르는 것 속에 집성시킨 후 그것의 평균치를 계산했다.[38] 예를 들면, 보방은 서로 다른 지방이나 다른 연도의 농업 생산량을 가지고 평균치를 계산했다. 여기에서 우리는 조세 정책이 어떻게 새로운 계량화 기법을 탄생시켰는지 목도한다. 그 이전까지 계량화 기법은 '대강', '풍년 아니면 흉년', '평균해서' 등과 같이 순전히 실용적인 셈법이었다. 반면에 새로운 계량화 기법들은 새로운 개체들, "일종의 전체들"을 탄생시켰으며, 이 새로운 개체들은 법적인 관점에서 조작 범주들이 되었다.

국가가 인구의 상태를 조사하고, 비교하고, 수치화된 자료들을 계산할 수 있는 강력한 장치를 갖추게 되면서, 이 새로운 범주들의 규범력은 비약적으로 증가했다. 보방이 구별했던 두 가지 유형의 평균, 즉 동일한 대상에 대한 서로 다른 측정치들에서 나오는 객관적 평균 및 이질적 대상들의 집산에서 나오는 주관적 평균을 근접시키는 것도 가능해졌다. 이것은 아돌프 케틀레(Adolphe Quételet)의 작업에서 볼 수 있다. 케틀레는 천문학자이지만, 통계학과 사회학의 아버지들 가운데 한 명으로 여겨진다. 케틀레는 출생, 사망, 혼인, 범죄 등에 관한 수치를 철저하게 분석해, 이 수치들의 분포 형식에 규칙성이 있다는 사실을 밝혀냈다. 예를 들어 출산에 관한 통계를 분석하면 종 모양의 곡선 또는 가우스 곡선을 얻을 수 있는데, 이 곡선의 꼭짓점은 출산율이 가장 높은 연령대를 나타낸다. 케틀레보다 한 세기 앞서, 프로이센의 성직자이자 프리드리히 2세의 군대 부속 사제였던 요한 페터 쥐스밀히(Johann Peter Süßmilch)는 이와 같은 규칙성을 신적 질서의 표현으로 해석하면서, 다음과 같이 서술했다.

37 J.-C. Perrot, *Une histoire intellectuelle de l'économie politique, op. cit.*, p.147.

38 *Ibid.*, pp.28~29.

가장 현명한 창조주이자 세상의 통치자는 살아 있으라 명령한 모든 자들을 창조함으로써 수많은 인간들의 무리를 무로부터 생겨나게 한다. 장차 우리 각자는 정해진 목표를 달성한 후 행진의 무대를 떠날 때까지 영원한 자의 눈앞에서 한결같이 행진한다. 등장하기, 주군 앞에서 행진하기, 그리고 떠나기, 이 모든 것은 경이로운 질서 속에서 이루어진다. 우리는 서두름 없이 일정한 숫자에 따라 조금씩 조금씩 살아 있는 자들의 나라에 등장한다. 이 숫자는 언제나 살아 있는 자들의 무리 및 떠나는 자들의 숫자와 정확한 비율을 유지한다. 어떤 자들은 살아 있는 자들의 나라에 들어가기 바로 직전에 명부에서 이름이 삭제된다. 이들은 사산아들이다. 그러나 이것 또한 특정한 비율에 따라 이루어진다. 무로부터 생겨나는 과정에서 특히 두 개의 소여에 주목할 필요가 있다. 첫째, 언제나 남자아이 21명에 여자아이 20명이 태어난다. 둘째, 빛을 보는 자들은 먼지로 돌아가는 자들보다 언제나 조금 더 많다. 이렇게 해서 인간의 무리는 언제나 일정한 비율에 따라서 조금씩 증가한다.[39]

19세기의 모든 과학자들과 마찬가지로 케틀레도 이러한 종교적 가설을 배척한 다음, 숫자들의 규칙성에 근거해 '평균인'의 이미지를 구축했다. 이 평균인이 통계학에서 갖는 의미는 '통상적으로 신중하고 성실한 인간'이 민법에서 갖는 의미와 같다. 즉 개별적인 사례에서 확인되는 격차를 측정할 수 있는 규범성의 기준이다. 숫자 분포의 규칙성을 케틀레는 "이항분포"라고 불렀는데, 이후 1897년에 피어슨(Pearson)은 이것을 "정규분포"라고 불렀다.[40] "정규분포"의 수식어 "정규(=정상)"는 사실의 관찰에서 귀납된 **규범성**(=정상성)이 등장했

---

39 Johann Peter Süßmilch, *Die göttliche Ordnung in den Veränderungen des menschlichen Geschlechts aus der Geburt, dem Tode und der Fortpflanzung desselben, 2 Teile*(제1판, 1741, 제2판, 1761-1762), t. II, ch.I, § 14, p.468, 프랑스어판: M. Kriegel, in Jacqueline Hecht(dir.), *L'"Ordre divin" aux origines de la démographie*, tome II(Paris: I.N.E.D., 1979), p.318. 인구통계의 기원에 대해서는 또한 Hervé Le Bras, *Naissance de la mortalité. L'origine politique de la statistique et de la démographie*(Paris: Gallimard-Le Seuil, 2000, 371 p) 참조.

40 Cf. Theodore M. Porter, *The Rise of Statistical Thinking*(Princeton University Press, 1986).

음을 알려준다. 이 규범성은 나중에 법체계의 **합법성**을 대체하거나, 아니면 적어도 그것에 필적할 만한 위치를 차지하게 될 것이다. 이 사실적 규범성은, 푸코가 "생명 정치"[41]라고 명명한 것의 도입을 통해서, 법의 주체를 치료의 객체로 변모시키게 될 것이다.

이처럼 계량화를 통해 밝혀낸 '객관적 법칙들'은 법에도 영향력을 미치지 않을 수 없었다. 사실 객관적 법칙들은 규칙성을 설명할 수 있는 항구적 원인들의 존재를 전제한다. 이것은 어떤 특정된 원인의 효과를 측정하는 것이 아니라, 귀납적 방법론에 따라 일정한 측정값들의 항구성으로부터 항구적 원인의 존재를 추론하는 것이다. 이렇게 계량화를 통해서 설명하고자 하는 전망은 생물학에서 놀라운 성공을 거두었다. 왜냐하면 그러한 전망은 물리학의 법칙처럼 엄격하고 반박할 수 없는 법칙을 생물학의 영역에서 발견할 수 있을 것이라는 희망을 안겨주기 때문이다. 그런데 법은 과학에 의해 인정된 법칙에 규범적 효과를 결부시킨다.[42] 케틀레와 그의 후계자들이 '정규분포'의 영역을 신체적 속성에 한정시키지 않고, 당시에는 도덕적 행동이라고 불렀던 것 그리고 오늘날에는 사회적 행동 또는 공동체적 행동이라고 부르는 것, 예를 들어 혼인, 자살, 살인 같은 행동으로 그 영역을 확장시킨 만큼, 법은 이 '정상법칙'을 마냥 무시할 수만은 없었다. 사실대로 말하자면, 신체적 특성과 사회경제학적 특성을 구별하는 것은 인위적인 것일 수밖에 없다. 예를 들어 사망률에 대한 통계를 들여다보면, 생활수준이나 노동 조건에 따라 사망률에 격차가 존재하며, 따라서 신체적 양태에는 사회적 원인이 결부되어 있음을 알 수 있다. 최초의 사회적 법률들을 제정하게 된 동기도 바로 이러한 종류의 조사 결과들이었다. 예를 들어 19세기 전반기의 의사 루이 르네 비예르메(Louis René Villermé)는 노동

---

41 Cf. Michel Foucault, *"Il faut défendre la société". Cour au Collège de France, 1976* (Paris: Gallimard-Le Seuil, 1997), p.218 이하[한국어판: 미셸 푸코, 『사회를 보호해야 한다: 콜레주 드프랑스 강의 1975~76년』, 김상운 옮김(난장, 2015)].

42 이 점에 대해서는 A. Supiot, "L'autorité de la science. Vérité scientifique et vérité légale," in Pierre Rosanvallon(dir.), *Science et Démocratie. Colloque de rentrée du Collège de France* (Paris: Odile Jacob, 2014), pp.81~109.

자들의 사망률과 발병률이 과도하게 높다는 사실을 밝혀냈으며, 이 조사 결과는 그러한 상황을 개선하기 위한 입법으로 이어졌다.[43] 이처럼 사회법이 탄생하게 된 배경에는 특정한 인구 집단이 직면하고 있는 특별한 신체적 위험에 대한 통계 조사가 자리 잡고 있다. 사실 사회법은 계량화를 통해 밝혀진 사회적 특이사항들에 연동했던 최초의 법이다.

이 새로운 법 분야, '사회법'의 수식어 '사회'는 사회에 대한 법학적 표상에 일정한 단절이 일어났음을 보여준다. 1789년 프랑스 인권선언이 이상으로 삼았던 사회는 자유롭고 평등한 인간들로 구성된 동질적인 집단이었다(비록 여성들을 보통선거에서 배제하고, 나아가 가난한 자들의 선거권을 박탈하는 납세선거제를 도입함으로써 그 이상은 당시에 이미 배반당했지만). 그러므로 율칙의 힘을 갖는 정치적 산술은 오직 선거였다. 선거라는 정치적 산술에서 각자는 한 표로 계산된다. 토크빌의 말에 따르자면, "통치의 개념은 단순화된다. 즉 숫자만이 법과 법률을 만든다. 정치는 모두 산술적 문제로 환원된다".[44] 사회법이 말하는 사회는 전혀 다른 것이다. 이 사회는 더는 동질적인 정치적 집단이 아니라, 보방의 말을 빌리자면 "일종의 전체"로서, 통계 조사와 사회학이 밝혀낸 바와 같이 이질적이고 기능장애에 빠져 있다. 이 전체는 노동계급의 여성과 아동을 위시해서 가장 취약한 구성 부분에 초점을 맞춘 법적 장치를 도입하지 않고서는 유지될 수 없다. 그런 점에서 20세기 초의 루이 조스랑(Louis Josserand)은 당시에 여전히 "노동자의 법" 또는 "산업 입법"이라고 불렀던 것을 "계급법"[45]이라고 불렀다. 이 새로운 계급의 신체적, 도덕적 비참함은 자연스러운 사태가 아니라, 모두 산업혁명의 결과로 여겨졌다. 사회법의 바탕에는 발병률, 재해, 기대

---

43 Louis-René Villermé, *Tableau de l'état physique et moral des ouvriers employés dans les manufactures de coton, de laine et de soie* (Paris: Renouard, 1840, reprint, Éditions d'histoire sociale, 1979, 2 t., 458 et 451 p).

44 Alexis de Tocqueville, *Considérations sur la Révolution,* I, 5, in *Œuvres* (Paris: Gallimard, collection "Bibliothèque de la Pléiade", t. 3, 2004), p.492.

45 Louis Josserand, "Sur la reconstitution d'un droit de classe," *Dalloz, Recueil hebdomadaire,* 1937, pp.1~4.

수명 나아가 풍속 등에서 나타나는 신체적 불평등은 사회경제적 이유들로 설명된다는 확신이 자리 잡고 있었다.

반대로, 같은 시기에 사회학과 인종주의적 생물학은 사회적 양태의 배후에 신체적 원인이 존재한다고 보았다. 바이오메트릭스와 우생학의 창시자 가운데 한 명인 프랜시스 골턴(1822~1911)이 대표적이다. 다윈의 외사촌이면서 다윈의 숭배자이기도 했던 골턴은 통계학이 밝혀낸 신체적, 지적, 도덕적 특징들을 자연선택과 연관시키려고 노력했다. 그 위에서 골턴은 우등한 유전 형질은 재생산하고, 반대로 정규분포 법칙에 의해 일탈된 것으로 지목된 자들은 (단종을 통해서) 점차 제거하는 방식으로 인간 종을 개선해야 한다고 주장했으며, 이것을 위해 우생법을 도입해야 한다고 주장했다.[46] 부적응자들의 점진적 제거를 기획하는 법률의 도입은 결코 나치 독일의 전유물이 아니었다. 그것은 미국을 비롯해 거의 모든 북유럽 개신교 나라들의 공통점이었다. 영국이 주목할 만한 예외이다. 반면에 남유럽의 가톨릭 나라들은 우생법의 도입에 성공적으로 맞섰는데, 당시의 많은 진보주의자들은 이것을 퇴행적 태도이자 역사의 방향에 반하는 것으로 여겼다. 인종주의적 우생법은 제2차 세계대전이 끝나고 나서도 한참 동안 서양의 여러 나라에서 존속했다. 미국은 1964년에야 비로소 인종차별법을 폐지했다. 스웨덴에서는 1976년까지 우생법이 존속했다. 스웨덴에서 1934년부터 도입된 우생법의 적용으로 강제불임수술을 받은 정신병자와 "사회적 부적응자"의 수는 6만 3000명에 달하며, 그중 여성이 90%를 차지하는 것으로 추산된다.[47]

그러나 통계를 통해 밝혀진 신체적 특징과 사회경제적 특징을 결합하는 이 두 가지 관점은 공통점을 갖고 있었다. 그것은 사회를 하나의 일체로 바라본다

---

46 Cf. André Pichot, *La Société pure. De Darwin à Hitler* (Paris: Flammarion, 2000, 458 p); 같은 저자의 *Aux origines des théories raciales. De la Bible à Darwin* (Paris: Flammarion, 2008, 520 p).

47 Cf. Alain Drouard, "À propos de l'eugénisme scandinave. Bilan des recherches et travaux récents," *Population,* 53e année, no.3(1998), pp.633~642.

는 점이다. 둘 다 계량화 덕분에 이 일체의 작동 법칙을 분석할 수 있으며, 법적 장치를 통해서 이 일체의 기능장애를 교정할 수 있다고 여겼다. 모든 사회과학은 전공이 분리되고 다양성을 지니고 있음에도 바로 이 새로운 대상, 대문자 S의 '사회(Société)'로 정의된다. 이것은 자연과학과 마찬가지로 계량화 방법을 사용해, 거리를 두고 외부에서 관찰할 수 있는 대상이다. 이 두 가지 관점(신체적 양태의 사회경제적 원인을 우선시하는 관점과 사회경제적 양태의 신체적 원인을 우선시하는 관점)은 또한 대문자 사회의 작동에 관한 '정상법칙'을 확립하고자 한다는 점에서 공통점을 갖는다. 정상법칙은 과학을 통해 발견할 수 있으며, 그 위에 법질서를 정초하는 것이 가능하다고 여긴다. 이렇게 사회경제적 사실의 계량화에 의해 빛을 본 '진실' 위에 법을 세우는 것은 법적 정의와 통계적 정의의 상호 침투로 이어진다. 정의한다는 것은 언제나 사실을 일정한 사고범주에 대응시킨다는 것을 의미한다. 그러나 원칙적으로 법학자와 통계학자가 같은 방식으로 이 작업을 수행하는 것은 아니다.

　모든 사법적 판단은 **법적 정의**(定義)라고 하는 사전작업에 바탕을 둔다. 예를 들어, 자신의 집에서 자살한 노동자의 죽음을 노동재해로 정의할 수 있는지 여부를 판단해야 하는 판사는 노동재해의 개념을 검토하게 되고, 경우에 따라서는 그 개념을 재해석하게 된다. 이것은 프랑스의 대법원이 "노동자가 사용자의 지휘명령 아래 있지 아니한 때에 발생한 사고라고 하더라도 그것이 업무로부터 비롯된 것이라는 점을 노동자가 입증하는 경우에는 노동재해를 구성한다"[48] 라고 판결했을 때 했던 것이기도 하다. 이 판결에서 프랑스 대법원은 노동자의 자살을 초래한 노동관계의 악화를 방지하기 위해 필요한 조치를 취하지 아니한 사용자의 부작위를 "용서할 수 없는 과실"로 정의하고, 유족에게 손해의 전체에 대한 배상 청구권을 인정했다. "노동재해"로 정의하는 것 또는 "용서할 수 없는 과실"로 정의하는 것은 소송 당사자들 사이의 대심(對審) 변론에서 비롯되며, 그러한 정의 자체 또한 항소심이나 상고심에서 새로운 대심 변론의 대상

48　프랑스 대법원 제2민사부, 2007.2.22., 05-13771, *Bulletin des arrêts de la Cour de cassation: Chambres civiles*, II, no.54.

이 될 수 있다. 이러한 과정의 끝에 가서야 비로소 판례를 통해 법적 진실이 확정된다. 그리고 여전히 이 법적 진실도 판례의 변경이나 입법자의 개입에 의해 재검토될 수 있다. 다시 말하면, 법적 정의는 반성적 언어 세계에서 전개되며, 바로 그렇기 때문에 끊임없이 다양한 해석들에 열려 있다.

통계적 정의(定義) 개념이 이해하기에 상대적으로 더 어렵다면, 그것은 분명 통계적 정의가 모호함 속에서 진행되며 법적 정의의 절차와 비교할 만한 절차적 규칙를 따르지 않기 때문이다. 통계적 정의는 사회적 사실에 대한 통계적 이미지를 구축하기 위한 가장 중요한 단계가 아닐 수 없다. 왜냐하면 정의된 것만 계량화될 수 있기 때문이다. 이질적인 요소들을 하나의 동일한 가산집합으로 집계하는 것을 지칭하기 위해 통계 전문가들은 "등가성 협의"이라는 말을 쓴다.[49] 이 개념이 실제로 의미하는 바는 이것이다. 우리가 어떤 것을 세고자 할 때에는 먼저 세고자 하는 것을 정의하는 일이 필요하다. 사과를 세고자 한다면, 먼저 배나 자두와 사과를 구별해야 한다. 그리고 만약 사과를 당장 먹기 위해서라면, 풋사과나 썩은 사과와 잘 익은 사과를 구별해야 할 것이다. 그러나 우리들 인간과 마찬가지로 사과도 하루아침에 청춘의 신맛에서 완숙으로 넘어가지 않으며, 또 하루아침에 완숙에서 노년의 쇠약으로 넘어가지도 않는다. 그러므로 나는 먹을 수 있는 사과의 개수를 알기 위해서 각각의 사과를 판사가 하듯이 단호하게 정의하고 분류해야 할 것이다. 만약 내가 사과장수라면, 나는 까다로운 손님이라면 썩은 사과로 분류할 것을 잘 익은 사과로 분류하려고 할지도 모른다. 바꿔 말하면, 계산의 대상을 정의하기 위해서는 계산으로부터 벗어나 있을 뿐 아니라 계산 그 자체를 가능하게 만드는 판단 규범이 필요하다.

경우에 따라서 통계는 법적 정의를 그대로 가져다 쓰기도 한다. 예를 들어 노동재해의 발생 건수를 세거나 프랑스의 인구를 셀 때 그러하다. 또 경우에 따라서 통계는 자신의 고유한 범주들을 사용하기도 하는데, 이 범주들은 법의

---

49   Alain Desrosières, "Entre réalisme métrologique et conventions d'équivalence: les ambi-
       guïtés de la sociologie quantitative," *Genèses*, no.43(2001/2), pp.112~127.

영역으로 가지를 치기도 한다. "실업자" 범주가 그런 경우였다. 이것은 로베르 살래(Robert Salais)가 수행한 작업들이 보여주는 것처럼, 19세기 말에 노동통계가 발달하면서 발명된 범주이다.[50] 이 모든 경우에서, 이질적 대상들은 계산의 관점에서 등가물로 간주된다. 등가협약의 성립을 둘러싼 논의는 법정이나 의회에서의 논쟁만큼이나 격렬할 수 있다. 그러나 통계적 정의 작업은 두 가지 핵심적인 면에서 판사의 일과 다르다. 우선, 통계적 정의는 기술적 전문성의 영역에 속하는 것으로 간주되기 때문에 대심의 원리를 따르지 않는다. 그러므로 통계적 정의를 반박할 수 있는 절차적 규칙이 존재하지 않는다. 다음으로, 일단 완료된 통계적 정의는 판단이 아니라 계산을 하는 데 소용된다. 즉, 문제가 되는 사실을 언어가 아니라 숫자 속에 고정시키는 데 소용된다. 다시 말하면, 통계는 언어의 반성성을 벗어나는 발화를 생성하며, 바로 그런 이유로 독특한 도그마적 힘을 획득한다.

숫자의 상징적 힘은 아라비아 숫자라고 부르는 것을 사용하면서 더욱 강화되었다. 아라비아 숫자는 아라비아의 계몽주의자들에 의해 서양에 전해졌지만, 사실은 인도에서 발명된 것이다. 특정한 알파벳이 갖고 있는 의미의 흔적을 전달하는 로마 숫자나 그리스 숫자와 달리, 아라비아 숫자는 많은 장점들(특히 표기와 계산의 간격을 폐지한 것) 중에서도 비할 데 없는 보편성이라는 장점을 갖고 있다. 이것은 중국 한자에 비교될 수 있는데, 서로 다른 말을 사용하는 중국인들이 한자를 읽고 이해할 수 있는 것과 같다. 이들은 말은 통하지 않아도 좋으나 손바닥 위에 원하는 글자를 쓰는 것으로 충분히 의사소통한다. 다만 한자를 읽을 수 있는 누군가가 필요하다. 아라비아 숫자의 사용이 일반화되면서 숫자는 보편적 규범력을 획득했다. 숫자는 모든 인간이 공통의 언어를 쓰는 바벨의 꿈을 실현한다.[51]

....

50 Cf. Robert Salais, Nicolas Baverez, Bénédicte Reynaud-Cressent, *L'Invention du chômage* (Paris: PUF, 1986, 초판, PUF, collection "Quadrige", 1999, 제2판, 288 p).

51 오랫동안 유럽의 상인들은 회계장부에 아라비아 숫자를 사용하는 것을 금지했다. 아라비아 숫자의 사용이 일반화된 것은 수학에 아라비아 숫자가 도입된 지 한참 후인 15세기 말 이후

판단

사회적 사실을 계량화하는 근대적 방법론의 출발점에 법학자에게는 핵심적인 질문이 하나 존재한다. 불확실한 경우에는 어떻게 합리적인 선택을 할 것인가? 소송의 기술이 목적으로 삼는 것이 바로 이 질문이다. 그리고 만약 법과대학에 한 가지만 남겨둔다면 그것은 절차법 강의가 되어야 할 것이다. 사실 모든 소송의 목적은 분쟁이 주먹다짐으로 변질되지 않도록 하는 것이다. 절차법의 준수는 사실적 분쟁을 법적 분쟁으로 전환시킨다. 즉, 당사자 모두가 따라야 하는 판결을 통해 사건을 해결하는 제삼자가 보는 앞에서 규칙에 따라 주장들을 교환하는 소송으로 전환시킨다. 판사는 당사자들의 주장을 정의의 저울로 무게를 달고, 사실의 진실과 거짓을 밝혀내 규범력을 갖는 결정을 내린다.

판사가 하는 일은 내기에 참가한 내기꾼이 하는 일과 비슷하다. 내기꾼도 불확실한 상황에서 어떤 결정을 해야 하기 때문이다. 라블레는 이 두 사람을 브리두아 판사라는 인물 속에 하나로 결합시켰다. 브리두아는 팡타그뤼엘에게 자신은 주사위를 던져 재판을 한다고 설명하면서, "우리의 법이 언제나 따르도록 명령하는 판사직의 관행"[52]이라고 말한다. 주사위를 던지는 것은, 이미 성 아우구스티누스가 제비뽑기에 대해서 말했듯이,[53] 신의 심판에 맡기는 것이다. 그러나 교회법은 합리적 증거의 증가를 초래할 수 있다는 이유로 오랫동안 소송 규칙에 신을 첨가하는 것을 금지했다.[54] 그리고 경험 많은 내기꾼들도 운

....

이다. Cf. J.-H. Vlaemminck, *Histoires et doctrines de la comptabilité, op. cit.*, p.54.

52 Rabelais, *Le Tiers Livre*, ch.39.

53 Saint Augustin, *De Doctrina Christiana*, L. I, ch.XXVIII, 29, *Œuvres de saint Augustin*, 11, première série, opuscule 11, *Le Magistère chrétien*. Texte de l'édition bénédictine, M. le chanoine G. Combes et de M. l'abbé Farges 번역 및 해제(Paris: Desclée de Brouwer, 1949), pp.215~216, Ernest Coumet, "La théorie du hasard est-elle née par hasard?," *Annales ESC*, no.3(1970), p.578에서 재인용.

54 Cf. Jean-Philippe Lévy, *La Hiérarchie des preuves dans le Droit savant du Moyen Âge depuis la renaissance du droit romain jusqu'à la fin du XVIe siècle* (Paris: Sirey, 1939, 174 p);

에 모든 것을 맡기지는 않는다. 그들은 주사위를 던지기 전에 딸 확률과 잃을 확률을 계산한다. 유명한 파스칼(Pascal)의 내기는 바로 이 계산하는 내기꾼을 향하고 있다. 이 내기꾼은 신의 은총에 대한 믿음을 얻지 못했기 때문에, 신의 존재를 믿을 것인지 말 것인지를 스스로 결정해야 한다. 그는 삶에 '연루된' 이상 이 질문을 벗어날 수 없다. 그는 불확실한 상황에서 결단을 내려야 한다. 파스칼은 내기판에서 계산하는 것과 마찬가지의 합리적인 방식으로 신의 존재를 믿을 것인지 여부를 결정할 수 있다는 점을 보여준다. 파스칼의 논증은 (믿음을 계산 위에 정초한다는 점에서) 과감하고 수학적 엄격성을 갖추고 있다는 점에서, 수치(數治)의 종교적 차원을 이해할 수 있는 단초를 제공한다. 파스칼은 우선 확실함과 불확실함은 건널 수 없는 심연으로 분리되어 있는 것이 아니라, "우연의 비율"[55]에 따라 관계를 맺고 있다는 점을 보여준다. 이 지점에서 파스칼은 신이 존재할 확률을 반반으로 설정한다. 이 확률이 일단 설정되면, 각각의 확률에 얼마의 판돈을 걸 것인지만 남는다. 한쪽에는 무신앙의 유한한 삶, 다른 쪽에는 영원한 구원이 있다. 계산은 금방 끝나고, 결론은 **합리적 신앙**, 즉 "모든 인간이 받아들일 수 있는" 진실에 거는 것이다. 이 논증에서 모든 것이 계산은 아니다. 왜냐하면 파스칼은 이길 확률과 질 확률을 반반으로 설정하고 있는데 이것은 자의적이기 때문이다. 그렇다고 다른 확률을 설정한다 해도 크게 달라지지는 않을 것이다. 파스칼이 자신의 방정식 속에 무한의 핵폭탄을 끌어들이고 있는 이상 말이다. 하지만 바로 여기에, 자기완결적인 계산은 불가능하다는 것, 일체의 가치판단에서 단절된 계산은 불가능하다는 것을 보여주는 좋은 사례가 있다. 가치판단은 질적인 차원일 수밖에 없으며, 이 가치판단이 논증을 지지한다. 내기판에 등장하는 확률계산이 처음부터 서술적이면서 동시에 규범적인 이유가 여기에 있다.

....

Henri Lévy-Bruhl, *La Preuve judiciaire. Étude de sociologie juridique* (Paris: Marcel Rivière et Cie, 1964, 152 p).

55　Pascal, *Les Pensées*, in *Œuvres complètes* (Paris: Gallimard, collection "Bibliothèque de la Pléiade", 1954), pp.1214~1215.

파스칼이 확률계산의 기초를 확립한 까닭은 어떤 법률적 질문에 대답하기 위해서였다. 그것은 사행계약이 사전에 종료되었을 때, 따고 잃은 것을 어떻게 배분할 것인가에 관한 질문이다.[56] 알랭 데로지에르(Alain Desrosières)가 보여준 것과 같이, 그러한 질문은 머리를 앞으로 쑥 내밀고 있는 심판, "아직 일어나지 않았고, 모순적이며, 이질적인 미래의 사건들 사이에 등가의 공간"[57]을 구축할 수 있는 심판 없이는 풀 수 없는 문제이다. 바꿔 말하면, 판사가 내면의 확신을 형성하기 위해 거치는 질적 과정을 확률계산으로 대체할 수는 있겠지만, 즉 확률계산이 절차를 대신할 수는 있겠지만, 확률계산이 불편부당한 **제삼자**의 형상을 사라지게 할 수는 없다. 이 **제삼자**는 이질적인 요소들을 공통의 척도로 재기 위해, 법학자들이 서로 다른 사실들을 하나의 동일한 법적 정의 속으로 포섭하고자 할 때 수행하는 작업과 같은 유형의 작업을 수행한다.

판사와 마찬가지로 **제삼자**도, 존재가 불확실한 사실들의 진실과 거짓을 판단해야 하는 문제에 직면하게 될 것이다. 법정에서 이 문제는 결국, 파스칼의 친구이자 당대의 가장 위대한 법학자인 도마가 "판사의 신중함"[58]이라고 불렀던 것에 맡겨진다. 신중은 정의, 힘, 절제와 함께 기독교가 선인의 네 가지 기본 덕목으로 꼽는 것이다. 신중은 분별력을 가리킨다. 분별력 덕분에 소송은 올바른 진실의 표상에 의해 인도될 수 있다. 브르타뉴의 프랑수아 2세의 무덤을 장식하는 유명한 두 얼굴의 조각상에서, 〈신중〉은 오른손에는 모든 행위의 척도를 상징하는 컴퍼스를 들고 왼손에는 거울을 들고 있는 젊은 여인의 얼굴을 하고 있다.[59] 이 거울은 미래를 보여줄 뿐 아니라, 자기 자신과 과거에 대해서도 알려준다. 사실 우리는 자기 자신을 알지 못하고서는, 또 경험의 도움이 없고

---

56   Cf. Ernest Courmet, "La théorie du hasard est-elle née par hasard?," *art. cit.*, pp.574~598.

57   A. Desrosières, *La Politique des grands nombres*, *op. cit.*, p.65.

58   Jean Domat, *Les Loix civiles dans leur ordre naturel* (1689-94)(Paris: M. de Héricourt éditeur, 1777), p.285.

59   이 무덤에 대해서는 Fulcanelli, "Les gardes du corps de François II de Bretagne," in *Les Demeures philosophales et la symbolisme hermétique dans ses rapports avec l'art sacré et l'ésotérisme du grand œuvre* (Paris: Jean-Jacques Pauvert, t. 2, 1965, 제3판), pp.181~238.

미셸 콜롱브의 작품 〈신중〉. 낭트대성당 소재.

자료: WikiCommons ⓒ Florian

브르타뉴 공국의 공작이었던 프랑수아 2세와 그의 아내 마르게리트 드 푸아의
무덤을 장식하고 있는 네 가지 덕목을 상징하는 조각상 가운데 하나.

서는, 신중하게 행위할 수 없을 것이다. 이것은 두 얼굴의 조각상에서 젊은 여
인의 얼굴 뒷면에, 과거를 응시하면서 생각에 잠긴 노인의 모습으로 표현되어
있다.

　그러므로 좋은 판사, 즉 신중한 법률가는 자기 자신을 유심히 살필 줄 알고,
과거의 경험을 고려할 줄 알며, 자기 앞에 제시된 증거들의 가치를 측정할 줄
알고, 자기가 내리는 결정의 효과를 내다볼 줄 아는 판사이다. 가치 측정은 본
질적으로 질적인 것이며, 이것을 위한 주요 수단 가운데 하나는 소송법에서 대
심 원리라고 부르는 것이다. 이것은 소송 당사자들이 다툰 증거들에 근거해서
만 재판해야 할 판사의 의무를 말한다. 예를 들어 프랑스 형사소송법 제447조

는 다음과 같이 규정하고 있다. "판사는 법정에서 제시되고 대심 원리에 따라 다투어진 증거에 근거해서만 판결할 수 있다." 증거의 무게를 잴 때 판사는 증언에 다소 비중을 두게 마련인데, 여기에는 증언이 행해지는 방식(선서를 한 증언은 경찰 앞에서 한 단순한 진술보다 가치가 크다), 증인의 명망(정직한 시민의 증언은 뚜쟁이의 증언보다 가치가 크다), 증언이 제시하는 사실의 신뢰성(성모 마리아의 출현은 양치기 소녀의 출현보다 신빙성이 떨어진다) 등이 영향을 미친다.

이 변수들은 모두 라이프니츠(Leibniz), 베르누이(Bernoulli), 콩도르세(Condorcet) 등 확률계산의 아버지들이 주어진 사실의 진리성을 수치로 평가하기 위해 계량화하고자 했던 것들이다. 로렌 다스통(Lorraine Daston)은 사법적 질문에 확률계산을 적용하는 많은 사례를 제공한다.[60] 예를 들어 콩도르세는 왕립과학아카데미에서 발표한 글에서, 증인이 들려주는 믿을 수 없는 사건의 확률을 계산하기 위해 다음과 같은 공식을 제안했다.[61]

다음과 같이 가정한다. u와 e는 믿을 수 없는 사건이 진실일 확률과 거짓을 확률을 나타낸다. u'와 e'는 증언이 진실에 부합할 확률과 부합하지 아니할 확률을 나타낸다. 증인은 이 사건이 진실이라고 확신한다. …… 진실이라고 주장되는 사건이 실제로 진실일 확률은 다음과 같다.

$$\frac{uu'}{uu' + ee'}$$

그리고 거짓일 확률은 다음과 같다.

$$\frac{ee'}{uu' + ee'}$$

몇 년 뒤에 라플라스는 n개의 숫자가 들어 있는 상자에서 i라는 숫자가 나왔

60 L. Daston, *Classical Probability in the Enlightenment*, op. cit., pp.306~369.

61 Marie-Jean-Antoine de Condorcet, *Mémoire sur le calcul des probabilités* (1786), in *Arithmétique politique: textes rares ou inédits* (1767-1789), Bernard Bru et Pierre Crépel 해제(Paris: INED-PUF, 1985), p.432.

다고 주장하는 증언이 진실일 확률(Pi)을 계산하기 위해 훨씬 더 복잡한 공식을 제안했다.[62] 라플라스는 네 가지의 가능성을 구별한다. 증인은 거짓말을 하지 않으며 착각하고 있지 않다(P1=pr/n); 증인은 거짓말을 하지 않으며 착각을 하고 있다(P2=p[1-n]/r); 증인은 거짓말을 하며 착각하고 있지 않다(P3=[1-p][r]/n); 증인은 거짓말을 하며 착각을 하고 있다(P4=[1-p][1-r]/n : L). 그렇게 해서 라플라스는 다음과 같은 수학 공식에 다다른다.

$$ \text{Pi} = \cfrac{\dfrac{pr}{n} + \dfrac{(1-p)(1-r)}{n(n-1)}}{\dfrac{pr}{n} + \dfrac{p(1-r)}{n} + \dfrac{(1-p)r}{n} + \dfrac{(1-p)(1-r)}{n}} $$

$$ \text{또는} \quad pr + \frac{(1-p)(1-r)}{n-1} $$

이러한 종류의 공식들은 주장되는 사실의 진실 여부를 결정하는 불편부당한 중재자의 역할을 판사가 아니라 계산기에 맡기려고 하는 꿈을 증언하고 있다.[63] 이 공식들은 오늘날 금융시장의 규율에 수치(數治)를 도입하기 위해 컴퓨터가 수행하는 역할을 미리 보여주고 있다. 또한 확률계산은, 파스칼의 내기에서도 이미 볼 수 있듯이, 불확실함에 대응하는 방법에서 지식보다는 효용을 우선시함으로써 가치의 위계에 일정한 변동을 초래한다. 사실 파스칼의 내기에 등장하는 무신앙론자에게는 존재의 신비를 깨닫는 것은 하등 중요하지 않다. 그가 추구하는 것은 이익의 극대화이다. 그는 계산을 통해서 의미 없는 세상의 심연과 의미로 꽉 찬 세상의 전제를 모두 피할 수 있다. 그의 삶은 그렇게 형이상학적 고민에서 완전히 벗어나 있으며, 높이도 없고 깊이도 없이 온전히 내기

62 Pierre-Simon de Laplace, *Théorie analytique des probabilités* (1812)(Paris: Coursier, 1820, 제3판), p.457, L. Daston, *Classical Probability in the Enlightenment, op. cit.*, p.335 이하에서 재인용.

63 게다가 라플라스는 법원의 판결에 확률계산을 적용했다. Laplace, *Essai philosophique sur les probabilités* (제5판, 1825), René Thom의 서문(Paris: Christian Bourgois, 1986), pp.136~142.

판의 평면 위로 펼쳐진다. 이러한 가치의 변화가 세상에 대한 관조로 향해 있는 고대 그리스인들의 과학과 효용성을 입증하도록 독촉받는 근대 서양인들의 과학을 갈라놓는다. 그리고 효용성이 통계의 발달을 이끌게 되는데, 통계는 오로지 사회를 좀 더 잘 통치하기 위한 목적으로만 사회를 알고자 한다. 18~19세기의 전환점에서 이렇게 통치의 수학이 지식의 수학보다 우선하게 되었다. 르네 통(René Thom)은 이 전환을 지식인의 일이 전문화되고 직업화된 사정으로 설명한다. "자기 지식에 대한 확신이 넘쳐나는 지식인은 차츰 테크노크라트로 변해간다."[64]

입법

사실 최초로 확률계산을 적용할 때, 그것은 일정한 사실을 확정하는 것만을 의도했던 것은 아니다. 그것은 또한 사실을 규율하는 규칙을 결정하는 것도 의도했다. 요컨대 확률계산은 존재의 영역을 벗어나 당위의 영역을 둘러싼다. 확률계산은 묘사하는 데 그치지 않고, 명령한다.

법적 판단의 영역에서 확률계산이 갖는 정당성에 관한 논쟁이 최초로 일어난 곳은 공중보건에 관한 문제였던 것 같다. 즉 천연두의 예방접종을 의무화해야 하는가에 관한 문제가 그것이다.[65] 예방접종을 하면 천연두는 전체적으로 감소하지만, 접종을 받은 사람들 중 일부는 죽는다는 사실은 알려져 있었다. 당시 확보하고 있었던 매우 단편적인 통계 자료에 비추어 이 위험은 300분의 1

---

64 René Thom, "Préface," in Laplace, *Essai philosophique sur les probabilités, ibid.*, pp.6~7.

65 이 논쟁에 대해서는 P.-S. Laplace, *ibid.*, p.145 이하; Jean-Paul Benzécri, *L'Analyse des données* (Paris: Dunod, 1973); L. Daston, *Classical Probability in the Enlightenment, op. cit.*, p.83 이하; H. Le Bras, *Naissance de la mortalité. L'origine politique de la statistique et de la démographie, op. cit.*

로 평가되었다. 다니엘 베르누이(Daniel Bernoulli)는 1760년 과학아카데미에서 발표한 논문에서, 복권 당첨 확률을 계산하기 위해 사용하고 있던 것과 유사한 공식을 이 문제의 해결에 적용하자고 제안했다. 이 계산 공식은 평균적으로 예방접종을 받은 사람은 기대수명이 3년 증가한다는 사실을 보여줌으로써, 암묵적으로 예방접종의 의무화에 유리한 결론을 내린다. 이 관점은 볼테르를 비롯해 당대의 지식인 대부분이 찬성했다. 이들에 따르면 이 격렬한 논쟁은 진보의 힘과 반동의 힘 사이의 대립이었다. 여기에서 진보란 인간 사회의 통치를 과학의 소여에 연동시키는 것을 의미한다.[66] 철학자 중에서 달랑베르(d'Alembert)만이 베르누이에 반대했으며, 인간의 생명과 관련된 문제에 불완전한 소여에 근거한 계산을 적용할 수는 없다고 주장했다.[67]

이 유명한 논쟁이 제기하는 질문은 그 이후로도 끊임없이 재부상한다. 사실 공중보건정책은 질병의 이중적 성질을 고려해야 한다. 질병은 계량화할 수 있는 사회적 사실이면서, 또한 개인의 사적인 삶에 속하는 개별적 사건이다. 19세기에는 이 두 가지 측면이 반영된 견해들이 서로 대립했다. 한편에는 위생학자들이 있었는데, 이들은 의학적 통계에 근거해 치료를 표준화하는 '숫자적 방법론'을 옹호했다. 반대편에는 임상경험에 근거한 의술을 옹호하는 자들이 있었는데, 이들은 환자와 함께하는 개별 토론을 중시했다. 숫자적 방법론에 대한 비판론자 중에는 클로드 베르나르(Claude Bernard)도 있었는데, 베르나르는 숫자적 방법론이 질병에 대한 정확한 지식에 근거하는 대신 "평균적으로" 치료하려 한다고 비난했다.[68] 질병의 원인이 주로 정신이 아니라 신체에 있는 것처럼 보인다는 사실은 확실히 예방 규약이나 진료 규약을 결정할 때 확률계산에 의

....

66 Arnold Rowbotham, "The Philosophes and the propaganda for inoculation of smallpox in eigthteenth-century France," *University of California Publications in Modern Philology*, 18(1935), pp.265~290; Andrea A. Rusnock, *Quantifying Health and Population in Eighteenth-Century England and France* (Cambridge University Press, 2002, 249 p), 특히 pp.43~91.

67 Cf. L. Daston, *Classical Probability in the Enlightenment*, op. cit., p.84 이하.

68 Cf. A. Desrosières, *La Politique des grands nombres*, op. cit., p.104 이하.

거하는 것을 정당화하는 면이 있다. 물리학의 세계를 지배하는 법칙은 항구적이고 보편적이기 때문에, 그 법칙을 표현하는 통계적 규칙성에 근거를 둔 것은 정당성이 있다. 법적인 문제에 처음으로 적용된 확률계산이 사망률을 비롯해 모두 통계의 발달로 인해 숫자표의 형태로 나타낼 수 있었던 신체적 현상과 관련된 것이었던 이유가 바로 여기에 있다. 그런 점에서 우리는 자연의 질서에서 관찰된 규칙성의 척도에 근거하고 있는 갈릴레이의 과학에서 그다지 멀리 떨어져 있지 않다. 17세기까지는 아직 도박으로 여겨졌던 (타인의 목숨을 놓고 도박을 한다는 점에서 특히 비난을 받았던) 생명보험이나 종신연금은 이러한 방법을 통해 19세기에는 마침내 미래를 대비하는 방책으로 여겨지기에 이르렀고, 국가도 사회적 평균인들의 우두머리로서 이것을 장려하지 않으면 안 되었다.

이러한 변화의 출발점은 영국의 1774년 도박법이었다. 이 법은 보험가입자의 정당한 이익을 기준으로 적법한 보험과 무효인 도박을 구분했다.[69] 존 로 (John Law)의 기억은 멀지 않았다. 그리고 그가 고안했던 복권보험시스템의 파산도 그렇고. 보험가입자의 정당한 이익이라는 개념은 특히 해당 보험이 미래를 대비하는 장기간의 것인지, 투기적 성격을 갖는 단기간의 것인지에 따라 보험의 적법성 여부를 판단하는 기준으로 작용했다. 오늘날 우리가 금융시장을 정말로 규제하고자 한다면, 이러한 기준은 되살릴 만하다. 실제로 18세기까지 보험을 금지하는 이유가 되었던 보험의 투기적 성격이 금융시장에서 되살아나고 있다고 생각할 이유는 많다. 보험에 대한 금지가 풀리면서 근대적 사회국가의 탄생으로 가는 길이 열렸다면, 그것은 단순히 통계의 발달이 불확실한 사회적 사건들을 계산이 가능한 위험으로 변모시켰기 때문만이 아니라, 그러한 계산이 신중함의 원칙에 따른다는 조건을 충족시켰기 때문이다. 그리고 이 신중함의 원칙 자체는 계산의 대상이 될 수 없다. 왜냐하면 이 원칙은 보험의 기능 그 자체와 관련이 있기 때문이다. 단순히 보험 재정의 준비금 액수만 건드리는 것이 아니다. 바꿔 말하면, 신중함의 원칙은 지불능력의 비율을 정할 뿐 아니

69　Cf. L. Daston, *Classical Probability in the Enlightenment, op. cit.,* p.175 이하.

라,[70] 투기적 요소를 제거하는 방향으로 보험의 범위 또한 제한해야 할 것이다.

보험은 사회국가의 성립에서 핵심적인 자리를 차지했다. 좀 더 구체적으로 살펴보자. 에발드는 『복지국가』의 탄생에 관한 박사 학위 논문에서, 위험을 보험으로 처리한다는 개념이 책임법제에 도입될 당시의 논쟁을 추적했다.[71] 에발드는 이것을 "보험사회"의 도래로 해석한다. 보험사회는 스스로에 대해서 투명한 사회이며, 합법성보다는 규범성에 의해 규율되는 사회이다. 에발드는 이러한 해석에 기초해서, 사회보험과 민간보험 사이에 본질상 아무런 차이가 없다는 주장으로 나아간다. 에발드에 따르면 이 두 가지를 너무 엄격하게 구별하는 것은 별로 근거가 없다. "왜냐하면 이 두 가지 유형의 제도들은 위험의 부담을 상호부조의 방식으로 분배하는 동일한 기법을 사용하고 있기 때문이다. …… 또한, '사회적' 보장의 영역에서, 즉 보험을 통해 보장을 사회화하는 광범위한 영역에서 우리가 '사회보장'이라고 부르는 것은 단지 일부분만을 차지할 뿐이다."[72] 요컨대 "보험사회" 개념은 사회보험과 민간보험이 기능상 동일하다고 주장한다. 그렇다면 사회보험과 마찬가지로 위험의 "상호부조"와 보험계상의 기법에 바탕을 두고 있는 민간보험이 오늘날 사회보장에 속하는 영역을 떠맡는 것도 완벽하게 가능할 것이다. 이제 마지막 한걸음만 더 내딛으면, 둘 중 어느 것을 선택할 것인지는 시장에서 표현되는 서로의 상대적 비용에 달려 있다고 결론내릴 수 있다. 이 마지막 한걸음은 최근에 유럽사법재판소가 내딛었다. 유럽사법재판소는 2010년 7월 15일의 판결에서, "모든 보험이 근거하고 있는 위험의 상호부조는 …… 보험기구나 보험회사에 의해 보장될 수 있으므로, 연대의 원칙이 입찰 절차의 적용과 본질상 양립할 수 없는 것은 아니다"[73]라고 판시했다. 이 재판은 노사가 단체협약으로 도입한 기업연금저축의 운영을 보

---

70 2008년의 금융 붕괴에서 유럽법이 얻은 주된 교훈이 바로 이것이다. 보험영업의 재활성화에 관한 2009년 11월 25일 지침 2009/138/CE, 이른바 지불가능성 2 지침을 볼 것.

71 F. Ewald, *L'État providence*, *op. cit.*, p.143 이하.

72 *Ibid.*, p.390.

73 유럽사법재판소, 2010.7.15., *Commission c/ République fédérale d'Allemagne*, aff. C-271/08, *Droit social*, 2010, p.1233, observation Francis Kessler.

험시장에 의무적으로 맡기도록 한 [유럽연합의 지침을 독일이 이행하지 않자 유럽 집행위원회가 독일을 상대로 제소한 ─ 옮긴이] 사건이다. 같은 방향에서 유럽집행 위원회는 2012년에 공공조달에 관한 지침을 만들면서 "의무적 사회보장" 서비 스를 적용 범위에 포함시켰다가, 정치적 혼란이 발생하자 포기한 바 있다.[74]

"보험사회" 개념은 사회적 사실들의 계량화가 법의 영역에 얼마나 넓고 복 잡한 변화를 초래했는지 설명하지 못한다. 이 개념은 법의 영역에서 일어난 변 화의 폭을 설명하지 못한다. 왜냐하면 보험은, 인간에 대한 믿음이 숫자에 대 한 믿음으로 점차 대체되어감에 따라 제도를 구성하는 신탁적 기초에 변위가 일어나고 있음을 보여주는 하나의 요소에 지나지 않기 때문이다.[75] 이러한 변 위는 확실히 보험계약에서 두드러진다. 보험계약에서는 각 보험가입자의 상 황을 신중하게 검토하는 것보다 위험에 대한 통계적 평가가 우선시된다.[76] 그 러나 이미 19세기에 의료나 공공행정 등의 다양한 영역에서도 그러한 변위는 눈에 띈다. 사회적 사실들을 계량화하는 것, 그것은 사회적 사실들에 표면상의 객관성을 부여하는 것이며, 전 지구적 차원에서 그것들을 공통의 척도로 잴 수 있도록 만드는 것이다. 숫자에 대한 믿음은 이처럼 새로운 유형의 "법(칙)의 지 배"를 꿈꿀 수 있게 한다. 이제 그것은 도그마에 바탕을 두는 것이 아니라, 모 든 인류에게 부과되는 객관적 규칙성에 바탕을 둔다.

계량화의 진보는 이처럼 일률적이고 보편적인 법에 대한 기획을 동반했다. 콩도르세는 몽테스키외의 법상대주의를 신랄하게 비판하면서, 이미 그러한 기 획을 옹호한 바 있다. 콩도르세는 법의 일률성을 추와 자의 일률성에 비유하면 서, "추와 자의 일률성은 소송이 줄어들까 걱정하는 법률가들만을 화나게 할 뿐이다"라고 말한 다음, 다음과 같이 주장한다.

....

74 Cf. Question écrite no.02501 de Mme. Marie-Noëlle Lienemann(Sénat, *Journal officiel*, 2012.10.18., p.2262).

75 Cf. Theodore M. Porter, *Trust in Number. The Pursuit of Objectivity in Science and Public Life, op. cit.*

76 Cf. L. Daston, *Classical Probability in the Enlightenment, op. cit.*, p.182 이하.

진실, 이성, 정의, 인권, 소유권, 자유, 안전 등의 이익은 어디에서나 같은데, 왜 한 국가의 모든 지방 나아가 모든 국가가 같은 형법, 같은 민법, 같은 상법 등을 가지면 안 되는지 모르겠다. 참인 명제가 모두에게 참이듯이, 좋은 법은 모두에게 좋은 법이어야 한다. 나라마다 달라야 할 것처럼 보이는 법들은, 대부분의 상업 규칙이 그렇듯이 법으로 규제하면 안 되는 것을 규제하거나, 아니면 뿌리 뽑아야 할 편견이나 습관에 바탕을 두고 있다. 그리고 편견이나 습관을 파괴하는 가장 좋은 방법 중 하나는 더 이상 법으로 지지하지 않는 것이다.[77]

콩도르세는 이어서, 몽테스키외가 타타르의 예식이나 중국의 예식이 어떤 법적 기능을 수행하는지 자문하는 잘못을 저질렀다고 지적한다. 확률계산에 익숙한 수학자가 특정한 놀이의 규칙을 이해할 수 있는 것처럼, 모든 인류에게 적용되는 규칙을 계산하는 것도 가능해야 한다는 것이다.[78] 우리는 여기에서 이미 지구화를 주재하는 법 관념의 전조들, 즉 무역의 탈규제 및 지역적, 국민국가적 법문화를 뿌리 뽑고 일률적 법질서를 확립해야 한다는 생각을 본다. 하나만 빠져 있는데, 여러 나라의 법들을 경쟁에 붙여 가장 우수한 '입법 상품'이 자연선택되도록 한다는 생각이 그것이다.

확률계산을 사회적 사실들에 적용하는 것에 결코 모두가 동의한 것은 아니다. 이미 18세기 초에 수학자 피에르 드 몽모르(Pierre de Montmort)는 그것을 무모하게 만드는 두 가지 이유를 제시했다. 첫 번째 이유는 인간의 행위는 자연을 지배하는 불변의 법칙에 따르지 않는다는 점이다(그리고 자기만의 이익을 추구하는 것이 그러한 법칙에 해당할 수 있다고 생각하는 것은 착각이라는 점이다). 두 번째 이유는 인간의 정신은 자신의 행위를 주재하는 모든 요소를 다 이해하기에는 역부족이라는 점이다.[79] 19세기 중엽 오귀스트 콩트는 콩도르세와 라

---

77 Condorcet, *Observations sur le vingt-neuvième livre de l'Esprit des lois*, in Antoine L. C. Destutt de Tracy, *Commentaire sur l'Esprit des lois de Montesquieu* (Liège, Desoert, 1817), p.458.

78 Condorcet, *Observations sur le vingt-neuvième livre de l'Esprit des lois, op. cit.*, pp.461~462.

플라스의 생각에 반대한다는 것을 분명히 밝히면서, 다음과 같이 신랄하게 비판했다. "수많은 기하학자들이 확률에 관한 비현실적인 수학 이론에 허망하게 구속되어 사회과학을 실증적으로 만든다고 주장하지만 모두 헛수고일 뿐이다."[80] 콩트는 수학적 모델에 기반을 둔 작업이 높은 추상성에 기대어 사실의 구체적인 연구에 요구되는 엄격한 구속을 벗어난다고 비판하는 것이다.

이른바 수학적 이론을 모든 사회과학의 철학적 기초나 최종 작업의 주요 수단으로 삼으려는 생각보다 더 철저하게 비합리적인 생각을 상상할 수 있을까? 순수하게 수학적인 사색이 갖는 평소의 성격에 따라 기호로 관념을 표현하는 습관이 있는 수학에서는, 논변적일 수밖에 없는 개념을 숫자와 확률계산에 맡기려고 하지만, 이는 곧 우리가 갖고 있는 다양한 의견들의 진실성 정도를 자연과학적으로 측정하기 위해 우리 스스로의 현실적 무지를 제공하는 것이 아닌가?[81]

좀 더 최근에 이러한 비판을 전개한 사람은 칼 폴라니(Karl Polanyi)이다. 폴라니는 이렇게 말했다. "사회의 현실이 수학적 엄밀성의 외양을 하고 미성숙한 교조주의가 보초를 세운 도덕적 통계의 문을 통해서 당당히 입장했다".[82] 계량화가 사회과학에서 정당화되기 위해서는 정확하게 셀 수 있는 것에 한정되어야 하며, 이질적 사실들의 일부에 대한 계측으로부터 일반 법칙을 추정하는 모델화를 절대 허용해서는 안 된다. 프레데릭 르 플레(Frédéric Le Play)와 그의 계승자들이 유럽 여러 나라의 농부와 노동자의 삶의 조건을 묘사하기 위해 세심

79 Pierre Raymond de Montmort, *Essai d'analyse sur les jeux de hazard*(Paris: 1713, 제2판), L. Daston, *Classical Probability in the Enlightenment, op. cit.*, p.317에서 재인용.

80 Auguste Comte, *Physique sociale. Cours de philosophie positive. Leçons 16 à 60*, Jean-Paul Enthoven 해제(Paris: Hermann, 1975), p.168(49e Leçon).

81 *Ibid.*, pp.168~169.

82 Karl Polanyi, *The Machine and the Discovery of Society*(1957), in Karl Polanyi, *Essais*, Michèle Cangiani et Jérôme Maucourant 편집 및 해제(Paris: Le Seuil, 2008), ch.41, p.549에서 인용.

하게 조사 연구를 할 때 취했던 방법론이 바로 이것이다.[83] 사회학자이자 경제학자인 르 플레는 통계표들이 과학적 엄격성을 갖추고 있지 않다는 사실에 충격을 받았다. 르 플레가 보기에 통계표들은 "개인의 특별한 성격도 고려하지 않고, 개인이 살고 있는 환경에 고유한 특징도 고려하지 않는다. 공식적인 자료들은 개인의 존재나 다양한 사회적 범주들에 관한 결론에 도달하고자 할 때 과학적으로 반드시 고려해야 하는 중요 사실들을 무시하는 셈이다".[84]

이러한 민족통계학은 비록 주류 계량경제학에 의해 짓눌려지기는 했지만, 오늘날에도 여전히 일부 연구자에 의해 유지되고 있다. 이들은 선험적으로 만들어진 통계 범주로 실재를 대체하는 것이 아니라, 어떠한 인간 집단 속에서 수행되는 평가 작업이라도 그 복잡성을 이해하고자 한다.[85] 예를 들면, 빈곤을 퇴치하기 위한 계획들에서 수행되고 있는 계량화 작업들이 선험적 가치 개념을 관련 인구 집단에 대해서 투영하는 것과 달리, 이러한 유형의 연구들은 정말로 빈곤을 개선하고자 한다면 반드시 이해하고 넘어가야 할 하나의 사회적 과정으로서 평가를 파악하고자 노력한다.

---

83 르 플레에 관한 훌륭한 전기로는 Françoise Arnault, *Frédéric Le Play. De la métallurgie à la science sociale* (Presses universitaires de Nancy, 1993, 252 p).

84 Frédéric Le Play, *Les Ouvriers européens* (Paris: Imprimerie impériale, 1855, 301 p).

85 예를 들어 Alain Cottereau et Moktar Mohatar Mazok, *Une famille andalouse. Ethnocomptabilité d'une économie invisible* (Paris: Bouchêne, 2012, 345 p).

제6장

법을 숫자에 예속시키기
고스플랜에서 시장전체주의까지

> "국가는 어떠한 조직이나 개인이 사회경제질서를 교란하는 것을 법으로 금지한다."
>
> ― 중화인민공화국헌법 제15조

계산을 사회적 조화의 열쇠로 여기는 것은 자본주의와 공산주의가 공유하고 있는 많은 공통점 가운데 하나이다. 하지만 소비에트의 계획경제와 달리, '고전적' 자유주의 또는 '옛날의' 자유주의는 법과 국가를 수단으로 여기지 않았고, 반대로 계산에 의한 조화가 가능하기 위한 조건으로 여겼다. 공산주의 체제가 계획을 규범적 도구로 삼아 경제적 계산 위에 조화를 구축하고자 했던 반면, 자유주의의 아버지들은 개별적 이해타산들의 자율적 조정은, 인격의 지위와 자유를 보장할 수 있고 재산권을 보호할 수 있으며 계약의 이행을 보증할 수 있는 법치(법의 지배) 체제를 선결요건으로 한다고 생각했다. 맨더빌 같은 선동적 인물도 개인의 악덕이 공공의 번영으로 전환되기 위해서는 법의 지배가 필요하다는 점을 무시하지 않았다. 맨더빌 자신이 『꿀벌의 우화』끝부분에서 다음과 같이 썼다. "정의가 악덕을 다듬고 묶을 때, 악덕은 이로운 것으로 드러난다".[1] 다시 말하면, 고전적 자유주의는 스스로를 법의 지배 아래에 두었다. 극단적 자유주의가 공산주의적 유토피아와 공유하는 모든 것을 이해하려면 소비에트의 계획경제가 어떻게 법치를 전복시켰는지 재검토해야 한다.

법치의 전복

자유주의 사상의 아버지들은 법치 또는 법의 지배가 경제적 계산의 조건이라는 사실을 알고 있었다. 이들은 시장의 범위를 제한하고 시장의 규칙을 정해주는 법이 없어도 시장이 작동할 수 있다고는 믿지 않았다. 그리고 법을 규범시장에서 경쟁하는 '상품'으로 간주하는 사고방식은 머리에 떠오르지도 않았을 것이다. 사실 계약 당사자들이 마음 놓고 계산을 할 수 있으려면, 거래를 보증하는 **제삼자**의 존재가 필요하다. 이 **제삼자**는 계약 당사자들의 정체성을 비롯해 계산할 수 없는 모든 것을 떠맡는다. 이러한 관점에서 볼 때 법은 계산을 위한 도구가 아니라, 계산이 가능하기 위한 핵심 조건이다. 바꿔 말하면, 고전적 자유주의만 하더라도 아직은 거래가 이루어지는 평면과 거래의 척도와 준거 역할을 하는 국가라는 수직으로 구성되어 있는 삼차원의 세계에 머물고 있다. 이 삼차원은 계약법만이 아니라 재산법이나 인격법에서도 역시 필요한 것이다.

우선, 갑과 을 사이에 체결된 쌍무적 관계로 환원된 계약이란 도대체 무엇일까? 그것은 둘 사이에 존재하는 힘의 관계를 표현한 것에 지나지 않는다. 어떤 계약이 존속하려면 적어도 둘 모두에게 적용되고 둘 중 누구도 마음대로 처분할 수 없는 타율적 규칙이 필요하다. 약속의 힘("약속은 지켜야 한다")이 바로 그것이다. 다시 말하면, 법이 없으면 계약도 없다. 이것은 법의 성격에 대해서는 아무것도 말하는 바가 없다. 이 법은 종교에서 나올 수도 있고, 관습에서 나올

1　"So Vice is beneficial found, When it's by Justice lopt, and bound."

수도 있으며, 민법전에서 나올 수도 있다. 그러나 어떤 경우든 법은 약속을 보증하는 **제삼자 보증인**의 형상을 무대에 올린다. 이 보증인은 신일 수도 있고, 공동체일 수도 있으며, 국가일 수도 있다. 어쨌든 보증인은 계약 당사자들과 같은 평면에 위치하지 않는다.[2]

다음으로, 한 명의 사람과 하나의 사물 사이의 일대일 관계로 환원된 재산권이란 도대체 무엇일까? 단순한 사실, 그 물건을 쥐고 있다는 사실에 불과하다. 무기를 들었거나 더 힘센 누군가가 와서 빼앗아갈 위험을 안은 채 말이다. 길모퉁이에서 강도를 당할 걱정 없이 자유롭게 돌아다닐 수 있는 나라에 살고 있는 사람은 그 사실을 잊어버린다. 바꿔 말하면, 법이 지배하는 곳에서 사는 사람은 그 사실을 잊어버린다. 그러나 '무법지대'라고 부르는 곳에 들어서면 알게 된다. 나와 나의 소유물 사이에 배타적인 일대일 관계가 존재한다는 허구는 사라지고, 법의 상태를 떠난 나는 살해당하지 않거나 재산을 빼앗기지 않는 행운을 잡기 위해서는 스스로 무장하거나 바리케이드를 쳐야 하는 '자연상태'를 경험하게 된다는 사실을. 유스티니아누스의 『법학제요』 서문은 이미 이것에 대해 이런 식으로 말했다. 무기가 아름다운 물건이 되거나 또는 예술과 문학이 무기를 대체하기 위해서는 법률로 무장해야 한다고.[3]

마지막으로, 우리에게 법인격을 부여하는 타율적 질서가 우리의 정체성을 보증해주지 않는다면 우리는 도대체 누구일까? 인간을 완전히 짐바리 짐승의 상태로 축소시켜 번호를 붙이고 도살장으로 끌고 가는 경험을 하고 난 다음에, 세계인권선언 제6조는 다음과 같이 법인격에 대한 권리를 천명하기에 이르렀다. "모든 인간은 어디에서나 자신의 법인격을 인정받을 권리가 있다." 이 규정도 삼차원적 구조를 표현하고 있다. 나의 법인격이 "어디에서나" 인정받기 위해서는, 모두가 받아들이는 권위를 갖춘 **제삼자**가 나의 정체성을 보증해주어야 한다. 외국에서 여권을 잃어버린 사람은 자기 나라 대사관에 연락할 생각을

---

2 이 점에 대해서는 A. Supiot, *Homo juridicus. Essai sur la fonction anthropologique du droit*, *op. cit.*, ch.3, pp.137 이하.

3 이 책 제1장 참조.

한다. 즉 외국 정부에 대해서 자기의 정체성을 보증해줄 국가를 찾는 것이다. 그리고 여행객은 자신의 법인격과 함께 여행의 자유를 되찾는다. 이러한 생각을 하기 위해서 법학자가 될 필요는 없다. 왜냐하면 제도는 우리의 바깥에 존재하는 것이 아니기 때문이다. 뒤르켐은 이렇게 말했다. "제도가 우리에게 적용되는 동시에 우리가 제도를 잡는다. 제도는 우리에게 의무를 부과하고 우리는 제도를 사랑한다. 제도는 우리를 강제하고, 우리는 이러한 작용 및 그 강제까지도 신뢰하고 있는 우리 자신을 발견한다."[4]

그러므로 법적인 관점에서 볼 때, 고전적 자유주의와 공산주의 사이에는 중요한 차이점이 있다. 전자가 법치의 바탕 위에 경제적 조화를 세웠다면, 후자는 경제적 계산에 바탕을 둔 조화를 실현하기 위한 수단으로 법을 변질시켰다. 20세기 말 유럽과 중국에서 자본주의와 공산주의가 결합한 사건[5]은 이처럼 법을 숫자에 예속시키는 과정을 재촉했다. 개인의 이익을 자유롭게 추구하는 것이 전체의 번영으로 이어지려면 탐욕에 굴레를 씌우는 법의 규제가 필요하다는 사실을 늘 인식하고 있었던 고전적 자유주의와 달리, 극단적 자유주의는 시장을 정초하는 법적 의제들을 자연적 사실로 받아들인다. 극단적 자유주의는 인위적으로 구성된 것을 자연적으로 주어진 것으로 받아들이면서, 시장 패러다임을 삶의 모든 영역으로 확대하고, 법조차도 규범 시장에서 경쟁하는 하나의 상품으로 간주한다.

이러한 환상은 시장경제가 법적 의제들 위에 서 있다는 사실을 망각하는 데에서 비롯한다. 그 결과 정체성은 자기가 자기를 규정하는 개인의 유아론(唯我論)으로 환원되고, 재산권은 객체에 대한 주체의 절대권력으로 환원되며, 계약은 두 주체 사이의 일대일 커뮤니케이션 작용으로 환원된다. 그러한 세상을 살아가는 사람들은 계약적 소립자로서, 실시간으로 자기의 이익을 계산하고, 그 계산에 따라 자기가 처분할 수 있는 대상들을 서로 간에 교환하는 존재들이다.

---

4 É. Durkheim, *Les Règles de la méthode sociologique*, 제2판(1910) 서문(Paris: PUF, 1977, 제19판), note 2, pp.XX-XXI.

5 Cf. A. Supiot, *L'Esprit de Philadelphie*, *op. cit.*, ch.1, pp.29 이하.

오늘날 금융시장은 이런 방식으로 작동한다. 지구화의 심장에 자리 잡고 있는 금융시장의 상당 부분은 초단타매매(HFT)를 처리하는 컴퓨터에 의해 규율되는데, 이것은 통치기계의 최신 버전이라 할 수 있다.[6]

흔히 그렇듯이, 상상력은 인간의 행위에 앞서기 때문에, 인간관계를 보증하는 **제삼자**의 수직적 형상이 제거된 '평평한 세상'을 이미 19세기 말에 처음으로 무대에 올린 것도 소설 작품이다. 수학자 에드윈 애보트(Edwin Abbott)가 1884년에 출판한 철학적 우화 『플랫랜드』가 그것이다.[7] 몇 해 전에 오타 데 레오나르디스(Ota de Leonardis)는 이 잊힌 소설을 되살려내고, 이 소설이 갖고 있는 놀라운 현재성과 예언적 능력을 보여준 바 있다.[8] 플랫랜드는 그 이름이 가리키는 것처럼 이차원 세계이다. 이 세계는 일종의 카스트 사회로서, 상층 계급인 성직자들은 완벽한 원에 가까운 다각형이며, 중간 계급은 정사각형이고, 하층 계급은 삼각형이다. 불규칙 도형은 불가촉천민으로서 다른 카스트들을 시중든다. 플랫랜드에서 사회적 관계를 형성하는 것이 얼마나 어려운지 이해하기 위해서는 이차원 세계에 사는 것을 상상해보아야 한다. 정의상 플랫랜드의 도형들은 동일한 평면에 존재하기 때문에 서로 얼굴을 마주할 수가 없다. 동족 간의 사소한 만남조차도 대단히 복잡하고 험난한 역경이다. 이들은 서로 계산을 통해서 알아본다. 즉 서로 상대방의 각을 측정해 계급을 확인한다. 수직성

---

6   초단타매매의 실태에 대해서는 Arnaud Oseredczuck, *Le Trading haute fréquence vu de l'AMF*, rapport de l'Autorité des Marchés Financiers(Paris: AMF, 2010, 14 p). 초단타매매를 통한 금융시장 조작에 대해서는 Michael Lewis, *Flash Boys. A Wall Street Revolt*(Norton & Cie, 2014, 288 p)[한국어판: 마이클 루이스, 『플래시 보이스: 0.001초의 약탈자들, 그들은 어떻게 월스트리트를 조종하는가』, 이제용 옮김(비즈니스북스, 2014)]; Jean-François Gayraud, *Le Nouveau Capitalisme criminel*(Paris: Odile Jacob, 2014, 190 p). 유럽연합은 초단타매매(HFT)를 금지하는 대신 규제를 강화했다. 금융시장에 관한 2014년 6월 12일 지침 2014/65/UE 및 규칙(UE) 600/2014 참조.

7   Edwin A. Abbott(1838-1926), *Flatland. A Romance of Many Dimensions, with Illustrations by the Author, A SQUARE*(London: Seeley and Co, 1884, 100 p).

8   O. de Leonardis, "Nuovi conflitti a Flatlandia," in Giorgio Grossi(a cura di), *Conflitti contemporanei*(Turin: Utet, 2008), pp.5 이하.

이 없는 세계, 즉 타율성이 없는 세계인 플랫랜드는 또한 지평선이 없는 세계, 따라서 지각의 한계가 없는 세계이다. 지평선을 뜻하는 서양어 'horizon'은 '경계선을 긋다'라는 뜻의 그리스어 'horizein'에서 유래하는데, 요컨대 삼차원 세계에서 시각적 범위를 제한하고 그 너머 피안의 존재를 함축하는 선이다.[9] 피안을 제거하는 것은 실증주의의 순수 내재성이 갖는 특징이다. 실증주의는 인간을 무지의 공포에서 해방시키기 위해, "신화가 죽은 것을 산 것과 동일시하듯이, 산 것을 죽은 것과 동일시한다". 그리하여, 호르크하이머(Horkheimer)와 아도르노(Adorno)가 통찰한 바와 같이, 새로운 "보편적 금기"로 나아간다. 즉 이것이다. "더 이상 아무것도 바깥에 남아 있으면 안 된다. 왜냐하면 '바깥'이라고 하는 단순한 생각 자체가 공포의 원천이기 때문이다."[10]

평평한 세계의 은유는 21세기 벽두에 재등장했다. 토머스 프리드먼(Thomas Friedman)이 2005년에 출판한 베스트셀러 『세계는 평평하다: 21세기의 짧은 역사』[11]라는 책이 그것이다. 하지만 이번에는 비판적 전망에 입각한 것은 아니다. 프리드먼은 시장의 힘을 등에 업은 지구화 덕분에 평평한 세계가 도래한 것을 기뻐한다. 이 세계는 모든 행위자들이 기회의 평등 속에서 경쟁하고, 어떠한 종류의 타율적 규제도 경쟁을 방해하지 않는다. 시장의 내재적 힘에 의해 완전히 규율되는 평평한 세계에 대한 환상은 극단적 자유주의의 특징이다. 그러한 점에서 볼 때, 극단적 자유주의는 '고전적' 자유주의보다는 공산주의적 유토피아에 훨씬 더 가깝다.

---

9 데카르트적 공간 및 고전물리학의 표상과 달리 아인슈타인이 묘사하는 우주는 무제한적이지 않다. 아인슈타인의 우주는 경계, 지평이 있다. 이 점에 대해서는 Augustin Berque, *Écoumène. Introduction à l'étude des milieux humains, op. cit.*, p.80.

10 Max Horkheimer et Theodor Adorno, *La Dialectique de la Raison, op. cit.*, p.33.

11 Thomas L. Friedman, *The World is Flat. A Brief History of the Twenty-first Century* (New York: Farrar, Straus & Giroux, 2005, 496 p)[한국어판: 토머스 프리드먼, 『세계는 평평하다: 세계는 지금 어디로 가고 있는가?』, 이건식 옮김(21세기북스, 2013)].

계획경제의 수단으로서의 법

공산주의의 건설을 주도한 것은 법이 아니라, 계획과 계획경제였다. 즉 이차원의 세계였다. 이 세계에서 법은 집단적 효용 계산을 집행하기 위한 수단에 지나지 않는다. 해럴드 버만은 전체주의적 경험의 특징을 드러내기 위해서 매우 적절하게도 "법의 지배(rule of law)"와 "법을 이용한 지배(rule by law)"를 구분한다.[12] 소비에트식 계획경제는 바로 이 법을 이용한 지배를 보여주고 있으며, 그러한 규범질서에서 경제생활을 규율하는 것은 법이 아니라 숫자이다. 이 최초의 역사적 경험은 대부분 연구의 지평에서 사라졌지만, 그 어느 때보다도 풍부한 교훈을 담고 있다. 실제로 이 경험에 기초해서 우리는 현재 진행되고 있는 공산주의와 자본주의의 혼종 과정을 이해할 수 있다. 이 혼종 과정은 중화인민공화국과 러시아연방의 사례에서 명확히 드러난다. 하지만 서양의 나라들도 예외가 아니다. 금융시장에 종속된 서양의 나라들에는 현행 중국 헌법이 적절하게도 "민주주의 독재"[13]라고 이름 붙인 것이 자리 잡았다.

그러므로 소비에트식 계획경제의 경험을 대강이라도 훑어볼 필요가 있다. 이 경험은 중국이 덩샤오핑(1904~1997)의 지도 아래 자본주의로 전환하기 이전이며, 또한 여러 측면에서 중국의 자본주의적 전환을 예비했기 때문이다.[14] 현행 중국 헌법 제15조는 세 가지 임무를 국가에 부여하고 있다. "국가는 사회주의 시장경제를 실시한다. 국가는 경제입법을 강화하고 거시적 조정을 완성한다. 국가는 어떠한 조직이나 개인이라도 사회경제질서를 교란하는 것을 법으

---

12 H. J. Berman, *Law and Revolution II. The Impact of the Protestant Reformation on the Western Legal Tradition* (Harvard University Press, 2003), p.19.

13 이 헌법에 대해서는 Chen Jianfu, "La dernière révison de la Consitution chinoise. Grand bond en avant ou simple geste symbolique?," *Perspectives chinoises*, no.82(2004.3.-4), pp.15~32.

14 소련과 중국의 경험을 비교한 논의로 Perry Anderson et Wang Chaohua, *Deux révolutions. La Chine au miroir de la Russie* (Marseille, Agone, 2014, 208 p).

로 금지한다." 이처럼 권리의 행사는 "사회경제질서"를 교란하지 않는 범위에서만 헌법에 따라 보장될 뿐이다. 이 개념은, 유럽사법재판소의 판례를 떠올리게 하는 바가 없지 않은데, 이미 1922년 소련의 민법전에서 채택했던 것이기도 하다. 소련 민법전 제1조는 다음과 같이 규정하고 있었다. "민법상 권리는 사회경제적 목적을 위반해 행사되는 경우를 제외하고 법률에 따라 보장된다."[15] 그러므로 어떤 권리의 행사가 사회경제적 목적을 위반하는지 여부를 알기 위해서는, 그 권리의 행사가 집단을 위해 어떤 효용을 갖는지 측정해야 한다. 권리의 대항력은 **효용 계산**에 종속되는데, 효용 계산은 법질서 외부에 존재하면서 법질서를 지배한다. 법률의 보장은 효용 계산에 반하는 순간 사라진다.

요컨대 법은 사회주의를 건설하기 위해 활용하는 도구에 지나지 않는다(중국의 법가라면 그릇이라고 했을 것이다[16]). 소비에트 사람들은 자신들의 정치나 헌법 시스템을 가리키는 말로 '체제'라는 말보다 '건설'이라는 말을 늘 선호했다.[17] 소비에트의 예술에서도 잘 드러나듯이, 건설은 앞으로 전진하는 것, 역동성을 함축한다. 소련이나 나치 독일에서는 유일 정당이 사회를 항상적인 운동 상태로 몰아가는 동력이다.[18] 소비에트 법학자들은 사회주의적 합법(칙)성을 사회적 삶을 보장하는 안정적인 기반이 아니라 일종의 방법론으로 정의했다. "프롤레타리아트 독재와 사회주의의 건설을 실효적으로 만들기 위한 방법론, 이 방법론은 사회주의 국가의 행위 수단이며, 이 역사적 과업의 실현에 장애물이 되어서는 안 된다."[19] 건설이라는 개념은 세 가지 특성을 갖는다. 그것은 하

---

15 이 개념을 소유권에 적용하는 논의에 대해서는 Aurore Chaigneau, *Le Droit de propriété en mutation. Essai à la lumière du droit russe*, préface d'A. Lyon-Caen(Paris: Dalloz, 2008, p.683).

16 이 책 제3장 참조.

17 Tamara Kondratieva, *Gouverner et nourrir. Du pouvoir en Russie* (Les Belles Lettres, 2002, 274 p).

18 나치당(국가사회주의독일노동자당: NSDAP)은 "운동"으로 불리었다. Cf. M. Stolleis, "Que signifiait la querelle autour de l'État de droit sous le Troisième Reich?," in Olivier Jouanjan (dir.), *Figures de l'État de droit* (Presses universitaires de Strasbourg, 2001), p.374.

19 S. A. Golunsky et M. S. Trogovitch, *Theory of State and Law* (Moscou, 1940), Pierre

나의 과정이고, 경계가 유동적인 시스템의 확장이며, 법의 준수가 아니라 효율성에 연동되는 규범성이라는 기술적 성질을 갖는다. 이 개념은 정의를 상징하는 상징물에서 볼 수 있는 것, 법질서의 안정성에 대한 이상과 단절한다. 정의의 여신이 보여주는 정의는 언제나 고정되어 있는데, 이것은 아마도 저울의 균형을 확보하기 위해서가 아닐까! 반대로 소비에트나 파시즘의 예술, 특히 조각은 운동이라는 새로운 이상을 보여준다.[20] '건설'이라는 용어는 유럽공동체를 가리킬 때에도 널리 쓰였으며, 지금도 유럽연합을 가리킬 때 흔히 쓰인다. '유럽의 건설'이라는 개념도 경제적 기획에 연동하는 제도적 역동성을 뜻한다. 건설이라는 개념은 유로화 지폐에서도 표방되고 있다. 모든 유로화 지폐의 도안은 문과 다리인데, 문은 개방을 상징하고 다리는 연합을 상징한다. 그런데 이상징들은 지폐의 가치와 함께 역사적 진보를 거듭한다(5유로짜리 지폐에는 고대로마의 건축물이 그려져 있으며, 중세와 르네상스 그리고 산업시대의 건축물을 거쳐, 500유로짜리 지폐에는 현대식 건축물이 그려져 있다). 이처럼 유럽의 건설은 역사의 운동이라는 상상력 속에 자리 잡는다. 그러나 이 운동은 공산주의가 약속한 풍요의 사회를 목적으로 하는 운동이 아니라, 운동 자체를 목적으로 삼는 운동인 것 같다. 프랑스 경영계를 대표하는 단체인 프랑스사용자총연합회 (CNPF: Conseil National de Patronat Francais)는 경제 활동의 기조를 금융화로 전환하면서 너무 가족적이면서 평온한 느낌을 주는 개념을 버리고[CNPF의 "P"는 가부장을 의미하는 'Patronat'의 약자이다 — 옮긴이], 운동의 역동성을 보여주는 개념을 도입해 프랑스기업운동(MEDEF: Mouvement des entreprises de France)으로 이름을 바꾸었다.

이처럼 소비에트식 계획경제와 극단적 자유주의는 법을 효용 계산의 수단

Lavigne, "La légalité socialiste et le développement de la préoccupation juridique en Union soviétique," *Revue d'études comparatives Est-Ouest*, vol.11, no.3(1980), p.11에서 재인용.

20 소비에트 예술의 가장 눈에 띄는 작품들 가운데 하나는 1937년 파리 만국박람회 소비에트관을 장식했던 베라 무키나(Vera Moukhina)의 조각 <노동자와 콜호스의 여성>이다. 이 조각은 강철 80톤을 사용해 만들었으며 높이 25미터에 달한다.

으로 삼는다는 점에서 공통점을 갖는다. 그러나 그 방법에서는 차이가 난다. 극단적 자유주의가 계약화를 이용한다면, 공산주의는 계획경제에 기대를 걸었다. 계획경제를 담당했던 제도가 국가계획위원회이며, 고스플랜(Gosplan)이라는 약칭으로 잘 알려져 있다. 정확하게 말하자면, 계획경제의 개념은 볼셰비키 혁명 훨씬 이전에 주창되었던 것이며, 특히 독일의 (공산주의가 아니라) 사회주의 계열 경제학자였던 카를 발로드(Karl Ballod)가 대표적이다. 발로드는 1898년에 출판한 『미래의 국가』라는 책에서(이 책은 카우츠키가 서문을 썼다), 사회주의 독일에서 국가가 수행해야 할 계획자로서의 역할을 정의했다.[21] 이 책은 여러 번에 걸쳐 재출판되고 번역되었으며, 경제를 어떻게 조직할 것인지 구체적인 개념이 없었던 레닌에게 영감의 원천이 되었다. 1921년에 설립된 고스플랜은 처음에는 다양한 학파의 경제학자들로 구성되었다.[22] 1925년부터는 국영기업의 사업을 해마다 점검하기 위해 "통제 숫자"를 생산했다.[23] 1927년에 와서야 첫 번째 5개년(1928~1932) 계획을 세웠다. 1921년에 채택된 고엘로(Goelro: 국가전기화위원회) 계획이 장기간(10~15년)에 걸친 커다란 전망을 제시한 것과 달리, 5개년 계획은 중장기 계획에 그친 것이 아니라 기업들이 달성해야 할 구체적 목표를 제시하고, 목표의 달성 여부를 해마다 통제 숫자를 통해 점검했다. 국가의 경제계획을 담당하는 기구인 고스플랜은 "소련의 과학기술적 구조"를 구성하는 일부분이었다. 이처럼 경제질서를 정치적 논쟁이 아니라 과학적 기초 위에 세우려는 의지 또한 공산주의와 극단적 자유주의의 공통점이다. 이러한 의지는 1969년 스웨덴 중앙은행에 의해 노벨물리학상, 노벨화학

21   Karl Ballod, *Der Zukunftstaat* (Stuttgart, 1920). 나에게 이 계보를 알려준 마르틴 메풀레(Martine Mespoulet)에게 감사드린다.

22   고스플랜의 초기를 주재했던 경제적 논쟁에 대해서는 Naum Jasny, *Soviet Economists of the Twenties. Names to be remembered* (Cambridge University Press, 1972, 218 p).

23   Cf. Harold Bhérer, *Management soviétique* (Paris: Presses de la Fondation des sciences politiques, 1982, 259 p); Edward H. Carr, *An History of Soviet Russia Socialism in One Country. 1924-1926* (New York: Mac Millan, 1958, 557 p), 특히 p.315 이하; François Seurot, *Le Système économique de l'URSS* (Paris: PUF, 1995, 367 p).

상, 노벨생리학상 등을 성공적으로 위조한 이른바 노벨경제학상을 창설하는 것으로 이어졌다.[24] 경제 운용의 방향은 과학에 의해 정당화되기 때문에 시민들의 의사와 선거의 영향력에서 벗어날 수 있다.[25]

고스플랜은 모든 공산주의 국가들, 그리고 특히 중국에서 유사한 제도를 도입할 때 모델이 되었다.[26] 고스플랜은 통계와 조사에 기초하여,[27] 기업과 경제지구에서 생산되는 모든 정보들을 수집하고 분석하는 역할을 수행했고, 이것을 바탕으로 중장기 계획, 5개년 계획 그리고 연간 계획 등 세 가지 유형의 계획을 수립했다. 고스플랜의 계획경제는 시기에 따라서 산업 중심의 접근법과 지방 중심의 접근법 사이를 오갔다. 고스플랜의 조직도는 이러한 복잡성을 반영했다. 중앙 차원에서는, 관련 정부 부처의 계획경제 담당 기구들과 협업하는 산업별 소위원회 및 (투자, 지구경제계획 등) 특별한 목적을 위한 소위원회가 있었다. 이 중앙의 연방 기구는 각 공화국과 지구 차원에서 조직적 위계에 따라 확장되었다. 사실 계획은 소련의 모든 경제지구의 균형 발전을 위해, 전체적인 전망과 지역별 조정 정책을 함께 고려해야 했다. 이어지는 절차들은 시간이 지남에 따라 변했지만, 소련의 마지막 몇십 년 동안은 계획의 수립에 지구의 의견을 반영하기 위해 노력했다.[28] 고스플랜은 절댓값과 상댓값으로 구성된 "통제 숫자"를 마련했는데, 이것은 계획의 뼈대와 같은 것이었다.[29] 통제 숫자는

....

24 1969년 "알프레드 노벨을 기념해 스웨덴 중앙은행이 경제학에 수여하는 상"을 만들게 된 사연에 대해서는 Patrick Moynot, "Nobel d'économie: coup de maître," *Le Monde*, 2008.10. 15.

25 하이에크는 이 제한된 민주주의 이론을 악착같이 옹호했다. 하이에크는 이른바 노벨경제학상의 초기 수상자 중 한 명이었다. 이 책 제7장 참조.

26 중국의 사례에 대해서는 Barry M. Richman, *Industrial Society in Communist China* (New York: Random House, 1969); Ma Hong(ed.), *Modern China's Economy and Management* (Beijing, Foreign Language Press, 1990); Corine Eyraud, *L'Entreprise d'État chinoise. De l'institution totale vers l'entité économique* (Paris: L'Harmattan, 1999), p.215 이하.

27 Martine Mespoulet, *Construire le socialisme par les chiffres: enquêtes et recencement en URSS de 1917 à 1991* (Paris: INED, 2008, 240 p).

28 Cf. Henri Chambre, "Espace économique et Union soviétique," *Cahiers du monde russe et soviétique*, vol.1, no.1(1959.5), pp.25~48.

29 Cf. E. H. Carr, *An History of Soviet Russia Socialism in One Country, op. cit.*, p.315 이하.

산업, 공화국, 경제지구를 거쳐 차례대로 내려가는 '1차 하강'의 대상이었다. 지방 정부는 통제 숫자를 명확히 하고 구체화해 기업에 내려보냈고, 기업은 그 숫자 및 고객들과 체결한 계약 조항을 고려해 스스로의 계획을 마련했다. 기업이 작성한 계획들은 각 공화국 차원의 고스플랜으로 올라갔고, 여기에서는 기업 단위의 계획들을 종합해 최초에 제시된 숫자와 아래에서 올라온 숫자를 중재했다. 이렇게 해서 각 공화국 단위에서 확정된 계획은 연방 차원의 고스플랜으로 올라갔고, 여기에서 다시 한 번 종합하는 과정을 거쳤다. 이러한 절차를 거쳐 마련된 최종 계획은 소련 정부의 승인을 거쳐 법적인 효력을 획득했고, 행정 지침의 형식으로 산업과 지구 그리고 기업 차원으로 내려가는 '2차하강'의 대상이 되었다. 이렇게 해서 연간 계획이 각 산업과 지구 그리고 기업에 할당되었다. 고스플랜은 전체의 이행을 감독하는 한편, 다른 사회주의 국가들의 계획경제 기구 및 사회주의 유럽 국가들 사이의 경제상호원조회의(코메콘: Communist Economic Conference)의 기구들과 협력 관계를 유지하는 역할을 담당했다. 회계의 관점에서 볼 때, 계획경제는 "원료생산균형"이라고 부르는 방법, 즉 생산물의 화폐 가치가 아니라 실제 흐름을 측정하기 위한 현물회계를 이용했다.

법적인 차원에서 볼 때, 재화와 서비스의 생산을 규제하는 수많은 계획들은 일방적 행정명령을 구성했고, 이 행정명령에 구속되는 경제 행위자들은 모두 공적 행위자들이었다. 이러한 시스템에서 계약이란 계획이 정한 목표 숫자를 집행하기 위한 수단에 불과하다.[30] 소비에트의 법이론은 계약의 체결이 경제 행위자에게 강제되는가 여부에 따라 계약의 유형을 두 가지로 구별했다. 첫 번째 유형은 이른바 계획화된 계약이다. 이 계약의 체결은 계획에 의해 강제된다. 예를 들면, 계획이 A 기업으로 하여금 B 기업에서 원료를 조달하도록 규정하는 식이다. 계약은 계획 자체에서는 정할 수 없는 구체적인 채무 사항들을 명시하는 역할을 수행한다. 이 계약도 계획의 실현에 자발적으로 참여했다는

---

30 Cf. R. David, *Les Grands Systèmes de droit contemporain* (Paris: Dalloz, 1978, 제7판), no.254, p.305 이하.

의미에서 법적 약정으로서의 효력을 갖는다. 두 번째 유형은 이른바 비계획화된 계약이다. 이 계약은 계약을 체결할 법적 의무에 대응하는 것은 아니다. 그대신, 계획의 목표를 실현하기 위해서는 계약을 체결하는 것이 경제적으로 필요하거나 적절하다는 요청에 대응하는 것이다. 예를 들면, 계획을 실현하기 위해 A 기업이 자발적으로 나서서 B 기업이나 C 기업과 계약을 체결하는 경우가 그렇다. 하지만 이 계약의 자유는 매우 엄격하게 제한된다. 왜냐하면 계약 당사자들이 합의하는 채무 사항들은 계획이 각 기업에 부여하는 사명들에 부합해야 하기 때문이다. 이 계약들은 지난 20년 동안 서양의 나라들에서 행정행위의 계약화 또는 공공서비스의 계약화라는 이름으로 번성했던 것을 미리 보여준다.[31]

현실 공산주의의 붕괴는 자유주의에서 극단적 자유주의로 이행하는 과정을 재촉했다. 서양의 나라들에서는 동구권 나라들과 경쟁하는 상황으로 인해 서양의 통치자들에게 가해졌던 사회적 압력이 공산주의의 붕괴와 함께 사라졌다. 이러한 변화는 국제노동기구(ILO)에서 특히 두드러지는데, 해운 산업을 제외하면 새롭게 채택된 국제노동협약의 수가 1990년대 중반 이후 현격하게 줄어들었다.[32] 구공산주의 나라들에서는, 츠베탄 토도로프(Tzvetan Todorov)가 다음과 같이 묘사한 시스템이 벌써 사람들의 삶을 지배했다. "헌법과 법률은 정보부 요원들 및 권력자들로부터 초라한 대접을 받고 있다. …… 이들에게는 자기 자신의 의사가 모두에게 적용되는 법률보다 언제나 우선한다. …… 여기에서는 모든 것이 해결되고, 거래되며, 돈이 된다. 즉 예외가 원칙의 자리를 차지했다."[33] 그런 점에서 현실 공산주의는 법을 개인들의 이해관계를 상호 조정

---

31 Cf. Conseil d'État, *Le Contrat, mode d'action publique et de production de normes* (rapport public, 2008, Paris: La Documentation française, 2008), vol.2, 398 p.; Jacques Caillosse, *La Constitution imaginaire de l'administration* (Paris: PUF, 2008), pp.145 이하.

32 1995년에서 2012년 사이에 육상 노동과 관련해 8개의 협약이 채택되었고, 해상 노동과 관련해 6개의 협약이 채택되었다. 반면에 1946년에서 1994년 사이에는 108개의 협약이 채택되었다.

33 T. Todorov, *Le Siècle des totalitarismes, op. cit.*, pp.18~19.

하는 불가침의 기준이 아니라, 반대로 이해관계 조정 대상 가운데 하나로 여기
도록 주민들을 문화적으로 준비시켰다고 할 수 있다.

공산주의와 자본주의의 혼종

공산주의와 자본주의의 혼종 과정을 파악하려면 소비에트식 계획경제가 서
양 나라들의 법질서와 어떻게 다른지 평가하는 것부터 시작해야 한다. 우선,
소비에트식 계획경제는 생산수단의 사적 소유를 폐지하고, 사회주의적 소유를
도입했다. 사회주의적 소유는 두 가지 형태를 띠는데, "국가의 소유(인민 전체
의 재산) 또는 협동조합-콜호스(집단농장)의 소유(각 콜호스의 소유, 협동조합 연
합체의 소유)"가 그것이다.[34] 다음으로, 소비에트식 계획경제에서는 독재적 방
식으로 운영되는 정부가 위로부터 강제하는 목표 숫자의 실현에 사회 전체가
참여한다. 반대로 자유주의적 경쟁질서는 생산수단을 사유화하고, 모든 개인
이 각자의 이익을 극대화하는 경쟁에 뛰어든다. 즉 경쟁으로부터 가능한 한 최
대의 사회적 효용이 저절로 솟아오른다고 여긴다. 또 다른 중요한 차이점이 있
다. 자유주의 체제에서 경제의 운용은 정치적 통제 또는 민주주의적 통제로부
터 일체 벗어나 있지만, 반대로 정부는 정기적으로 선거를 통해 심판받는다.
국가의 역할은 사적 소유를 보호하고 계약의 준수를 감독함으로써, 시장의 작
동을 주재하는 경제적 계산을 안전하게 보장하는 데 그친다. 이 첫 번째 임무
에 더해 사회국가는 긴 시간 동안 지속되는 인간의 삶과 세대의 계승을 집단적
으로 책임지는 역할을 떠맡았다.
이러한 차이점들은 주목할 만한 것이며, 그 중요성을 무시할 수 없다. 그러
나 여기에 그친다면, 그것은 이 두 가지 체제가 처음부터 공유하고 있었던 것

----

34 1936년 소련 헌법, 제4조 및 제5조.

을 망각하는 셈이 될 것이다. 공산주의와 자본주의는 하나의 동일한 문명에서 나온 것으로서, 둘 다 자연을 지배하고 소유할 수 있다는 믿음을 공유한다. 이 둘은 각각 제 나름의 방식으로 메시아적 약속을 담지하고 있는데, 그것을 표현하는 말들이 사뭇 비슷해 서양에 정착한 소비에트의 명석한 저항인들이 그 유사성을 지적하는 데 어려움이 없었다.[35] 소련의 1936년 헌법에 따르면, 계획경제는 "사회적 부를 증대시키고, 노동자들의 물질적 조건과 문화적 수준을 지속적으로 향상시키며, 소비에트사회주의공화국연방의 독립을 공고히 하는 한편 그 안보 능력을 강화하는 것"[36]을 목적으로 하는 것이었다. 이것을 유럽연합이 2000년에 리스본에서 채택한 전략과 비교해볼 수 있을 것이다. 이 전략은 "고용의 양적, 질적 향상 및 좀 더 높은 수준의 사회적 유대를 동반하는 지속적 경제 성장을 위해, 지금부터 2010년까지 세계에서 가장 경쟁력 있고 가장 역동적인 지식경제"가 도래하도록 하겠다고 약속했다. 이러한 종류의 과장된 선언들 뒤에는 동일한 역사철학이 존재한다. 즉 빛나는 미래를 향한 냉혹한 전진으로 역사를 사고하는 철학이다. 카를 뢰비트(Karl Löwith)는 이러한 역사철학의 계보학을 작성한 바 있다.[37]

이 첫 번째 공통점에 더해, 공산주의와 극단적 자유주의는 두 번째 공통점이 있다. 즉 중국 헌법이 '사회경제질서'라고 부르는 것에 대한 믿음이다. 이 믿음 속에서 법은 사회경제질서의 수단에 지나지 않는다. 공산주의 체제는 '법을 이용한 지배(rule by law)' 개념에 근거해 법을 도구화하면서 법의 지배 개념을 거부했다. 레닌은 정치인과 행정가의 권력이 공학자와 농학자의 권력에 자리를 내어주게 되는, 다시 말하면 법에 기초하는 질서가 아니라 과학과 기술에 기초한 질서가 지배하는 "아주 행복한 시대"를 다음과 같이 목청껏 열망했다.

---

35 Cf. Alexandre Zinoviev, *L'Occidentisme. Essai sur le triomphe d'une idéologie* (Paris: Plon, 1995, 286 p).

36 1936년 소련 헌법, 제11조.

37 Karl Löwith, *Weltgeschichte und Heilsgeschehen. Die theologischen Voraussetzungen der Geschichtsphilosophie* (Stuttgart, Kohlhammer, 1953), 프랑스어판: *Histoire et salut. Les présupposés théologiques de la philosophie de l'histoire* (Paris: Gallimard, 2002).

우리는 지금 소비에트 권력의 커다란 성공의 시작을 알리는 매우 중요한 전환점에 서 있다. 이제 러시아에서 열리는 수많은 의회들의 단상에는 정치인과 행정가만이 아니라 공학자와 농학자도 올라갈 것이다. 이것은 아주 행복한 시대의 출발이다. 이 시대에는 정치를 점점 덜 하고, 정치를 덜 자주 덜 길게 말하며, 공학자와 농학자가 말을 하게 될 것이다.[38]

정치가 제거되고 기술이 지배하는 세계에 대한 전망은 이미 마르크스주의의 아버지들이 가졌던 것이다. 프리드리히 엥겔스에 따르면, 프롤레타리아트 혁명이 완수되고 나면 "사회의 통치는 사물의 관리 및 생산 활동의 경영으로 대체되고" 그 결과 국가는 점차 소멸한다.[39] 이처럼 사회의 통치가 사물의 관리로 대체된다는 약속의 기원을 생시몽에게서 찾는 경향이 있는데, 사실 생시몽은 반대로 자유주의 이론에 동조하면서 다음과 같이 주장했다. "사물을 관리하는 것만이 아니라, 사회를 통치하는 것도 중요하다. 이것은 어렵고 거대한 일이지만, 성스러운 일이다."[40] 극단적 자유주의의, 마르크스주의와 유사하고 고전적 자유주의와 확연히 다른, 특징은 법률과 법을 사회적 삶의 안정적인 기반으로 인식하는 것이 아니라, 단순한 도구로, 생산물로 바라본다는 점이다. 평평한 세상에 대한 환상, 법이 머리를 앞으로 숙여 굽어보고 있는 '여왕'이 아니라, 효율성으로 평가받는 용기에 불과한 세상에 대한 환상이 여기에서 비롯한다. 법이 하나의 **상품**이라고 인정하게 되면, 법의 생산은 정치가 아니라 기술의 영역에 속하게 된다. 유럽중앙은행의 총재였던 장클로드 트리셰(Jean-

38 Lénine, *Rapport d'activité du Conseil des commissaires du peuple au VIIIe congrès des Soviets de la R.F.S.F.R.* (1920년 12월), in *Œuvres* (Paris: Éditions sociales, t. 42, 1969).

39 Friedrich Engels, *Anti-Dühring* (1878), 프랑스어판, Émile Botigelli(Paris: Éditions sociales, 1971), p.317[한국어판: 프리드리히 엥겔스, 『반뒤링론: 오이겐 뒤링씨의 과학혁명』, 김민석 옮김(새길아카데미, 2011)].

40 이 인용구는 앙팡탱(Enfantin)의 것이다(*Le Globe*, 1831년 7월). Enfantin, *Religion saint-simonienne. Enseignement central* (Paris: Imprimerie d'Éverat, 1831), p.104에 재수록. 이 인용구를 내게 알려준 피에르 무소(Pierre Musso)에게 감사드린다.

Claude Trichet)는 임기말의 한 인터뷰에서, 그가 보기에 시급한 공공서비스의 민영화와 노동시장의 탈규제 정책에 대해서 길게 설명한 다음, 이것은 **정치적** 프로그램이 아니라 "17개의 정부, 3억 3200만 명의 시민, 모든 감수성(트리세는 자신이 이 모든 감수성을 책임질 의무가 있다고 생각한다)"보다 상위에 있는 이익에 상응하는 **기술적** 조치라고 강조했다.[41] 법이 기술적 도구라고 인정하게 되면, 법도 다른 모든 상품과 마찬가지로 규범 시장에서 세계적 경쟁에 처할 수밖에 없다. 이 규범 시장은 경제의 요구에 가장 잘 부응하는 법을 선택할 것이다.[42] 이 법 쇼핑(law shopping)은 법의 지배를 점차 대체하고 있으며, 특히 노동법과 조세법 그리고 사회보장법 등 사회국가의 가장 핵심적인 영역에서 그러한 경향이 더 강하다.

물론, 한편으로 레이건 정부와 대처 정부 아래에서 전파되었던 순수한 의미에서의 극단적 자유주의와 다른 한편으로 시장의 '자생적 질서'의 작동을 위한 제도적 조건을 강조하는 독일식 질서자유주의를 구별하는 것은 필요할 것이다.[43] 이 두 가지 경제적 자유주의의 현대적 형태들 사이의 차이점은 의미심장한 것이며, 무시되어서는 안 된다. 질서자유주의의 영향력은 독일이 유럽연합의 극단적 자유주의적 경향에 법적으로, 경제적으로 맞설 수 있었던 요인 가운데 하나이다. 유럽중앙은행의 임무를 해석할 때[44] 또는 독일식 기업 개념과 영

---

41 Cf. 트리세의 인터뷰 내용에 대해서는 Antoine Dumini et François Ruffin, "La Banque centrale, actrice et arbitre de la débâcle financière. Enquête dans le temps de l'euro," *Le Monde diplomatique*, novembre 2011.

42 이 책 제7장 참조.

43 이 양자의 구별에 대해서는 Michel Foucault, *Naissance de la biopolitique. Cours au Collège de France, 1978-1979, op. cit.* 유럽의 건설에서 질서자유주의가 미친 영향력에 대해서는 Perry Anderson, *The New Old World* (Londre: Verso, 2009), 프랑스어판: *Le Nouveau Vieux Monde* (Marseille, Agone, 2011), p.98 이하.

44 유럽중앙은행의 국채매입(OMT) 프로그램에 관한 독일 연방헌법재판소, 2014.1.14., 2 BvR 2728/13 결정 참조. S. Dahan, O. Fuchs et M.-L. Layus, "Whatever it takes? À propos de la décision OMT de la Cour constitutionnnelle fédérale allemande," *Actualité juridique de droit administratif*, 2014, p.1311.

미식 기업 개념[45] 사이에 존재하는 긴장에서 질서자유주의의 영향력은 특히 두드러진다. 또한 단일화폐에 관한 조약들의 대리석에 새겨진 "통제 숫자"와 함께 유로존이 취하고 있는 독특한 유형의 수치(數治)를 이해하는 데에도 질서자유주의가 도움이 된다.[46] 그러나 전 세계적 차원에서 볼 때 독일은 미국에 필적할 만한 무게를 갖고 있지 않으며, 특히 질서자유주의는 독일식 민족주의의 현대적 형태라고 할 수 있기 때문에 유로존 바깥에서는 극단적 자유주의 이데올로기의 제국주의적이고 보편주의적인 차원을 갖지 않는다. 반면에 극단적 자유주의 이데올로기는 법문화의 다양성을 초월하는 보편적 경제 법칙을 표현하는 것으로 자처한다. 그렇게 해서 극단적 자유주의 이데올로기는 공산주의적 종말론 및 전 세계에 동일한 경제질서를 도입하려는 공산주의적 기획을 계승할 수 있었다.

공산주의와 마찬가지로 극단적 자유주의는 법을 효용 계산의 도구로 삼는다. 이 두 가지 환상 사이의 이론적 차이점은, 소비에트식 계획경제가 중앙집중화된 사회적 효용 계산을 통해서 경제 주체들의 행동을 통치하고자 했던 반면, 극단적 자유주의 프로그램은 경제 주체들의 개별적 효용 계산을 통해서 사회적 최대 효용에 도달하려고 한다는 점이다. 일체의 타율을 제거하는 것은 극단적 자유주의 협치의 특징이다. 통치를 협치로 대체하는 것, 규제를 규율로 대체하는 것, 도덕을 윤리로 대체하는 것, 규칙을 규범으로 대체하는 것은 모두 존재와 당위 사이의 간격을 제거하는 것을 의미한다. 이 간격은 숫자에 의한 **통치**를 자처했던 공산주의적 계획경제에서는 아직 남아 있었다. 소비에트의 통치자들은 새로운 사회의 공학자를 자처했으며, 이 새로운 사회의 건설은 그들의 지도 아래 일하는 노동계급의 참여에 달려 있었다. 사회주의의 건설은 균열 없는 복종과 당 지도부에 의한 지속적인 통제를 요구했다. 이것은 테일러주의 기업에서 노동을 관리감독하는 것과 비슷하다. 이처럼 공산주의를 건설

---

45 Cf. Renate Hornung-Draus, "Le modèle allemand d'entreprise," in A. Supiot(dir.), *L'Entreprise dans un monde sans frontières, op. cit.*, pp.167~178.

46 이 책 제8장 참조.

하기 위한 도구로 착상된 소비에트식 계획경제는 법률에 의한 통치와 숫자에 의한 협치 사이의 가운데 지점에 위치했다. 계획의 지침들은 법의 주권성이 아니라 계산으로부터 정당성을 끌어냈지만, 마치 법령처럼 외부에서 사람들에게 적용되었다. 숫자에 의한 협치는 법의 지배를 탄핵하면서 좀 더 멀리 나아간다. 계획경제와 마찬가지로 수치(數治)는 법을 계산으로 대체해 계산을 규범의 정당성 근거로 삼는다. 이 규범은 생물학적 규범이나 컴퓨터의 소프트웨어처럼 내부에서 작동한다. 작동 원리는 개별적 효용 계산이라는 단순한 게임이다. 협치 개념은 규범의 내부화 및 타율의 제거를 의미한다. **통치**가 피통치자들을 굽어보면서 개인의 자유에 일정한 한계를 부여한다면, **협치**는 개인의 자유에서 출발해 이 자유를 제한하는 것이 아니라 프로그래밍하고자 한다.

법의 지배를 전복하고 법을 개별적 효용 계산의 도구로 삼는 것은 경제 이데올로기만의 고유한 특징은 아니었다. 공산주의와 극단적 자유주의가 교차하는 지점에서, 사회학과 철학의 비판적 한 흐름은 지난 반세기 동안 법과 국가를 비난했으며, 좀 더 일반적으로는 일체의 타율적 형식을 비난했다. 그것들은 권력의 술책이며 개인의 주권성에 대한 침해라고 여겼기 때문이다. 이것은 포스트모더니즘 또는 탈근대주의라고 불렀던 것의 주요한 특징 가운데 하나이다. 그뿐 아니라 지향과 전공과 관심이 매우 다른 저자들이 이러한 비난에 합류한다.[47] 이들의 공통점은, 전후 프랑스의 지식인 계층에 대해 에밀 시오랑(Émile Cioran)이 다음과 같이 비평했던 것을 사실로 확인시켜준다는 점이다. "모두 자유를 주장하기만 할 뿐, 자유를 방어하고 자유를 체화하는 통치 형태에 대해서는 아무도 존중하지 않는다."[48] 예를 들어 미셸 푸코가 콜레주 드 프랑스에서 했던 "사회를 보호해야 한다" 강의에서 법의 문제를 어떻게 다루었는지 보자.

....

47 이러한 '탈근대적' 비판이 갖는 양가성에 대해서는 Luc Boltansky et Ève Chiapello, *Le Nouvel Esprit du capitalisme* (Paris: Gallimard, 1999, Gallimard, collection "Tel", 2011, 제2판), p.233 및 p.609 이하.

48 Émile M. Cioran, *Histoire et utopie* (Paris: Gallimard, 1960), p.21.

법에 관한 담론과 기술의 핵심 기능은 지배의 사실을 권력의 내부로 용해시키는 것이었다. 지배를 축소하거나 은폐하고, 그 자리에 다음의 두 가지를 나타나게 하는 것이었다. 한편으로는 주권의 정당한 권리들이고, 다른 한편으로는 복종의 법적 의무이다. [……]

기본적으로 나의 전체 연구 계획은 중세 이후 법학 전체를 주도해왔던 이러한 분석 방향을 뒤집는 것이었다. 나는 뒤집기를 시도했다. 즉, 비밀과 야만성 측면에서 모두 지배를 하나의 사실로 인정한 다음, 여기에서 출발해 법이 어떻게 일반적으로 지배의 도구인지 보여주고(이것은 당연한 것이지만), 또한 법이(내가 법이라고 말할 때, 그것은 법률만이 아니라, 법을 적용하는 장치들, 제도들, 명령들의 전부를 의미한다) 어떻게, 어디까지, 어떤 형식으로 주권관계가 아니라 지배관계를 운반하고 실행하는지 보여주고자 했다. [……]

법체계와 사법의 장은 지배관계, 다양한 형태의 예속관계를 끊임없이 실어 나르는 매개 수단이다. 나는 정당성을 확립하는 측면이 아니라, 법이 실행하는 예속 과정의 측면에서 법을 보아야 한다고 생각한다.[49]

이렇게 개인이 권력에 예속되는 메커니즘과 법을 동일시하는 관점은 피에르 부르디외에게서도 찾아볼 수 있다. 부르디외에 따르면, 법적으로 상반되는 논쟁을 벌인다거나 대학교의 법학자와 실무 법률가가 분리되어 있다고 해서 이들이 모두 상징적 지배라는 동일한 기획의 "객관적 공범"이라는 사실을 감출 수는 없다.

서로 다른 종류의 법적 자본을 가진 자들이 대립한다고 해서, 다시 말하면 해석이라고 하는 독특한 작업 속에 매우 다른 이해관계와 세계관을 투자하는 자들이 대립한다고 해서, 그들이 수행하는 역할들이 서로 보충성을 갖는다는 사실이 배제되는 것은 아니다. 사실 이 대립은 섬세한 분업 형태로 수행되

49 Michel Foucault, *"Il faut défendre la société." Cour au Collège de France, 1976*, op. cit., p.24.

는 상징적 지배를 떠받치는 역할을 한다. 서로 대립하는 자들은 이 상징적 지배의 객관적 공범으로서 서로를 위해 복무한다. 법령집은 권위의 저수지와 같아서, 일종의 중앙은행처럼 개별적 법률 행위의 권위를 보증한다.[50]

이 글에서 볼 수 있듯이, 법을 일종의 금융상품("법적 자본")과 동일시하는 관점이 사회학에서 영향력을 획득하기 위해서는 법 쇼핑 이론을 기다릴 필요도 없었다. 물론 이 저자들의 중요한 작업들을 법에 관해 쓴 부분만 가지고 폄하하자는 것은 아니다. 또한 법과 관련해 그들의 사고가 갖고 있는 일반적 경향에도 불구하고 그들은 국가나 개인의 권리를 성실하게 옹호했다는 사실을 무시하자는 것도 아니다. 예를 들어 미셸 푸코는 "비판적 도덕성"을 환기시키면서, 전체주의 국가와 복지국가를 동일한 바구니에 집어넣는 자들이 "국가를 과잉 비판한다"고 비난했으며, "국가혐오에 참여하는 모든 자들"에게 그들은 "유행을 좇아" 간다고 말했다.[51] 한편, "국가는 산산조각 내야 하는 거의 형이상학적 개념이다"[52]라고 말한 피에르 부르디외는 생애 말년에는 사회국가와 공공서비스를 옹호하기 위해 투쟁했으며, "지식인들의 투쟁은 …… 국가의 쇠퇴에 맞서는 것을 최우선으로 삼아야 한다"[53]라고 쓰기까지 했다. 다만, 그들의 작업과 그들의 사고 노력을 마땅히 존중하기 때문에 더더욱 그들이 뒤르켐이나 모

50 Pierre Bourdieu, "La force du droit," *Actes de la recherche en sciences sociales*, vol.64 (1986.9), pp.3~19, 인용은 p.6.

51 M. Foucault, *Naissance de la biopolitique, op. cit.*, pp.196~197. 푸코는 다양한 저작들에서 법이라는 주제를 다루고 있지만, 법이 무엇인지 정의하거나 법을 설명하는 이론은 제시하고 있지 않다는 지적에 대해서는 Màrcio Alves da Fonseca, "Michel Foucault et le droit," in A. Supiot(dir.), *Tisser le lien social, op. cit.*, p.164; *Michel Foucault e o direito* (São Paulo: Max Limonad, 2002), 프랑스어판: *Michel Foucault et le droit* (Paris: L'Harmattan, 2014, 256 p).

52 P. Bourdieu, *Réponses* (Paris: Le Seuil, 1992), p.86.

53 P. Bourdieu, *Contre-feux. Propos pour servir à la résistance contre l'invasion néo-libérale* (Paris: Raisons d'agir, 1998), p.46[한국어판: 피에르 부르디외, 『맞불 1』, 현택수 옮김(동문선, 2004)].

스(Mauss) 또는 기르비치(Gurvitch) 같은 위대한 선배들이 보여주었던 풍부하고 섬세한 법관념과 비교할 때 놀라울 정도로 빈약한 법관념을 보여준다는 점을 강조하지 않을 수 없다. 법이 권력 기구의 일부라는 것 그리고 지배의 도구라는 것, 누가 이것을 부정하는가? 이러한 분석에서는 지식의 진보를 거의 찾아볼 수 없다. 반대로, 법을 그러한 기능으로 환원하는 것, 그것은 확실히 지식의 퇴행이며, 권력을 길들이는 데 법이 수행했던 핵심적 역할을 이해하지 못한다는 신호이다. 확실히 법은 권력에 복무하는 기술이다. 하지만 또한 권력을 묶고 제한하는 기술이다. 그리고 바로 이 점이 법을 제대로 인식하기 어렵게 만드는 이유이다.

뒤몽이 좀 더 일반적인 차원에서 보여준 바와 같이, 이렇게 정치론을 권력론으로 환원하는 것은 근대적 경제 이데올로기의 산물이다. 뒤몽은 이렇게 말한다. "위계가 제거되는 순간부터 종속은 개인들 사이의 상호작용의 기계적 결과로 설명되어야 하며, 권위는 '권력'으로 강등된다. …… 우리는 이것이 개인주의라고 하는 특정한 이데올로기적 기초 위에서만 생산된다는 것을 망각한다. 알지 못하는 사이에 정치적 사변은 근대적 이데올로기의 벽 사이에 갇혀버렸다. 그러나 최근의 역사는 권력을 권력 그 자체 위에 정초하려는 나치의 파괴적 시도와 함께 이러한 관념의 허망함을 무게감 있게 논증해주었다."[54] 왜냐하면 법을 권력이나 지배로 환원하는 이데올로기의 이면에서 비난의 대상이 되고 있는 것은 모든 형태의 사회적 타율이기 때문이다. 그리고 푸코의 마지막 글들이 자기에 의한 자기의 통치, 일체의 법률 및 일체의 도덕률로부터 해방된 주권, 푸코가 "자기에 대한 자기의 완벽한 주권"[55]이라고 부르는 문제를 다루었다는 점은 중요한 의미를 지닌다.

질 들뢰즈(Gilles Deleuze)와 펠릭스 가타리(Felix Guattari) 또한 모든 형태의

----

54 L. Dumont, *Homo æqualis*, t. I, *Genèse et épanouissement de l'idéologie économique*, *op. cit.*, p.19.

55 M. Foucault, *Histoire de la sexualité*, t. 2, *L'Usage des plaisirs* (Paris: Gallimard, 1984), p.38 [한국어판: 미셸 푸코, 『성의 역사 2: 쾌락의 활용』, 문경자·신은영 옮김(나남, 2018)].

타율을 몰아내는 태도를 보여준다. 이들은 같은 시기에 『천 개의 고원』에서 막 생성되고 있는 새로운 규범적 이상을 이론화했다.[56] 즉, 네트워크와 상호 조정, 떠다니는 정체성들과 점점 희미해지는 경계선들로 이루어진 규범적 세상이 그 것이다. 이들은 영토적 국가에 의해 체화되는 중앙집중적 시스템에 대해 "탈중 심화된 시스템, 완벽한 자동인형들의 네트워크"를 대립시킨다. "이 네트워크 에서는 특정되지 아니한 이웃 간에 커뮤니케이션이 이루어지고, 줄기나 통로 가 미리 존재하지 않으며, 모든 개인이 상호 교환될 수 있고 그 순간의 어떤 지 위나 상태로만 정의된다. 그리하여 국지적 작용들은 스스로 통괄되고, 전체적 인 최종 결과는 중앙 심급과 무관하게 스스로 동기화된다."[57] 1980년에는 아직 인터넷이 존재하지 않았기 때문에, 들뢰즈와 가타리는 식물의 은유를 통해서 사이버네틱스의 이상향을 개념화했다. 리좀(rhizome)의 은유가 그것이며, 이 들은 다음과 같이 예찬했다.

나무나 그 뿌리와 달리, 리좀은 아무 지점을 다른 아무 지점과 연결한다. 각 줄기는 반드시 같은 성질을 갖는 줄기들로부터 나오는 것이 아니다. 리좀은 매우 상이한 기호 체계들과 나아가 비기호의 상태들을 몰래 끌어들인다. 리좀은 하나 도 아니고 여럿도 아니다. 리좀은 둘이 되는 하나가 아니며, 곧장 셋, 넷, 다섯 등 이 되는 하나도 아니다. 리좀은 하나에서 파생되는 여럿이 아니며, 하나가 추가 되는 여럿[n+1]도 아니다. 리좀은 단위들로 만들어지는 것이 아니라, 차원들 또 는 차라리 움직이는 방향들로 만들어진다. 리좀은 시작도 없고 끝도 없으며, 언 제나 도중이다. 그 도중에서 리좀은 자라고 삐져나온다. 리좀은 일관성의 평면 위에 펼쳐 보일 수 있는 n차원의 선형 무리들을 구성한다. 이 무리들은 주체도 없고 객체도 없으며, 이 무리들에서 언제나 하나가 빠진다[n-1].[58]

....

56 Gilles Deleuze et Félix Guattari, *Capitalisme et schizophrénie. 2. Mille plateaux* (Paris: Minuit, 1980, 643 p)[한국어판: 질 들뢰즈·펠릭스 가타리, 『천 개의 고원』, 김재인 옮김(새물 결, 2001)].

57 *Ibid.*, p.26.

리좀은 시작하지 않으며 도달하지 않는다. 리좀은 언제나 도중에 있고, 사물들 사이에 있으며, 사이-존재, 간주곡이다. 나무는 친자관계이지만, 리좀은 혼인관계, 오로지 혼인관계이다. 나무는 동사 '있다'를 강요하지만, 리좀은 접속사 '그리고…… 그리고…… 그리고'의 연속이다. 이 접속사는 동사 '있다'를 뿌리 뽑을 수 있는 충분한 힘이 있다.[59]

우리는 확실히 여기에서 ("평면 위에 펼쳐진") 평평한 세계, 하지만 소비에트식으로 계획화되지 아니한 세계를 상대하고 있다. 이 세계는 한계가 없으며(시작도 없고 끝도 없다), 중앙 심급도 없고, (개인적 정체성 "하나"이든 집단적 정체성 "여럿"이든) 안정적인 정체성도 없다. 이 세계에서는 "숫자가 주체가 되고",[60] 관계는 일대일 방식으로 맺어진다("리좀은 혼인관계이다", "그리고…… 그리고…… 그리고……"). 이 세계의 유일한 법칙은 운동이다("리좀은 자라고 삐져나온다"). 이 망상 질서 모델은 오래전부터 마피아적 조직의 모델이었지만, 들뢰즈와 가타리는 땅 속으로 뿌리를 뻗는 나무의 수직성으로 상징되는 기존 질서를 전복하는 가장 급진적인 형식을 거기에서 발견했다고 생각했다. 이들은 이렇게 나무로 상징되는 기존 질서가 최악의 나치즘적 형식을 부러워할 이유가 없다고 생각했다. 들뢰즈와 가타리는 집단수용소의 세계에서 인간을 탈영토화된 숫자로 환원하는 것을 비판하는 것은 "너무 빨리 나갔다"고 지적한다. 왜냐하면 "공포를 위한 공포로서 인간을 숫자로 관리하는 것은 확실히 혈통이나 국가보다 더 냉혹한 것은 아니기 때문이다".[61] 이들은 자본주의를 앞질렀다고 믿었지만, 사실은 자본주의가 극단적 자유주의로 변신하고 있음을 알려주는 전령에 지나지 않았다.[62] 들뢰즈와 가타리에 의해서 급진성의 상징으로 제시된 리좀

---

58 *Ibid.*, p.31.

59 *Ibid.*, p.36.

60 *Ibid.*, p.484.

61 *Ibid.*, p.486.

62 이런 의미로 D.-R. Dufour, *L'Individu qui vient...après le libéralisme* (Paris: Denoël, 2011), p.128 이하.

은 오늘날 지구화된 자본주의의 표어로 쓸 수도 있을 것이다. 영토적 한계가 없는 전 지구적 자본주의에서 경제적 네트워크는 국가의 권력을 뿌리 뽑을 수 있을 만큼 충분히 강하다. 그리고 숫자로 환원되는 정체성은 상호 교환이 가능하며, 계약화 현상은 끊임없는 변화의 법을 제외한 일체의 법을 무용지물로 만든다.

베유는 이처럼 국가를 뿌리 뽑으려고 하는 집착의 위험을 이미 간파했다. 베유는 그러한 집착을 "인간 사회의 가장 위험한 질병"[63]이라고 여겼는데, 왜냐하면 그것은 노동자와 식민지 민중에게 적용되었던 프롤레타리아화를 모든 사회 구성원에게 점차 확대하는 것이기 때문이다. 베유는 뿌리 뽑기의 혁명적 미덕에 관한 환상에 사로잡히지 않았다. 왜냐하면 뿌리 뽑기는 자본주의의 역동성을 구성하는 것에 불과하다는 점을 들뢰즈와 가타리보다 훨씬 더 앞서 그리고 훨씬 더 깊이 이해했기 때문이다. 베유는 다음과 같이 말한다. "돈은 스며드는 모든 곳에서 뿌리를 파괴한다. 돈을 벌고자 하는 욕망으로 모든 동기를 대체하면서. 돈은 아무런 어려움 없이 다른 동기들을 압도한다. 왜냐하면 극히 작은 주의만을 기울이도록 요구하기 때문이다. 숫자보다 더 분명하고 더 간단한 것은 없다."[64] 사실 외부에서 들어오는 것들을 신진대사시키기 위해서는 일정한 환경이 필요하다. 대중적 뿌리 뽑기의 결과들 가운데 하나는 신진대사 능력을 감소시킴으로써 사람들을 상품의 논리에 지배당하도록 내버려두거나, 아니면 정체성 회복이라는 환상을 품도록 내버려두는 것인데, 후자는 모든 근본주의를 살찌우는 요소이기도 하다.

한 발 뒤로 물러서면, 미국의 대학들이 '프랑스 철학'이라는 이름으로 소개

---

63 Simone Weil, *L'Enracinement. Prélude à une déclaration des devoirs envers l'être humain* (1943), in *Œuvres, op. cit.*, p.1054.

64 *Ibid.*, p.1053. 이 점에서 베유는 샤를 페기(Charles Péguy)의 상속인이라 할 수 있다. 페기는 1914년 8월 1일에 다음과 같이 썼다. "역사상 처음으로 돈은 한계도 없고 척도도 없는 주인이 되었다. 역사상 처음으로 돈은 정신에 맞서는 유일한 존재가 되었다."[Charles Péguy, *Note conjointe sur M. Descartes et la philosophie cartésienne*, in *Œuvres complètes* (Paris: Gallimard, collection "Bibliothèque de la Pléiade", t. 3), p.1455].

했던 포스트모더니즘 사상이 의미하는 바를 이해하기가 더 쉬울 것이다. 이 탈근대적 사상은 지식인 계층 중 일부가 공산주의에서 극단적 자유주의로 전환하게 만들었던 이론적 접합점을 제공했다. 한 극단에서 다른 극단으로 전환하는 이 과정에 영향력 있는 많은 저자들이 동참했다. 교조주의의 시대가 다시 돌아왔고, 그 신봉자들은 종교적 스탈린주의와 다시 관계를 맺었는데, 이것은 프랑스 일부 지식인 계층의 전형적인 모습이다. 이들은 이전에 "위대한 조타수" 마오쩌둥에게 보여주었던 열정, 그리고 그 이전에는 "비범한 인민의 아버지"이자 "역사를 견인하는 위대한 기계공" 이오시프 스탈린에게 보여주었던 열정과 같은 열정으로 지금은 시장 전체주의를 옹호한다.[65] 그럼에도 '프랑스 철학'이 홀로 극단적 자유주의에 이론적 기초를 제공했다고 찬양하거나 비난하는 것은 지나친 일일 테다. 몇 년 앞서 이미 시카고학파의 경제학자들과 법학자들은 끊임없이 확장되는 전 세계적 차원에서 법을 효율적으로 생산하기 위한 이론적 작업을 진행했다.

....

65   Cf. Jean-Marie Goulemot, *Pour l'amour de Staline. La face oubliée du communisme français* (Paris: CNRS Éditions, 2009, 395 p).

제7장

계산할 수 없는 것을 계산하기
법경제학 비판

"판돈이 충분히 크다면, 고문도 허용될 수 있다."[1]

— 리처드 포스너

극단적 자유주의는 법을 전 세계 규범 시장에서 경쟁하는 입법 상품으로 간주함으로써, 모두에게 똑같이 적용되는 공통의 준거로서의 법의 기능, 법의 이소노미아적 기능을 박탈한다. 그 결과 극단적 자유주의는 공산주의 체제가 마르크스주의 용어로 "법형식의 물신주의"[2]라고 불렀던 것과 단절하면서 직면했던 질문과 같은 질문에 직면한다. 법이 계산을 위한 도구로 전환되면, 사람들의 행동을 조화시키고, 각자의 위치를 정의하며, 사람들의 행위를 심판할 수 있는 공통 준거의 자리는 무엇이 차지할 것인가? 소비에트식 계획경제는 행정

---

1 "If the stakes are high enough, torture is permissible." R. A. Posner, "The Best Offense," *The New Republic*, 2002.9.2. 2014년 12월 13일의 미국 상원 보고서는 CIA와 그 동조자들이 고문을 광범위하고 체계적으로 사용했다는 사실을 폭로했다(전체 보고서는 인터넷으로 열람할 수 있다. *The Senate Committee's Report on the CIA's Use of Torture*, New York Times, 2014.12.9. 참조).

2 이 표현은 Michel Miaille, *Une introduction critique au droit* (Paris: Maspero, 1976), p.343 이하.

지침으로 하달되고 '계획화된 계약'을 통해서 보완되는 목표 숫자의 실현에 사회 전체를 동원하는 것으로 이 질문에 대답했다. 중앙 차원에서 정의되어 개인 차원까지 내려가는 '통제 숫자'가 준거의 역할을 맡았고, 여기에 의거해서 각자의 임무를 할당하고, 할당된 임무의 수행 결과를 판단하는 것이 가능했다. 다시 말하면, 소비에트식 계획경제는 르네 게농(René Guénon)이 "양의 지배"[3]라고 불렀던 것을 도입하고자 시도한 최초의 사례였다.

고전적 자유주의에 대해서는 이러한 질문이 제기되지 않았다. 언제나 계약적 질서를 법의 지배 아래 두었기 때문이다. 반대로 극단적 자유주의는 이 질문에서 벗어날 수 없다. "경제가 지배하는 사회"가 도래하도록 만들려고 하기 때문이다. 그러한 사회에서는 법이 확립하는 정언명령의 비계량적 가치는 더 이상 개인적 이해타산의 준거가 될 수 없다. 상부의 권위에서 비롯되는 '통제 숫자'를 준거로 삼는 것은 더더욱 있을 수 없는 일이다. 그래서 자기준거적 방식으로 개인적 이해타산을 가두어두려는 시도를 하게 되고, 그 해법으로 제시되는 것이 법의 적용 여부를 효용 계산에 결부시키는 것이다. 법경제학(Law and Economics)은 바로 이 자기준거적 몽타주에 이론적 기초를 제공하고자 한다.[4] 이 학설은 지난 30년 동안 서양의 법학계에서 일종의 패러다임적 가치를 획득했으며, 학문 영역뿐 아니라 사법과 입법의 영역으로까지 영향력을 확대하고 있다.

....

3 René Guénon, *Le Règne de la Quantité et les signes des temps* (Paris: Gallimard, 1945, p.272).

4 이 자기준거적 몽타주와 니클라스 루만(Niklas Luhmann) 및 귄터 토이브너(Gunther Teubner)가 제시하는 몽타주를 혼동하면 안 된다. 후자의 몽타주는 프란시스코 바렐라(Francisco Varela)의 생물학 이론의 영향을 받은 것이다. 이에 대해서는 특히 Niklas Luhmann, *La Légitimation par la procédure* (Cerf/Presses de l'Université Laval, 2001, 248 p); Gunther Teubner, *Recht als autopoietisches System* (Frankfurt/Main, Surhkamp, 1989), 프랑스어판: *Le Droit, un système autopoïétique* (Paris: PUF, 1993, 296 p); 같은 저자의 *Droit et réflexivité. L'auto-référence en droit et dans l'organisation* (Paris: LGDJ, 1994, 393 p). 준거의 의미에 대해서는 Pierre Legendre, *Le Désir politique de Dieu. Essai sur les montages de l'État et du Droit* (Paris: Fayard, 2005, 제2판), p.350 이하.

법경제학에 대한 법학적 분석을 시작하기 전에 중요한 사실 한 가지를 미리 지적할 필요가 있다. 경제학이 법의 이해에 기여할 수 있는 바는 다행스럽게도 법경제학으로만 환원되지는 않는다는 점이다.[5] 심지어 법경제학은 법사상을 이해하는 데 기여하는 바가 가장 적은 학파라고 말할 수도 있을 것이다. 왜냐 하면 법경제학은 인류학적, 역사적, 문화적 차원에서 깊이 법을 이해하려고 하 는 것이 아니라, 법을 이해타산의 실행을 위한 도구로 삼고자 하기 때문이다. 그러므로 법경제학과 정치경제학의 전통을 혼동하면 안 된다. 법경제학이 경 제생활을 뒷받침하는 제도적 기초를 계산에 의한 합리성 모델에 종속시켰다 면, 정치경제학은 반대로 제도적 기초를 이해하고 설명하는 것을 첫 번째 임무 로 삼았다. 이러한 접근법은 이미 소스타인 베블런(Thorstein Veblen)의 저작에 서도 나타나며,[6] 제도주의 경제학이라는 이름으로 미국에서 발전했다. 제도주 의 경제학은 제2차 세계대전 이전에는 매우 활발했으며,[7] 지금은 미국에서 아 주 소수파이기는 하지만 여전히 일정한 지위를 유지하고 있다.[8] 제도주의 경제 학은 이른바 신제도주의 학파가 탄생하는 밑거름이 되었는데, 이 학파를 대표 하는 가장 유명한 경제학자는 올리버 윌리엄슨(Oliver Williamson)이다.[9] 오늘

5　그런 이유로 법에 관한 경제학적 분석이라는 좀 더 넓은 개념으로 지칭하기보다는 법경제학 이라는 원래의 미국식 이름을 유지하고자 한다. 법에 관한 경제학적 접근의 다양한 파노라마 를 훌륭하게 보여주는 연구로는 Thierry Kirat, *Économie du droit* (Paris: La Découverte, 2002, 신판, 121 p).

6　Thorstein Veblen, "Why is economics not an evolutionary science," *The Quarterly Journal of Economics*, vol.12(1898); *Theory of the Leisure Class* (1899), 프랑스어판: *Théorie de la classe de loisir* (Paris: Gallimard, collection "Tel", 1970, 279 p).

7　John R. Commons, *Legal Foundations of Capitalism* (1924), 새로운 서문은 Jeff E. Biddle & Warren J. Samuels(Transaction Publisher, 1995, 436 p).

8　Warren J. Samuels, *Economics, Governance, and Law: Essays on Theory and Policy* (Cheltenham, U.K., Edward Elgar, 2002, 199 p); G.M. Hodgson, *Economics and Institutions: A Manifesto for a Modern Institutional Economics* (Philadelphia: University of Pennsylvania Press, 1988, 365 p); Geoffrey M. Hodgson, Warren J. Samuels et Marc R. Tod, *The Elgar Companion to Institutional and Evolutionary Economics* (Londres: Edward Elgar, 1994).

9　Oliver E. Williamson, *Economic Institutions of Capitalism* (New York: Free Press, 1985), 프 랑스어판: *Les Institutions de l'économie* (Paris: Interéditions, 1994, 404 p).

날 지배적인 한계효용 이론이나 공리주의 이론과 달리, 제도주의 이론은 사적 이해관계들의 조화를 전제하지 않는다. 그 대신, 집단적 행위의 기초와 동력을 해명하고자 한다. 프랑스에서 이러한 접근법은 공학자 출신의 저자들이 발전시켰다는 사실을 언급할 필요가 있다. 이들은 경제학을 생산과정의 현실 속에 정착시키고자 했다. 이와 관련해 두 개의 이론적 흐름이 있다. 하나는 조절학파이다.[10] 이 학파는 거시경제적 제도의 분석을 강조한다. 또 하나는 합의이론이다.[11] 이 이론은 제한된 합리성만을 갖고 있는 행위자들이 불확실성의 상황에서 이루어내는 조정 양식에 더 많이 관심을 갖는다. 좀 더 일반적으로 말하면, 많은 경제학자들이 부의 창조와 분배를 결정하는 비경제학적 방식들에 주의를 기울인다.[12] 이들은 서로 차이점들이 있지만 다음의 두 가지 사항에 대해서 동의한다. 첫째, 경제는 그것이 속한 사회나 제도로부터 독립해 존재하는 것이 아니다. 둘째, 경제학은 경제 주체들의 실제 행동에 대한 연구로부터 출발해야 하며, 있는 그대로의 법에 집중해야 한다. 이러한 관점에 입각한 연구결과들은 법을 이해하는 데 필수적이다. 왜냐하면 텍스트를 콘텍스트 속에 자리매김하는 데 일조하기 때문이다. 그리고 이것은 법학적 분석의 풍요로움을 위한 조건이다.

법경제학은 완전히 다르다. 법경제학은 1940년대 말부터 시카고대학교의

10   Robert Boyer, *Théorie de la régulation. L'état des savoirs* (Paris: La Découverte, 2002, 592 p); Michel Aglietta(dir.), *École de la régulation et critique de la raison économique* (Paris: L'Harmattan, 1994, 380 p).

11   Jean-Pierre Dupuy, *L'Avenir de l'économie. Sortir de l'écomystification* (Paris: Flammarion, 2012, 291 p); Olivier Favereau, "Note critique sur le droit, l'économie et le 'marché'," *Revue de droit du travail*, no.9(septembre 2012), pp.479~487; Antré Orléan, *L'Empire de la valeur. Refonder l'économie* (Paris: Le Seuil, 2011, 343 p); Robert Salais et Michael Storper, *Les Mondes de production. Enquête sur l'identité économique de la France* (Paris: Éd. de l'EHESS, 1993, 467 p).

12   프랑스에서는 특히 Roger Guesnerie, *L'Économie de marché* (Paris: Le Pommier, 2006, 192 p); André Masson, *Des liens et des transferts entre générations* (Paris: EHESS, 2009, 460 p); Thomas Piketty, *Le Capital aux XXIe siècle* (Paris: Le Seuil, 2013, 970 p)[한국어판: 토마 피케티, 『21세기 자본』, 장경덕 옮김(글항아리, 2014)].

로스쿨에서 헨리 시먼스(Henry Simons)와 하이에크의 지도 아래 성장하기 시작했다. 밀턴 프리드먼을 위시해 같은 대학교 경제학자들과 긴밀한 관계를 유지하면서 발전한 법경제학이 공개적으로 밝힌 이데올로기적 목표는 케인스주의 및 국가개입주의에 맞서 경쟁 시스템에 가장 적합한 법제도적 기초를 연구하는 것이었다. 이처럼 처음부터 시카고대학교에서 시작된 경제학적 분석들은 전 세계적 차원에서 진행되는 정치적 기획의 이론적 기초로 고안되었다. 특히 하이에크가 스위스 기업가들의 재정 지원을 받아 1947년에 설립한 몽펠르랭(Mont-Pèlerin)협회가 그러한 정치적 기획을 주도했다. 최초의 국제 자유주의 싱크탱크로 간주되는 몽펠르랭 협회는 오늘날에도 여전히 중요한 경제학자, 정치인, 기업가 들을 조직하고 있다. 이 협회가 인터넷에서 어떻게 자기소개를 하고 있는지 보자.

> 협회 회원들은 정부의 확대, 특히 사회국가, 노동조합의 권력, 독점기업 및 지속적인 인플레이션의 위협과 현실을 위험으로 인식한다. 회원들은 모든 것에 동의하지는 않지만, 유럽과 미국 그리고 서양 전체에 많은 영감을 주었던 권위 있는 경제학자, 정치학자 및 철학자 들이 표현했던 바의 경제가 지배하는 사회의 근본 원칙들을 현대적 언어로 해석하고자 하는 노력을 협회가 수행하고 있다고 생각한다.[13]

이 소개문이 극단적 자유주의에 기반을 둔 정치 참여 및 경제학의 과학성에 대한 믿음 사이에 설정하고 있는 밀접한 관계를 강조할 필요가 있다. 몽펠르랭 협회의 경제학자들은 경제학의 과학성에 대한 믿음을 여론과 학계에 정착시키기 위해, 1969년에 이른바 노벨경제학상을 창설하도록 만드는 데 성공했다. 이 상의 수상자 중에는 몽펠르랭 협회의 회원들이 많이 있는데, 밀턴 프리드먼, 로널드 코스, 개리 베커(Gary Becker) 등이 그들이다. 2001년에 알프레드 노벨

----

13   <www.montpelerin.org/montpelerin/home.html>.

의 손자는 이 모조품을 비난하면서, 시카고학파의 경제학자들이 주장하는 이론들을 정당화하기 위해 "스웨덴 국립은행이 다른 새의 둥지에 자기 알을 갖다 놓았다"고 평가했다.[14] 법경제학의 법이론이 수행하는 교리적 기능은 과학적 사회주의의 교리적 기능과 구조적으로 전혀 다르지 않다. 두 경우 모두 법을 숨겨진 과학 법칙을 실현하는 도구로 삼는다. 이 과학 법칙은 전 인류 차원에서 근본 규범의 지위를 차지한다. 사회국가에 맞서 "경제가 지배하는 사회의 근본 원칙들"을 옹호하고자 했던 자들의 성실성을 초기 공산주의 이론가들의 성실성보다 더 의심할 이유는 전혀 없다. 왜냐하면 이들은 경제학이 자연과학과 똑같은 과학이라고 진심으로 믿었으며, 그래서 법경제학의 창시자들은 법과 제도를 이 과학으로서의 경제학에 일치시키려고 했기 때문이다. 일단 도그마가 자리 잡으면, 이후 세대들은 확실히 다르다. 조지 오웰(Orwell)의 『동물농장』[15]처럼, 확실히 오늘날 극단적 자유주의 체제에서, 마치 과거 공산주의 체제에서 그랬듯이, 아직도 체제를 신봉하는 "쓸모 있는 바보들"을 많이 볼 수 있다. 그러나 지배층을 단단하게 묶어주는 것은 이제는 믿음이 아니라 이익이다. 공산주의가 거리낌 없는 난폭한 특권층을 만들어냈다면, 극단적 자유주의는 못지않게 파렴치하고, 탐욕스러우며, 부패한 금권정치를 권좌에 앉혔다.[16] 지배층들이, 특히 탈공산주의 나라의 지배층들이 이쪽 진영에서 저쪽 진영으로

---

14 "The Swedish Riksbank has put an egg in another very decent bird's nest and thereby infringed on the trademarked name of Nobel. Two thirds of the Bank's prizes in economics have gone to US economists of the Chicago School who create mathematical models to speculate in stock markets and options – the very opposite of the purposes of Alfred Nobel to improve the human condition."(Peter Nobel), Hazel Henderson, "The 'Nobel prize' that isn't," *Le Monde diplomatique*, english edition, february 2005에서 재인용.

15 George Orwell, *Animal farm* (1945), 프랑스어판: *La Ferme des animaux* (Paris: Gallimard, 1984, 150 p).

16 2008년 금융 붕괴의 촉발에 연루된 은행가들과 증권거래인들에 대한 미국 의회의 청문회는 이 지배층들의 도덕과 풍속을 잠깐이나마 살펴볼 수 있는 기회를 제공했다. 찰스 퍼거슨이 감독하고 맷 데이먼이 내레이터를 맡은 다큐멘터리 영화 <인사이드 잡>(2010)도 볼 것. 이 영화도 2008년 금융위기의 주역을 맡았던 자들이 어떻게 행동하고 어떤 말을 하는지 보여준다.

충격 없이 쉽게 넘어갈 수 있었던 비결이 여기에 있다. 소비에트식 계획경제와 극단적 자유주의 프로그램 사이에 또 다른 공통점은 경제를 합리적 계산의 영역에 속하는 것으로 간주하고, 따라서 경제는 선거 민주주의의 불확실함에서 벗어나야 한다고 생각하는 데 있다. 민주주의를 제한하는 것이 필요하다는 생각은 최근에 유럽집행위원회 전임 위원장이었던 호세 마누엘 바로소(José Manuel Barroso)에 의해 재천명되었다(바로소는 과거에 급진 마오쩌둥주의 활동가였다). 과거 집행위원회 동료였던 마리오 몬티(Mario Monti)가 이탈리아 총선에서 패배한 것에 대해 반응하면서, 바로소는 다음과 같이 목소리 높여 반문했다. "우리 스스로에게 다음과 같은 질문을 던져야 한다. 우리의 경제 정책을 단기적 선거 결과에 따라 정의할 것인가, 아니면 지속적 성장의 길로 유럽을 이끌기 위해서 필요한 것에 따라 정의할 것인가? 내가 보기에 대답은 명확하다. 우리는 진지해야 하며, 당장의 정치적 고려나 당파적 입장에 양보해서는 안 된다."[17] 자본주의와 민주주의의 결합을 강화시킨 것은 한편으로는 사회국가였으며, 또 한편으로는 공산주의로 인한 경쟁이었다. 그러나 민주주의는 자본주의에 필수적인 것이 결코 아니다. 독재라도 시장경제를 존중하기만 하면, 자본주의는 언제나 독재와 친밀한 관계를 유지했다. 극단적 자유주의는 민주주의가 시장의 자생적 질서에 방해가 된다고 분명하게 지적한다.[18] 게다가 시카고학파의 이론가들에게 칠레를 실험장으로 제공했던 것은 피노체트 독재였다.[19]

　법경제학은 초기에는 산업과 무역을 규제하는 법에 대한 경제학적 분석만을 시도했지만, 지금은 거기에 머물지 않고 널리 법질서 전반을 대상으로 삼고

17　로이터 통신 인터뷰, 브뤼셀, 2013.2.26.

18　Cf. Wolfgand Streeck, *Gekaufte Zeit, Die vertagte Krise des demokratischen Kapitalismus* (Suhrkamp, 2013), 프랑스어판: F. Joly, *Du temps achété. La crise sans cesse ajournée du capitalisme démocratique* (Paris: Gallimard, collectin "NRF-Essais", 2014, 400 p); Wendy Brown, "Neo-liberalism and the End of Liberal Democracy," *Theory & Event*, Volume 7, Issue 1, 2003, 프랑스어판: in *Les Habits neufs de la politique mondiale. Néolibéralisme et néoconservatisme* (Paris: Les Prairies ordinaires, 2007, 137 p).

19　Cf. Juan Gabriel Valdés, *Pinochet's Economists: The Chicago School of Economics in Chile* (Cambridge, Cambridge University Press, 1995, 352 p).

자 한다. 이러한 확대 경향은 좀 더 일반적으로는 경제학 그 자체의 확대 경향에 대응하는 것이기도 하다. 경제학은 더 이상 부의 생산과 분배를 연구하는 학문으로 정의되지 않는다. 오늘날 경제학은 방법론으로 정의된다. 이 방법론은 모든 영역에서 인간의 행동을 이끄는 근본 동력을 밝혀내고, 마침내 그 행동을 설명해주는 규칙 체계를 발견할 수 있게 해줄 것으로 기대된다. 이러한 변화는 특히 개리 베커가 제목 자체에서 방향 설정이 명시적으로 표현되고 있는『인간 행동의 경제학적 분석』이라는 책에서 이론화했다.[20] 이 책은 1992년에 이른바 노벨경제학상을 베커에게 안겨주는데, 경제학과 생물학의 결합을 촉구하면서 끝맺는다. 베커의 촉구는 이후 신경경제학의 발전과 함께 광범위한 호응을 얻는다. 이것은 프랜시스 골턴(Francis Galton) 이후 끊임없이 반복되는 시도들, 인간의 행동을 결정하는 법칙을 생물학에서 찾고자 하는 시도들이 현대적으로 변용된 것이다.[21] 경제학은 이제 결혼(결혼 시장), 정치(선거 시장), 지식(사상 시장),[22] 종교(종교 시장)[23] 등 삶의 모든 측면을 시장이라는 용어로 분석할 수 있는 종합학문이 되었다.

법경제학은 이 거대한 기획의 일부분이다. 법경제학은 일부 법적 관행을 강조하면서 묘사하는데, 대부분 아주 오래된 것들이며, 일부는 지극히 초보적인 상식에 속하는 것이다. 예를 들어 비용과 편익의 대차대조 분석은 이미 19세기부터 국가 중요 기관의 공학자들이 흔히 사용하던 기법이었으며, 이것은 프랑스나 미국이나 마찬가지였다.[24] 사법적 판단을 통해 부지런함을 촉구하거나

----

20   Gary S. Becker, *The Economic Approach to Human Behavior* (University of Chicago Press, 1976, 314 p).

21   이 책 제5장 참조.

22   Ronald Coase, "The Economics of the First Amendment. The Market for Goods and the Market for Ideas," *American Economic Review, Papers and Proceedings*, vol.64, no.2(1974), pp.384~391.

23   Cf. Laurent Mayali(dir.), *Le Façonnage juridique du marché des religions aux États-Unis* (Paris: Mille et une nuits, collection "Les Quarante Piliers-Summulæ", 2002, 172 p).

24   Cf. Theodore M. Porter, *Trust in Numbers, op. cit.*, ch.7: "US Army Engineers and the Rise of Cost-Benefit Analysis", pp.148~189.

게으름을 억제할 수 있다는 생각은 적어도 솔로몬의 재판까지 거슬러 올라간다. 법경제학의 특징은 이러한 관행들로부터 일반적 효력을 지닌 규범을 도출하고, 이 규범을 법체계 전반으로 적용하고자 하는 점에 있다. 법경제학을 지지하는 학자들은 이러한 규범적 야망을 명시적으로 드러낸다. 이들의 영향력은 국제 경제 기구들을 통해서 전파되었으며, 모든 차원의 입법 과정에서 상당한 영향력을 행사했고, 지금도 그렇다. 계산에 의한 조화에 대한 믿음, 그리고 자의적이고 불완전할 수밖에 없는 인간의 법으로 다스리는 나라가 아니라, 숫자에 대한 지식에 근거해 인간 사회를 통치할 수 있는 완벽한 과학에 의해 다스려지는 나라를 꿈꾸는 플라톤주의적 이상을 실현할 수 있다는 가능성에 대한 믿음이 여기에서 순결무구한 모습으로 재등장한다.

이 방법론은 특히 미국에서 리처드 포스너(Richard Posner)가 1972년에 초판 간행한 선구적 저서[25]를 통해 전개되었으며, 목록을 작성할 수 없을 정도로 수많은 연구 실적들이 생산되고 있다.[26] 프랑스에는 두 명의 캐나다 법학자, 에장 맥케이(Ejan Mackaay)와 스테판 루소(Stéphane Rousseau)의 책[27]을 통해 소개되었는데, 오늘날 놀라울 정도로 성공을 거두고 있다.[28] 이러한 견해를 지지하는 학자들은 세세한 차이점은 있지만, 계산에 의해서 완전히 지배되는 규범질서를 정당화하는 이론과 원칙 들에 동의한다.

....

[25] Richard Posner, *Economic Analysis of Law* (Wolters Kluwer, Aspen, 2010, 제8판)[한국어판: 리처드 포스너, 『법경제학』(상/하), 정기화 옮김(자유기업센터, 2003)].

[26] 최근의 논의 중에서도 특히 Robert Cooter et Thomas Ulen, *Law and Economics* (United States Edition, Prentice Hall, 2011, 제6판)[한국어판: 로버트 쿠터 외, 『법경제학』, 한순구 옮김(경문사, 2013)]. Thierry Kirat, *Économie du droit* 및 Ejan Mackaay, *Analyse économique du droit* 부록에 실려 있는 훌륭한 참고문헌 목록도 참조.

[27] Ejan Mackaay et Stéphane Rousseau, *Analyse économique du droit* (Paris: Dalloz, collection "Thémis", 2008, 728 p).

[28] Cf. Bruno Deffains et Éric Langlais(dir.), *Analyse économique du droit. Principes, méthodes, résultats* (Paris: De Boeck, 2009, 407 p); 역사적 파노라마에 대해서는 Bruno Deffains et Samuel Ferey, *Agir et juger. Comment les économistes pensent le droit* (Paris: Université Panthéon-Assas, 2010, 123 p).

게임이론

재판을 계산으로 대체한다는 생각은 그 역사가 길고, 우리는 파스칼의 내기부터 확률계산의 발달까지 중요한 단계들을 되짚어보았다.[29] 이 생각은 18~19세기의 전환점에서 특이할 만한 성공을 거두었다가, 19세기에는 실증주의의 비판을 받고 쇠퇴했다. 특히 콩트는 그러한 생각에 대해 "우리가 가진 다양한 의견들의 진실성 정도를 자연과학적으로 측정하려고 우리 스스로의 현실적 무지를 제공하는 것"[30]에 불과한 궤변이라고 비난했다. 콩도르세나 라플라스도 우연성이 지배하는 게임과 유사한 상황에서만 확률계산을 적용했다. 왜냐하면 그러한 상황에서는 게임 참여자들이 일체의 윤리적 고려는 신경 쓰지 않고 각자 따고 잃을 확률을 계산할 수 있기 때문이다. 다시 말하면, 이들은 사회와 경제를 거대한 도박장이나 카지노로 여기지 않았다. 이처럼 일정한 영역에 갇혀 있던 확률계산의 정당성은 경제학이 모든 종류의 불확실성 상황에 적용할 수 있는 패러다임을 게임이론에서 발견했다고 믿었을 때 빗장이 풀렸다.[31]

게임이론과 그것을 응용한 사례 중 가장 유명한 것, **죄수의 딜레마**라는 이름으로 알려진 사례는 경제학과 1학년 학생이면 누구나 안다. 1950년에 앨버트 터커(Albert Tucker)가 고안한 죄수의 딜레마는 다음과 같다. 같은 범죄를 저지른 두 명의 죄수를 격리시키고, 각각 자백을 유도한다. 둘 중 한 사람만 자백하는 경우, 자백한 사람은 무죄 석방하고(형벌=0), 나머지 한 명은 무거운 형벌(징

....
29   이 책 제5장 참조.

30   A. Comte, *Physique sociale. Cours de philosophie positive. Leçons 16 à 60, op. cit.*, p.169.

31   게임이론의 체계화는 Oskar Morgenstern et John von Neumann, *Theory of Games and Economic Behavior* (Princeton University Press, 1944). 이른바 노벨경제학상은 게임이론을 연구하는 학자들에게 주기적으로 돌아갔다. 게임이론은 현대 경제학에서 패러다임의 가치를 획득했다. 이에 관한 종합적인 설명으로는 Gaël Giraud, *La Théorie des jeux* (Paris: Flammarion, 2009, 제2판, 410 p). 게임이론에 대한 법학적 접근에 대해서는 Michel van de Kerchove et François Ost, *Le Droit ou les paradoxes du jeu* (Paris: PUF, 1992, 268 p).

〈그림 7-1〉게임이론

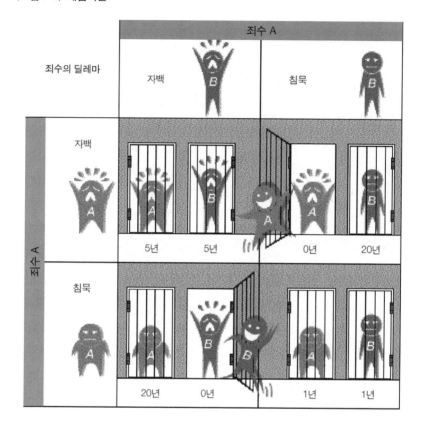

역 20년)에 처한다. 둘 다 자백하지 않는 경우, 각각 가벼운 형벌(징역 1년)에 처
한다. 둘 다 자백하는 경우, 각각 보통의 형벌(징역 5년)에 처한다. 이 상황은 각
죄수가 최적화의 문제를 풀어야 하는데, 자신의 해법이 상대방이 선택한 해법
에 달려 있다는 점에서 일종의 '게임'과 유사하다. 계산에 의하면 각각은 상대
방을 배신하는 것이 유리한데, 최적의 상황은 둘 다 자백을 거부하는 것이다.
따라서 공통의 법률 아래 행위하는 행위자들의 비협력 전략보다는 계약에 근
거한 협력 전략이 집단적 효용이라는 관점에서 더 효율적이라는 사실이 증명

된다.

이 논증에서는 정의나 의무 또는 명예에 비계량적 가치를 부여하는 칸트적 고려는 일체 제거되어 있다는 사실을 강조할 필요가 있다. 게임이론은 장 물랭 (Jean Moulin)을 비롯해, 어떤 식으로든 일정한 가치를 자신들의 목숨보다 더 위에 놓는 사람들에게 어떠한 자리도 허용하지 않는다. 게임이론의 바탕이 되는 한계효용이론이나 공리주의 경제학은 이러한 가치들을 영으로 계산한다. 또한 이 논증에서는 게임의 개념이 판돈의 계산으로 환원되고 있다는 점도 강조할 필요가 있다. "놀이"[32]의 인류학적 두터움과 비교할 때, 믿을 수 없을 정도로 빈약한 인식 수준을 우리는 상대하고 있다. 법적인 관점에서 볼 때, 게임이론을 모든 불확실성 상황에 확대하는 것은 완전히 계약으로만 이루어진 세계를 상상하는 것이다. 이러한 세계에 사는 개인들을 움직이는 것은 중국의 법가에게 친숙한 "이병(二柄)" 즉 "두 개의 손잡이"이다. 여기에서는 공포와 탐욕이 그것이다.[33]

비협력적 게임이 개인적 효용들의 총합에 부정적인 효과를 가져온다는 사실이 확인되었으므로, 이제 계약을 일반화시키는 것이 적절할 것이다. 계약은 심지어 효용의 최적화를 가능하게 하는 유일한 방법이기도 하다. 만약 두 명의 죄수가 서로 자백하지 않기로 계약을 맺었다면, 각자에게 모두 최적인 결과가 나왔을 것이다. 이처럼 게임이론은 오메르타(omerta)의 정당화, 즉 마피아의 규칙인 침묵의 계율을 정당화하는 것을 넘어, 사회의 계약화에 이론적 기초를 제공한다. 게임이론은 각 개인을 비협력적 계산으로 내모는 법률에 의거하기보다는, 계약을 일반화하는 것이 더 나을 것이라고 한다. 계약에 근거할 때, 개인들은 상황에 따라 서로 자신들의 효용을 최적화할 수 있으며, 따라서 사회적 효용의 최적화도 가능할 것이기 때문이다.

....

32 Roberte Hamayon, *Jouer. Étude anthropologique à partir d'exemples sibériens* (Paris: La Découverte, 2012, 370 p).

33 이 책 제3장 참조.

대리이론

게임이론을 확장한 이론 중 법과 직접 관련이 있는 것은 '대리이론'이라고 부르는 것이다. 이 이론은 계약관계에서 저절로 비롯하는 것으로 간주되는 최적의 상태가 계약 당사자들 사이의 정보 비대칭으로 인해 위협받는 상황을 대상으로 한다. 특히 대리관계를 창설하는 계약의 경우가 그렇다. 이것은 "어느 한쪽(주인)이 결정권의 일부를 다른 한쪽(대리인)에게 위임해 대리인으로 하여금 주인의 이름으로 어떤 일을 이행하도록 하는 계약"[34]을 말한다. 대리관계는 노동계약을 비롯해 주주와 경영진의 관계 또는 위임관계에 모두 적용할 수 있는 포괄적 개념이다. 물론 대리관계의 각 당사자는 자신의 이익을 이기적으로 추구하는 존재로 간주된다. 그런데 대리관계의 특징은 대리인이 일을 이행하는 데서 일정한 자유를 누릴 수 있는 여지가 있고, 대리인은 이 자유를 주인의 이익이 아니라 자기 자신의 이익을 위해 사용할 수 있는 위험이 있다는 점이다. 대리이론은 이러한 문제점도 계약화를 통해서 해결할 수 있다는 점을 증명하고자 한다. 즉, 주인에게 가장 유리한 결과와 대리인의 금전적 이익을 결합시키는 것이다.[35] 대리이론은 특히 경영진에게 제공하는 스톡옵션 제도의 확산과 임금의 개별화에 이론적 기초를 제공했다. 법을 경제학적으로 분석할 때 흔히 그러하듯이, 대리이론 또한 오래전부터 매우 잘 알려져 있는 사실을 약간 순진하게 정식화한 것에 지나지 않는다고 볼 수도 있다. 사실 대리이론이 제시하는 해법들은 훨씬 예전부터 관행적으로 하던 것이다. 그러나 그렇게 하면 대리이론이 정말로 추구하는 것을 오해할 수도 있다. 그것은 이 해법들을 맥락에

---

34 Michael C. Jensen & William H. Meckling, "Theory of the firm: managerial behavior, agency cost, and ownership structure," *Journal of Financial Economic*, 1976, pp.305~360.

35 Cf. 부동산 위탁의 사례에 대해서는 Eric A. Posner, *Agency Models in Law and Economics*, John M. Olin Law & Economics Working Paper no.92, The Chicago Working Paper Series, 2000, 12 p.<www.law.uchicago.edu/files/files/92.EAP_.Agency_0.pdf>.

서 떼어내어 추상화한 다음, 거기에 보편적인 규범력을 부여하는 것이다. 다시 말하면, 대리이론의 이론적 기여도가 빈약한 만큼이나 그것의 규범적 영향력은 상당하다.

예를 들어 대리이론은 이른바 기업거버넌스 이론, 즉 기업을 주주의 소유권으로 환원하는 개념을 상법에서 일반화하는 이론에 기초를 제공했다.[36] 이 개념은 진지한 법적 근거가 없다. 왜냐하면 주주는 자신이 갖고 있는 주식의 소유권자일 뿐이기 때문이다.[37] 그럼에도 불구하고 주주를 기업의 소유권자로 간주하는 개념은 또 하나의 기업 개념을 공격하는 데 활용되었다. 후자의 기업 개념에 따르면, 기업은 경제의 주체이고, 기업이 갖는 행위의 자유는 주주뿐 아니라 노동자에 대해서도 보장되어야 하며, 기업의 경영진이 이 행위의 자유를 어떻게 행사하는지 감독할 수 있는 권리는 주주와 노동자 모두에게 인정되어야 한다. 대리이론의 적용은 기업을 금융시장의 단기적 시간 개념 속에 침몰시키고, 그렇게 해서 기업의 사업 역량을 파괴하는 결과를 가져왔다. 반대로 기업의 사업 역량은 집단적 행위의 장기적 시간 개념 속에 스스로를 투영할 수 있는 능력을 요구한다.[38]

대리이론을 노동계약에 적용하는 것 또한 해로운 결과를 초래한다. 왜냐하면 그것은 노동법을 지탱하는 관점을 뒤엎기 때문이다. 대리이론에 따를 때, 노동법의 역할은 사용자의 권력으로부터 노동자들을 보호하는 것이 아니라, 정반대로 노동자들의 권력으로부터 사용자를 보호하는 것이 될 것이다. 지난 30년 동안 노동자들의 개별적, 집단적 자치를 깨뜨리기 위한 협약적 장치들은 모두 그러한 바탕 위에서 전개되었다. 여기에는, 물론 형식은 다르지만, 상층 노동자와 하층 노동자가 모두 해당된다. 임금을 받는 경영진의 경우, 기업의 장기적 이익을 추구하기 위해 잠재적으로 단기적 이윤 확보 목표에 반할 수 있

---

36 이 책 제8장 참조.

37 Cf. Jean-Philippe Robé, "À qui appartiennent les entreprises?," *Le Débat*, mars 2009, no.155, pp.32~36.

38 Cf. A. Supiot(dir.), *L'Entreprise dans un monde sans frontières, op. cit.*

는 결정을 하지 못하도록 스톡옵션처럼 경영진의 보수를 주주의 이익에 연동시키는 방법들이 도입되었다. 반대로 다른 노동자들의 경우에는 노동자들을 고분고분하게 만들기 위해, 노동자들이 이른바 포드주의 모델에서 법령과 협약을 통해서 향유하고 있었던 권리들을 축소했다. 비전형계약, 비정규직, 고용의 외주화, 임금의 개별화, 고용과 기업 경쟁력을 교환하는 협약 등은 모두 이처럼 경제적 위험을 사용자에게서 노동자에게로 전가하는 역할 전복의 사례들이다.

'코스의 정리' 그리고 재산권이론

미국의 경제학자 로널드 코스는 기업에 관한 경제이론을 전개한 중요한 논문 『기업의 본질』을 1937년에 발표했다. 이 논문에서 코스는 어떤 경제 활동을 기업이라는 통합적 조직 안에서 수행할 것인지, 아니면 시장에 맡길 것인지에 관한 선택은 시장에 맡길 때 발생하는 거래비용(파트너 구하기, 경쟁, 협상 등)의 크기에 달려 있다는 점을 설득력 있는 방식으로 보여주었다. 이러한 관점의 연장선 위에서 코스는 1960년에 「사회적 비용의 문제」라는 논문을 발표했다. 이 논문은 흔히 법에 관한 새로운 경제학적 분석 방법의 비조로 간주된다.[39] 이 논문은 기업의 "부정적 외부효과"라고 부르는 것, 즉 기업이 주위 환경에 유발하는 공해에 대응해 어떠한 법적 장치를 도입할 것인가에 관한 것이다. 코스는 거래비용이 0이라고 할 때 외부효과 문제는 사적인 조정을 통해 해결하는 것이 법령을 통해 해결하는 것보다 언제나 더 효율적이라는 사실을 증명했다고 주장한다. 이것을 위해 코스는 공해 문제를 불법행위 책임의 문제가 아니라 경쟁 관계에 있는 권리들의 문제로 처리한다.

....

39   Ronald H. Coase, "The Problem of Social Cost," *The Journal of Law & Economics*, vol.III(1960.10), pp.1~44(www.econ.ucsb.edu/~tedb/Courses/UCSBpf/readings/coase.pdf).

공해 문제를 다루기 위한 적절한 이론을 개발하는 데 실패한 이유는 생산요소에 관한 개념이 잘못되었기 때문이다. 일반적으로 생산요소는 사업가가 구매하고 이용하는 물질적 단위(1헥타르의 땅, 1톤의 비료)로 이해될 뿐, 일정한 (물리적) 활동을 실현할 수 있는 권리로 착상되지는 않는다. [……]

만약 생산요소가 권리로 해석된다면, (연기, 소음, 냄새 등의) 공해를 유발하는 어떤 것을 만들 수 있는 권리도 역시 생산요소라는 사실을 좀 더 쉽게 이해할 수 있을 것이다. 우리가 다른 사람이 내 땅을 가로지르거나, 내 땅에 자동차를 주차하거나, 내 땅에 집을 짓지 못하도록 하는 방식으로 내 땅을 이용할 권리가 있는 것과 마찬가지로, 우리는 그 땅에서 시야나 조용함 또는 맑은 공기를 박탈하는 방식으로 그 땅을 이용할 권리도 있다. 권리의 행사(생산요소의 이용) 비용은 언제나 그 권리의 행사로 인해 다른 곳에서 발생하는 손해이다(통행금지, 주차금지, 건축금지, 시야 방해, 평온함 침해, 공기오염).

만약 손해보다 이득이 더 큰 행위들만 수행될 수 있다면 분명히 바람직할 것이다.[40]

예를 들어 어떤 기업이 강을 오염시킨다고 하자. 이때 제기되는 법적 문제는 기업 활동의 규제에 관한 문제가 아니라, 기업의 영업권과 어부의 어업권 사이의 경쟁에 관한 문제가 될 것이다. 그러므로 이 문제를 해결하는 가장 좋은 방법은 기업과 어부 사이를 조정하는 것이다. 만약 기업이 공해 유발 영업으로 얻는 이득이 1000이고, 어부가 입는 손해가 200이라고 하면, 양자 사이의 조정은 어부가 200과 1000 사이에 해당하는 보상을 받고 '공해배출권'을 기업에 파는 형식을 취하게 될 것이다. 만약 당사자들 사이에 합의가 성립하지 않는 경우, 이 '비용-편익' 계산에 근거해 각자의 권리를 배분하는 역할을 가장 잘 수행할 수 있는 사람은 판사이다. 이처럼 사적 효용 계산의 조정은 이해관계자들 사이에 권리를 어떻게 배분하는가와 무관하게 공적 효용의 극대화로 귀결될

----

40 *Ibid.,* p.44.

수밖에 없다. 어떤 경우든 공적 효용의 크기는 변함이 없기 때문이다. 코스에 따르면, "손해를 유발한 기업이 그 손해에 대해서 책임이 있는지 여부를 확인하는 것이 필요하다. 왜냐하면 이렇게 권리의 범위를 사전에 확정하지 않으면 권리를 이전하고 재결합하는 시장 거래가 존재할 수 없기 때문이다. 그러나 가격 시스템이 비용 없이 작동한다고 가정하면 최종 결과(생산의 가치를 극대화하는 것)는 법적 상황과 무관하다".[41]

이 아이디어는 모든 사람이 법경제학의 아버지로 간주하는 리처드 포스너에 의해 계승, 발전되었다. 시카고대학교 로스쿨 교수인 포스너는 미국 연방 제7순회[42] 항소법원의 판사를 지내기도 했다. 포스너에 따르면, 판사의 임무는 재화의 공정한 분배에 대해서 판결하는 것이 아니라, 권리를 가장 생산적인 방식에 맞게 할당하는 것이다. 또는 좀 더 정확하게 말하자면, 포스너는 정의를 경제적 효율성과 동일시한다. 티에리 키라(Thierry Kirat)가 지적한 바와 같이, 이러한 관점 속에서 "사법 절차는 금전적 비용과 이득을 할당하고 비용-편익 계산을 생산하는 기계처럼 작동한다".[43] 포스너의 이론을 프랑스로 수입한 사람들에게서 판사의 임무를 이런 식으로 이해하는 관점을 발견하는 것은 놀라운 일이 아니다. 예를 들면 아래에서 인용하는 파리2대학교의 법경제학연구소 소개 글이 그렇다. 이 소개 글에서 "공정"은 따옴표를 친 채 조심스럽게 다루어지고 있는 반면, 판사는 "규칙의 생산자"로, 법률은 상품으로 간주되고 있다.

> 파리2대학교 법경제학연구소는 법학적 논증에 새로운 개념을 제공하고, 경제학 방법론에 근거한 영향평가를 수행하는 것을 목적으로 한다. 규칙의 생산자는

---

41 "It is necessary to know whether the damaging business is liable or not for damage caused since without the establishment of this initial delimitation of rights there can be no market transactions to transfer and recombine them. But the ultimate result(which maximises the value of production) is independent of the legal position if the pricing system is assumed to work without cost."(R. Coase, "The Problem of Social Cost," *op. cit.*, p.8).

42 미국법에서 '순회'는 여러 개의 주를 관할하는 항소법원의 관할을 지칭한다.

43 T. Kirat, *Économie du droit, op. cit.*, p.73.

자신의 결정이 어떤 경제적 결과를 가져올 것인지 알고 있어야 한다. 흔히 법원의 역할은 단지 '공정한' 해법을 판별하는 것이며, 그것은 소송 당사자 외에 다른 사람들에게는 아무런 영향을 미치지 않는다고 생각한다. 실제로는 그렇지 않다. 판결은 유사한 사례 범주 전체에 영향을 미친다.[44]

판례의 존재를 발견한 것 같은 이 마지막 구절의 끔찍한 진부함을 지적하기에 앞서, 판사에게 필요한 신중함을 "경제학 방법론에 근거한 영향평가"로 환원하고 있다는 점을 강조할 필요가 있다. 사실 이러한 접근법은 미국의 판례가 민사책임과 관련해 오래전부터 활용하고 있는 논증 양식을 일반화한다. 미국 판례의 이 논증 양식은 1947년 런드 핸드(Learned Hand) 판사가 미합중국 대 캐럴토잉사 사건(United States c/ Caroll Towing Co.)[45]에서 정식화했다. 이 사건에서 바지선 소유자는 바지선을 감독 없이 방치했고, 바지선의 밧줄이 풀리면서 다른 선박과 충돌했다. 핸드 판사는 이 바지선에 의해 발생한 손해에 대해서 바지선 소유자가 책임이 있는지 여부를 판단해야 했다. 핸드 판사는 손해의 발생 가능성(P), 손해의 예상 금액(L), 손해 예방의 비용(B) 등 세 개의 변수를 포함하는 계산에 근거해 판단했다. 만약 비용(B)이 손해의 발생 가능성과 손해의 예상 금액을 곱한 값(PL)보다 작으면, 손해의 발생을 예방할 수 있었던 자의 의무 불이행(N)이 입증되고 따라서 발생한 손해에 대해서 배상할 책임이 있다. 이것이 바로 '핸드의 공식'이라는 이름으로 알려진 공식이다.

$$B < PL \supset N$$

코스의 정리는 이처럼 전체적 효용을 극대화한다는 이름으로 개인의 권리

---

44   파리2대학교 법경제학연구소 인터넷 홈페이지 <www.u-paris2.fr/1284364950996/0/fiche_laboratoire/>(2013. 3. 19. 열람).

45   159 F.2d 169(2nd Cir. 1947). Muriel Fabre-Magnan, *Droit des obligations*, t.2, *Responsabilité civile et quasi-contrats* (Paris: PUF, collection "Thémis", 2013, 제3판), pp.58~59.

를 확장하는 관점 및 그 논리적 연관으로 법적 금기를 후퇴시키는 관점을 일반화한다. 코스의 정리가 묘사하는 법의 세계는 정언명령이 없는 세계이며, 각자의 효용을 극대화시켜줄 수 있는 권리로 무장한 계약 입자들이 사는 세계이다. 판사도 더 이상 법의 수호자가 아니라, 사례별로 개별적 효용의 총합을 극대화하도록 요구받는 일종의 회계사에 불과하다. 이 개별적 효용의 총합은 그대로 사회적 효용과 동일시된다. 판사는 더 이상 타율적 형상, 즉 n+1의 차원에서 소송 당사자들의 사적 이해관계를 굽어보는 위치에 있는 권위의 표현이 아니라, 당사자들이 제시한 효용 계산들을 사회적으로 극대화하는 자로 이해된다.[46] 판사는 법을 적용해 재판을 하는 것이 아니라, 비용-편익에 관한 대차대조표를 작성해 효용 계산들을 조정한다. 상사와 관련해서 대안적 분쟁 해결 방식들이 유행하고 중재조항들이 확산되는 이유가 여기에 있다. 법이 무수한 개별적 권리들로 해체되는 곳에서는 판사가 아니라 중재인이 분쟁을 처리하며, 중재인 자신도 중재시장에서 자신의 이익을 극대화하기 위한 방향으로 움직인다.[47] 중재시장이 초국적 기업과 국가 사이에 체결되는 투자 협정으로 확산됨에 따라 국가가 경제적 계산의 논리에 완전히 종속되는 결과가 초래된다. 투자협정에 중재조항을 넣는 것, 이른바 투자자-국가 분쟁해결제도(ISDS)는 외국의 투자자가 상대방 국가의 사회법, 환경법, 조세법 등으로 인해 투자 수익이 줄어들었을 때, 투자자에게 국가를 상대로 민간 중재인에게 중재를 신청할 수 있는 권리를 부여한다.[48] 유럽연합이 캐나다 및 미국과 협상하고 있는 투자 조약

....

46 코제브는 이미 1943년에 판사의 형상을 호모 에코노미쿠스로 환원하는 것은 논리적으로 막다른 골목에 이른다는 점을 간파했다. Alexandre Kojève, *Esquisse d'une phénoménologie du droit* (Paris: Gallimard, 1981), pp.198~199 참조.

47 중재시장의 실태에 대해서는 Pia Eberhardt & Cecilia Olivet, *Profiting from injustice. How law firms, arbitrators and financiers are fuelling an investment arbitration boom* (Bruxelles/ Amsterdam, Corporate Europe Observatory and the Transnational Institute, 2012, 73 p). 다음 사이트에서 검색 가능. www.corporateeurope.org

48 특히 Stephan W. Schill(ed.), *International Investment Law and Comparative Public Law* (Oxford University Press, 2010, 920 p); Florian Gisel, *L'Arbitrage international ou le droit contre l'ordre juridique. Application et création du droit en arbitrage international*

에 그러한 조항을 집어넣는 것은 이 영역에서 국가 주권의 조종을 울리는 일이 될 것이며, 법을 경제적 계산의 명령 앞에 굴복시키는 것으로 귀결될 것이다. 협상에 반대하는 운동이 일어나고, 협상이 비밀리에 서둘러 진행되는 이유가 여기에 있다.

공서 규칙을 개별적 권리들로 대체하는 것은 법경제학에서 '재산권이론'이라는 이름으로 다루어진다.[49] 재산권이론은 코스의 아이디어를 연장시킨 것으로서, 시장의 영역이 시장에서 교환되는 재화와 서비스에 국한되는 것이 아니라, 그 재화의 이용과 관련되는 권리들로 확장된다고 생각한다. 그러므로 여기에서 '재산권' 개념은 우리가 소유권이라고 부르는 것(영어로 'ownership')에 한정되는 것이 아니라, 어떤 재화를 가지고 있다는 사실에 결부되는 특권들의 전체, '권리다발'을 의미한다. 예를 들면, 어떤 피지배기업의 노동자들이 갖고 있는 노하우와 경험을 처분할 수 있는 권리는 엄격한 의미에서 소유권이 아니지만, 사물에 결부되어 있는 '권리다발'을 구성하며 그 사물과 함께 양도될 수 있다. 이것은 사실 법과 상품 사이의 경계선이 희미해진다는 것을 의미한다. 한편으로, 법규칙은 일종의 '상품'으로 간주되며, 판사나 입법자는 '규칙의 생산자'로 간주된다. 다른 한편으로, 이와 대칭적으로 모든 상품은 '권리다발'의 실현 매체로 여겨진다. 요컨대, 모든 것은 개별적 권리로 사고되며, 권리는 모두 소유권의 모델을 따른다. 즉 배타적이며 양도할 수 있다.

....

(Fondation Varenne, collection "Des thèses", 2011, 308 p); Mathias Audit, *Contrats publics et arbitrage international*(Bruxelles, Bruylant, 2011, 234 p); Arno E. Gildemeister, *L'Arbitrage des différends fiscaux en droit international des investissements*(Paris: LGDJ, 2013, 488 p); Éric Loquin & Sébastien Manciaux(dir.), *L'Ordre public et l'arbitrage* (Lexis-Nexis, 2014, 258 p); Jorge E. Viñuales, "L'État face à la protection internationale de l'entreprise," in A. Supoit(dir.), *L'Entreprise dans un monde sans frontières* (Paris: Dalloz, 2015), pp.103~114.

49 Cf. H. Demsetz, "Towards a theory of Property Rights," *American Economic Review*, no.2(1967.5), pp.347~359; Eirik G. Furubotn et Svetozar Pejovich, "Property rights and economic theory: a survey of recent literature," *Journal of Economic Literature*, vol.X, no.4(1972.12), pp.1137~1162; S. Pejovich, *Economic Analysis of Institutions and Systems* (Dordrecht-Boston, Londres: Kluwer, 1995).

법경제학의 법주체는 제 자신에 대한 관심으로만 움직이는 모나드(monade)
이다. 이 모나드는 다른 모나드들과 형성하는 계약 관계 속에서 자신이 동의한
규칙 외에 다른 규칙은 알지 못한다. 이러한 표상은 전적으로 사이버네틱스의
상상력에 속하는데, 이것은 리좀, 신경회로망 또는 정보망을 동일한 세계상 속
에 결합한다. 법질서 또한 수직성도 없고 확정된 경계도 없는 망상 질서로 이
해된다. 이러한 질서의 안정성과 지속성은 각 구성원이 자신의 고유한 확장성
을 추구하는 것에 의해 담보된다. 여기에서 법률관계는 모두 관념상 미분화된
존재로서의 법주체들을 연결해주는 계약적 섬유에 해당한다. 이 법주체는 성
도, 나이도, 혈통도, 내면성도 없이, 모두 자신의 개인적 이익을 극대화하도록
프로그래밍된 존재이다. 이러한 법질서에는 평가할 수 없기 때문에 계산할 수
없는 원칙들, 법의 지배를 떠받치는 원칙들이 들어설 여지가 없다. 이 원칙들
이 옹호하는 가치들은 모두 계량화할 수 있는 가치들로 전환된다. 예를 들어
코스가 맑은 공기를 호흡할 권리와 '공해배출권'을 계량했을 때, 환경보호의 가
치는 이미 계량적 가치로 전환되었다. 약속의 가치와 인간 존엄성의 가치도 그
러한 경우에 해당한다.

약속의 가치는 비용-편익 계산을 통해서 측정할 수 있다. 이른바 '효율적 계
약파기' 이론이 권장하는 것이 바로 이것이다. 효율적 계약파기 이론에 따르
면, 계약을 이행하는 것보다 계약 위반에 대한 배상금을 무는 것이 더 유리한
경우에는, 계약 당사자가 약속을 지키지 않는 것이 효용 계산에 따라 허용되어
야 한다. 이 이론을 발전시킨 사람은 리처드 포스너이다.[50] 포스너는, 확실히
과장된 면이 있지만, 이 이론의 효시를 홈스(O. W. Holmes) 판사로 돌리고 있
다. 홈스 판사는 이렇게 말했다. "계약의 유일한 보편적 효과는 계약 당사자가

---

50 Richard Posner, *Economic Analysis of Law* (Wolter Kluwer, Aspen, "Casebook Series",
2010, 제8판); 같은 저자의 "Let us never blame a contract breaker," *Michigan Law Review*,
vol.107(2008-2009), pp.1349~1363. 효율적 계약파기 이론에 대한 일반적인 설명과 상세한 참
고문헌에 대해서는 M. Fabre-Magnan, *Droit des obligations*, t. I, *Contrats et engagement
unilatéral* (Paris: PUF, collection "Thémis", 2012, 제3판), p.720 이하.

계약을 이행하지 않았을 때 상대방에게 손해를 배상해야 한다는 것이다. 모든 경우에 계약 당사자는 계약을 이행해야 하는 날까지는 어떠한 강제로부터도 자유롭고, 따라서 원한다면 계약을 해지할 수도 있다."[51] 그러므로 계약 당사자의 행위를 판단하는 기준은 약속을 지킬 의무에서 찾을 것이 아니라, 사회적 효용을 극대화하는 계산에서 찾아야 할 것이다. 이렇게 해서 약속의 도그마적 가치, 즉 평가할 수 없는 가치는 금전적 가치로 대체된다. 이처럼 '약속은 지켜야 한다'라는 규칙을 효용 극대화로 대체하는 것은, 계약에서 타율의 흔적을 일체 제거하고 계약을 계산의 세계에 유폐하는 결과를 초래할 것이다. 오늘날 이 효율적 계약파기 이론은 많은 학자들의 지지를 받으며 미국법에서 널리 적용되고 있으며, 프랑스에서도 일부 학자들이 주장하고 있다.[52]

한편, 인간의 평등한 존엄성은 계산할 수 없는 것의 완벽한 사례이다. 칸트는 다음과 같이 유명한 말로 존엄성을 정의했다. "목적의 왕국에서 모든 것은 가격 또는 존엄성을 갖는다. 가격을 갖는 것은 등가의 다른 것으로 대체할 수 있다. 반대로 모든 가격을 초월하는 것, 따라서 등가물을 허용하지 않는 것, 그것은 존엄성을 갖는 것이다."[53] 존엄성은 "모든 가격을 초월하는 것"이므로 정의상 경제적 계산의 영역에서 벗어난다. 이것이 존엄성의 첫 번째 어려움이다. 존엄성의 두 번째 어려움은, 존엄성은 정언명령으로서 일종의 의무를 구성하며, 단순히 개인의 권리에 그치는 것이 아니라는 점이다. 존엄성은 주체성의 심장에 타율성을 머물게 하는 것으로서, 카스토리아디스가 지적한 바 있는 사실, 즉 "개인을 사회적으로 제도화한다는 것은 본질적으로 이질적인 조직을 개

51 Oliver W. Holmes, Jr., *The Common Law* (Boston, Little, Brown & Co., 1881), pp.107~110, 299~301; "The Path of the Law," *Harvard Law Review*, 1897, pp.457, 462.

52 Yves-Marie Laithier, *Étude comparative des sanctions de l'inexécution du contrat* (Paris: LGDJ, 2004), 서문은 Muir-Watt. 또한 Claude Fluet, "La rupture efficace du contrat," in Christophe Jamin(dir.), *Droit et économie des contrats* (Paris: LGDJ, 2008), pp.155~167과 Judith Rochfeld, "La rupture efficace," *eod. loc.*, pp.169~192. 치밀한 논증에 근거한 비판으로는 Daniel Friedmann, "The Efficient Breach Fallacy," *The Journal of Legal Studies*, vol.18, no.1(1989.1), pp.1~24.

53 Immanuel Kant, *Fondements de la métaphysique des mœurs*, II, Victor Delbos 역.

인의 정신에 심어놓는 것이다"[54]라는 사실을 법적으로 표현하는 것이다. 그러나 이 타율성은 탈근대적 주체가 갈망하는 "자기에 대한 자기의 완벽한 주권"[55]과 양립할 수 없다.

이 두 가지 어려움에 대해서 두 가지 해법이 제시된다. 하나는 존엄성 원칙을 폐기하는 것이고, 또 하나는 존엄성을 계량화할 수 있는 무엇인가로 전환해서 비용-편익 계산을 가능하게 하는 것이다. 첫 번째 길은 포스트모더니즘 또는 탈근대주의 법학자들이 걸어갔던 길이고, 두 번째 길은 법경제학 이론의 지지자들이 걸어갔던 길이라는 사실은 그다지 놀라운 일이 아닐 것이다. 탈근대주의 법학자들은 존엄성의 원칙이 "현대적 인권의 주관주의"에 적대적이며, 그렇기 때문에 "반현대적"이라고 비난한다.[56] 이 첫 번째 주장이 가치판단에서 비롯되는 것이라면, 두 번째 주장은 꽤 모순적이라고 할 수 있는데, 다음과 같다. 존엄성에 공리적 가치를 부여하는 것은 "과학적 논쟁의 장을 떠나는 일"[57]이 될 것이다. 왜냐하면 법적 공리나 그것이 갖는 인류학적 기능 또는 입법과 판례를 떠받치는 가치선택은 **법적으로** 다툴 수 없을 것이기 때문이다. 그렇지만 존엄성은 제2차 세계대전의 잔혹함에 대한 경험으로부터 맺어진 결실로서, 우리의 근본 텍스트들 속에서 제일의 원칙이자 불가침의 원칙으로 자리 잡고 있다.[58] 그러므로 우리는 왜 법학이 "과학적 논쟁의 장을 떠나는 일"이 없도록 하기 위해 존엄성을 준거로 삼는 것을 자제해야 하는지 알 수가 없다. 법학은 왜 실정법이 "세계의 모든 인류 공동체와 평화 및 정의의 기초"[59]로 선언하고 있는 개

....

54 C. Castoriadis, *L'Institution imaginaire de la société, op. cit.*, p.434.

55 이 책 제6장 참조.

56 Olivier Cayla, in O. Cayla et Yan Thomas, *Du droit de ne pas naître* (Paris: Gallimard, 2002), p.47.

57 Stéphanie Hénette-Vauchez, "Droits de l'homme et tyrannie: de l'importance de la distinction entre esprit critique et esprit de critique," *Recueil Dalloz*, 2009, 238. 이미 같은 의미로 Charlotte Girard et S. Hénette-Vauchez, *La Dignité de la personne humaine. Recherche sur un processus de juridicisation* (Paris: PUF, 2005), p.215 이하.

58 Cf. M. Fabre-Magnan, "La dignité en Droit: un axiome," Revue interdisciplinaire d'études juridiques, vol.58(2007/1), pp.1~30.

념으로 확장되지 않는가? 적어도 "반현대적"이고 "자유를 침해하는" 개념이라는 이유로 존엄성 개념에 덮어씌운 금기를 새롭고 진실한 공리로 삼아 법사상을 정리하려는 생각이 아니라면 말이다. 이것은 주권적 모나드들의 결합으로 환원된, 공리 없는 법의 공리이다. 그러나 이 해방의 공리는 "법에 관한 과학"의 질료를 형성하는 텍스트들을 무시하지 않는 한, 즉 그야말로 법에서 "과학적 논쟁의 장"에 해당하는 곳을 떠나지 않는 한, 인정될 수 없을 것이다.

두 번째 길도 첫 번째 길만큼이나 교리적이지만 훨씬 덜 휘어진 길이다. 이 길은 존엄성을 비용-편익 계산에 종속시킨다. 이 길은 법경제학이 "테러와의 전쟁"이라는 맥락 속에서 고문의 사용에 관한 문제를 해결하기 위해 채택했던 길이었다. 고문 금지는 존엄성 원칙에서 직접 파생되는 원칙들 가운데 하나로서, 세계인권선언(제5조) 및 유럽기본권헌장(제5조)에서 모두 인정되고 있다. 경제학의 관점에서 볼 때 고문 금지는 다른 가치들과 비교해 그 경중을 가늠해야 한다. 리처드 포스너는 "판돈이 충분히 크다면, 고문도 허용될 수 있다"[60]는 생각을 옹호하는 많은 미국 법률가의 목록에서 첫줄에 있던 사람이다. 여기에서 사회적 효용 계산은, 저울의 한쪽에는 고문 금지를 정당화하는 테러 용의자의 존엄성을 올려놓고, 다른 쪽에는 테러로 인해 희생당할지도 모르는 수많은 사람들의 피해 가능성을 올려놓은 다음 양쪽의 무게를 재는 식이다. '핸드의 공식'을 여기에 적용할 수 있다. 만약 수감자의 존엄성에 대한 침해 비용이 100이고, 테러가 발생할 가능성이 0.1 그리고 이로 인한 피해의 예상 금액이 100만이라면, 계산서는 금방 나온다. 수감자를 고문하는 것이 사회적 효용이 더 크다. 사르트르의 『닫힌 방』에 나오는 주인공처럼, 이제 이것만 물어보면 된

---

59 독일 기본법(1949), 제1조.

60 "If the stakes are high enough, torture is permissible."(R. A. Posner, "The Best Offense," *The New Republic*, 2002.9.2.). 이 관점은 다른 수많은 미국 법학자들로부터 지지를 받았다. 이에 관한 종합적 연구로는 Karen J. Greenberg & Joshua L. Datel, *The Torture Paper. The Road to Abu Ghraib* (Cambridge University Press, 2005, 1284 p).; M. Terestchenko, *Du bon usage de la torture ou comment les démocraties justifient l'injustifiable* (Paris: La Découverte, 2008), 특히 ch.2, "Des juristes au service de la torture", p.27 이하.

다. "말뚝, 철망, 가죽갈때기는 어디 있는가?"

이처럼 존엄성을 계량할 수 있는 가치로 환원하고 다른 가치들과 비교해 경중을 재는 방법론은 유럽사법재판소에 의해 채택되었다. 우리의 탈근대주의 법학자들과 달리, 판사는 존엄성 원칙을 법의 무대에서 배제할 수 있는 권리를 당당하게 천명할 수 없다. 판사는 실정법이 인정하는 법적 가치를 고려해야만 한다. 하지만 판사는 리처드 포스너와 같은 잣대로 법적 가치를 계량할 수 있다. 즉, 모든 것은 판돈의 크기에 달렸다. 바꿔 말하면, 모든 것은 비례의 문제이다. 호르크하이머와 아도르노의 말을 빌리자면, "이제 등가성이 물신화된다".[61] 유럽사법재판소는 바이킹(Viking) 판결에서, 인간의 존엄성에 대한 존중은 비례성의 원칙에 따라 경쟁의 자유, 상품과 자본 유통의 자유 및 서비스 제공의 자유와 "조정"되어야 한다고 판시했다.

> 이 사건 기본권들의 행사, 즉 표현의 자유와 집회의 자유 및 인간의 존엄성에 대한 존중은 조약 규정들의 적용 범위를 벗어나지 않는다. 그 행사는 위 조약에 의해 보호되는 다른 권리들과 조정되어야 하며, 비례성의 원칙에 부합해야 한다.[62]

확실히 여기에서 비례성의 원칙을 적용한다는 것은 모든 종류의 규칙을 효용 계산으로 환원하고, 불가침의 법이라는 관념을 논증 과정에서 제거한다는 것을 의미한다.[63] 그런데 이 불가침성은 독일 기본법에서 인간의 존엄성이 갖는 특징으로 규정하고 있는 것이다. 모든 종류의 원칙을 상대화하는 경향에 맞서는 몇 안 되는 법원들 가운데 하나가 독일 연방헌법재판소라는 사실은 그러므로 놀라운 일이 아니다. 독일 연방헌법재판소에 따르면, "공권력에 자유롭고 평등하게 참여할 수 있는 권리는 인간의 존엄성에 닻을 내리고 있기 때문에

....

61   Max Horkheimer et Theodor Adorno, *La Dialectique de la Raison*, *op. cit.*, p.34.

62   유럽사법재판소, 2007. 12. 11., C-438/05, *Viking*, § 46.

63   Cf. Emilios Christodoulidis, "The European Court of Justice and 'Total Marker' Thinking," *German Law Journal*, vol.14, no.10(2013), pp.171~186.

…… 민주주의의 원칙은 다른 가치들과 비교, 계량할 수 없다. 그것은 불가침의 원칙이다".[64]

존엄성에 관한 법적 논쟁에 잠시 끼어든 것은, 법경제학이 "모든 가격을 초월하는 것"을 계산할 수 없기 때문에 이 문제를 처리하기 위해서는 어쨌든 그것에 가격을 부여하는 쪽으로 이끌려 간다는 점을 보여주기 위해서 필요했다. 전체주의적 시장에서는 가격이 없는 것은 존재하지 않는 것과 같다.

신비교분석 이론과 법률시장

정치경제학은 실제로 존재하는 경제 현상을 과학적으로 분석하고 이해하려는 학문이며, 따라서 언제나 법과 제도에 관한 다양한 시스템들에 큰 관심을 기울여왔다. 조절학파나 합의이론에서는 여전히 그러한 관심이 핵심적인 위치를 차지하고 있다.[65] 이러한 이론적 관점에서 볼 때, 경제는 다양한 법제 시스템이 만들어낸 결과물이지, 거꾸로 법제 시스템을 평가하고 줄 세우기 위해서 준거로 삼을 수 있는 이상적 질서로 환원될 수 없다.

법경제학은 전혀 다른 길을 간다. 법경제학은 자생적 시장질서의 존재를 상정한 다음, 특정한 법체계에 의해서 이 자생적 질서가 원활하게 작동할 수도 있고, 반대로 방해를 받을 수도 있다고 생각한다. 개별적 효용 계산들의 상호

---

64 독일 연방헌법재판소, 2009.6.30., 2 BvE 2/08 결정, 리스본 조약, § 211 및 216(독일 연방헌법재판소 사이트에서 검색 가능: www.bundesverfassungsgericht.de).

65 특히 Philippe d'Iribarne, *La Logique de l'honneur. Gestion des entreprises et traditions nationales* (Paris: Le Seuil, 1989, 279 p); Robert Salais & Michael Storper, *Les Mondes de production. Enquête sur l'identité économique de la France* (Paris: éd. EHESS, 1993, 467 p); Robert Boyer, "Variété du capitalisme et théorie de la régulation," in *L'Année de la régulation*, no.6(2002-2003)(Paris: Presses de Sciences-Po, 2002), pp.125~194; Robert Boyer, *Une théorie du capitalisme est-elle possible?* (Paris: Odile Jacob, 2004, 250 p).

조정을 가장 원활하게 수행할 수 있는 규칙을 찾고자 하는 법경제학은 정의상 지시적이며 또한 규범적이다. 경제학적 법분석의 과제 중 하나는 바로 이 규범적 최적 상태를 달성하기 위해 각 나라의 법제가 수행한 성과를 평가하는 것이라고 할 수 있다. 수행평가는 투명하게 공개되기 때문에, 이제 어떤 법제가 경제적 효율성의 관점에서 가장 적합한지 가려내는 자연선택 메커니즘이 작동될 것이다. 경쟁의 자유가 법에 근거하는 것이 아니라, 법이 경쟁의 자유에 근거해야 하는 것이다. 이 규범적 다원주의를 이론화한 사람으로는 법학박사 출신인 하이에크가 대표적이다. 하이에크는 경제에서 "합리적 행위자"를 믿지 않았으며, 그 대신 전 세계적 차원에서 법과 문화를 경쟁에 붙여 가장 우수한 법체계의 자연선택을 신뢰했다. 하이에크에 따르면, 사회적 다원주의의 신봉자들은 선천적으로 가장 우수한 개인의 선택에 초점을 맞추는 오류를 범했다. 그것은 너무 느리게 진행되는 과정이어서 결과를 고려하기가 힘들기 때문이다. 하이에크는 "규칙과 관행의 선택"[66]을 촉진하는 것이 더 바람직하다고 보았다. 이러한 유형의 다원주의는 오늘날 (민간과 공공을 가리지 않고) 경영학에서 '벤치마킹'이라고 부르는 기법을 통해서 실현되고 있다. 이 "가장 우수한 관행의 선택"은 다른 관행들보다 가장 우수한 성과를 획득한 관행을 척도(벤치마크)로 삼아 다른 관행들이 본받도록 하는 것을 말한다. 이 '좋은 관행' 자체도 개선될 수 있다. 벤치마킹은 끊임없는 경쟁의 과정이기 때문이다. 국제표준화기구(ISO)의 ISO 9000 규범들이 바로 이러한 기초 위에서 고안되었다. 이것은 좋은 관행을 준거로 삼아 품질경영시스템을 인증하는 제도이다. 대기업들이 이 규범들에 부합하기 위해서 많은 직원들을 고용하고 있는 것에서 보듯이, 이 규범들은 대기업의 경영을 감독하는 데 핵심적인 위치를 차지하고 있다. 이러한 종류의 규범들은 오늘날 인적자원 경영에서도 확산되고 있는데, "기업의 사회적 책임"에 관한 ISO 26000 규범들이 그것이다.[67] 이렇게 해서 사회적 영역에 새로운

....

66   F. A. Hayek, *L'Ordre politique d'un peuple libre* (1979)(PUF, 1983), p.184.

67   Cf. Isabelle Cadet, "La norme ISO 26000 relative à la responsabilité sociétale: une nouvelle source d'usages internationaux," *Revue internationale de droit économique*, 2010/4(t.

규범성이 등장하고 있는데, 그 주요한 특징은 다음과 같다. ① 보편성: 이 규범들은 모든 나라 모든 분야에 적용된다. ② 자발성: 규범들의 실행은 해당 기업의 자발적 준수에 맡겨져 있다. ③ 규범의 민영화: 공적인 것이 사적인 것 속으로 병합된다는 측면(ISO 26000은 ILO 규범의 일부를 '좋은 관행'이라는 이름으로 포섭하고 있다) 및 규범의 상업화라는 측면(이 규범들은 상품이다) 등 이중의 측면에서 규범은 민영화된다.

나라별로 다양한 법제를 좋은 관행이 이끄는 역동적인 품성 경쟁에 참여시키기 위해서는 적절한 방법론을 갖추어야 한다. 신비교분석 이론의 목적이 바로 그것이다. 이를 위해서 예일과 하버드 그리고 세계은행 출신의 일군의 연구자들이 금융회사와 금융시장을 규제하는 법규칙들을 코드화하고 표준화해서 투자자들의 안전을 측정할 수 있는 도구를 고안했다.[68] 이들은 2004년에 발표한 「노동의 규율」이라는 논문을 통해서 이 방법론을 노동법에 확장했다.[69] 이 논문의 목적은 85개 나라의 사회법제를 대상으로 경제적 효율성을 측정하는 도구를 고안하는 것이다. 이 도구는 다음과 같이 고안된다.

우리는 85개 나라에서 노동시장을 규율하는 법제의 다양한 측면을 포함하는 새로운 데이터베이스를 구축했다. 우리의 노동 규제 측정은 세 가지 중요 분야에 걸쳐 있다. ① 고용법, ② 집단적 노동관계법, ③ 사회보장법 등이 그것이다.

....
XXIV), pp.401~439. ISO 26000 제정은 일부 사용자단체의 비판을 불러왔다(예를 들어 독일의 BDA 또는 ILO의 국제사용자단체). 이들은 다음과 같이 주장했다. ① 규범 제창자들의 선언에도 불구하고 이 규범은 ILO의 책임을 침해할 것이다. ② 기업의 경영권을 제한할 것이다. ③ 각 나라의 노동법에서 표현되고 있는 법문화의 다양성을 침해할 것이다. cf. M. Maupain, *L'OIT à l'épreuve de la mondialisation financière. Peut-on réguler sans contraindre?*(Genève: BIT, 2012), p.272.

68 Rafael La Porta, Florencio Lopez-de-Silane, Andrei Shleifer et Robert Vishny, "Law and Finance," *Journal of Political Economy*, vol.106, no.6(1998), pp.113~115.

69 Juan Botero, Simeon Djankov, Rafael La Porta, Florencio Lopez-de-Silanes and Anrei Shleifer, "The Regulation of Labor," *Quarterly Journal of Economics*, 2004.11., pp.1339~1382.

[······]

이 세 가지 분야 각각에서 우리는 노동시장을 규제하는 일련의 법규정들을 검토했다. 그렇게 해서 우리는 노동 보호의 다양한 차원을 종합하는 하위지표들을 구축했고, 마지막에 가서는 이 하위지표들을 지표들로 응집시켰다. 우리는 가장 많은 나라에서 채택하고 있는 노동자 보호 규정에 가장 높은 가치를 부여하는 방식으로 측정했다.[70]

노동법과 관련해서 볼 때, 하위지표들은 비정규직을 사용하는 비용, 연장노동을 이용하는 비용, 해고의 절차와 비용 등에 관한 것이다. 각 항목마다 나라별 법제를 0(보호 수준이 가장 낮은 경우)에서 1(보호 수준이 가장 높은 경우)까지 계량화하기로 약속한다. 예를 들면, 기간이 정해진 업무가 존재하는 경우에만 기간제 노동자를 사용할 수 있도록 제한하는 규정이 있는 경우는 1이고, 그러한 규정이 존재하지 않는 경우는 0이다. 또 퇴직금을 전혀 지급하지 않는 법제는 0이다(반대의 경우에 비해서 1점을 버는 셈이다). 이렇게 계량화된 데이터들은 하나로 모아진 다음, 법문화에 따라서 그리고 노동조합에 대한 정부의 태도가 우호적인지 아닌지에 따라서 유형별로 분류된다. 결과는 〈표 7-1〉과 같다.[71]

세계은행은 이 작업에서 명시적으로 영감을 받아 "Doing Business" 프로그램을 개발했다. 이 프로그램은 경제적 효율성의 관점에서 각 나라의 법제를 평가한다.[72] '경제'로 재명명된 183개 나라의 법에 대한 '객관적 평가 결과'를 제공하는 수치화된 데이터베이스가 주기적으로 업데이트된다. 세계은행은 이 데이터베이스를 세계지도로 시각화하고 있는데, 각 나라 위에 커서를 대고 누르면 그 나라의 경제적 합리성의 성취 수준을 보여주는 작은 창이 뜬다. 이런 식으로 이 세계지도는 지구를 법제 간의 경쟁 공간으로 묘사한다. 이 데이터베이

---

70 *Ibid.*, p.1346.

71 *Ibid.*, p.1334.

72 Cf. 세계은행, "Doing Business"(www.doingbusiness.org/). 지구를 입법 간 경쟁 공간으로 표시하는 세계지도를 볼 수 있다(*Business planet mapping the business environment*).

<표 7-1> 나라별 주요 지표

		고용법 지수	집단적 노동관계법 지수	사회보장법 지수	1인당 GNP 로그 (1997)	정부 및 여당이 좌파 또는 중도 (1928-1995)
패널 D: 법문화 유형별 데이터						
영국형	평균값	0.2997	0.3313	0.4236	7.8045	0.5204
	중간값	0.2886	0.3170	0.4311	7.7266	0.4779
사회주의형	평균값	0.5944	0.4925	0.6923	7.3650	0.8646
	중간값	0.6233	0.4970	0.7337	7.2442	0.9118
프랑스형	평균값	0.5470	0.4914	0.5454	7.9034	0.4484
	중간값	0.5161	0.4792	0.5855	7.9202	0.3750
독일형	평균값	0.4529	0.4787	0.7110	10.0557	0.2725
	중간값	0.4527	0.4807	0.6957	10.2545	0.2647
스칸디나비아형	평균값	0.6838	0.4814	0.8324	10.3310	0.7721
	중간값	0.7110	0.4792	0.8354	10.3356	0.7647

스는 투자자에게 가장 우호적인 나라를 세계지도에서 고를 수 있도록 도움을 줄 뿐만 아니라, 각 나라가 투자자들이 원하는 방향으로 자신의 입법을 개혁함으로써 투자자들을 끌어들이도록 촉구한다. 이런 식으로 '입법 상품 시장'을 창설하면, 투자자들의 투자 수익을 만족시켜주지 못하는 법제들은 점차 제거될 수밖에 없다. 요컨대 금융시장에서 기업들이 벌이는 경쟁은 경제 영역에 국한되지 않고 국가들 간의 경쟁으로 확장되며, 그 결과 경쟁은 법의 영역을 조직하는 일반 원칙이 된다. 이렇게 해서 우리는 법의 상대성이 지배하는 어둠의 시대를 빠져나와, 콩도르세가 꿈꾸었던 바의 계산에 근거한 보편법을 향해 조금씩 다가가고 있다.[73]

원칙적으로 계량화는 가치중립적이며, 이 유형의 법보다는 저 유형의 법이

....

73 이 책 제5장 참조.

더 낫다는 식의 선호에 이끌리지 않는다. 그러나 계량화에 기반을 둔 이 모든 연구들은 동일한 결론에 다다른다. 즉 보통법의 문화가 다른 법문화들보다 더 우월하다는 것이다. 그렇다고 이것을 국수주의의 발로로 여길 필요는 없다. 왜냐하면 이러한 결론은 법경제학 이론과 보통법 문화 사이에 존재하는 밀접한 관계에서 논리적으로 도출되는 것이기 때문이다. 보통법 문화에서 바라보는 법은 주권적 의지의 표현이 아니라, 개별적 권리 간의 자유로운 경쟁과 판사에 의해서 움직이는 일종의 자생적 질서이다.[74] 법경제학은 여러 측면에서 이러한 법문화의 근본주의적 변종이라고 할 수 있다. **근본주의**는 게다가 개신교적 기원을 갖는 개념이다. 이 개념은 원래 19세기 말 미국 전통주의자들 속에서 등장했던 이론, 성경을 글자 그대로 해석하는 입장을 옹호하면서 신학적 자유주의와 사회복음주의에 반대하는 이론을 가리키는 말이었다. 이처럼 어떤 텍스트의 자구에 사고를 유폐시키는 모습은 예를 들어 오늘날 이슬람 근본주의라고 부르는 것에서도 발견된다. 이슬람 근본주의도 국가법을 샤리아의 축자적 해석에 종속시키며, 전통과 관습과 학파의 다양성, 언제나 이슬람 법이론의 특징이었던 이 다양성을 공격한다. 모든 근본주의는 서로 간의 커다란 차이점에도 불구하고 하나의 공통점을 갖는다. 그것은 인간의 법이 중계해야 하고, 실행해야 하며, 결코 어겨서는 안 되는 어떤 보편규범을 준거로 삼는다는 점이다. 근본주의적 이론들이 냉혹하고 무자비한 성향을 띠는 이유가 바로 여기에 있다.

세계은행의 『Doing Business 2005』 보고서는 노동법에 「노동자의 채용과 해고」라는 장을 할애했다. 이 장은 보테로(Botero)와 라포르타(La Porta) 팀이 예일과 하버드에서 수행한 작업에 근거했음을 명시하고 각 나라에서 노동법이 투자에 어느 정도 걸림돌이 되는지 측정하고 있다.[75] 이 계량화 작업은 온통 노동자 보호 입법이 경제적으로 비효율적이라는 사실을 증명하려 들 것이다. 노

---

74 이 책 제2장 참조.
75 비판적 분석에 대해서는 Janine Berg et Sandrine Cazes, *Les Indicateurs Doing Business. Limites méthodologiques et conséquences politiques*(Genève: OIT, 2007, 23 p).

동법은 비용이 많이 드는 경직성의 원천이며, 높은 실업률과 '비공식경제' 확대의 원인이고, 가난한 사람들에게 돌아가는 소득 몫의 상대적 감소를 초래한 책임이 있으며, 좀 더 일반적으로는 사회적 효용의 극대화에 방해만 될 뿐이라고 말이다. 반대로 노동시장의 탈규제는 사회적 효용의 극대화를 실현시킬 것이라고 말이다. 우리는 이러한 주장이 갖는 정치적 힘을 알고 있다. OECD와 IMF 그리고 유럽집행위원회가 이 주장을 줄기차게 중계했으니까. 2008년 금융시장이 붕괴한 후, 금융시장을 규제하는 것이 시급하다는 주장이 나올 것으로 기대되었다. 하지만 국제 경제 기구들이 회원국들에 엄명한 것은 정반대로, 금융시장의 파탄으로부터 각 국가가 얻어야 할 첫 번째 교훈은 노동시장을 탈규제하고 사회국가를 해체하는 것이 시급하다는 내용이었다. 미국 은행인 골드만삭스의 유럽 담당 부회장을 역임했으며,[76] 현재 유럽중앙은행의 총재인 마리오 드라기(Mario Draghi)에 따르면, 유럽의 사회모델은 시효가 끝났으며, 회원국들의 의무는 아직 충분히 유연화되지 못한 노동시장을 더 유연화하는 것이라고 한다.[77]

이미 금융위기에 앞서 유럽사법재판소는 1999년 센트로스(Centros) 판결에서, 기업은 규제가 상대적으로 약한 나라에 사업자등록을 하는 방식으로 실제 사업을 하는 나라의 규제를 회피할 권리가 있다고 인정함으로써, 유럽 각 나라의 입법을 경쟁에 붙이는 이론을 받아들인 바 있다.[78] 유럽사법재판소는 이렇게 편의선적(便宜船籍)을 육지에서도 합법화함으로써 유럽 회원국들의 입법을 투자자들에게 가장 유리한 방향으로 경쟁하도록 만들었다. 유럽사법재판소는

---

76 2008년 금융위기와 그리스의 분식회계에 대한 골드만삭스의 책임에 대해서는 Marc Roche, *La Banque. Comment Goldman Sachs dirige le monde* (Paris: Albin Michel, 2010). 또한 골드만삭스의 전직 임원 중 한 명의 증언도 볼 것. Gerg Smith, "Why I am leaving Goldman Sachs," *The New York Times*, 2012.3.14.

77 "Europe's Banker Talks Tough. Draghi Says Contient's Social Model Is 'Gone', Won't Backtrack on Austerity," *Wall Street Journal*, 2012.2.24. 사회적 유럽 기획의 포기와 그것을 개선할 수 있는 방안에 대해서는 Nicola Countouris & Mark Freedland(eds.), *Resocialising Europe in A Time of Crisis* (Cambridge University Press, 2013, 525 p).

78 유럽사법재판소, 1999.3.9., C-212/97, *Centros, Rec.* 1999, I, 1459, conclusion La Pergola.

2008년부터 이 판례를 노동법으로도 확장하고 있는데, 라발(Laval) 판결과 바이킹 판결이 대표적이다. 이 판결들에서 재판소는, 노동자 보호 수준이 상대적으로 약한 나라에 소재지를 두고 있는 기업들이 아직 노동시장의 유연화 요구에 굴복하지 않은 나라에서 사업을 할 때, 이 비교우위를 충분히 활용할 수 있도록 허용했다.[79] 법경제학이 판촉하고 있는 계량적 판단 기준이 몇 년 사이에 유럽사법재판소 판례의 핵심이 되었다.[80]

그러나 판례가 법경제학 이론을 받아들인 것은 전혀 놀라운 일이 아니다. 로마법 이후로 어떠한 이데올로기라도 법질서의 자율성을 존중하기만 하면 법을 하나의 기술로 이용할 수 있었다.[81] 왜냐하면 이 문턱을 넘는 순간, "법형식의 물신주의"를 깨는 순간, 법적 규범성의 영역을 벗어나기 때문이다. 물론 외형상 겉모습은 유지하려고 하겠지만 말이다. 권력의 입장에서 볼 때, 법은 언제나 도구이자 장애물이다. 권력이 이 장애물을 있는 그대로 받아들이지 않으면, 법은 더 이상 권력의 도구로 복무할 수 없다. 토크빌은 이 점을 완벽하게 이해했으며, 그래서 "법률가 정신"을 민주주의 체제에서 다수의 폭정을 견제할 수 있는 유일한 평형추로 보았던 것이다.[82] 그러므로 이제 숫자에 의한 협치의 법적 역동성을 분석해야 한다. 그리고 나면 우리는 수치가 어떤 궁지에 빠지는지, 그리고 법형식은 어떻게 수치에 저항하는지 확인할 수 있을 것이다.

....

79 유럽사법재판소, 2007.12.6., C-438/05, *Viking*; 2007.12.18., C-341/05, *Laval.* 이 판결들에 대해서는 A. Supiot, "Le sommeil dogmatique européen," *Revue française des affaires sociales*, no.1(2012), pp.185~198.

80 법경제학 이론이 노동법에 끼친 영향에 대해서는 Tatiana Sachs, *La Raison économique en droit du travail. Contribution à l'étude des rapports entre le droit et l'économie* (Paris: LGDJ, 2013, 448 p); Gwenola Bargain, *Normativité économique et droit du travail* (Paris: LGDJ, 2014, 535 p).

81 이 책 제2장 참조.

82 A. Tocqueville, *De la démocratie en Amérique*, I, II, viii, in *Œuvres* (Paris: Gallimard, collection "Bibliothèque de la Pléiade", t. 2, 1992), pp.302~310.

제8장

숫자에 의한 협치의 법적 역동성

"성과를 둘러싼 전투는 수년이 지난 후에야 비로소 진정으로 승리할
수 있다. 왜냐하면 이 전투는 바로 정신 속에 존재하기 때문이다."[1]
— 디디에 미고(Didier Migaud) 및 질 카레즈(Gilles Carrez)

우리가 개인의 이해관계를 계산하는 데 익숙한 '기본 입자들'의 시스템으로
사회를 상상할 때, 이 상상력은 삶의 모든 영역에서 표출되며, 그 속에서 유사
한 효과들을 생산한다. 성의 구별을 폐지하는 방식으로 평등의 원칙을 해석하
는 태도는 경제적 영역에서 극단적 자유주의가 판촉하는 것과 동일한 유형의
자기준거적 계산에서 비롯된다.[2] 숫자에 의한 협치의 법적 영향력을 온전히 파
악하기 위해서는 그러므로 국가와 기업의 조직에 한정할 것이 아니라, 인간의
지위와 개인의 삶 또한 고려에 넣어야 한다. 오늘날 이 두 영역을 구분하는 데
쓰이는 'social'과 'sociétal'은 양자가 깊이 관련되어 있다는 사실을 은폐한다.
개인과 개인이 공통의 법 아래 서로 관계를 맺도록 요구하는 에로스와 아난케,
즉 다른 성에 대한 욕구와 노동의 필연성은 모든 인간 문명의 기초이며 각 문
명의 구성원들이 공유하는 표상들을 따른다. 숫자에 의한 협치가 인간의 행위

---

1 Didier Migaud et Gilles Carrez, *La Performance dans le budget de l'État*, rapport d'information(Assemblée nationale, no.1780, 2009.6.24.), p.7.

2 이 점에 대해서는 A. Supiot, *Homo juridicus, op. cit.*, p.287.

를 프로그래밍하고자 하는 한, 필연적으로 인간의 신분과 정체성에 작용하게 되는 만큼 인간의 지위에 영향을 미치지 않을 수 없다. 관료국가나 포드주의 기업이 인간을 규칙에 기계적으로 복종하는 역할로 환원했다면, 숫자에 의한 협치는 노버트 위너가 강조한 바와 같이 자신이 속해 있는 시스템으로부터 전달받은 정보를 "다음 단계의 수행을 위해 이용할 수 있는 새로운 형태"의 정보로 되돌려줄 수 있는 능력을 활용한다.[3]

과학적 노동조직이라고 상상하는 것을 사회 전체로 확대하려고 하는 의지는 산업시대 자본주의와 공산주의의 공통점이었다. 이러한 의지는 지금도 사라진 것이 아니라, 단지 형태만 바뀌었을 뿐이다. 그 모델은 더 이상 고전 물리학의 법칙이 아니라, 정보통신의 알고리듬이다. 그 노동조직은 더 이상 노동자를 톱니바퀴로 삼는 중력과 힘의 작용으로 착상되는 것이 아니라, 프로그램에 따라 전달받는 신호에 반응할 수 있는 단위 간의 커뮤니케이션으로 작동하는 프로그래밍 시스템으로 착상된다. 디지털 혁명은 이처럼 법의 영역에서 일어나는 혁명을 수반한다. 그것은 숫자에 의한 협치라는 이상이 법률에 의한 통치라는 이상을 대체하는 경향을 말한다. 개인, 기업, 국가 등 노동조직의 모든 차원에서 이제 사람들은 명령에 복종하도록 요구받는 것이 아니라, 수치화된 평가 지표에 따라 목표의 달성을 위해 매진할 것을 요구받는다.

이것이 바로 숫자에 의한 협치가 무엇보다 먼저 노동의 분리에 영향을 미치는 이유이다. 인간의 노동과 기계의 노동이 어떻게 다른지 구분하지 못한 채 맹목적으로 구성된 협치 개념이 유포하는 환상과 반대로, 뒤르켐이 정의한 바와 같이 포괄적 의미로 이해되는 노동의 분리는 결코 임금노동에 국한되지 않는다. 노동의 분리는 개인, 기업, 국가 또는 국제관계 등 인간의 협동이 이루어지는 모든 차원과 관련된다. 이 모든 차원에서 숫자에 의한 협치는 법에 영향력을 행사하는데, 이것은 기업의 경영을 위해 고안된 개념과 기법, "목표관리 경영"[4]이라는 이름으로 알려진 경영철학을 법의 영역으로 이식하는 과정을 통

---

3 N. Wiener, *Cybernétique et société. L'usage humain des êtres humains, op. cit.*, ch.1, p.44.

4 이 경영 혁명에 대한 분석으로는 Luc Boltansky et Ève Chiapello, *Le Nouvel Esprit du capi-*

해 이루어진다. 이 이식 과정은 다소 폐쇄적인 전공 분야로 조각조각 나누어지기 이전의 법학을 지배했던 것과 유사한 결의론적 방법론에 경영학이 기초하고 있는 만큼 더 쉽게 진행된다. 이 유사성은 르장드르가 여러 차례 강조했으며,[5] 또한 로맹 로퍼(Romain Laufer)에 의해서도 분석된 바 있다. 로퍼에 따르면, 지난 1세기 동안 경영학이 대학에서 인정될 수 있었던 것은 사례들의 합리적 체계화, 즉 경영학자와 법학자에게 공통적인 판례의 개념에 힘입은 바 컸다.[6] 그런 점에서 경영학의 다공성(多孔性)을 이해할 수 있으며, 목표관리 경영의 규범적 성공은 그것의 완벽한 사례이다. 피터 드러커(Peter Drucker)는 1954년에 출간한 책에서 이러한 기업 통치 모델을 "새로운 경영철학"[7]이라고 불렀다.

기업은 에너지와 개인의 책임이 자유롭게 흐를 수 있도록 하는 경영원리, 동

....

talisme, op. cit., p.110 이하.

5   Pierre Legendre, *L'Empire de la vérité. Introduction aux espaces dogmatiques industriels* (Paris: Fayard, 1983), p.152.

6   Cf. Romain Laufer, "Proposition for a Comparative History of Education in Law and Management: About the Notion of Jurisprudence," in S. Dameron, R. Durand(ed.), *Redesigning Management Education and Research: Challenging Proposals from European Scholars* (Edward Elgar Publishing, 2012), pp.30~55. 또한 Paolo Napoli, "Pour une histoire juridique de la gestion," in Ph. Bezès et autres, *La mise en place du système financier public 1815-1914*, Ministère de l'Économie, collection "Histoire économique et financière de la France", 2010, pp.271~297. 이하의 인용문 번역에서는 경영을 지칭하는 말로 'direction'이라는 개념보다는 'management'라는 개념을 선택했다. 프랑스어에서 유래한 'management'라는 단어는 영어로 건너갔다가 다시 현대적 의미를 띠고 프랑스어로 되돌아왔다. 보시에는 아시시의 프란치스코가 아버지의 장삿일을 잘 처리하는 좋은 '경영인(ménager)'이 될 수 없었던 까닭에 대해 말하고 있다[Cf. Bossuet, *Panégyrique de sant François d'Assise*, in *Œuvres* (Paris: Gallimard, collection "Bibliothèque de la Pléiade", 1961), p.247].

7   Peter Drucker, *The Practice of Management* (1954), 프랑스어판: *La Pratique de la direction des entreprises* (Paris: Éditions d'organisation, 1957, 430 p), 특히 ch.XI, "Direction par objectifs et auo-contrôle", p.165 이하. 또한 John Humble, *Management by objectives in action* (1970), 프랑스어판: *La Direction par objectifs et ses applications* (Paris: Publi-union, 1971, 351 p); Octave Génilier, *Direction participative par objectifs* (Paris: Homme et techniques, 1968, 63 p).

시에 다양한 관점과 노력들이 나아가야 할 공통의 길을 보여주는 경영원리, 팀워크를 확립하는 경영원리, 개인의 이익과 공동선을 조화시키는 경영원리가 필요하다. 이러한 조건들을 충족시키는 유일한 원리가 목표관리와 자기통제에 의한 경영시스템이다. 이 시스템은 공동선을 모든 경영자의 목표로 만든다. 이 시스템은 좀 더 효과적이고, 좀 더 엄격하며, 좀 더 정확한 내부통제로 외부통제를 대체한다. 이 시스템은 경영자가 일을 할 때, 누가 하라고 시키거나 떠밀기 때문에 하는 것이 아니라, 자신이 하는 업무의 필요성 때문에 하도록 촉구한다. 경영자는 누가 요구하기 때문에 행동하는 것이 아니라, 스스로 그것을 해야 한다고 판단했기 때문에 행동한다. 말하자면, 그는 자유인으로서 행동한다.[8]

테일러주의와 단절하는 이 새로운 경영철학은 기업만이 아니라 모든 형태의 조직에서 놀라운 성공을 거두었다. 인간과 사회의 통치에 관한 이 새로운 관점은 흥미롭게도 노버트 위너가 드러커보다 4년 앞서 『사이버네틱스와 사회: 인간의 인간적 활용』[9]이라는 제목으로 출간한 책에서 전개했던 관점과 매우 흡사하다. 양자는 모두 자기통제를 조직 운영 원리의 열쇠로 삼는다. 이 사실은 주목할 만하다. 왜냐하면 특정한 시대에 "상상적 사회제도"는 단일성을 갖는다는 점을 증명하기 때문이다. 즉, 사이버네틱스와 경영학이라는 매우 이질적인 분야에서 같은 시기에 새로운 노동조직 개념이 이론화되었으며, 그것도 현실 경제에서 정보통신기술이 일반화되기 반세기 전이었다. 오늘날 목표관리경영은 공공 부문과 민간 부문 모두에서 과학적 노동조직의 패러다임이 되었다. 노동자는 사전에 정의된 과업을 규칙에 따라 이행하는 것이 아니라, 이 과업에 할당된 목표를 정의하는 데 결합한다. 원칙적으로 목표는 수치화된 것으로서, 조직 전체의 목적을 각 노동자의 수준까지 내려보낸다. 이렇게 해서

----

8   P. Drucker, *La Pratique de la direction des entreprises*, *op. cit.*, p.140(번역은 필자가 수정).

9   N. Wiener, *Cybernétique et société. L'usage humain des êtres humains*, *op. cit.*, 이 책 제1장 참조. 노버트 위너는 피터 드러커의 참고문헌 목록에서 들어 있지 않으며, 드러커가 위너를 읽었는지는 확실하지 않다.

"객관화된(=목표화된)" 노동자는 정해진 목표와 자신의 실제 성과 사이에 벌어진 간격을 측정하고 줄일 수 있는 상태에 놓이게 된다. 이 과정을 이끄는 것이 자기통제이다. 드러커에 따르면, 자기통제는 자유와 전적으로 동일시된다. 왜냐하면 자기통제는 "꼭 해야 하는 것만 하는 데 만족하는 것이 아니라 자신의 진가를 온전히 발휘하고자 하는 욕망"[10]을 만족시키기 때문이다. 우리는 드러커의 책에서 「목표관리경영과 자기통제」에 관한 장을 읽을 때 그의 통찰력에 놀라지 않을 수 없다. 드러커는 자신의 이론이 잘못 해석되는 경우 발생할 수 있는 역효과를 경계했다. 드러커는 강조한다. 자기통제를 가능하게 하는 목표는 "결코 '지배로서의 통제'의 기초가 되어서는 안 된다. 왜냐하면 그 경우 목표는 스스로의 목적을 파괴할 것이기 때문이다".[11] 드러커는 모든 목표를 계량화하는 것은 불가능하다고 단언하면서, 단 하나의 목표를 추구하는 것으로 판단력의 행사를 대체하려는 비합리적 태도를 비난했다. "사업을 경영한다는 것은 다양한 수요와 다양한 목적 사이에 균형을 잡는 것이다. 이것은 판단을 요구한다. 단 하나의 목표를 찾는 것은 본질적으로 판단을 불필요하게 만드는 마법 주문을 찾는 것과 같다. 그러나 주문으로 판단을 대체하려는 시도는 언제나 비합리적이다."[12]

그러나 실제로는 목표관리경영이 지배로서의 통제, 계량화의 일반화, 단 하나의 목표에 초점을 맞추기 등과 같은 난관들에 봉착했음을 우리는 알고 있다. 연구자의 경우에는 논문 실적, 주주를 위한 '가치창조', 또는 국가의 경우에는 GDP의 3% 이하로 재정 적자를 줄이기 등이 그러한 예에 속한다. 지난 20여 년 동안 모든 법학 전공 분야에서 목표 설정이 유행했다.[13] 하지만 전공별로 따로 접근해서는 숫자에 의한 협치가 실정법을 지배하는 흐름을 제대로 관찰할 수 없다. 왜냐하면 숫자에 의한 협치의 특징들 가운데 하나는 바로 전공별로 구분

10   P. Drucker, *La Pratique de la direction des entreprises*, *op. cit.*, p.135.

11   *Ibid.*, *loc. cit.*

12   *Ibid.*, pp.63~64.

13   Cf. Bertrand Faure(dir.), *Les Objectifs dans le droit* (Paris: Dalloz, 2010, 214 p).

하지 않고 법 전체를 대상으로 삼아 동일한 유형의 인간 행동 프로그래밍을 적용하는 데 있기 때문이다. 몇 년 사이에 법에 대한 수치(數治)의 영향력은 도저히 다 열거할 수 없을 만큼 많은 법학 논문들이 쏟아져 나올 정도로 커졌다. 하지만 개인에서 기업, 국가, 유럽연합 그리고 국제관계에 이르기까지 다양한 수준의 분업에 대해서 영사기를 좀 돌려보면 숫자에 의한 협치의 법적 역동성을 어느 정도 밝혀낼 수 있을 것이다.

개인 차원의 수치(數治)

개인 차원에서는 목표 설정이 기업의 유행이 되었다. 이 목표는 경영권 차원에서 사용자에 의해 일방적으로 정해지거나 상호 합의로 정해진다.[14] 목표는 흔히 임금 계산의 변수로 작용하지만, 노동자가 목표의 실현을 위해 채용되는 경우에는 노동계약의 목적을 구성할 수도 있다. 노동자에게는 목표를 달성하기 위한 수단과 관련해 좀 더 많은 자율성이 인정된다. 목표를 설정하는 모든 경우에 경제적 위험이 일부 노동자에게로 전가되는 법적 효과가 수반된다. 이것은 대리이론이 내세우는 관점과 부합한다.[15] 목표 설정은 언제나 노동자의 성과를 평가하는 절차를 동반한다. 평가는 두 가지 상호 보완적인 형태를 취한다. 하나는 노동자의 성과를 계량화해 측정하는 것이고, 또 하나는 개별적 면접의 형식으로서, 이 면접을 통해서 노동자와 그 상급자는 해당 노동자의 성과를 분석하고, 필요한 경우 평가 결과에 비추어 목표를 재설정한다. 기업 차원에서 이루어지는 평가의 이론과 관행에 대해서는 경영학뿐만 아니라 노동심리학 분야에서도 매우 교훈적인 책들이 존재한다.[16] 법적인 관점에서 볼 때, 프랑

---

14 Cf. Philippe Waquet, "Les objectifs," *Droit social*, 2001, pp.120~125; Thomas Pasquier, "Réviser les objectifs salariaux," *Revue de droit du travail*, 2013, pp.82~89.

15 이 책 제7장 참조.

스 대법원의 말을 빌리자면, "사용자는 노동계약에서 비롯되는 경영권으로부터 노동자의 업무를 평가할 권한을 갖는다".[17] 법률도 예를 들어 직업 능력 진단제도와 같이 어떤 경우에는 평가를 강제하기도 한다. 또한 법률은 노동계약의 성실한 이행이라는 이름으로,[18] 투명하고(사전 정보 제공) 적절한 기법과 방식에 따라 평가를 실시할 의무를 부과했다. 이러한 의무는 목표관리경영에 법적인 효력을 부여한다.[19] 공공 부문에서 평가 기법에 대응하는 것은 할당된 목표의 실현 정도에 따라 공무원에게 지급하는 성과급의 도입이다. 프랑스에서 공무원 성과급제는 처음에는 부분적으로 도입되었다가(법관,[20] 경찰관,[21] 중앙부처 고위공무원[22] 등), 2010년에 전면 적용되었다.[23] 또한, 예를 들어 민간의료 부문에서 "대항력 있는 의료준거"[RMO: 처방전의 남용을 방지하기 위해 좋은 관행들을 권고하는 제도 ― 옮긴이][24] 제도의 도입이나 유럽보조금에 의한 농업의 경영 같은 사례에서 보듯이, 비임금 노동이 부분적으로 조세나 사회보험의 재정 지

16   Christophe Dejours, *L'Évaluation du travail à l'épreuve du réel. Critique des fondements de l'évaluation* (Paris: INRA, 2003, 82 p).

17   프랑스 대법원 사회부, 2002.7.10., *Droit ouvrier*, 2002, 535, note V. Wauquier. 이 주제에 대해서는 S. Vernac, "L'évaluation des salariés," *Recueil Dalloz*, 2005, Chroniques, 924; A. Lyon-Caen, "L'évaluation des salariés," *Recueil Dalloz*, 2009, 1124 참조.

18   프랑스 노동법전, L.1222-1조.

19   프랑스 노동법전, L.1222-1조 내지 L.1222-4조.

20   2003년 12월 26일 명령 제2003-1284호.

21   2004년 7월 21일 명령 제2004-731호.

22   2006년 8월 11일 명령 제2006-1019호.

23   2010년 7월 5일 사회적 대화의 혁신에 관한 법률, 제40조 및 제41조.

24   Jean Tapie, "Les recommandations de bonne pratique et les références médicales, des outils à généraliser," *Droit social*, 1997, p.828; Didier Tabuteau, "Assurance maladie: les 'standards' de la réforme," *Droit social*, 2004, pp.872~076; Béatrice Espesson-Vergeat, "La force des avis et recommandations des autorités de santé," *Revue générale de droit médical*, 2009, pp.15~31; Michel Chassang, "Brèves réflexions sur l'avenir de la médecine libérale," *Revue de droit sanitaire et social*, 2011, pp.7~14; Isabelle Vacarie, "Raison statistique et catégories d droit de la santé," in *Statistique et normes*, Presses universitaires d'Aix-Marseille, 2014, pp.57~73.

원을 받는 경우에는 숫자에 의한 협치가 비임금 노동의 관리에도 영향력을 행사한다.

기업 차원의 수치(數治)

기업 차원에서는 주주를 위한 '가치창조'를 상장회사의 경영 방침으로 삼는 기업거버넌스 이론을 입법화하는 조치들[25]이 수치(數治)의 법적 영향력을 대변한다. 이를 위해 다양한 법기술이 고안되었는데, 특히 의미 있는 사례 두 가지만 제시하고자 한다. 첫 번째는 '주식매입선택권'(스톡옵션) 또는 '주식무상분배제도'가 프랑스 법에서 보여준 성공이다.[26] '대리이론'의 권고에 부합하는 이 제도들은 기업 경영진이 단기간에 기업의 주가를 끌어올린다는 목표에 따라 움직이도록 만든다. 두 번째 사례는 '레버리지'를 이용해 기업을 매수하는 금융 관련 법기술이다. 즉 이른바 '차입매수(LBO)'가 그것이다. 이것은 '목표 회사'라고 부르는 피인수회사로 하여금 인수에 필요한 금융 비용을 부담하게 하는 것을 말한다. 이를 위해 인수회사는 피인수회사를 "마치 레몬처럼 쥐어짜서" 최대한으로 배당을 하도록 만든다.[27] 또한 기업의 조직 모델이 산업시대를 지배했던 통합형 모델에서 망상형 모델로 변화하는 현상에 의해서도 기업 차원의

---

25 Alain Pietrancosta, *Le Droit des sociétés sous l'effet des impératifs financiers et boursiers* (thèse Université Paris-I, 1999, Lulu Entreprises Inc., 2007, 2 tomes, 486 et 748 p).

26 이에 관한 전체적인 조망으로는 Raymonde Vatiner, "Clair-obscur des stock-options à la française," *Revue des sociétés*, 1997, pp.31~66; "Quelques incertitudes du régime juridique des stocks-options," *Droit social*, 2002, pp.690~694.

27 Cf. Jean-Pierre Bertrel et Michel Jeantin, *Acquisitions et fusions des sociétés commerciales* (Paris: Lexis-Nexis, 2001), no.382, p.160; Martine Bertrel, *L'Incidence du LBO sur la notion de société* (thèse Université Paris-Est, Presses académiques francophones, 2012); 같은 저자의 "L'impact social du LBO sur la société 'cible' ou la nécessité de réformer l'abus de majorité," *Revue des sociétés*, 2013, p.75.

수치(數治)는 확대된다. 망상형 조직 모델은 하청기업을 원청기업의 눈앞에 투명하게 드러내는 디지털 기술의 발달에 힘입어, 원청기업이 법적 책임을 지지 않고도 생산의 하부단위에 대한 기술적, 경제적 지배권을 유지할 수 있도록 해준다. 이 모델이 전 세계 차원으로 확대됨에 따라 모든 나라에서 종속 사업자가 증가했다. 종속 사업자는 하나 또는 복수의 원청기업과 어느 정도 밀접한 지배종속관계에서 원청기업이 설정한 목표를 실현하기 위해 일한다. 망상형 조직은 기업이 핵심 분야에 집중하기 위해 도입한 것이라는 차원에서 일반적으로 정당화되기는 하지만, 생산 사슬을 구성하는 다양한 '이윤 단위'의 수익성을 비교, 촉진하고자 하는 금융시장의 기대에 특히 부응하는 것이기도 하다. 최근에 농산물 가공 분야나 섬유 분야에서 발생한 사건들[28]은 경제권력을 쥐고 있는 자들의 무책임, 바로 이 망상형 노동조직 모델에 의해 승인되는 무책임이 사람들의 건강에 얼마나 거대한 규모로 영향을 미칠 수 있는지 보여주었다.

목표의 실현에 기업을 예속시키는 현상이 갖는 또 다른 측면은, 앞의 사례들보다 덜 주목을 받고 있는데, 회사법이나 금융법이 아니라 노동법과 관련된다. 교섭의무의 확대가 그것이다. 원래 임금의 결정이나 노동시간에 국한되어 있었던 교섭의무가 공공정책의 목표를 실행하는 영역으로 확장되었다. 직장 내 남녀평등, 장애인이나 고령자의 취업 촉진, 기업 내 복지제도 또는 노동자의 기업이윤 참가제도의 시행 등이 대표적이다. 예를 들면, 남녀평등과 관련해 프랑스 입법자는 노동자 300명 이상인 기업의 경영진에게 "직장 내 남녀평등을 보장하기 위한 행동계획"을 수립할 의무를 부과했다. 이 행동계획은 "시행령으로 정하고 **경우에 따라서** 기업의 특수한 사정을 고려하는 지표들로 보완할 수 있는, 특히 수치화된 요소들에 근거하는 적절한 지표들"에 바탕을 두고 수립되어야 한다. 행동계획은 전년도에 설정한 목표와 시행했던 조치들을 평가한 후, "후년도에 예정된 개선 목표를 정하고, 이 목표를 달성할 수 있는 질적 행동과

---

28 이 책 제14장 참조.

양적 행동을 정의하며, 이에 소요되는 비용을 평가한다. ······ 사용자는 이 행동계획을 요약한 내용을, 적어도 **시행령에서 정하는 개선 지표와 개선 목표**를 포함하여, 노동자들에게 공지한다".[29] 성과를 측정하는 지표와 설정된 목표를 혼동하고 있다는 점을 지나는 길에 지적하고자 한다. 이것은 숫자에 의한 협치의 일반적인 경향이다.[30] 이러한 유형의 장치들은 지금까지 국가가 맡았던 규제의 기능을 사인에게 부여한다. 오늘날 사회적 영역에서 규칙으로 자리 잡은 "입법교섭"[31]은 이렇게 공권력이 설정한 목표를 실행하기 위한 법적 장치를 정의하는 임무를 노사 당사자들에게 위임하는 현상을 훨씬 더 광범위하게 보여준다. 나중에 다시 보겠지만, 이것은 공적인 것과 사적인 것의 경계가 사실상 무너지고 있음을 의미한다.[32] 지금까지 국가의 배타적 권한에 속했던 것을 협치의 이름으로 노동조합이나 기업이 행사하는가 하면, 국가는 기업의 거버넌스 원리를 스스로에게 적용하고 있다.

기업 차원에서 실현되는 수치(數治)는 무엇보다 먼저 주주가 기업에 부여하는 수익성 목표를 구현한다. 이와 관련해 기업의 성과를 평가하는 방식은 주로 두 가지 형태를 취한다. 양자 모두 법과 관련된다. 하나는 금융시장이 기업에 부여하는 가치를 반영한다고 간주되는 주식시장이고, 또 하나는 "기업의 재산과 재정 상황 및 손익에 대한 믿을 만한 이미지"[33]를 제공한다고 간주되는 회계이다. 금융법에 대한 수치(數治)의 영향력은 확실히 1980년대 극단적 자유주의

---

29 프랑스 노동법전, L.2323-57조, 제3항 및 제4항(2012년 10월 26일 법).

30 이 책 제9장 참조.

31 2007년 1월 31일 사회적 대화의 현대화에 관한 법률 제2007-130호. 이 법률은 전산업을 포괄하는 전국 단위의 단체교섭 범위에 들어가는 노동법 개정안에 대해서 교섭할 수 있는 권리를 노사 당사자에게 부여하고 있다. 이에 대해서는 Nicole Maggi-Germain, "Sur le dialogue social," *Droit social*, 2007, p.798; Jean-François Cesaro, "Commentaire de la loi du 31 janvier 2007 de modernisation du dialogue social," *Semaine juridique*, 2007.2.20., p.174; A. Supiot, "La loi Larcher ou les avatars de la démocratie représentative," *Droit social*, 2010, pp.525~532.

32 이 책 제10장 참조.

33 프랑스 상법전, L.123-14조. 이 책 제5장 참조.

가 대두한 이래 상당한 정도로 확대되었으며, 이와 함께 국가의 규제는 축소되고 그 대신 시장 기구들에 의한 규율이 증가했다. 즉, 스스로에 대해 닫힌 금융시장의 규범 체계가 강화되었다.[34] 바람직한 이상은 자기 규율이므로, 주식 그 자체도 '시장기업' 즉 증권거래소로 변모했다. 이 시장기업은 자기 자신의 영업소에서 상장한다. 즉 그 자체로 완벽하게 자기준거적인 금융상품을 구성한다. 한편 국제증권감독자협회(IOSCO)는 "자기 규율기구(SROs)"의 활용을 권고하는데, 이것은 금융시장의 기술적 요구사항에 호응할 수 있는 유일한 존재로 간주된다.[35] 금융시장에서 처리되는 주문의 대부분이 그 작업을 위해 프로그래밍된 컴퓨터에 의해 처리된다는 사실을 안다면[이른바 초단타매매(HFT)는 주문 간 시차가 밀리초 수준이다.[36]], 인간의 일을 자동으로 관리하고자 하는 사이버네틱스의 꿈이 어느 정도로 현실이 되었는지 알 수 있을 것이다. 이처럼 타율에서 자율로 이행하는 과정에서 초래될 수 있는 결과들 중에서 가장 널리 알려져 있는 것은 새롭고 복잡한 금융상품들이 급격하게 증가한 것, 그리고 이와 함께 증권 예탁제도 및 신용 파생상품이라고 하는 위험한 두 개의 기법이 비약적으로 발전한 것이다.

증권 예탁제도는 "까다로운 조건에서만 유통될 수 있는 각각의 고유한 채권을 유동적 가치로, 즉 시장에서 쉽게 유통될 수 있는 동일하고 대체 가능한 채권으로 전환하는 것"으로서, 최고의 학자들은 이것을 "매우 기이한 연금술"이

---

34 2007년 4월 12일 법률 제2007-544호. Cf. Bernard Jacquillat, "La gouvernance des entreprises de marché," *Revue d'économie financières*, 2006, pp.169~188; Sébastien Neuville, "Les prestataires(entreprises d'investissement et entreprises de marché) et les services d'investissement," *Bulletin Joly Bourse et produits financiers*, 2007, pp.559~585.

35 이 문제에 관한 전체적인 논의에 대해서는 Alain Couret et Hervé Le Nabasque(dir.), *Droit financier* (Paris: Dalloz, 2012, 제2판), p.6.

36 초단타매매(HFT)를 처리하는 컴퓨터의 알고리듬은 1000분의 1초당 수십 건의 주문을 처리할 수 있다. 오늘날 유럽 증권시장에 들어오는 주문의 90%는 이 초단타매매(HFT)자들에게서 나온다. 미국은 유럽보다 이 비중이 더 크다. 미국에서 초단타매매(HFT)는 2010년 5월 6일의 주식폭락을 비롯해 월스트리트의 빈번한 주식폭락의 원인으로 지목된다(Cf. "High-Frequency Trading," *New York Times*, 2011.10.10).

라고 부른다.[37] 여기에서 "연금술"은 원래의 의미로 이해해야 한다. 즉 납을 금으로 변환시키는 것을 말한다. 그러므로 문제는 이 금이 다시 납으로 되돌아갈 위험을 미리 대비하는 것인데, **신용 파생상품**이 개발된 것은 바로 이것을 위해서였다.[38] 신용 파생상품은 채권의 일부 또는 전부에 내포된 신용 위험을 채권과 분리해 계약 상대방에게 이전하는 정기유상계약이다. 그중에서 가장 큰 비중을 차지하고 있는 것은 "신용부도스왑(CDS)"인데, 2006년에 거래 규모가 30조 달러에 달할 정도로 빛나는 성공을 거두었다.[39] 애초에 신용 파생상품은 금융위험을 관리한다고 여겨졌지만, 오히려 위험을 심각하게 증가시켰으며, 그 자체가 거대한 규모의 투기 대상이 되었다. 여기에는 로의 시스템[40] 이후로 새로운 것이 전혀 없다. 18세기에 도박과 유사한 형태의 보험을 금지했던 이유들을 시야에서 놓치지 않는 한 말이다.[41] 또한 게임이론에 근거한 경제 정책이 카지노 경제를 낳는 것도 놀랍지 않다. 이로부터 거대한 투기 거품이 발생하는데, 이 투기 거품은 오늘날 금융거래의 90%를 차지하는 것으로 추산된다. 프랑수아 모랭(François Morin)을 비롯해 몇몇 경제학자들은 일찍이 "돈의 장벽"[42]이 구축되는 상황, 즉 돈이 현실 경제에 바탕을 두지 않은 채 쓰나미처럼 인간의 삶을 황폐화시킬 수 있는 상황을 경계했다. 앙드레 오를레앙(André Orléan)이 잘 보여준 것처럼, 금융시장은 수요와 공급의 법칙이 작동하지 않는다. 왜냐하면 금융시장의 행위자는 한편으로는 구매자이면서 또 한편으로는 판매자

---

37 A. Couret et H. Le Nabasque, *Droit financier, op. cit.*, p.16.

38 Antoine Gaudemet, *Les Dérivés* (Paris: Economica, 2010, préface Hervé Synvet, 328 p).

39 Cf. A. Couret et H. Le Nabasque, *Droit financier, op. cit.*, p.814. 이 규모가 어느 정도인가 하면, 2014년 프랑스 국가의 순부담은 약 3000억 유로, 즉 약 3740억 달러에 이른다.

40 존 로(John Law)의 시스템을 말한다. 로는 식민지에서 들어오는 수입을 담보로 공공 부채를 은행권으로 전환하는 시스템을 개발했다. 이 시스템은 은행권에 대한 투기를 불러일으켰고, 이 최초의 투기 거품은 1720년에 터졌다[Edgar Faure, *La Banqueroute de Law* (Paris: Gallimard, 1977, 742 p) 참조].

41 이 책 제5장 참조.

42 François Morin, *Le Nouveau Mur de l'argent. Essai sur la finance globalisée* (Paris: Le Seuil, 2006, 277 p).

이기 때문이다. 그리고 이들은 통상적인 상품 시장처럼 재화의 가격에 따라서 행동하는 것이 아니라, 다른 행위자들과의 상호관계 속에서 형성되는 가격에 따라서 행동하기 때문이다. 결과적으로 "금융시장에서 가격은 상품 거래 이전에 정해진 값을 표현하는 것이 아니라, 유동성을 쫓는 금융공동체가 고유한 방식으로 창조하는 것을 표현한다."[43]

기업의 가치를 측정하는 두 번째 수단, 회계 규범도 같은 시기에 숫자에 의한 협치의 이상과 계산 영역의 자기준거적 폐쇄를 실행에 옮기는 다양한 개혁 조치들의 대상이 되었다. 그 결과 회계의 논리가 전복되었다. 중세에 발명된 이후 언제나 복식부기는 신중의 원칙을 따랐다.[44] 신중의 원칙은 유형자산의 역사적 원가를 현재화하는 것, 즉 유형자산의 취득원가에서 감가상각을 뺀 금액을 계상해야 한다는 것을 말한다. 2002년에 유럽연합이 회계 규범의 작성을 사법상 기구인 국제회계기준위원회(IASC)에 맡겼을 때,[45] 이 신중의 원칙도 함께 폐기되었다. 그 대신 '공정 가치' 개념으로 대체되었는데, 이것은 자산을 시장에서 유동화할 때의 가격을 회계 작성 시점에서 추정한 것에 불과하다. 사무엘 쥐베(Samuel Jubé)가 지적한 바와 같이, 이러한 개혁 조치들은 회계의 기능을 심각하게 변형시켰다.[46] 회계는 더 이상 제3자에 대한 사업자의 법적 책임을 환기시키는 숫자 도구가 아니라, 경쟁 기업들의 상품가치에 비추어 기업의 상품가치를 벤치마킹하는 도구가 되었다. 기업의 주식 가치는 이러한 벤치마킹에 크게 의존하고, 또 경영진의 이익은 이제 주주의 이익에 연동되기 때문에, 회계 이미지의 개선은 그 자체로 목적이 되었을 뿐, 기업의 실제 성과 및 장기적 이익에 대한 고려와는 전혀 무관하다. 이른바 '주식 해고', 즉 기업의 주가를 끌어올리기 위해 인적 잠재력을 훼손하는 해고를 실시하는 이유가 바로 여

---

43 André Orléan, *L'Empire de la valeur. Refonder l'économie* (Paris: Le Seuil, 2011), p.307.

44 이 책 제5장 참조.

45 2002년 7월 19일 유럽의회와 유럽이사회 제1606-2002호 규칙. IASC는 미국의 재무회계기준위원회(FASB)와 거의 같은 혈통이다. 이 두 개의 조직은 전 세계 차원에서 회계 규범화를 양분하고 있다.

46 Samuel Jubé, *Droit et normalisation comptable, op. cit.*

기에 있다. 이런 식으로 기업의 가치를 평가하는 방식은 순환적이다. 호황의 시기에는 주식 거래가 활성화되지만, 시장의 상황이 뒤집히면 파산한다. 그 결과 유럽의 은행들은 2008년 금융시장 붕괴 후, '공정 가치'가 아니라 역사적 원가로 은행 대출을 계상하도록 했다.[47] 다시 말하면, 신중의 원칙으로 복귀한다는 것이다. 단, 그것이 은행에 더 유리한 경우에만. 마피아적 시스템에서 보증인의 형상은 그러므로 사라지지 않는다. 다만, 의미를 바꿀 뿐이다. 즉 더 이상 척도의 불편부당함에 대한 보증인이 아니라, 포식의 영속성에 대한 보증인으로 변신할 뿐이다.

국가 차원의 수치(數治)

국가 차원에서는 이른바 '신공공관리'의 맥락 속에서 숫자에 의한 협치가 도입되었다. 이것은 민간 기업의 규칙과 방법을 일반적 조직이론이라는 이름으로 행정 부문에 확장하는 것이다.[48] 프랑스에서는 사회보장법의 영역에 처음으로 신공공관리가 도입되었다. 즉 1996년에 "의료보험 지출에 관한 국가 목표(ONDAM)" 제도가 도입된 것이다. 이 목표는 매년 사회보장예산에 관한 법률로 정해진다.[49] 입법자의 노력에도 불구하고 이 제도는 별다른 규범적 영향

---

47 Cf. S. Jubé, "Régulation bancaire et régulation comptable," in *Débats autour de la régulation bancaire et de ses impacts*, *The Journal of Regulation*, 2012. 5.

48 이에 관한 전반적인 설명으로는 Owen E. Hughes, *Public Management and Administration. An Introduction* (Palgrave Macmillan, 1994, 2012, 제4판), 373 p); 사회학적 접근으로는 Béatrice Hibou, *La Bureaucratisation du monde à l'ère néolibérale* (Paris: La Découverte, 2012, 223 p).

49 프랑스 사회보장법전, L.O.111-3조 및 L.O.111-4조. Cf. Rémi Pellet, "Les lois de financement de la sécurité sociale depuis la loi organique du 2 août 2005," *Revue de droit sanitaire et social*, 2006, p.136; Anne-Sophie Ginon et Maurice Trepeau, "L'ONDAM peut-il s'imposer comme outil de régulation des dépenses d'assurance maladie?," *Revue de droit sanitaire et*

력을 획득하지 못한 채로 머물렀다.[50] 그러나 2001년에 모든 정치정당들이 합의해 통과시킨 "예산안조직법(LOLF)"은 달랐다.[51] 이 제도의 핵심 목표는 공적 행위의 "성과"에 있다. 미고(Migaud)와 카레즈(Carrez)는 국회에 제출한 입법보고서에서 다음과 같이 썼다. "성과를 둘러싼 전투는 수년이 지난 후에야 비로소 진정으로 승리할 수 있다. 왜냐하면 이 전투는 바로 정신 속에 존재하기 때문이다."[52] "전투"와 심리학적 전쟁 등 군사적 용어를 동원하는 것은 필연적으로 모든 형태의 총동원을 수반한다. 이 총동원은 공적 행위 전체가 숫자화된 목표의 실현을 향해서 나아간다는 것을 의미하고, 이러한 지향은 언어의 변화로 나타난다.

- 예산안은 "정해진 경제적 균형 및 예산안이 정하는 프로그램의 목표와 결과를 고려한다".
- 사명은 "정해진 공공정책에 협력하는 프로그램 전부를 포함한다".

....

social, 2008, p.1096; Patrick Hassenteufel et Bruno Palier, "Les trompe-l'œil de la 'gouvernance' de l'Assurance-maladie. Contrastes franco-allemands," *Revue française d'administration publique*, no.113(2005), p.13.

50 Étienne Douat, "La valeur juridique de l'ONDAM. Apparence et réalité," in *Finances publiques et santé* (Dalloz, 2011), p.493.

51 2001년 8월 1일 예산안조직법(LOLF) 제2001-692호. 이 법의 내용에 대해서는 Direction de la réforme budgétaire, *Les objectifs et les indicateurs de performance des projets et rapports annuels de performance annexés aux projets de lois de finances*, 2003.12.12.; Ministère de l'Économie et des Finances, *Guide pratique de la LOLF(Comrendre le budget de l'État)*, 2012.6. 또한 Jean-Pierre Camby(dir.), *La Réforme du budget de l'État. La LOLF*,(LGDJ, collection "Systèmes", 2004, 제2판); Philippe Parini et Michel Bouvier, *La Nouvelle Administration financière et fiscale* (LGDJ, 2011); Henry-Michel Crucis, "La gestion publique en mode LOLF: quel genre?," *Actualité juridique Droit administratif(AJDA)*, 2008, p.1017; 같은 저자의 "Les objectifs en droit financier public. La fin en soi?," in Bertrand Faure(dir.), *Les Objectifs dans le droit* (Paris: Dalloz, 2010), pp.115~133.

52 Didier Migaud et Gilles Carrez, *La Performance dans le budget de l'État*, rapport d'information, *op. cit.*, p.7. 이 개념의 적용에 대해서는 Florence Jany-Catrice, *La Performance totale: nouvel esprit du capitalisme?* (Lille, Presses universitaires du Septentrion, 2012, p.175).

- 프로그램은 "동일한 중앙부처에 속하는 행위 또는 관련 행위 전부를 실행하기 위한 예산을 포괄하며, 이 프로그램에는 공익의 목적에 따라서 정해지는 구체적인 목표 및 사후 평가의 대상이 되는 예상 결과를 결합시킨다".

- 행위는 "프로그램의 구성요소이다. …… 어떤 행위가 특정한 목적을 수행하는 경우에는, 프로그램에 결합된 목표와 지표들 중에서 그 행위에 특수한 목표와 지표를 결합시킬 수 있다".

- 프로그램 실행 예산은 "결과지표에 의해 측정되는 목표에 결합되어 있는 수단들의 전부이다. 프로그램 실행 예산의 목표는 프로그램의 목표에 따라서 정의된다".

- 지표: "계량적 지표는 성과의 예상 진도와 실제 진도에 관한 수치화된 정보를 제공한다. 각 지표는 예산안의 해당 회계연도 및 중간점검을 위한 예측적 가치를 갖는다".

- 연간성과계획은 각 프로그램에 대해 "행위, 관련 비용, 추구하는 목표 및 향후 회계연도에 대해 정당하게 선택된 구체적 지표를 통해 측정되는 예상 결과 및 실제 결과를 제시한다".

- 연간성과보고서는 "목표, 예상 결과 및 실제 결과, 지표 및 관련 비용과 해당 회계연도의 예산안이 규정한 전망 간의 격차 및 직전 회계연도의 결산안에서 확인된 성과들 간의 격차를 보고한다".[53]

이런 식으로 연간성과계획 및 연간성과보고서 들에서 열거한 목표의 숫자는 500개에 달하며, 이 목표들에는 모두 "성과의 예상 진도와 실제 진도에 관한 수치화된 정보"[54]를 제공하는 지표들이 결부되어 있다. 이 목표들에 다시 각 조직마다 내부의 위계 구조에 따라 다단계로 내려가며 확정되는 목표들이 더해진다. 이 새로운 협치 양식의 도입은 민간 기업에서 적용하고 있는 회계 규범이 국가로 확장되는 과정을 수반했다.[55] 따라서 "국가에 적용되는 회계 규칙과

---

53 출처: LOLF, 제7-I조, 제51조, 제54조; *Guide pratique de la LOLF, op. cit.*, pp.73~75.

54 *Guide pratique de la LOLF(Comprendre le budget de l'État), Ministère de l'Économie et des Finances, op. cit.*, glossaire, pp.73~75.

기업에 적용되는 회계 규칙은 국가 행위의 특수성에 의해서만 구별된다.ˮ[56] 그리고 그 결과 민간 회계사무소들에게는 공공회계의 인증이라는 또 하나의 영리시장이 열렸다.[57] 민간 회계 규범의 적용 결과, 공공기관들은 이제 시장에서 유동화하는 경우의 예상가격으로 평가받게 되었다.

이러한 조치들을 보완하기 위해 2008년에 공공예산의 프로그래밍화 및 회계상 균형예산의 요구에 따라 국가의 행위 목표를 설정하는 제도가 프랑스 헌법에 도입되었다. 기업 회계에서 '대차대조표의 아랫부분'에 해당하는 것, 공공정책의 '객관적 지표'로 설정될 수 있는 핵심 숫자는 재정 적자 또는 예산 초과에 관한 숫자이다. 프랑스 헌법 제34조에 따르면, "공공예산의 다년간 집행방향은 예산의 프로그래밍화에 관한 법률로 정하며, 공공행정의 회계균형이라는 목표를 추구한다".[58] 언제나 민주주의를 위협하는 지나친 관용주의를 방지하기 위해 많은 나라들이 헌법적 가치를 갖는 '예산의 황금률'을 채택했다. 즉, 사전에 허용된 적자의 한도를 초과하는 경우 자동적으로 예산 집행을 차단하는 제도(미국법에서 'sequestration'이라고 부르는 것)를 도입했다.[59]

수치화된 목표를 통한 관리는 국가와 지방자치단체 또는 공공기관 간의 관계에도 도입되었다.[60] 이것은 '목표협약'을 통해서 실현되는데, 하도 종류가 많

....

55 Cf. Corine Eyraud, *Le Capitalisme au cœur de l'État. Comptabilité privée et action publique* (Broissieux, Éd. du Croquant, 2013, 320 p).

56 LOLF, 제30조.

57 프랑스 대학들의 인증만으로도 연간 5000만 유로의 공공지출이 추가로 발생한다(Cf. C. Eyraud, *Le Capitalisme au cœur de l'État. Comptabilité privée et action publique, op. cit.,* p.231).

58 Michel Bouvier, "La constitutionnalisation de la programmation pluriannuelle des finances publiques," *Les Petites Affiches,* no.245(2008.12.19), p.50; 같은 저자의 "Programmation pluriannuelle, équilibre des finances publiques et nouvelle gouvernance financière publique," *Les Petites Affiches,* no.16(2009.1.22), p.52.

59 Benoît Jean-Antoine, "La règle d'équilibre ou 'règle d'or' en droit comparé," *Revue française de finances publiques,* no.117(2012), p.55.

60 Conseil d'État, *Le contrat, mode d'action publique et de production des normes. Rapport annuel 2008,* La Documentation française, 2008; Sandrine Chassagnard-Pinet, David Hiez

아서 일일이 열거할 엄두가 안 날 지경이다. 몇 가지만 예로 들면, 국가-광역 계획협약, 직업교육훈련을 위한 목표 및 수단 협약,[61] 지방자치단체 기후·에너지 계획,[62] 보건 분야 목표 및 수단에 관한 다년간 협약,[63] 행정관할권에 관한 목표협약,[64] 국가-대학 지원에 관한 다년간 협약[65] 등이 있다. 물론 이 모든 협약에는 수행성과를 평가하기 위한 지표 및 협약의 이행 여부를 감독할 수 있는 절차들이 포함되어 있다.

이러한 유형의 장치는 프랑스에만 있는 것은 아니고, 전 세계적으로 공적 행위의 통상적인 양식으로 자리 잡고 있다. 예를 들어 미국에서 교육 시스템의 개혁을 위해 2002년에 도입한 '아동 낙오 방지법(No Child Left Behind)'이 좋은 사례를 제공한다. 프랑스의 예산안조직법처럼 이 법도 여당과 야당의 합의로 채택되었다. 이 법은 연간 수행평가를 통해서 "공립학교들의 수준 차이를 확인하기 위한 단계들" 및 "학생들이 획득한 결과를 감독할 수 있는 일반 시스템"을 도입했다. 각 지역과 학교는 학생들의 수행평가 결과에 대해서 책임을 진다. 정해진 목표를 달성하지 못한 학교에 대해서는 "적정 연간 향상도 달성 실패"로 규정한다. 이에 따라 이를 개선하기 위한 조치들이 취해지고, 경우에 따라

....

(dir.), *La Contractualisation de la production normative*(Paris: Dalloz, 2008); Laurent Richer, "La contractualisation comme techinique de gestion des affaires publiques," *Actualité juridique de droit administratif(AJDA)*, 2003, p.973.

61 국가 및 지방자치단체 간 관할권 배분에 관한 1983년 1월 7일 법률 제83-8호; 도제교육에 관한 1987년 7월 23일 법률 제87-572호 및 1992년 7월 17일 법률 제92-675호; 프랑스 교육법전, D.214-5조 이하.

62 에너지 정책의 방향을 정하는 프로그램에 관한 2005년 7월 13일 법률 제2005-781호; 프랑스 환경법전, L.226-26조; Adrien Fourmon, "L'essor des plans Climat-Énergie territoriaux," *Gazette du Palais*, no.185(2009.7.4), p.24.

63 프랑스 공중보건법전, 제1435-3조 및 제16114-1조; Laurent Cocquebert, "Le contrat pluri-annuel d'objectifs et de moyens est-il un contrat?," *Revue de droit sanitaire et social*, 2012, p.34.

64 사법 개혁에 관한 2002년 9월 9일 법률 제2002-1138호. 이 법에 대해서는 Renaud Denoix de Sanit Marc, "Les contrats d'objectifs des cours administratives d'appel," *AJDA*, 2008, p.1246.

65 프랑스 교육법전, L.712-9조.

서는 2년에 걸쳐 재건계획을 수립한다. 해당 학교는 "개선 필요 학교"로 분류되며, 이후 2년 동안에도 목표를 달성하지 못한 경우에는 다시 "인가 재검토 학교"로 분류된다. 실패가 계속 되면, 지역은 학부모한테 학교를 바꿀 수 있음을 통보한다. 마지막에는 "관리 학교"로 분류된다. 관리 학교는 국가와 계약을 체결해 운영되는데, 행정적 의무는 줄어드는 대신, 계약을 갱신하기 위해서는 무조건 목표를 달성해야 한다. 교원이나 행정직원이 교체될 수도 있다. 국가는 또한 "효율성을 입증한 민간 기업 등에" 학교의 운영을 요청할 수도 있다. 반대로 정해진 목표를 달성하는 학교는 포상금(학업성취국가지원금)을 받는다.[66]

유럽 차원의 수치(數治)

유럽 차원에서는 1992년 마스트리히트 조약이 단일화폐를 창설하면서, 국가의 역할이 수치화된 목표의 실현에 예속되는 현상이 시작되었다. 회원국에 부여되는 공통의 목표로서 네 가지 공조 기준이 채택되었다. 인플레이션 억제, 공공 부채와 재정 적자의 억제, 환율의 안정 그리고 이자율의 수렴이 그것이다. 이러한 경제정책의 목표들은 이미 1992년에 '객관적 지표'로 표현되었는데, 이 지표들은 국가의 행위 목표이자 동시에 국가의 수행성과를 평가하는 기준이다. 특정 국가의 물가상승률(물가안정성에 관한 지표)은 가장 성적이 좋은 세 나라의 물가상승률의 1.5%p를 초과하면 안 된다. 공공행정 및 사회보장의 적자(공공지출 억제에 관한 지표)는 국내총생산(GDP)의 3%를 초과하면 안 되고, 공공 부채의 규모는 GDP의 60%를 초과하면 안 된다. 장기이자율은 물가안정

---

66 Cf. Malie Montagutelli, "L'école américaine dans la tourmente de 'No Child Left Behind'," *Revue française d'études américaines*, no.119(2009/1), pp.94~105; Adam Camoran, "Bilan et devenir de la loi 'No Child Left Behind' aux États-Unis," *Revue française de pédagogie*, no.178(2012.1.-3), pp.13~26.

성에서 가장 좋은 성과를 보여주는 세 나라의 장기이자율의 2%를 초과하면 안 된다(이것이 곧 벤치마킹의 기법인데, 즉 절대적 가치를 기준으로 평가하는 것이 아니라 다른 이들의 성과를 기준으로 삼아서 평가하는 것이다).[67]

그런데 이 장치가 한 번도 제대로 작동하지 않았기 때문에, 지난 20년 동안 유럽은 그 근거를 재검토하는 것이 아니라 끊임없이 이를 더 강화했다. 1997년 암스테르담에서 채택된 '안정성장협약'은 모든 회원국이 향후 3년 동안의 안정성 프로그램을 매년 유럽경제각료위원회(Ecofin)에 제출하도록 의무화했다. 유럽경제각료위원회는 "경제정책기본방향"이라고 이름 붙여진 일련의 목표를 매년 채택해야 한다. 회원국들은 각 회원국이 이 목표를 수행하는지 여부를 상호감독한다. 마지막으로 1997년 암스테르담 협약은 재정 적자가 GDP의 3%라는 객관적 지표를 초과하는 회원국에 대해서 금융제재를 가할 수 있는 절차를 마련했다. 이 지표의 기원에 대해서는 그것을 발명한 사람 중 한 명이 직접 들려준 바 있다. 당시 재정 책임자의 자리에 있었던 기 아베유(Guy Abeille)가 주인공이다. 아베유의 얘기를 들어보면, 프랑스의 위정자들이 얼마나 숫자의 물신주의에 빠져 있으며, 얼마나 현실 경제와 동떨어져 있는지 드러난다. "특정 연도의 적자에 탐조등을 비추는 것은 아무 의미가 없다. 나아가 이 적자를 같은 연도의 GDP와 비교하는 것은 더 무의미하다. GDP와 적자의 비율은 …… 어떤 경우에도 지침의 역할을 할 수 없다. 이것은 아무것도 측정하지 못한다. 기준이 아닌 것이다. 상환능력에 대한 합리적 분석, 즉 지불능력에 대한 분석만이 의미가 있다. …… 물론, 하지만 정치적 문제가 남는다. 경제적 문제가 아니라 정치적 문제가. 어떻게 지불능력의 합리적 분석이라는 납을 경이롭게 반향을 일으키는 절대 명령의 금으로 변환할 것인가?"[68]

국가의 역할을 수치화된 목표의 실현에 예속시키는 현상은 2013년 1월 1일 '경제화폐연합의 안정과 조율 및 협치에 관한 조약'이라는 이름의 재정협약이

----

67 이 책 제7장 참조.

68 Guy Abeille, "À l'origine du déficit à 3 % du PIB, une invention 100 %... française," *La Tribune*, 2010.10.1.

발효됨으로써 최후의 일보를 내딛었다. 이 재정협약 제3조는 숫자에 의한 협치의 완벽한 모델이다. 이 조항은 재정 균형 또는 재정흑자라는 목표를 숫자 지표로 나타낸 다음, 이 목표를 실현하기 위한 일정을 규정하는 한편, 그 달성 여부를 평가하는 절차를 마련하고 있다. 프랑스는 선거 공약을 위반하면서까지 이 협약을 비준했기 때문에,[69] 여기에서 그 핵심 내용을 다시 언급하는 수고를 무릅쓸 만하다고 할 것이다.

제3장 재정협약

제3조

1. 협약 당사자는 유럽연합법에서 규정하고 있는 의무에 반하지 않는 한 이 조항에서 규정하고 있는 규칙을 적용한다.

(a) 협약 당사자의 정부 재정 상황은 균형이거나 흑자이다.

(b) 정부의 연간 구조적 결산이 각 나라별 특수성에 따른 중기 목표에 부합하는 경우 위 (a)에 규정된 규칙이 준수된 것으로 간주한다. 이 목표는 개정 '안정성장협약'에서 정하는 바에 따르며, 시장 가격으로 국내총생산의 0.5%의 구조적 적자를 하한선으로 한다. 협약 당사자는 상호 중기 목표를 향한 신속한 공조를 보장한다. 공조의 일정은 각 나라별 지속가능성 위험을 고려해 유럽집행위원회가 제안할 것이다. 중기 목표를 향한 진도 및 달성 여부는 구조적 결산을 기준으로 일괄 평가한다. 평가에는 지출 분석을 포함하며, 개정 '안정성장협약'에 따라 세입 관련 자유재량 조치들은 지출에서 공제한다.

(c) 협약 당사자는 제3항 (b)에서 정하는 예외적인 경우가 아닌 한, 상호 중기 목표 또는 상호 중기 목표를 향한 조정 경로로부터 일시적으로 벗어날 수 없다.

(d) 국내총생산 대비 공공 부채의 비율이 시장 가격으로 유의미하게 60% 미만이

---

[69] 프랑스 대통령은 이 조약을 비준하지 않겠다는 공약으로 2012년 5월에 당선되었지만, 당선되자마자 서둘러 비준했다. 헌법재판소는 대단히 기교적인 논리로 이 비준을 위해서 헌법을 개정할 필요는 없다고 결정했다(프랑스 헌법재판소, 2012.8.9., 2012-653 결정).

고, 공공재정의 장기 지속가능성 위험이 낮은 경우, (b)에서 정한 중기 목표 구조적 적자 하한선은 시장 가격으로 국내총생산의 1.0%까지 인상할 수 있다.

이 재정협약의 새로움은 자동수정 메커니즘을 도입한 것인데, 이것은 그야말로 법적 사이버네틱스의 시대로 우리를 인도한다. 이것은 제3조 제1항 (e)에 다음과 같이 정의되어 있다. "중기 목표 또는 중기 목표를 향한 조정 경로로부터 유의미한 이탈이 확인되는 경우, 수정 메커니즘이 **자동으로 촉발된다.** 수정 메커니즘은 해당 협약 당사자가 정해진 기간 내에 이탈을 수정하기 위한 조치들을 실행할 의무를 포함한다." 프랑스에서 이 자동수정 메커니즘은 공공재정최고위원회(HCFP)에 의해 담보되는데, 이 위원회는 디디에 미고(예산안조직법의 창설자 중 한 명) 감사원장이 의장을 맡은 독립 기구이다. 이 위원회가 재정 균형의 확보 경로와 할당된 목표 사이에 중요한 이탈이 발생했음을 확인하는 경우, 정부는 해당 연도 국가예산안 또는 사회보장예산안에 이를 반영해야 한다.[70]

경제정책의 선택 범위를 옥죄는 법적 코르셋의 견고성을 과대평가할 필요는 없다. 마스트리히트 조약 이래로 유럽연합이 설정한 숫자 목표가 진정으로 준수된 경우는 한 번도 없었으며, 안정성장협약이 유로존의 모든 나라에 강요하는 "황금률"도 비슷한 운명을 맞이할 것으로 보인다.[71] 철의 규율은 다른 데 있다. 즉 유럽중앙은행의 유일한 목표를 물가안정으로 규정하고,[72] 회원국에 대출을 금지하고 있는[73] 마스트리히트 조약의 규정들 속에 있다. 이 두 가지 사항은 미국의 연방준비위원회와 가장 대비되는 것이다. 미국 연준은 완전고용

---

70 공공재정의 프로그래밍과 협치에 관한 2012년 12월 17일 조직법 제2012-1403호.

71 Antony Taillefait, "Les 'automatismes budgétaires' à l'épreuve du politique. À propos des dettes publiques," *Revue française des finances publiques*, no.118(2012), p.133; Daniel Wilsher, "Law and the Financial Crisis: Searching for Europe's New Gold Standard," *European Law Journal*, vol.19, no.3(2013), pp.241~283.

72 유럽연합 기능 조약, 제105조, § 1. 이것은 완전고용의 실현을 첫 번째 임무로 하고 있는 미국 연방준비제도와 크게 다른 점이다.

73 유럽연합 기능 조약, 제101조. 유럽중앙은행제도 및 유럽중앙은행의 지위에 관한 프로토콜, 제21조.

의 달성을 첫 번째 목표로 하며, 미국 연방정부가 발행하는 국채를 매입할 수 있다. 유럽중앙은행으로부터 재정을 조달할 수 없는 유로존의 나라들은 금융시장의 기분에 내맡겨져 있다. 진정으로 규범력을 갖고 있는 숫자는 조약 속에 적혀 있는 숫자들이 아니라, 채권시장의 이자율인 것이다.[74]

세계 차원의 수치(數治)

세계 차원에서 숫자에 의한 협치는 공적인 측면과 사적인 측면을 가지고 있다. 공적인 측면은 국제기구들이 재정상 어려움에 처한 국가들에 지원을 하면서 부가하는 조건들 속에 드러난다. 국제기구의 지원은 구조조정 프로그램이라는 광범위한 차원에서 이루어지기도 하며, 또는 좀 더 특정된 프로그램을 통해서 이루어지기도 한다. 이 모든 프로그램에는 국제기구가 해당 국가에 부여하는 목표의 달성 여부를 평가하기 위한 숫자 지표들이 붙어 있다. 이 프로그램들은 1971년에 달러의 금태환제가 폐지되면서 변동환율제가 확대된 이후로 IMF의 강력한 무기가 되었다. 화폐가 금융시장에서 가격이 정해지는 일종의 상품으로 취급되기 때문에, 국제 통화 질서를 유지한다고 하는 IMF의 임무는 목적을 상실하게 되었다. 그 이후 IMF의 주요 임무는 극단적 자유주의 정통 교리의 세 가지 율법을 모든 국가에 강제하는 것이 되었다. 즉, 무역 국경의 개방, 노동시장의 탈규제, 공공서비스의 민영화가 그것이다. IMF는 재정지원의 조건으로 이 세 가지 율법을 준수할 것을 요구한다.[75] 지원의 규모는 계량적 지표들로 평가되는 목표의 달성 정도에 따라 차등화된다.[76] 이 지표들에는 언제나

---

74 이러한 의미에서의 논증으로 Frédéric Lordon, *La Malfaçon. Monnaie européenne et souveraineté démocratique* (Paris: Les liens qui libèrent, 2014), p.23 이하.

75 Cf. Jean-Marc Sorel, "Sur quelques aspects juridiques de la conditionnalité du FMI et leurs conséquences," *European Journal of International Law*, 1996, pp.42~66.

거시경제적 변수들이 포함되는데, 통화 및 신용의 규모, 외환보유고, 재정 균형, 차관 등이 그것이다. IMF는 유로존에서 통화 수칙의 준수를 위해 채택했던 메커니즘에 따라, 목표와 성과 간의 격차가 미미하거나 일시적인 경우 또는 해당 국가가 수정 조치를 취했거나 취할 계획이 있는 경우에는, 계량적 실행 목표와 실제의 실행 정도 사이에 어느 정도의 불일치를 허용한다. IMF의 구조조정 프로그램은 제일 먼저 남아메리카에서 실험되었다. 특히 아르헨티나가 실험 대상이었는데, 결과적으로 구조조정 프로그램은 아르헨티나의 파산을 앞당겼다. 이후 구조조정 프로그램은 아프리카를 위시해 제3세계의 많은 나라들에 적용되었으며, 종국에는 트로이카(유럽집행위원회, 유럽중앙은행, IMF)의 지배 아래 유로존의 나라들로 확대되었다.

숫자 지표를 결합한 '조건부' 메커니즘은 IMF에만 있는 것은 아니다. 유럽연합이나 세계은행도 빈곤 지원 정책에서 이 메커니즘을 이용한다. 이 국제기구들의 프로그램은 사회와 경제를 황폐화시켰는데, 이러한 결과는 새로운 유형의 프로그램을 도입하는 이유가 되었다. 그리고 여기에 빈곤 퇴치, 지배구조의 개선, 인적 개발 등 새로운 유형의 계량적 목표를 결합한다.[77] 1990년 이후 국제연합이 추진하는 유엔개발계획(UNDP) 및 2000년 이후의 '밀레니엄개발목표'가 추구하는 목적이 바로 그것이다.[78] 아마르티아 센(Amartya Sen)과 마부브 울 하크(Mahbub ul Haq)가 "인간개발지수(HDI)"를 고안한 것도 바로 이 유엔개발계획의 일환이었다. 인간개발지수의 계산식은 여러 번 수정되었다가 2011

<hr>

76 IMF는 2009년에 새로운 규칙을 채택했다. 이제 구조조정 프로그램의 실현 지표가 아니라 "프로그램 재검토"의 맥락에서 구조개혁 조치의 이행 감독이 이루어진다.

77 Banque mondiale, *Rapport sur le développement dans le monde 2000-2001: combattre la pauvreté*(Paris: Éditions Eska, 2001); Jean-Pierre Cling, Mireille Razafindrakoto et François Roubaud(dir.), *Les Nouvelles Stratégies internationales de lutte contre la pauvreté*(Paris: Economica, 2003, 463 p).

78 2000년 9월 13일 제55/2호 결의로 유엔총회에서 채택된 밀레니엄 선언 참조. 이 결의에서는 경제개발과 빈곤의 제거, 환경의 보호, 민주주의와 좋은 협치의 진작, 취약계층의 보호, 아프리카의 특수한 필요를 위한 방안 등 사회적, 환경적 목표가 핵심적인 위치를 차지한다(결의는 연대의 원칙도 승인하고 있다).

년 이후 아래와 같이 정해졌다.

$$HDI= \sqrt[3]{LEI \times EI \times II}$$

LEI: 기대수명지수; EI: 교육수준지수; II: 소득수준지수

인간개발지수는 기대수명, 교육수준, 소득수준을 측정하기 위한 하위지수들을 종합해 구성된다. 예를 들면, 교육수준은 25세 이상 성인의 평균 학업 기간 및 학령기 아동의 취학 대기 기간으로 측정한다. 또한 "좋은 협치"를 측정하기 위해서 유사한 지표들이 개발되었다.[79] 이 '행복' 지표들은 오늘날 대단한 열광의 대상이 되고 있다.[80] 특히 구조조정 프로그램을 확실하게 승계한 빈곤 퇴치계획이 그 중심에 있다. 문제는 이러한 지표들이 유용한 치유책이 될 수 있는지, 그렇지 않으면 해당 나라를 전면적 계량화의 궁지로 내몰 것인지 분별하는 것이다.

전 세계적 차원에서 비재정적 목표가 강제력 있는 계량화의 대상이 되었던 첫 번째 사례는 교토의정서에 의해 도입된 온실가스 감축이다. 교토의정서는 1992년에 리오에서 채택된 국제연합 기후변화 기본협약을 이행하기 위한 규범적 조치로서, 1997년에 체결되고 2005년에 발효되었다. 2010년 기준으로 168개국이 교토의정서를 비준했지만, 중국과 미국은 비준하지 않았다.[81] 교토

79　Steve Knack & Nick Manning, *Towards Consensus on Governance Indicators*, World Bank, 2000.3., 28 p.; Marie Besançon, *Good Governance Ranking: The Art of Measurement* (Cambridge Mass.: World Peace Foundation-Harvard University, 2003, 40 p); Steven Van de Walle, "Peut-on mesurer la qualité des administrations publiques grâce aux indicateurs de gouvernance?," *Revue française d'administration publique*, no.115(2005/3), pp.435~ 461.

80　Jean Gadrey et Florence Jany-Catrice, *Les Nouveaux Indicateurs de richesse*(Paris: La Découverte, 2007, 제2판); Joseph Stiglitz, Amartya Sen et Jean-Paul Fitoussi, *Richesse des nations et bien-être des individus. Rapport au Président de la République*, préface Nicolas Sarkozy(Paris: Odile Jacob, 2009, 351 p).

81　Anne-Sophie Tabau, *La Mise en œuvre du Protocole de Kyoto en Europe*(Bruylant, 2011, 527 p); Alexandre Borde et Haitham Joumni, "Le recours au marché dans les politiques de lutte contre le changement climatique," *Revue internationale et stratégique*, no.67(2007), p.53.

의정서는 2008~2012년 사이에 온실가스 배출량을 1990년 대비 5% 이상 감축하는 것을 목표로 삼았다. 이 목표에 도달하기 위해 채택한 방법은 '재산권이론'의 좋은 사례를 제공한다.[82] 이 방법론은 규제나 조세를 부과하는 것이 아니라, 공해배출권을 거래하는 시장을 제도화하는 것이다. 이 메커니즘은 2012년 12월 도하에서 채택된 수정안을 통해서 2020년까지 연장되었다. 그러나 2009년 코펜하겐 기후회의의 실패 및 초기 협약국들의 탈퇴(캐나다, 일본, 뉴질랜드, 러시아)로 인해, 현재 전 세계 온실가스 배출량의 15%만이 이 공해배출권 거래시장의 범위에 들어와 있으며, 많은 경제학자들은 이러한 착상 자체를 회의하고 있다.[83]

한편, 세계적 차원에서 국가의 성과를 계량적으로 평가하는 시스템에는 사적인 측면도 있다. 즉, 신용 평가 기관들이 각 나라의 재정 전망 및 국채의 신용도를 평가해 계량적 지수로 발표하는 것이 그것이다. 신용 평가 기관들은 이를 위해서 복잡한 위험지표들을 개발했다.[84] 이 국제 신용 평가 기관들은 법적 강제력이 없는 행위준칙의 적용을 받을 뿐이다. 국제증권감독자협회(IOSCO)가 2003년에 채택한 '신용 평가 기관의 활동에 관한 원칙 선언'이 그것이다. 유럽연합은 2006년까지 신용 평가 기관의 자율규제 원칙을 지지했다. 2008년 금융시장의 붕괴 이후 유럽연합은 신용 평가 기관의 활동을 규제하기 위한 일련의 조치들을 도입했다.[85] 이해관계 충돌을 방지하고,[86] 신용 평가 방법의 신중성

---

82 이 책 제7장 참조.

83 Cf. Roger Guesnerie et Henry Tulkens(eds.), *The Design of Climate Policy* (MIT Press, CESifo Seminar Series, 2008); Roger Guesnerie, *Pour une politique climatique globale* (Paris: Éditions Rue d'Ulm/Presses de l'École normale supérieure, 2010, 96 p).

84 국제국가위기가이드(ICRG)에 대해서는 Anja Linder & Carlos Santiso, "Not Everything that Counts Can be Counted: A Critical Look at Risk Rating and Governance Indicators," *Nordic Journal of Political Economy*, vol.29(2003), pp.105~132.

85 2009년 9월 16일 유럽공동체 규칙 제1060/2009호. 2011년 5월 11일 유럽의회 및 유럽이사회 규칙 제513/2011호로 개정, 2012년 3월 31일 및 7월 12일 다섯 개의 위임규칙으로 보충. 이 문제에 대해서는 Norbert Gaillard, *Les Agences de notation*, La Découverte, collection "Repères", 2010; Thierry Bonneau, "Coup de projecteur sur les agences de notation," *La*

을 보장하는 한편, 2010년에 창설된 유럽증권시장감독위원회로 하여금 신용평가 기관들을 감독하도록 한 것이다. 2008년 금융시장 붕괴의 교훈들 가운데 하나는, 이미 회계와 관련해 엔론 사태가 가르쳐준 것이기도 하지만, 숫자에 의한 협치는 숫자의 생산에 협력하는 자들에게 막대한 권력을 부여한다는 점에 있다. 왜냐하면 숫자의 생산은 기술적 지식에 속하기 때문에 일체의 반론과 논쟁에서 벗어난 것으로 간주되기 때문이다.[87] 반복되는 재앙들은 결코 이러한 유형의 장치가 갖고 있는 개념상 실패 때문이 아니라, 언제나 인간의 실패 때문이라고 한다. 그러나 숫자에 의한 협치는 결국에는 더 이상 지속될 수 없는 막다른 궁지로 스스로를 내몰고, 사람들 사이에 새로운 형태의 주종관계가 재등장하도록 만든다. 이제 이 책의 제2부에서 이를 검토할 차례이다.

....

    Semaine juridique édition Générale(*JCP G*), no.45(2011.11), p.1184; "Règlements délégués," *Revue de droit bancaire et financier*, no.5(2012.9), comm. 173.

86   Jean-Marc Moulin, "Conflits d'intérêts chez les agences de notation," *Bulletin Joly Bourse*, numéro spécial, 2008.12., p.580.

87   리보(Libor) 사건이 의미하는 바가 바로 이것이다. 리보는 '런던 은행 간 금리'를 의미하는 약어로서 은행 간 대출의 시장 이자율을 말한다. 리보는 수많은 신용거래의 기준으로 활용된다. 리보 금리는 런던 주요 은행들이 발표하는 은행 간 금리에 근거해서 매일 정해진다. 일부 은행들이 리보 금리를 조작하려고 공모했다는 사실이 드러났고, 특히 바클리스(Barclays) 은행은 영국 법원으로부터 3억 6500만 유로의 벌금형에 처해졌다.

제2부

숫자에 의한 협치에서
주종관계로

제9장

숫자에 의한 협치가 빠진 궁지

> "만약 당신이 사람과 기계와 절차로 구성되어 있는 어떤 시스템에 숫
> 자로 된 목표를 부여하는 방식으로 시스템의 성과를 개선하려고 시도
> 한다면, 시스템은 당신의 노력을 파괴할 것이며 당신은 전혀 기대하지
> 않았던 곳에서 그 대가를 치르게 될 것이다."[1]
>
> — 마이런 트라이버스(Myron Tribus)

숫자에 의한 협치는 강자의 의사가 아니라 비인격적인 원천에서 비롯되는
규칙으로 지배되는 사회라는 이상을 법률에 의한 통치와 공유한다. 반면에 숫
자에 의한 협치는 법률을 포함해 모든 종류의 타율성을 유동화하려고 한다는
점에서 법률에 의한 통치와 구별된다. 법률이 "주권적으로 지배하는"[2] 곳에서
는 법률이 모두를 관할하는 타율적 심급을 구성하고, 이 타율성이야말로 법의
지배 아래에서 살아가는 사람들이 향유하는 자율성의 첫 번째 조건이다. 이러

---

1   "If you try to improve the performance of a system of people, machines, and procedures by
setting numerical goals for the improvement of individual parts of the system, the system
will defeat your efforts and you will pay a price where you least expect it."[Myron Tribus,
Ph. D., p.E., *Quality First. Selected papers on quality and productivity Improvement*
(Washington D.C.: National Society of Professional Engineers, 1992, 제4판), p.1459].

2   Platon, Lettre VIII, in *Œuvres complètes*, t. 2(Paris: Gallimard, collection "Bibliothèque de la
Pléiade", 1964), p.1227.

한 규범적 몽타주는 언어 제도가 갖고 있는 몽타주와 동일하다. 모든 화자는 자신이 말하고 있는 언어의 문법을 준수할 때에만 비로소 자유롭게 자기 자신을 표현할 수 있다. 언어가 제공하는 사상과 표현의 자유를 향유하기 위해서는, 특정한 기표(시니피앙)를 특정한 기의(시니피에)에 결부시키는 비인격적 규칙을 준수해야 한다. 이러한 조건에서 비로소 우리는 자연언어의 세계인 반성적 세계에 다가갈 수 있다. 즉 우리 스스로 우리를 관찰할 수 있으며 우리를 지배하는 규칙들을 자연언어로 말할 수 있는 세계에 다가갈 수 있는 것이다. 그러나 자연언어의 세계에서는 기표와 기의의 대응이 일의적이지 않고 다의적이다. 즉 하나의 발화에 대해서 다양한 해석이 가능한 것이다.

자연언어와 반대로 논리수학적 언어는 원칙적으로 일의적이며 비반성적이다. 논리수학적 언어에서 사용되는 상징들은 단 하나의 의미만을 갖는다. 그러나 우리는 그 상징이 만들어졌던 자연언어를 통해서만 그 상징에 대해서 말할수 있다. 그런데 현대 수학의 근본적 공헌들 중 하나는 수학 공식을 부호화함으로써 수학에 반성성을 도입한 것이다. 괴델은 이 천재적인 발명을 이용하여, 다양한 해석이 가능하기 때문에 결정될 수 없는 명제의 존재를 증명했다.[3] 이 발견으로부터 정보통신언어가 탄생했으며, 정보통신언어는 다른 프로그램을 데이터로 취할 수 있는 프로그램이라고 하는 일정한 반성성을 갖는다.[4] 컴퓨터는 실행 프로그램의 한계 내에서 자기 규율이 가능한 기계이다. 컴퓨터의 발명은 컴퓨터의 모델에 근거해 사회를 착상할 수 있도록 만들었다. 그러한 사회는 사회에 내재하는 비인격적 규칙에 의해 다스려진다. 바꿔 말하면, 일체의 타율

---

3   Cf. Douglas Hofstadter, *Gödel, Escher, Bach: an Eternal Golden Braid* (1979), 프랑스어판: *Gödel, Escher, Bach. Les brins d'une guirlande éternelle* (Paris: Dunod, 2000, 883 p).

4   Anne Nicolle, "Comparaison entre les comportements réflexifs du langage humain et la réflexivité des langages informatiques," in Serge Stinckwich(dir.), *Réflexivité et auto-référence dans les systèmes complexes* (Paris: École nationale supérieurs des télécommunications, 2005), pp.137~148; 같은 저자의 "La question du symbolique en informatique," in Hélène Paugam-Moissy, Vincent Nyckees, Josiane Caron-Pargue(dir.), *La Cognition entre individu et société* (Paris: Hermès, 2001, 370 p).

성이 제거된 사회, 존재에 고유한 내재적 프로그램에 의해 다스려지는 사회이다. 이처럼 기계의 모델에 근거해 사회를 착상하는 태도는 서양의 법사상에서는 적어도 홉스 이래로 늘 존재하던 상상력에서 비롯된다.[5] 숫자에 의한 협치는 시계가 아니라 컴퓨터라고 하는 새로운 물신적 대상에 근거해 자기 규율이 가능한 질서를 수립하고자 한다. 그러한 질서에서는 굽어보는 법의 존재가 불필요하게 될 것이다. 계약적 입자로 가득 찬 세상, 효용 계산으로 움직이는 질서. 이것이 곧 극단적 자유주의가 약속하는 찬란한 미래로서, 칼 폴라니가 경제적 유아론이라고 불렀던 것에 기초하고 있는 세상이다.[6]

그러나 그러한 미래는 결코 도달하지 않을 것이라고 의심할 만한 과학적 이유들이 있다. 완전히 계산 가능한 규범성이라는 환상을 쫓는 수치(數治)는 합리적 계산의 토대 자체를 무너뜨린다. 괴델의 불완전성 정리 이후 우리는 어떠한 공리계도, 공리에 공리를 무한히 덧붙인다 해도, 증명할 수 없는 명제가 존재한다는 사실을 안다. 나아가 컴퓨터의 발명에 기여한 발견들을 이루어낸 사람들조차도 인간의 정신은 기계로 환원될 수 없다는 사실을 강조한다.[7] 프랑스의 수학자 장이브 지라르(Jean-Yves Girard)는 다음과 같이 말한다. "힐베르트 프로그램에 대한 괴델의 반박이 갖는 의미는 무엇인가를 한 문장으로 말해야 한다면 다음과 같다. '기계론의 관할에 속하지 않는 것들이 존재한다.'"[8] 이 발견의 정확한 의미는 많은 과학자들에 의해 잊힌 채로 남아 있다. 이들은 여전히 수학적 형식주의에, 특히 단순하고 환원적인 세계관을 제공해주는 이점이 있는 기계론과 완전성 개념에 사로잡혀 있다.[9] 그리고 수학의 영역을 벗어난

---

5 이 책 제1장 참조.

6 K. Polanyi, *The Livehood of Man* (1977), 프랑스어판: *La Subsistance de l'homme. La place de l'économie dans l'histoire et la société* (Paris: Flammarion, 2011), p.50 이하.

7 Cf. Ernest Nagel, James R. Newman, Kurt Gödel, Jean-Yves Girard, *Le Théorème de Gödel* (Paris: Le Seuil, 1997, 제2판, 179 p); Pierre Cassou-Noguès, *Les Démons de Gödel. Logique et folie* (Paris: Le Seuil, collection "Points", 2007), 특히 p.173 이하.

8 Jean-Yves Girard, "Le théorème d'incomplétude de Gödel," in Nicolas Bouleau, Jean-Yves Girard, Alain Louveau, *Cinq conférences sur l'indécidabilité* (École nationale des Ponts et Chaussées, 1982), p.23.

곳, 괴델과 튜링의 업적이 근거 없이 일반화되고 있는 곳에서 그 의미는 가장 흔히 몰이해되곤 한다.[10] 이것은 놀라운 일이 아니다. 왜냐하면 특정한 시대의 과학적 발견은 불가피하게 동시대의 상상력을 살찌우며, 그렇게 해서 사회의 통치 방식에도 영향을 미치기 때문이다.[11]

숫자에 의한 협치가 빠지게 되는 궁지를 설명하기 위해서 우리는 숫자에 의한 협치가 법질서에 미치는 구조적 영향력의 사례들을 살펴볼 것이며, 그런 다음에 법질서가 어떻게 필연적으로 숫자에 의한 협치에 맞설 수밖에 없는지 검토할 것이다.

숫자에 의한 협치의 구조적 효과

우리가 사는 세계에 대해서 그리고 더 나은 세계에 대해서 우리가 갖고 있는 이미지를 현실에 뿌리내리는 데 법이 기여하는 한, 법적 규범성은 이성의 제도화에 참여한다. 법이 갖고 있는 이 인류학적 기능이 충족될 수 있으려면, 세계를 있는 그대로 파악할 수 있어야 할 뿐만 아니라, 프루동이 말한 것처럼 손바닥에 상상력을 쥐고서 세계를 변화시킬 수 있는 인간의 능력을 동시에 고려해야 한다.[12] 테일러주의적 통치 구조에서 이 구상적 행위 능력은 (부르주아지 또는 프롤레타리아트의 전위 등) 소수의 통치자들 손에 독점되어 있으며, 반면에 노동대중은 공장의 규칙과 기계의 리듬에 기계적으로 복종하는 톱니바퀴 상태

---

9   *Ibid.*, p.20.

10   *Ibid.*, pp.23~24.

11   발생론적 상상력에 관해서는 Barbara Duden, *Die Gene im Kopf - der Fötus im Bauch. Historisches zum Frauenkörper* (Hannover, Offizin Verlag, 2002, 266 p).

12   Pierre-Joseph Proudhon, *Les Majorats littéraires. Examens d'un projet de loi ayant pour but de créer, au profit des auteurs, inventeurs et artistes, un monopole perpétuel* (Bruxelles, Office de publicité, 1862), p.16.

로 환원된다. 구상하고 지시하는 자들과 생각 없이 복종하는 자들을 구분하는 이분법은 숫자에 의한 협치와 함께 사라지고 있다. 만약 숫자에 의한 협치 덕분에 통치자들의 구상이 현실의 경험에 뿌리를 내릴 수 있고, 반대로 피통치자들의 현실적 경험이 구상으로 실현될 수 있다면, 그러한 경향을 반길 수 있을 것이다. 그러나 사정은 정반대이다. 숫자에 의한 협치는 통치기계의 환상으로부터 우리를 깨우기는커녕, 현실적 경험과 단절된 채 세상을 숫자로 표현하는 반응 과정 속에 통치자와 피통치자를 모두 끌어들임으로써 그러한 환상에 더 깊숙이 우리를 빠뜨린다. 숫자에 의한 협치는 인간사에서 주체성과 객체성의 대립을 조화시키기는커녕, 영토를 지도로 대체하고 행위를 반응으로 대체하면서 주체성과 객체성을 모두 변질시킨다.

객체(=목적)의 상실: 영토를 대체하는 지도

목표관리 경영철학은 행위 시간과 평가 시간을 면밀하게 구분한다고 주장한다. 그러므로 목표관리 경영철학이 고취하는 자기통제의 구조는 원리상 1) 목표의 설정, 2) 목표를 달성하기 위한 행위, 3) 목표의 정의 또는 행위의 선택에 대해서 반응하는 성과평가로 이루어지는 삼면구조이다. 그러나 숫자에 의한 협치는 성과평가에 이용되는 숫자 지표에 규범적 효력을 부여한다. 그 결과, 피터 드러커의 권고와 반대로, 자기통제는 경영 통제로 전환된다.[13] 지표의 만족과 목표의 달성은 서로 혼동된 채 이른바 **객관적(=목표적) 지표**(indicateur objectif)를 탄생시킨다. 즉 프랑스어 'objectif'가 갖고 있는 두 가지 의미, 하나는 명사로서 어떤 행위에 부여된 **목적**이라는 의미와 또 하나 **객관성**이라는 명사의 형용사형으로서 객관적 사실 판단이라는 의미를 하나로 혼합시킨다. 평가가 순전히 계량적으로 이루어지는 한, 이렇게 목표와 지표가 하나로 혼합되는 현상은 피할 수 없다. 왜냐하면 이 경우 숫자에는 이미 평가자를 구속하

13　이 책 제8장 참조.

는 질적 가치가 부여되고, 따라서 숫자를 문제 삼는 것은 불가능하기 때문이다.

　예를 들어 연구논문의 성과를 평가할 때, 그 연구가 지식의 향상에 얼마나 기여했는지 여부에 따라 평가하는 것이 아니라, 논문이 게재된 학술지의 가치에 비례하는 연구실적지표에 근거해 평가하는 경우가 그렇다. 대학은 과거 테일러주의 노동조직의 영향에서 벗어나 있었지만, 오늘날에는 숫자에 의한 협치의 선택된 땅 가운데 하나가 되었다. 평가 절차에서 판단을 계산으로 대체하는 현상의 정점에 경제학자들이 있다. 카프카의 소설 『유형지에서』의 주인공처럼 경제학자들은 자신들이 사회의 모든 영역으로 일반화해야 한다고 주장하는 사회 통치 방식을 스스로에 대해서도 매우 엄격하게 적용한다. 감사원이 밝힌 바에 따르면, 툴루즈경제대학(TSE)은 "소속 연구자들의 개인적 성과에 따라 우수자를 포상하기 위해, 전 세계 상위 100등 이내 경제학 학술지(프랑스 학술지는 하나도 없다)에 논문을 발표한 연구자에게 성과급을 지급하는 시스템, '기여별' 급여 시스템을 도입했다. 이를 위해 논문의 지위, 공동저자의 수, 논문의 두께, 학술지의 순위에 따라 성과급의 금액을 객관적으로 결정할 수 있는 복잡한 계산 메커니즘이 동원된다. 상위 5등 이내의 학술지에 게재하는 경우 가장 높은 단계의 성과급이 지급된다".[14] 이러한 절차라면 더 이상 학술논문을 읽을 필요가 없으며, 그 논문이 경제학의 이해에 어떤 기여를 했는지, 현실 세계에서 실제 경제를 다루는 데 어떤 기여를 했는지 궁금해할 필요는 더더욱 없다. 가치판단은 이미 각 학술지에 할당된 숫자의 무게 속에 체화되어 있기 때문이다. 그러므로 계산하는 것으로 충분하며, 이 계산 또한 평가의 객관성을 담보하는 기계에 맡길 수 있다. 이 지점에서, 귄터 앤더스(Günther Anders)가 반세기 전에 지적한 것처럼, "('최후의 한마디'는 객관적이어야 하며, 오늘날에는 객체가 선고하는 판단만이 '객관적'인 것으로 간주되기 때문에) 결정권을 기계에 맡기려고 하는"[15] 의지가 표출된다. 수학자들을 위시하여[16] 일단의 연구자들이 퍼붓는

14　Cour des comptes, *Rapport public annuel 2012*, p.605.

15　Günther Anders, *Die Antiquiertheit des Menschen* (Munich: Beck, 1956), 프랑스어판: *L'Obsolescence de l'homme. Sur l'âme à l'époque de la deuxième révolution industrielle*

신랄한 비판에도 불구하고,[17] 이러한 시스템은 점점 더 확산되고 있으며, 예산 및 연구 주제의 배분을 결정하고 있다. 예를 들어 중국의 명문 대학들은 전부 영어로 된 제한된 수의 학술지에 게재한 논문 실적에 따라 법대교수를 채용한다. 사실상 법학자들은 보통법 외에는 다른 법체계에 대한 진지한 연구를 포기하도록 강요받는다(왜냐하면 각 법체계에 고유한 언어를 배우지 않고 진지한 법학 연구를 하는 것은 불가능하기 때문이다). 따라서 대학교 전체의 점수가 개선되는 이면에서는 비교법 영역의 연구 능력이 심각할 정도로 약화된다.

좀 더 확장된 차원에서 보면, 이른바 유명한 '상하이랭킹'이 몇 년 사이에 전 세계 대학들의 유일한 평가규범이 되었다. 상하이교통대학의 연구자들이 고안한 '세계대학학술순위(ARWU)'는 6개 항목의 지표로 각 대학의 순위를 계산하는데, 구체적으로는 다음과 같다. 교수의 필즈상 및 노벨상 수상 실적(20%), 졸업생의 필즈상 및 노벨상 수상 실적(10%), 전공 분야에서 인용빈도가 높은 연구자의 수(20%), ≪네이처≫ 및 ≪사이언스≫ 논문 게재 수(20%), 과학인용색인(SCI) 및 사회과학인용색인(SSCI)에 색인된 논문 수(20%), 대학의 크기에 따른 1인당 학술성과(10%).[18] 상하이랭킹은 고등교육정책에 엄청난 영향력을 행사한다. 각 나라와 대학은 순위를 끌어올리기 위해서 대학의 덩치를 키우는 경쟁을 벌인다. 사실 프랑스 대학들이 이 벤치마킹 경쟁에서 (잠정적이나마) 승자가 되고 싶으면, 모든 대학들을 하나의 '프랑스대학교'로 통합하기만 하면 충분할 것이다. 그런데 사실 상하이랭킹은 중국이 사회주의 계획경제 시절로부

....

(Paris: Ivrea, 2002), p.79.

16   Wim Blockmans, *Bibliometrics: Use and Abuse in the Review of Research Performance* (Portland Press, 2014, 178 p). Academia Europæ 컨퍼런스 발표문.

17   Cf. R. Adler, J. Ewing & P. Taylor(Joint Committee on Quantitative Assessment of Research), *Citation Statistics*, 국제수학협회(IMU), 국제산업응용수학위원회(ICIAM), 수학통계연구소(IMS), 2008.12.(http://www.mathunion.org/fileadmin/IMU/Report/Citationstatistics.pdf). 또한 "Bibliometrics and the curators of orthodoxy," *Mathematical Structures in Computer Science* (2009), Cambridge University Press, vol.19, pp.1~4.

18   N. C. Liu et Y. Cheng, "Academic Ranking of World Universities – Methodologies and Problems," *Higher Education in Europe*, vol.30, no.2(2005), pp.127~136.

터 물려받은 '통제 숫자'의 한 변형에 불과하다고 생각할 만한 이유들이 많다.[19] 숫자에 의한 협치에 예속된 제도들의 실제 성과에 대해서는 파괴적인 악영향을 끼치면서 동일한 원인들은 동일한 효과들을 계속해서 생산한다. 판단이 계산으로 대체되면서, 점차 현실의 복잡함과 단절하려는 현상이 발생한다. 바꿔 말하면, 영토를 지도로 대체하는 현상이 일어난다.

영토를 지도로 대체하는 현상은 숫자에 의한 협치를 도입하는 모든 법적 장치에서 발생한다. 프랑스의 사례를 보면 예산안조직법(LOLF)이 도입한 신공공관리는 세 가지 대범주(실효성, 품질, 효율성)로 나뉘는 거대한 성과지표 체계를 구축했는데, 그 공통점은 모두 계량화된다는 점에 있다.[20] 예를 들어 국가공무원의 성과급 제도를 확대한 2011년 8월 29일 법령은 다음과 같이 규정하고 있다. "집단성과급 제도는 목표와 지표 및 연속하는 12개월의 기간 동안 달성해야 할 결과를 정의한다. 이 기간은 다년간 목표프로그램에 포함될 수 있다."[21] "목표와 지표 및 달성해야 할 결과" 등 이 세 가지 요소는 분리할 수 없는 일체를 구성한다. 나아가 법령의 실행에 관한 행정회신은 이 세 가지 개념을 동의어로 사용하고 있으며, "서비스의 품질"에 관한 지표의 예로 제시되고 있는 항목들, 즉 "기관당 인터넷 사이트 방문 **비율**, 정책 **실행률**, 온라인 민원 **처리율**, 고객 **만족도**, 민원 처리 **기간**, 평균 업무 처리 **기간**, 고객 정보제공 **수준**"[22]을 보면 품질은 언제나 양으로 수렴한다는 사실을 알 수 있다.

따라서 공무원들은 실제로 서비스를 향상시키는 것과는 무관하게 지표를

---

19 이 책 제6장 참조.

20 이 책 제8장 참조. 국가의 수행성과를 평가하는 이 척도들에 대해서는 Florence Jany-Catrice, *La Performance totale: nouvel esprit du capitalisme?, op. cit.*, p.91 이하.

21 국가공무원 성과급제 도입에 관한 2011년 8월 29일 명령 제2011-1038호, 제2조, 제3항. 이에 관해서는 Lucie Cluzel-Métayer, "La prime de fonctions et de résultats dans la fonction publique," *Droit administratif*, 2010. 2., prat. 1; Didier Jean-Pierre, "La prime d'intéressement à la performance collective: entre dits et non-dits," *La Semaine juridique*, éd. A, no.38 (2011.9.19), p.2305; Marcel Pochard, "La prime d'intéressement dans la fonction publique. Risques et chances," *AJDA*, 2011, p.1705.

22 국가공무원 및 공공기관 성과급제 도입에 관한 2011년 8월 29일 행정회람, 제3.1.1조.

만족시키는 방향으로 일하게 된다. 이것은 앞에서 이미 언급했던 미국의 '아동 낙오 방지법(No Child Left Behind)'의 경험이 가르쳐주는 교훈들 가운데 하나이 다.[23] 미국의 학교들은 성적을 향상시키기 위해서 평가 기준을 낮추었으며, 교 사들은 교육적 열망을 시험 대비 "벼락치기"로 축소하고 때로는 학생들의 낙제 를 막기 위해 해답을 가르쳐주기도 했다.[24] 이러한 역효과들을 경험하고 나서, 오바마 대통령이 당선된 후 이 제도가 개선할 수 있는 것인지 아니면 그 원리 자체가 잘못된 것인지에 관한 토론이 개시되었다.

이처럼 현실과 유리된 정책은 거시경제 지표들이 기초하고 있는 통계적 정 의 작용에서도 발견된다.[25] 예를 들어 재정 적자의 규모를 GDP의 3%[26] 이하로 맞추어야 한다는 '객관적 지표'를 달성하려면, 종전까지 공공 부문에서 담당하 던 서비스의 적자를 민간 부문으로 이전하기만 하면 된다. '사소한 위험'에 대 한 의료보험의 부담율을 지속적으로 낮추면 민간보험 시장은 그만큼 커지겠지 만 재정 적자는 줄일 수 있다.[27] 민간의료보험은 구멍이 많다는 점이 단점이긴 하지만(비용을 지불할 수 없는 극빈자는 배제된다), 공공회계에 부담을 주지 않는 다는 점이 장점이다. 바꿔 말하면, 지표의 개선은 실질적인 비용 감축으로 귀 결되는 것이 아니라(오히려 정반대로, 안경 비용의 사례가 보여주는 것처럼 비용의 급등을 초래할 수도 있다), 건강 보호의 수준만 떨어뜨릴 뿐이다.

국제적 차원에서 영토를 지도로 대체하는 현상은 예를 들어 수많은 나라들 에서 구조조정의 시절을 이어받은 빈곤 퇴치계획에서 찾아볼 수 있다. 빈곤 퇴 치계획에서 '빈곤'은 달러로 수치화된 지표로 환원되어, 전염병이나 자연재해 와 마찬가지로 지구상 모든 곳에서 동일하게 정의될 수 있는 통계 자료로 간주

---

23 이 책 제8장 참조.

24 Malie Montagutelli, "L'école américaine dans la tourmente de 'No Child Left Behind'," *art. cit.*, pp.99~100; 같은 의미로 Adam Gamoran, "Bilan et devenir de la loi 'No Child Left Behind' aux États-Unis," *art. cit.*, pp.13~26.

25 통계적 정의 개념에 대해서는 이 책 제5장 참조.

26 이 지표에 대해서는 이 책 제8장 참조.

27 이 책 제13장 참조.

된다. 유엔의 밀레니엄개발목표에서 극빈자는 하루 1달러 미만으로 생활하는 사람으로 정의된다. 이런 식의 정의는 삶의 수준과 질에서 돈으로 평가되지 않는 모든 것, 해당 사회와 문화에 어떤 식으로 편입되어 있는가에 따라 달라지는 모든 것에 대해서 눈을 감는다. 사회에 대한 표상을 통계적으로 구축하는 일이 한 국가 차원에서 진행되는 경우에는 의회나 노동조합을 통해서 이의 제기가 가능하며, 통계적 규범성은 여전히 민주주의적 통제 아래 놓인다. 하지만 숫자의 표상이 다른 모든 표상 형태를 초월하고 지구상 모든 곳에서 단일한 가치를 갖는다고 주장하는 경우, 사회적 또는 민주주의적 통제는 사라진다. 그럴 때 기술관료적 담론은 삶의 진실을 대변하는 것이 아니라 오히려 짓뭉개는 자기준거적 폐쇄회로에 갇히게 되고, 그뿐 아니라 시민들까지 그 속에 유폐시킬 위험이 있다.

지표를 구축하는 작업은 기술적 합리성의 영역에 속하는 것으로 간주되기 때문에 일체의 민주주의적 논쟁에서 벗어나는 권력투쟁의 문제가 된다.[28] 코린 에로(Corinne Eyraud)는 고등교육의 성과지표를 정의하는 주제를 둘러싸고 프랑스 재무부 공무원들과 교육부 공무원들 사이에 벌어졌던 격렬한 협상 과정을 묘사한다.[29] 교육부 공무원 신분인 대학교수들은 입학생 수와 같이 예산의 유지에 가장 유리한 지표들이 채택될 수 있도록 힘을 썼다. 반대로 예산을 감독하는 지위에 있는 재무부 공무원들은 (예를 들어 학부졸업률처럼) 가장 달성하기 어렵고 "프로그램 수행자들"의 비효율성을 명백하게 드러낼 수 있는 지표들을 채택하고자 했다. 이러한 연금술적 과정을 거쳐 대학교육과 연구는 숫자로 전환되고, 그에 따라 공공지출의 방향이 결정된다. 연구 분야의 「연례성과보고서」[30]에서 채택하고 있는 지표들을 보면, 벤치마킹이라는 허구적 과정을

---

28 숫자의 정치가 민주주의에 끼치는 부정적 영향에 대해서는 Albert Ogien, *Desacraliser le chiffre dans l'évaluation du secteur public* (Versailles, Ed. Qae, 2013, 117 p).

29 C. Eyraud, *Le Capitalisme au cœur de l'État. Comptabilité privée et action publique, op. cit.*, pp.197~207.

30 이 책 제8장 참조.

<표 9-1> 프로그램 수행자들의 과학적 생산

(시민의 관점에서 본) 과업 수행 지표

	단위	2009 결과	2010 결과	2011 전망	2011 중간전망	2011 결과	2013 목표
프로그램 수행자들의 국제 학술지 게재 논문 수가 유럽연합에서 차지하는 비중	%	8.59	8.68	>8.2	>8.2	8.66	>=8.5
프로그램 수행자들의 국제 학술지 게재 논문 수가 전 세계에서 차지하는 비중	%	2.75	2.75	>2.2	>2.2	2.72	>=2
프로그램 수행자들의 국제 학술지 게재 논문 수가 프랑스-독일-영국 공간에서 차지하는 비중	%	18.2	18.5	>17.9	>17.9	18.7	>=17.7

위해 실제를 몰아내고 있음을 잘 알 수 있다. 예산안조직법 프로그램 제150호 "고등교육 및 대학연구"는 목표 제7호 "전 세계 최고 수준의 과학지식의 생산"을 포함하고 있으며, 이 목표의 달성 여부는 지표 7.1 "프로그램 수행자들의 과학적 생산"에 의해 측정하고, 이것은 "프로그램 수행자들이 국제학술지에 게재한 논문의 수"를 "전 세계에서 국제학술지에 게재한 논문의 수" 또는 "유럽연합 27개국에서 국제학술지에 게재한 논문의 수"로 나누어 계산한다.[31] 이렇게 계산한 프랑스의 연구 성과는 <표 9-1>과 같다.

이 지표는 "연구 생산물"의 국제시장에서 "프로그램 수행자들"이 차지하는 비중과 지식의 진보를 동일시한다. 이 '객관적 지표'는 지식의 수준을 향상시키는 것과는 아무 상관이 없으며, 단지 국제적 벤치마킹에서 프랑스 연구기관들의 순위를 향상시키는 것을 첫 번째 목표로 삼는다. 이처럼 연구 행위를 숫자 신호에 대한 반응으로 대체하는 것은 연구자들의 주체적 작업 동기를 파괴할

---

[31] PLR 2011 – Extrait du RAP(Rapport annuel des performances) de la mission: "Recherche et enseignement supérieur", p.42(www4.minefi.gouv.fr/budget/plf2011/docrap/DRGPGM-PGM150.DOC). 이 계산은 분수식으로 한다. 즉 각 게재 논문에 참여한 연구소의 수를 나누어 계산한다.

수밖에 없다. 연구라는 것은 점수를 향상시키는 것이 아니라, 토마스 쿤(Thomas Kuhn)의 말을 빌리자면 수수께끼를 푸는 것이다.[32] 사실 계량화를 이런 식으로 활용하는 것은 학계가 스스로 현실의 복잡함에 대한 아무런 고려 없이 수학적 상징을 물신화하면서 만들어낸 것인데, 이제 학계가 그것의 피해자가 되었다는 점에서 하나의 아이러니라고 할 것이다. 계량화의 "비존재론적" 접근법은, 특히 경제학에서, 모델링으로 퇴화하고, 반면에 실제는 수학적 표상에 자리를 내어주고 퇴출된다.[33]

주체의 상실: 반응이 행위를 대체하다

인간이 자기 신체에 대해 소유권을 갖는다는 것은 일종의 허구이다. 민법은 이 허구를 현실화하면서 '노동력'의 소유권자가 마치 방아나 수레 끄는 말을 임대하듯이 자기 노동력을 임대할 수 있도록 만들었다. 테일러주의는 노동의 사물화를 경영에 도입함으로써, 노동자의 정신 능력을 박탈하고 그 위에 '과학적 노동조직'을 구축했다. 노동계약은 (계약 당사자로 환원되는) 생각하는 주체와 (종속 시간의 양으로 환원되는) 탈주체화된 노동의 분리에 법형식을 부여했다. 사회법은 노동자가 삶의 긴 여정 동안 노동력을 유지하는 데 필요한 최소한의 신체적, 경제적 안전을 보장함으로써 이러한 허구를 지속 가능한 것으로 만들었다. 노동계약은 이러한 구조 속에서 착상된 개념으로서, 종전까지 경제 질서를 지배했던 두 가지 법적 형상, 즉 노동자 자체를 사물로 규정하면서 노동을 사물의 차원으로 깎아내리는 노예제의 형상 및 반대로 노동을 인격적 정체성의 구성 요소로 삼는 동업조합의 형상을 폐지하면서 '노동시장'의 제도화를 가능하게 했다.[34]

....

32 Thomas Kuhn, *The Structure of Scientific Revolution* (1962), *La Structure des révolutions scientifiques* (1962)(Paris: Flammarion, 1983), ch.2, p.60 이하.

33 Cf. Frédéric Patras, *La Possibilité des nombres* (Paris: PUF, 2014), pp.36~39.

34 이에 관해서는 A. Supiot, *Critique du droit du travail* (Paris: PUF, 1994, collection

숫자에 의한 협치는 인간을 생각하는 기계로 취급함으로써 기존의 법적 몽타주를 해체한다. 숫자에 의한 협치의 구조 속에서 노동은 더 이상 하나의 사물로, 소유할 수 있으며 타인의 지시에 따르는 방식으로 임대할 수 있는 에너지의 원천으로 취급되지 않는다. 숫자에 의한 협치의 구조 속에서 계약을 체결하는 주체와 '노동'이라는 객체 사이의 간격은 제거되고, 스스로를 객체화시킬 수 있는 새로운 유형의 주체, 프로그래밍된 주체가 도래한다. 프로그래밍된 노동자는 '객관적(=목표적) 주체'로서, 계산에 능숙하고, 할당된 목표를 달성하기 위해 외부 환경의 변수에 실시간으로 적응할 줄 아는 존재이다. 법적인 차원에서 볼 때, 이 새로운 노동자 형상은 노동계약의 구속력을 손상시킬 수밖에 없다. 노동계약이 노동을 거래할 수 있는 사물로 취급할 수 있도록 해준다면, 그것은 노동계약이 노동자에게 계약 당사자의 자격을 인정하기 때문이다. 노동자에게 계약 당사자의 자격이 인정된다는 것은 노동자에게 최소한의 법적 안정성이 보장된다는 것을 의미한다. 왜냐하면 사용자는 계약 상대방인 노동자의 동의 없이 임금을 줄이거나 노동시간을 늘일 수 없기 때문이다. 계약의 '경직성'(자유주의가 강박적으로 비난하는 법률의 경직성과 혼동하면 안 된다)은 협치의 전개를 방해한다. 협치는 "목표를 달성하기 위해 적응할 수 있는 노동력 및 경제의 변화에 신속하게 반응할 수 있는 노동시장"(유럽연합 기능 조약 제145조)을 요구한다. 다시 말하면, 협치는 오늘날 재료과학에서 가져온 은유를 이용해서 부르는 이른바 '유연한' 노동자를 요구한다. 지금까지 프랑스에서 유연화는 법령 및 산업별 단체협약에 국한되어 있었다. 그러다가 최근에 와서는 기업별 협약을 통해서 임금을 삭감하거나 지리적 이동성을 강제할 수 있도록 허용하는 개혁 조치들에 의해 개별적 노동계약으로도 유연화가 확산되었다.[35] 그렇게 해서, 시간과 돈으로 계산되는 노동의 양을 목적으로 하는 전통적 노동계약과 달리, 노동자의 인격 그 자체를 목적으로 하는 새로운 유형의 법률관계가 등장한다. 노동자의 반응성과 유연성은 계약의 구속력과 양립할 수 없기 때문

"Quadrige", 2002), 280 p.

35 이 책 제13장 참조.

에, 계약 당사자의 속성 일부를 노동자로부터 박탈하는 것이 불가피하다.

프로그래밍된 주체가 도래하면서 종전의 산업혁명들이 알지 못했던 새로운 위험이 부각된다. 정신건강에 대한 침해의 위험이 그것이다.[36] 포드주의 세상에서 노동자는 신체적 건강을 해치거나 경우에 따라서는 목숨을 잃을 수 있었고,[37] 지력의 저하를 겪기도 했지만, 이성을 상실할 위험은 감수하지 않아도 되었다. 정신건강의 침해라는 새로운 위험이 언제 등장하고 언제 확대되었는지는 법적 분석을 통해서 어느 정도 구체적으로 시기를 특정할 수 있다. 프랑스 노동법전에 이것이 처음 등장한 해는 1991년이며, ILO의 직업병 목록에 정신불안과 행동장애가 포함된 해는 2010년이다. 직장 내 자살이 노동 의사로부터 보고되기 시작한 때는 1990년대 말 무렵이다.[38] 직장 내 자살의 수는 최근에 증가하고 있는데, 유럽(특히 프랑스)만이 아니라 동일한 노동 관리 양식을 수입한 신흥개발국들(특히 중국[39])의 기업에서도 마찬가지다. 이 현상은 노동조건과 관련된 스트레스의 증가 및 신경쇠약의 맥락에서 등장한다.[40] 이 새로운 형태

---

36 Loïc Lerouge, *La Reconnaissance d'un droit à la santé mentale au travail* (Paris: LGDJ, 2005); N. Maggi-Germain, "Le stress au travail," *Revue de jurisprudence sociale*, 2003, no.3, chronique 191; Patrice Adam, "La prise en compte des risques psychosociaux par le droit du travail français," *Droit ouvrier*, 2008, p.313.

37 이 위험들은 사라지기는커녕(석면, 새로운 화학 물질 노출, 방사선 등) 끊임없이 새로운 모습을 띠고 있다. 이에 대해서는 Annie Thébaud-Mony *et alii, Santé au travail. Approches critiques* (Paris: La Découverte, 2012, 357 p).

38 Cf. Gaston Harnois & Phyllis Gabriel, *Mental Health at Work: Impact, Issues and Good Practices* (Genève: WHO/ILO, 2000, 66 p). 물론 이 새로운 위험들에 관해 작성된 보고서들은 해당 위험들에 관한 계량적 지표를 구축하는 것을 첫 번째 목표로 삼았다. 예를 들어 Philippe Nasse et Patrick Légeron, *Rapport sur la détermination, la mesure et le suivi des risques psychosociaux au travail* (ministère du Travail, 2008, 42 p); Michel Gollac et Marceline Bodier(dir.), *Mesurer les facteurs psychosociaux de risque au travail pour les maîtriser*, Rapport au ministre du Travail(Paris: La Documentation française, 2011).

39 특히 언론의 주목을 받았던 것은 폭스콘 사례이다. 폭스콘은 세계에서 가장 큰 전자 제품 제조 기업으로서, 애플이나 델 또는 노키아 등의 하청기업이다. 폭스콘의 중국 공장에서는 2010년 상반기에만 11명의 젊은 노동자들이 사망했다.

40 Yves Clot, *Le Travail à cœur. Pour en finir avec les risques psychosociaux* (Paris: La Découverte, 2010, 190 p).

의 노동의 비인간화는 기술적 진보에 따른 필연적인 결과도 아니고, 불가피하게 치러야 하는 대가도 아니다. 정반대로, 새로운 정보통신기술 덕분에 노동자가 가장 창조적인 일, 즉 원래적 의미에서 가장 시적인 일에 정신적 능력을 집중할 수 있다면, 그 기술은 인간 해방의 훌륭한 수단이 될 수 있다. 즉 새로운 정보통신기술은 테일러주의가 초래한 노동의 우둔함으로부터 노동을 구해낼 수 있는 기회가 될 수 있을 것이다. 그러나 컴퓨터를 노동의 인간화 수단으로 생각하지 않고, 반대로 노동자를 컴퓨터의 모델에 맞추어 생각하는 한 그러한 가능성은 사라진다. 실시간 반응에 내몰리는 노동, 가상적 세계상에 흡수되어 존재조건과 아무런 관계도 없는 성과지표에 따라 평가되는 노동, 그러한 노동은 더 이상 인간이 이성을 소유하고 유지할 수 있도록 세계의 실제에 기입되기 위한 핵심 양식이 아니다. 반대로 그러한 노동은 인간을 기의(시니피에) 없는 기표(시니피앙) 체계 속에 가둔다. 즉, 인간에게 끊임없는 성과의 개선을 요구하는 동시에 일체의 진정한 행위능력, 즉 노동 공동체 속에서 직업적 경험에 비추어 자유롭게 행위할 수 있는 능력을 인간으로부터 박탈하는 체계 속에 가둔다. 테일러주의에서는 노동자를 외부의 합리성에 완전히 **종속**시키는 것이 중요한 문제였다면, 이제는 노동자를 **프로그래밍**하는 것, 즉 종전까지는 신체에 국한되어 있었던 규율을 정신공학을 광범위하게 이용해 정신으로까지 확대시키는 것이 중요한 문제가 되었다.[41] 숫자에 의한 협치 구조에서 노동의 결과는 본질적으로 숫자화된 지표에 의해 측정되지만, 더 중요한 것은 주체가 평가를 내면화해 목표와 성과 사이에 드러난 격차에 적극적으로 반응하도록 만드는 것이다. 이것이 바로 개인별 평가 면담이라고 하는, 모든 대기업에서 빠르게 확산되고 있는 경영기법의 목적이다. 로베르 카스텔(Robert Castel)은 종전까지 신체에 국한되어 있었던 규율을 정신으로 확장시키는 이 '혁신'의 기법을 최초로 분석한 학자였다. 카스텔은 이것을 "정상 요법"[42]이라고 불렀다. 경영

---

41 정신공학을 최초로 이용한 사례들에 관해서는 Simone Weil, "La rationalisation"(1937), in *La Condition ouvrière*(Paris: Gallimard, 1964), pp.314~315.

42 Robert Castel, *La Gestion des risques. De l'anti-psychiatrie à l'après-psychanalyse*(Paris:

학 이론에 따르면, 개인별 평가 면담은 노동자로 하여금 "자신의 노동에 의미를 부여하는 한편 기업 내에서 자신의 위치를 이해"할 수 있도록 해야 하는 동시에, 기업으로 하여금 "성과의 원천인 개인의 자발적 참여를 최대한으로 동원"할 수 있도록 해야 한다.[43] 이렇게 해서 고백이라고 하는 오래된 종교적, 사법적 방편이 경제적 목적으로 변신한다. 고백이 자신의 행위를 수용하는 주체적 권력을 의미한다면, 반대로 정신요법적 면담은 글래디스 스웨인(Gladys Swain)과 마르셀 고셰(Marcel Gauchet)가 종속과 자기 상실의 새로운 기법이라고 명명한 것에 속한다.[44] 그리고 임상의학을 통해서 밝혀진 바와 같이, 이 새로운 기법은 질병을 유발하는 효과가 있다.[45]

이처럼 주체가 반응하는 객체로 전환되는 것은 숫자에 의한 협치의 좀 더 일반적인 특징이다. 예를 들어 앞에서 이미 언급했던 빈곤 퇴치계획의 경우를 보면, 계획을 **구상**하기 위해서가 아니라 계획을 **실행**하기 위해서 지역의 지적 자산이 동원된다. 국제기구는 현지인 연구자들에게 그 지역 주민들이 겪고 있는 삶의 현실이 제기하는 질문을 정식화하도록 요청하는 것이 아니라, 국제기구가 사전에 미리 작성한 질문지를 채우도록 요구한다. 프랑스도 상황이 크게 다르지 않다. '빈자'는 부자와 달리 끊임없이 사회과학이 엑스레이를 찍어대는 대상이다. 왜냐하면 빈자는 재취업 프로그램의 객관적 주체, 그리고 바라건대 반응하는 주체이기 때문이다. 가난한 사람들을 진정한 **주체**로 대접해 그들이 가난에 대해 갖고 있는 경험을 들려주도록 요청하는 경우는 극히 예외적이다.[46]

Minuit, 1981), p.169.

43 Cf. Maurice Thévenet *et alii*, *Fonctions RH. Politiques, métiers et outils des ressources humaines* (Paris: Pearson Education, 2009), pp.107 및 110. 개인별 평가 면담이 경영학 이론사에서 차지하는 위상에 대해서는 Loïc Cadin, Francis Guérin et Frédérique Pigeyre, *Gestion des ressources humaines* (Paris: Dunod, 2007, 제3판), ch.7: "L'appréciation", 그리고 "최대한의 동원" 개념의 기원에 대해서는 이 책 제13장 참조.

44 Cf. Marcel Gauchet et Gladys Swain, *La Pratique de l'esprit humain. L'institution asiliaire et la révolution démocratique* (Paris: Gallimard, 1980), p.406.

45 Cf. Chr. Dejours, *L'Évaluation du travail à l'épreuve du réel. Critique des fondements de l'évaluation* (Paris: INRA, 2003, 82 p).

한편, 법주체로서의 자격이 변질되는 현상은 자연인에 국한된 것이 아니다. 숫자에 의한 협치에서는 기업도 외부로부터 전달되는 신호에 종속되는 주체, 어떤 결과를 달성하기 위해 프로그래밍된 "객관적 주체"처럼 취급된다. 오늘날 일정 규모 이상의 모든 기업은 시장에서 행위하는 **주체**이면서 동시에 시장이 투기의 대상으로 삼는 **상품**이다. 단기의 금융 목표를 실현하는 데 종속되는 순간, 기업은 조직이 파괴되는 불확실성 속으로 빠져든다.[47] 미래를 향해 스스로를 투영할 수 있는 기업의 능력은 기업이 만드는 상품의 품질과 함께 와해된다. 기업은 여전히 경제적 주체이다. 하지만 프로그래밍된 주체로서, 마찬가지로 가장 기술적인 의미에서 자기 상실의 대상이 될 수 있다. 기업의 자기 상실을 법적으로 가장 명확하게 드러내는 것 중 하나는 주식회사의 자사주 매입을 금지했던 오래된 금기를 1990년대에 폐기한 것이다. 이 금기는 주식회사법의 기초였다. 왜냐하면 주주의 배당권을 정당화하는 것, 그것은 주주가 기업의 재정을 보장한다는 것이기 때문이다. 자사주 매입은 이 의무 관계를 뒤집는다. 프랑스에서 1998년 7월 2일에 스트라우스-칸(Strauss-Kahn) 법이 그랬던 것처럼,[48] 주주들이 소유하고 있는 주식의 가치를 끌어올리기 위해 주식회사의 자사주 매입을 허용하는 것은 기업의 비용으로 주주들을 부유하게 만들어주는 것이기 때문이다.[49] 이 특별한 범주의 주주들은 기업이 장기간에 걸쳐 수익성 있는 경제 활동을 펼치기를 기대하는 것이 아니라, 즉 한마디로 사업을 하도록 기대하는 것이 아니라, 가능한 한 짧은 시간에 가능한 한 많은 돈을 안겨주기를 기대하는데, 자사주 매입 허용은 이러한 바람을 충족시켜주었다.[50] 바꿔 말

---

46 Cf. 이런 의미로 ATD-Quart-Monde, *Le Croisement des savoirs et des pratiques* (Paris: Éditions de l'Atelier, 2009, 703 p).

47 S. Jubé, *Droit social et normalisation comptable, op. cit.*, p.558 이하.

48 1998년 7월 2일 법률 제98-546호. 프랑스 상법전, L.225-207조 이하. 이 개혁을 지지하는 입장으로 Renaud Mortier, *Le Rachat par la société de ses droits sociaux* (Paris: Dalloz-Sirey, 2003, 708 p).

49 Cf. Jean-Luc Gréau, *L'Avenir du capitalisme* (Paris: Gallimard, 2005), p.174 이하.

50 EADS(에어버스)가 주주를 위해 자사주 15%를 매입한 사례에 대해서 Martine Orange, "EADS: le grand pillage par les actionnaires," *Mediapart*, 2013.3.23.

하면, 자사주 매입 허용은 투자를 희생시키면서 투기를 촉진했다. 예를 들어 2008년 이후 경제를 재가동시키기 위해 중앙은행들이 금융시장에 퍼부어댄 유동성의 상당 부분은 대기업들의 자사주 매입으로 흘러갔는데, 금융서비스 매체인 블룸버그도 걱정할 정도였다.[51]

마지막으로 숫자에 의한 협치가 '객관적 주체'로 변모시키는 대상은 정의상 주권적 주체인 국가 그 자체이다. 이제 국가는 자유롭게 행위하는 것이 아니라, 숫자화된 신호에 반응할 뿐이다. 재정 균형을 맞추기 위해서 구조조정 프로그램을 실행하는 것은 국가의 주권 상실을 확인해준다. 구조조정 프로그램은 국가의 일, 특히 유로존 국가들의 일을 기업 내 노동과 마찬가지로 정치적 논쟁에서 벗어난 "과학적 관리"의 대상으로 삼는다. 트로이카의 유럽 내 경험이 보여주듯이,[52] 국가를 운영하는 일이 기업을 운영하는 일과 같은 것이라고 인정하는 한, 재정 위기의 순간에 국민을 해고할 수는 없더라도 국가를 법정관리자의 관리에 맡기고 국가 자산을 유동화하는 것은 충분히 가능할 뿐만 아니라 불가피한 일이 된다.[53] 이 경우에 국민의 의견을 물어보는 것은 파산한 사업가에게 사업을 계속 맡기는 것만큼이나 '무책임한' 일이 될 것이다.[54] 숫자에 의

51 "자사주 매입을 위해 사용되는 현금유동성의 비중은 10년 만에 두 배 이상 증가했다. 반면에 생산적 투자는 하락했다. …… 이 정책은 지난 50년 동안 가장 강력한 주식 랠리 중 하나를 초래했다. 2009년 3월 이후 자사주 매입은 300% 증가했다. 그러나 투자자들은 기업 경영진들이 사업에 투자하지 않으면 주가 상승을 질식시키지 않을까 염려한다."(Lu Wang and Callie Bost, *S&P 500 Companies Spend 95% of Profits on Buybacks, Payouts*, Bloomberg, 2014.10. 6., Martine Orange, in *Mediapart*, 2014.10.16.에서 재인용.

52 IMF와 유럽집행위원회 그리고 유럽중앙은행으로 구성된 "트로이카(Troika)"는 유럽연합의 재정 지원을 요청한 유로존 나라들에게 자신들의 정책을 강요한다. 이에 관해서는 유로존 프로그램의 적용을 받는 나라들에서 트로이카의 기능에 관해 명백하게 확인하고 있는 유럽의회 2014년 3월 13일 두 개의 결의 참조. 트로이카의 역할과 활동에 관한 조사보고서 (P7_TA-PROV(2014)0239) 및 트로이카의 사회적 측면 및 고용에 관한 조사보고서 (P7_TA-PROV(2014)0240). 이 보고서들은 유럽의회 인터넷 사이트(http://www.europarl. europa.eu)에서 열람할 수 있다.

53 여기에는 영토도 포함된다. 독일의 일부 국회의원들은 그리스가 섬의 일부를 팔아야 한다고 촉구했다(Cf. *Le Figaro Économie*, 2010.3.5.).

54 유로존 나라들이 2020년까지 그리스에 요구한 구조계획을 2011년에 국민투표에 부치려고 했

한 협치가 다다르는 자기 상실은 개인과 기업만이 아니라 국민도 해당된다.

인간은 컴퓨터가 아니기 때문에 결코 완전히 프로그래밍하거나 객체화하도록 가만히 있지 않는다. 인간은 정신병이나 자살로 빠져들거나, 아니면 숫자의 세계에서 나와 머릿속에 있는 고유한 생각들을 가지고 행위한다. 기계와 달리 인간은 지표의 충족이 목표의 달성으로 간주된다는 사실을 재빨리 깨닫는다. 발레리(Paul Valéry)는 이와 관련해서 다음과 같이 말했다. "통제는 언제나 행위를 오염시키는 것으로, 행위를 타락시키는 것으로 귀결된다. …… 행위가 통제에 따르는 한, 행위하는 자의 기본 목표는 더 이상 행위 그 자체가 아니다. 그는 우선 통제의 내용을 예상하고, 통제의 수단을 실패로 돌아가게끔 고안한다."[55] 소비에트식 계획경제는 이러한 종류의 사례들로 넘쳐난다. 한 공장에서 1년에 생산하는 천의 길이를 두 배로 증가시키는 목표를 달성하려면 천의 폭을 절반으로 줄이기만 하면 되고, 신발 생산 할당량을 채워야 하는데 가죽이 다 떨어졌으면 두꺼운 종이로 만들거나 그저 작은 치수의 신발을 만들면 된다.[56] 연구자의 성과를 측정하는 논문 실적을 늘리려면 예전 같았으면 하나의 논문으로 출판했을 것을 지금은 네 개의 논문으로 잘라서 출판하면 되고, 나아가 출처를 속이거나 결과를 왜곡하는 것도 가능하다.[57] 전화벨이 다섯 번 울리기 전에 응답하지 못한 고객의 숫자로 안내 직원의 성과를 평가한다는 것을 알고 있는 직원은 전화벨이 세 번 울렸을 때 전화가 자동으로 끊기도록 전화기를 프

다는 이유로 조지 파판드레우 그리스 총리는 사르코지 프랑스 대통령과 메르켈 독일 총리의 압력으로 사임해야 했다(cf. Serge Halimi, "Juntes civiles," *Le Monde diplomatique*, 2011. 12).

55 Paul Valéry, "Le bilan de l'intelligence"(1935), in *Œuvres*, t. 1(Paris: Gallimard, collection "Bibliothèque de la Pléiade", 1957), p.1076.

56 Cf. Alexandre Gourevitch, *Économie soviétique. Autopsie d'un système*(Paris: Hatier, 1992), pp.13 이하.

57 이러한 편법의 증가에 대해서는 F. C. Fang, R. G. Steen, A. Casadevall, "Misconduct accounts for the majority of retracted scientific publications," *Proceedings of the National Academy of Science*, vol.109, no.42(2013), pp.17028~17033(http://www.pnas.org/content/109/42/17028.full); John p.A. Ioannidis, "Why Most Published Research Findings Are False," *PLOS Medicine*, 2005.8.30(DOI: 10.1371/journal.pmed.0020124).

로그래밍할 것이고, 그러면 서비스 품질 지표는 가파르게 상승할 것이다. 우스만 시디베(Ousmane Sidibé)는 말리의 현실을 매우 잘 보여주는 글에서, IMF가 구조조정 프로그램을 통해 교사들을 대규모로 해고하도록 요구한 다음, 어떻게 자금 지원을 취학률(인간개발지수의 구성요소) 개선이라는 조건에 결부시켰는지 설명한다.[58] 이 불가능한 문제를 풀기 위해서 아프리카 나라들은 허겁지겁 자격미달 교사들을 저임금 계약직으로 대량 채용한 다음, 이들에게 교육자재도 없는 헛간에서 과밀학급의 교육을 맡겼다. 이렇게 해서 지표는 개선되었지만, 어린이와 청소년의 교육 수준은 떨어졌다. 아이들은 문화와 지식을 전승하는 전통적인 방법을 박탈당했지만, 이름에 걸맞은 학교 교육을 받지도 못했다. 지표의 만족을 일의 목표로 삼는 것은 생산적 활동의 일부를 왜곡할 뿐만 아니라(점점 더 많은 시간을 지표를 확인하는 데 쓰게 된다), 노동과 현실의 세계를 분리시킨다. 그리고 맹목적으로 구축된 숫자 이미지가 현실을 대체한다.

숫자에 의한 협치에 맞서는 법의 저항

법은 숫자에 의한 협치의 세례를 받으면서 그것에 규범력을 부여하지만, 동시에 그것에 저항하고 제 나름의 면역체계를 개발한다. 이 면역체계는 구조적인 것이다. 왜냐하면 숫자에 의한 협치의 세계가 갖고 있는 이항 구조는 법이 갖고 있는 삼항 구조와 양립할 수 없는 것으로서, 법이 완전히 소멸하지 않는 이상 협치의 세계로 남김없이 용해될 수는 없기 때문이다. 법형식이 숫자에 의한 협치에 저항하는 한, 자유의 영역은 비록 아무리 미미할지라도 필연적으로 법형식 안에 마련될 수밖에 없다. 알렉산드르 지노비에프(Alexandre Zinoviev)

58　Ousmane O. Sidibé, "Les indicateurs de performance améliorent-ils l'efficacité de l'aide au développement?"(Nantes: IEA, 2012). 낭트 고등과학연구원 사이트에서 프랑스어 및 영어로 열람할 수 있다(http://www.iea-nantes.fr/fr/actus/nouvelles/actualite_69).

는 『하품하는 언덕』에서 수학자이자 논리학자로서의 소양을 표출하면서 이에 관한 논증을 제공했다. 지노비에프는 텍스트 A가 법체계 B의 적용에 따라 사회에 적대적인 텍스트(안티텍스트)로 규정될 수 있다고 상정한다. A의 저자 N은 기소를 당할 수 있다. 그러나 지노비에프는 묻는다.

B의 관점에서 볼 때 "N은 A를 주장한다"라는 텍스트의 성격은 무엇인가? 안티텍스트인가? 좋다. 하지만 그렇다면 "N은 A를 주장한다"라고 주장한다는 이유로 나를 법정에 기소하는 검사에 대해서는 뭐라고 할 것인가? 이 검사도 안티텍스트를 발설했다고 할 것인가? 아니라고? 왜? 나와 검사를 구별할 수 있는 형식적 기준은 어디에 있는가? 사실 나는 '주장한다'라는 단어를 한 번 사용했고 검사는 두 번 사용했다. 만약 그런 법이 채택된다면, 나는 다음과 같은 텍스트를 말하기만 하면 될 것이다. "M은 N은 A를 주장한다고 주장한다." ⋯⋯ 어떤 텍스트를 '안티'로 규정할 수 있는 법률을 담고 있는 법전을 나에게 만들어다오. 그러면 나는 어떤 안티텍스트를 가지고도 어쨌든 저항의 텍스트로 이해되지만 B에 따를 때 '안티'로 규정되지 않을 수 있는 텍스트로 만들어낼 것이다. 모든 엄격한 법은 무엇보다 반대의 가능성이다.[59]

공산주의 사회는 제 나름의 규범성을 따랐지만, 지노비에프에 따르면 그것은 법적 규범성은 아니었다. "사람들의 행동을 규율하는 규범은 법의 원칙에 화답하는 것이 아니라, 국가의 이성, 공동체와 나라 전체의 이익이라는 원칙에 화답한다. 여기에서는 권력이 유일한 재판관이다."[60] 법형식주의는 공산주의 사회에서 권력이 갖고 있는 근본 원리 및 권력의 성격 그 자체와 양립할 수 없는 저항력을 포함하고 있다. 숫자에 의한 협치가 신체적, 정신적 완전성에 대

59 　Alexandre Zinoviev, *Les Hauteurs béantes*, 프랑스어판, Wladimir Berelowitch 역(Lausanne, L'Âge d'homme, 1977), p.236.

60 　A. Zinoviev, *Le Communisme comme réalité* (Lausanne, L'Âge d'homme, 1981), pp.272~ 273.

한 권리를 위시해 기본권과 민주주의 원칙을 너무 심하게 위반하는 경우에 법질서가 보여주는 것이 바로 이러한 종류의 저항이다.

민주주의 원칙

민주주의와 계량화를 동일시하는 자들의 낙관주의[61]와 반대로, 숫자에 의한 협치는 **민주주의의 범위를 제한**한다. 이것은 하이에크의 사상에서 핵심적인 위치를 차지하는데, 하이에크는 레닌에 이어 "정치를 폐위할 것"[62]을 주장했다. 극단적 자유주의의 전망에서 볼 때, 경제 질서는 시민들의 권력에서 벗어나야 한다. 이유는 다음과 같다. "시장경제는 [대부분의 서양 사회구성원들로서는] 이 해할 수 없는 부분이 많다. 이들은 시장경제가 기초하고 있는 규칙들을 적용해 본 적이 없다. 그리고 그 규칙들의 결과는 이들 눈에 비합리적이고 비도덕적인 것으로 비친다. …… 공정한 분배(이를 위해서는 각자에게 각자의 것을 할당할 수 있는 조직권력을 이용해야 한다)를 요구하는 이들의 목소리는 대대로 물려받은 원초적 감정이다."[63] 그래서 하이에크는 다음과 같이 최후의 지침을 내린다. "자의적 권력에 맞서는 전투, 사회주의에 맞서는 전투, 개인의 노력을 지도하고 그 과실을 숙고 끝에 분배한다고 주장하는 모든 억압적 권력을 폐지하기 위한 전투, 우리는 이 궁극적 전투를 시작해야 한다."[64] 무솔리니 치하의 저명한 이탈리아 통계학자, 유명한 지니계수를 발명한 코라도 지니(Corrado Gini)도 「파시즘의 과학적 기초」[65]라는 더없이 명료한 제목의 논문에서, 민주주의가

---

61   Cf. Nikolas Rose, "Governing by Numbers: Figuring out Democracy," *Accounting Organizations and Society*, vol.16, no.7(1991), pp.673~692. 훨씬 더 비판적인 관점에서 다르게 해석하는 견해로는 Kenneth Prewitt, "Public Statistics and Democratic Politics," in William Alonso & Paul Starr(eds.), *The Politics of Numbers* (New York: Russel Sage Foundation, 1987), pp.261~274.

62   F. A. Hayek, *L'Ordre politique d'un peuple libre* (1979), *op. cit.*, p.178 이하.

63   *Ibid.*, pp.197~198.

64   *Ibid.*, p.182.

65   Corrado Gini, "The scientific basis of fascism," *Political Science Quarterly*, vol.42,

경제적 계산을 방해하지 않도록 막을 필요가 있다는 주장을 지지한 바 있다. 피노체트 독재 치하의 칠레의 사례를 다시 검토할 필요는 없다. 칠레는 극단적 자유주의 이론을 대규모로 실험한 최초의 땅이었으며, 하이에크는 칠레에 대해서 다음처럼 말할 것이다. "나는 개인적으로 자유주의가 전혀 없는 민주주의 정부보다는 자유로운 독재를 선호한다."[66] 사실 독재와 시장경제의 결합이 현대 중국보다 더 잘 실현되는 곳은 없다. 중국 헌법 제1조는 매우 시의적절하게도 중국을 "민주주의 독재"로 규정한다. "중화인민공화국은 노동계급이 영도하고 노동동맹에 기초한 인민민주주의 독재의 사회주의 국가이다."

유럽연합은 민주주의의 범위를 훨씬 덜 거칠게 제한한다. 그러나 선출되지 않은 기구가 권력의 자리에 오르면서 유럽연합의 경제정책은 선거의 영향력에서 벗어났다. 지난 20년 동안 유럽에서는 통치자들의 기대에 부응하는 경우에만 선거 결과를 고려하는 것이 유행으로 자리 잡았다. 유럽연합의 위정자들은 덴마크 유권자들의 마스트리히트 조약 부결, 아일랜드 유권자들의 니스 조약 부결, 프랑스 유권자들과 네덜란드 유권자들의 유럽헌법조약 부결, 아일랜드 유권자들의 리스본 조약 부결을 차례차례 회피했으며, 2011년에는 그리스의 공공 부채를 삭감하기 위한 목표 수치를 그리스가 지키도록 하려고 트로이카가 입안한 구조조정안을 그리스 총리가 국민투표에 부치지 못하도록 금지했다.

이러한 정치 관행들과 함께, 각 회원국은 유럽의 건설이라는 큰 틀에서 주권을 포기하는 데 동의하도록 요구받는다. 유럽연합의 제도가 회원국의 국내 제도와 동일한 보장책들을 제공한다면 주권을 포기하더라도 민주주의의 문제는 제기되지 않을 것이다. 그러나 전혀 그렇지 않다. 이 '민주주의 결핍'은 정도가

no.1(1927.3), pp.99~115; 또한 Jean-Guy Prévost, "Une pathologie politique. Corrado Gini et la critique de la démocratie libérale," *Revue française d'histoire des idées politiques*, no.13(2001), pp.105~128.

66 Christian Laval, "Démocratie et néolibéralisme," Institut de recherche de la FSU(http://institut.fsu.fr/Democratie-et-neoliberalisme-par.html). 또한 Pierre Dardot & Christian Laval, *La Nouvelle Raison du monde. Essai sur la société néolibérale* (Paris: La Découverte, 2009).

매우 심해서 마침내 독일 연방헌법재판소는 리스본 조약의 비준과 관련한 결정을 통해서 그 위험성을 엄정하게 경고하기에 이르렀다.[67] 독일 연방헌법재판소의 결정은 유럽을 건설하는 과정에서 진정한 법적 분기점이라고 할 만한 것임에도 프랑스에서는 완전히 무시되거나 희화화되었다. 그래서 잠시 검토할 필요가 있다. 연방헌법재판소는 우선 민주주의 원칙의 의미를 환기한다. 민주주의는 "공권력의 행사가 다수결의 원칙에 의해 지배되는 체제로서, 책임 있는 정부가 규칙적으로 구성되는 한편 억압받지 않는 반대 세력이 장차 정부를 구성할 수 있는 가능성을 보유하는 체제"이다.[68] 민주주의 체제에서 "시민은 자유롭고 평등한 선거를 통해서 정부와 입법권을 선임할 수 있어야 한다. 이 핵심은 본질적 문제에 관한 국민투표의 가능성에 의해 보완될 수 있다. …… 민주주의에서 시민의 결정은 정치권력을 구성하고 천명하는 핵심 요소이다. 모든 민주주의 정부는 재당선되지 않을 경우 권력을 잃어버릴 수 있다는 것을 안다".[69] 독일 연방헌법재판소는 이렇게 민주주의의 요소를 제시한 다음 이것을 유럽연합의 제도와 비교한다. 재판소의 판단은 두 가지 점에서 단호하다. 첫째, 유럽의회는 현재의 상태에서는 유럽 시민들의 민주주의적 대표를 보장할 수 없다는 점이다.

§ 280. 리스본 조약이 발효되고 난 뒤라도, 입헌적 국가의 요구사항들에 비춰 보았을 때, 모든 유럽연합 시민들의 평등한 선거에 기초해 구성되고 또 시민들의 의사를 단일하게 대표할 수 있는 능력을 갖춘 정치적 결정 기관이 유럽연합에는 결여되어 있다. 또한 이것과 관련되어 있는 사항으로서, 유럽 차원의 다수 의사가 자유롭고 평등한 선거를 통해 정당성을 갖춘 정부를 구성할 수 있는 한편 정부와 야당 간에 진정하고 투명한 경쟁이 보장될 수 있는 권력 구성 시스템도 결여되어 있다. 리스본 조약 제14조 제2항"유럽의회는 유럽연합 시민들의 대표로

---

67 독일 연방헌법재판소, 2009.6.30., 2 BvE 2/08 결정.

68 2 BvE 2/08 결정, § 213.

69 2 BvE 2/08 결정, § 270.

구성된다" — 옮긴이을 새롭게 고쳐 쓴 다음에도 여전히 유럽의회는, 리스본 조약 제10조 제1항의 내용으로부터 이끌어낼 수 있을 주장과는 반대로, 주권적 유럽 시민의 대표 기관이 아니다.

§ 287. 시민들이 유럽의회에서 대표되는 기준은 (리스본 조약 제9조에서 규정하고 있는) 유럽연합 시민들의 평등이 아니라, 국적이다. 원칙적으로 이러한 기준은 유럽연합에서 절대적으로 금지되는 차별적 기준에 해당한다.

독일 연방헌법재판소가 리스본 조약 스스로 엄숙하게 선언한 대원칙들, "유럽연합 시민들의 평등"(리스본 조약 제9조: 유럽연합은 그 모든 행위에서 유럽연합 시민들의 평등 원칙을 보장한다) 또는 "유럽연합의 기능은 대의민주주의에 근거한다"(리스본 조약 제10조 제1항)라는 원칙들을 위반하고 있다는 사실을 얼마나 가혹하게 지적하고 있는지 특기하고 넘어갈 필요가 있다. 유럽의회의 민주주의적 결함을 메꾸기 위해 '1인 1표' 원칙을 도입하기만 하면 충분할까? 독일 연방헌법재판소는 아니라고 말한다. 왜냐하면 유럽의회의 입법권은 여전히 유럽이사회, 유럽집행위원회 등 민주적 정당성이 없는 기구들과 분점된 상태로 있을 것이기 때문이다. 유럽사법재판소도 마찬가지인데, 유럽사법재판소는 "한 국가당 판사 한 명"의 원칙을 따른다. 이에 대해 독일 연방헌법재판소는 지나는 길에, 유럽사법재판소는 "국가들의 결정적 영향력 아래" 놓여 있다고 지적한다.[70] 다시 말하면, 유럽사법재판소는 시민들을 대표하는 것도 아니고, 정부로부터 독립되어 있는 것도 아니라는 것이다. 요컨대, 독일 연방헌법재판소는 조약의 다른 규정들로는 보완하거나 정당화할 수 없는 민주주의적 결함이 존재한다고 결론 내린다. "하나의 국가 차원에서 요구되는 민주주의 원칙과 비교해볼 때, 유럽연합의 공권력이 안고 있는 결함은 리스본 조약의 다른 규정들에 의해 보완될 수 없으며, 따라서 정당화되지도 않는다."[71]

....

70 2 BvE 2/08 결정, § 288.
71 2 BvE 2/08 결정, § 289.

민주주의 법원칙의 저항은 사회적 민주주의와 관련해 국제 무대에서도 펼쳐졌다. ILO 단결권위원회는 유럽의 트로이카가 그리스 정부에 강요한 사회권 축소 계획의 입안 과정에 노동조합을 배제한 것을 비난했다.[72]

신체적, 정신적 안전에 대한 의무

숫자에 의한 협치가 노동자들의 정신건강에 미치는 새로운 위험에 대응하여, 노사는 "직장 내 스트레스"에 관한 단체교섭을 개시했고(오늘까지 실제로 큰 성과는 없다),[73] 입법자는 "직장 내 괴롭힘"을 제한하기 위한 법률을 제정했다.[74] 특히 판례는 사용자에게 "결과적 안전의무"가 있음을 인정함으로써[75] 기업 내 새로운 경영기법의 영향력을 제한했다.[76] 이러한 맥락에서 "괴로움"[77] 또는 "신체적 또는 정신적 부담"[78] 같은 새로운 개념들이 부상하는데, 이것들은 모두 노동의 질적 평가를 함축한다. 일반적인 차원에서 법률과 판례는 노동자를 통제

---

72 단결권위원회 보고서, 제네바, ILO, 2012. 11., § 784-1003.

73 직장 내 스트레스에 관한 유럽기본협약. 프랑스는 2008년 7월 2일 전국전산업협약(ANI)으로 이 유럽기본협약을 받아들였다. 이에 대해서는 Corinne Sachs-Durand, "La transposition dans les États membres de l'accord conclu par les partenaires sociaux au sein de l'Union européenne sur le stress au travail," *Revue de droit du travail(RDT)*, 2009, p.243.

74 프랑스 노동법전, L.1152-1조 이하.

75 프랑스 대법원 사회부, 2002.2.28., 99-17201 판결. Matthieu Babin, *Santé et sécurité au travail*(Paris: éd. Lamy, 2011), 324 p.; 또한 M. Blatman, E. Lafuma, M. Grévy, P. Lokiec, L. Gamet et J.-D. Combrexelle, "Protection de la santé et charge de travail," *Droit social*, 2011, 7.-8.

76 프랑스 대법원 사회부, 2007.11.28., 06-21964 Groupe Mornay 판결, *Bulletin civil*, V, no.201 (연례평가 면담의 "방식과 내용이 노동조건에 영향을 미치는 심리적 압박을 초래한다는 점이 명백하다").

77 2010년 11월 9일 법률로 인정. 프랑스 노동법전, L.4121-1조 및 D.4121-25조. 이 개념에 대해서는 Franck Héas, "Les négociations professionnelles relatives à la pénibilité au travail," *Droit social*, 2006, p.834; Bernadette Lardy-Pélissier, "La pénibilité: au-delà de l'immédiat et du quantifiable," *Revue de droit du travail*, 2011, p.160.

78 프랑스 노동법전, L.3221-4조. Emmanuelle Lafuma, "Charge de travail et représentations du personnel," *Droit social*, 2012, p.758.

하고 감시하는 새로운 형태의 디지털 기술, 나아가 생물학적 기술의 이용을 제한하고자 했다.[79] 프랑스 대법원도 기업 내에서 실시하는 새로운 목표관리 경영 기법의 확산을 어느 정도 억제했다.[80] 예를 들어 직장 내 괴롭힘은 침해의 고의와 무관하게 일정한 경영 기법에 내재할 수 있다는 사실을 인정한 바 있다.[81] 또한 노동자의 정신건강을 위태롭게 할 수 있는 노동 관리 양식의 시행을 중지시킬 수 있는 권리가 판사에게 있다고 인정했다.[82] 좀 더 최근에는, 사전에 정해진 비율에 따라 노동자들을 그룹별로 순위를 매기는 상대평가 관행을 일반적 언어로 비난하기도 했다.[83] 사실 이러한 상대평가 시스템에서는 아무리 객관적으로 일을 잘하더라도 일부 노동자는 낮은 등급을 받을 수밖에 없다. 상고이유서의 표현에 따르자면, "사전에 정해진 비율에 따라, 비록 그 비율이 참고사항이라고 하더라도, 노동자들을 그룹별로 분류하는 평가 체계에서는 노동자들의 직업적 능력 평가와는 무관한 기준들이 고려될 수밖에 없다".

　2012년 리옹 지방법원의 판결은 안전의무 개념이 새로운 경영기법에 어떻게 대항하는지 잘 보여주는 사례를 제공한다.[84] 이 사례는 은행에서 종업원 성과 관리와 관련해 벤치마킹 시스템을 도입하려는 경우였는데, 다음과 같은 방

79　Hubert Bouchet, *La Cybersurveillance sur les lieux de travail*, rapport de la CNIL, 2004. 3.(La Documentation française 웹사이트에서 열람 가능); Jean-Emmanuel Ray, *Le Droit du travail à l'épreuve des NTIC*(Paris: éd. Liaisons, 2001, 247 p); 같은 저자의 "Droit du travail et TIC," *Droit social*, 2007, p.140 및 275; Lucien Flament, "La biométrie dans l'entreprise," *Semaine juridique*, éd. S, 2006, p.1468; A. de Senga, "Autorisations uniques de la CNIL de mise en œuvre de dispositifs biométriques," *Droit ouvrier*, 2007, p.31; Elsa Supiot, *Les Tests génétiques. Contribution à une étude juridique*, thèse Paris-I, 2012, p.298 이하(Presses universitaires d'Aix-Marseille, 2015).

80　Philippe Waquet, "Les objectifs," *Droit social*, 2001, p.120; Stéphane Vernac, "L'évaluation des salariés en droit du travail," *Recueil Dalloz*, 2005, chronique, 924.

81　프랑스 대법원 사회부, 2009.11.10., 07-45321 Association Salon Vacances Loisirs 판결, *Droit social*, 2010, p.109, obs. Chr. Radé.

82　프랑스 대법원 사회부, 2008.3.5., 06-45888 Snecma 판결, *Droit social*, 2008, p.605, note P. Chaumette.

83　프랑스 대법원 사회부, 2013.3.27., 11-26539 Hewlett-Packard France 판결.

84　리옹지방법원, 2012.9.4., 11/05300 판결, *Semaine juridique Lamy*, no.1550(2012.9.10), p.15.

식이었다. "각 지점의 성과는 다른 지점들의 성과와 비교해 평가된다. 즉 각 지점은 경쟁에 놓인다. 각 노동자의 성과는 같은 지점 및 다른 지점들의 노동자들의 성과와 비교해 평가된다. 지점과 노동자에게는 어떤 목표도 공식적으로 부과되지 않는다. 유일한 목표는 다른 사람들보다 더 잘하는 것이다. 아무도 일과가 끝날 때 제대로 일했는지 여부를 모른다. 왜냐하면 자기가 한 일의 수준은 다른 사람들의 결과에 달려 있기 때문이다. 이러한 시스템에서는 날마다 모든 것을 재검토해야 한다. 이것은 지속적인 스트레스 상태를 초래한다. 나아가 정보통신기술로 인해 모든 노동자는 은행 전체의 각 직원이 하고 있는 것을 각자의 자리에서 실시간으로 추적할 수 있는 만큼, 스트레스 상태는 더 심각해진다." 법원은 이 시스템을 도입하는 것을 금지했다. 법원은 노동감독관의 의견을 받아들여 그러한 시스템은 다음과 같은 결과를 초래할 것이라고 판결했다.

- 노동자들 사이에 끊임없는 경쟁을 도입하기 위해 노동자들을 지속적으로 평가 절하함으로써 노동자들의 인격적 존엄성에 가해지는 침해
- 각자의 성과는 다른 노동자들의 성과에 좌우되기 때문에 연간 목표를 달성할 가능성이 전혀 없다는 사실에서 기인하는 불안감
- 집단적 성과를 이루는 데 개인의 책임이 있다는 사실에서 지속되는 죄의식
- 고객에게 조언을 하기보다는 판매를 우선시했다는 사실에서 발생하는 수치심
- 숫자(성과)를 만들어내기 위해서는 규칙을 무시해야 한다는 유해한 선동
- 노동자들에게서 빈번하게 발견되는 신체적, 정신적 불안

은행은 사회심리학적 위험을 모니터링하는 옵서버, 긴급번호, 노동조건을 개선하기 위한 플랜 액션을 도입할 계획이었다는 점을 내세우면서 방어했다. 법원은 은행의 주장을 배척하면서, 이러한 조치들은 예상되는 위험의 실현을 사후적으로 관리하기 위한 것일 뿐, 사용자에게 부과되는 결과적 안전의무에 화답하는 것이 아니라는 이유로, 그러한 노무 관리 시스템의 도입을 금지했다.

이 판결은 판사가 보기에 위험하다고 생각되는 노동 관리 양식이나 노동 평가 방식을 금지할 수 있다고 인정하고 있는 현재의 프랑스 대법원 판례에도 부합한다.

건강의 보호는 언제나 사회법의 핵심을 구성했으며, 따라서 숫자에 의한 협치에 맞서는 법의 저항이 가장 강력하게 표출되는 곳이 안전과 관련된 영역이라는 점은 놀라운 일이 아니다. 나아가 포드주의적 합의에 의해서 배제되었던 노동 관리의 문제가 사회정의의 범주 안에 다시 들어오도록 만들었다는 점에서, 안전과 관련된 법의 저항은 더욱 의미심장하다. 역사적으로 사회법은 국민의 물리적 자원, 즉 여성과 아동의 신체를 보호하는 장치들을 중심으로 동심원의 형태를 띠면서 발전했다. 오늘날에는 국민의 정신적 자원에 대한 보호를 중심으로 유사한 형태의 역동성이 전개될 수 있을 것이다. 그리고 이미 숫자에 의한 협치에 맞서는 법의 저항은 다른 영역에서도 전개되고 있음이 목도된다.

예를 들어 2012년 10월에 유럽이사회 사회헌장의 준수를 감독하는 기구인 유럽사회권위원회는 트로이카의 압력으로 그리스 정부가 도입한 몇몇 조치를 비난했다. 위원회는 일반적 언어로 다음과 같이 천명했다. "실업을 해소하기 위해 더 많은 노동 유연화를 도입한다 하더라도, 노동자들이 사용자의 자의나 경기의 불확실성에 맞서 향유하는 노동 기본권을 박탈할 수는 없다."[85]

이처럼 숫자에 의한 협치의 감염에 맞서기 위해 법이 구축하는 면역 체계는 법질서 그 자체의 근본적인 변화로 이어진다. 법질서가 유지되려면 스스로 변화해야 하기 때문이다.

....

[85] 유럽사회권위원회(CEDS), 2012.5.12., GENOP-DEI et ADEDY c. Grèce, 청구번호 65/2011 및 GENOP-DEI et ADEDY c. Grèce, 청구번호 66/2011.

제10장

국가의 몰락

"국가는 폐지되는 것이 아니라 사멸한다."[1]

— 프리드리히 엥겔스

숫자에 의한 협치 체제에서 법질서의 변화를 이끄는 가장 강력한 요소는 공적인 것이 사적인 효용에 예속된다는 점에 있다. 개인적 효용의 계산이 숫자에 의한 협치의 요체이기 때문에, 이 협치의 체제가 정당하다고 인정하는 유일한 타율적 규칙은 계산의 안전을 보장하는 규칙이다. 즉 사법상의 규칙이다. 반대로 공익의 이름으로 국가가 계산 영역에 개입하는 것은 원천적으로 의심된다. 공과 사의 위계 전복은 긴 여정의 끝이고, 이 여정은 공적인 것, 레스푸블리카(res publica)의 신성함이 쇠퇴하고 그 자리에 순전히 기술적인 규범성 개념이 들어서면서 시작된다.

....

1   F. Engels, *Anti-Dühring* (1878), 프랑스어판, É. Botigelli, *op. cit.*, p.317.

공적인 것의 신성함

공과 사의 구별은 계몽주의 철학의 발명품이 아니라, 보통법과 대륙법을 탄생시킨 공통된 모태인 유스티니아누스 대전, 즉『로마법대전』의 유산이다.『로마법대전』의 가장 유명한 구절은 울피아누스의 것인데, 울피아누스에 따르면 "법학에는 두 가지 분야가 있다. 공법과 사법이다. 공법은 로마의 것이 갖고 있는 지위를 존중하는 법이며, 사법은 개인의 이익을 존중하는 법이다".[2] 이 구분법은 오늘날에는 두 개의 서로 다른 법체계를 대립시키는 이분법 구도에서 이해되고 있지만, 원래는 하나의 동일한 법체계가 서로 다른 '입장'을 취하고 있다는 개념에 기초하고 있는 것이다.[3]『로마법대전』이라는 하나의 법체계가 두 개의 서로 다른 입장을 취하고 있다면, 그것은 수평의 차원에 존재하는 개별적 이익 간의 조정이 공적인 것의 수직적 안정성에 달려 있기 때문이다. 약육강식이 아니라 법치가 개인 간의 관계를 다스리는 원칙이 되기 위해서는 공적인 것 즉 레스푸블리카가 똑바로 서 있어야 한다. 사적인 것이 공적인 것에 복종한다는 이 위계 관계가 법체계에 명료함과 견고함을 부여한다.

이러한 제도적 몽타주는 모든 인간 문명이 직면하는 인류학적 정언명령, 즉 폭력의 원천을 신진대사시켜 문명을 유지하기 위해서는 권력을 정당화하는 동시에 권력을 제한하는 어떤 기원에 권력을 맡겨야 한다는 정언명령에 서양 사회가 화답하는 방식이다.[4] 개별적 이익의 규제는 공적인 것의 지위에 달려 있

----

2 *Hujus studii duæ sunt positiones, publicum et privatum. Publicum ius est quod ad statum rei romanæ spectat. Privatum quod ad singulorum utilitatem* (Digeste, 1, 1. § 2).

3 Cf. P. Legendre, in *Le Désir politique de Dieu. Essai sur les montages de l'État et du Droit* (Paris: Fayard, 1988, 2005, 제2판), p.237 이하. '입장'이라는 개념이 공과 사의 대립이라는 개념으로 점차 대체된 것에 대해서는 Georges Chevrier, "Remarques sur l'introduction et les vicissitudes de la distinction du *jus privatum* et du *jus publicum* dans les œuvres des anciens juristes français," *Archives de philosophie du droit*, 1952, pp.5~77.

4 Cf. P. Legendre, *Le Désir politique de Dieu, op. cit., loc. cit.*

을 수밖에 없는 까닭이며, 이 공적인 것에는 울피아누스가 "신성한 것"[5]이라고 불렀던 것이 담겨 있다. 이 "신성한 것"을 현대의 언어로 말하자면 **정초적 금기**라고 할 수 있는데, 이것은 특정한 법체계에 고유한 공리적 기초를 부여한다. 프랑스의 헌법에서도 이 신성함에 대한 준거는 결코 사라지지 않았다. 1789년 인권선언은 "자연적이고 양도할 수 없는 신성한 인권" 및 재산권의 "불가침성과 신성함"을 선언하고 있다. 신성함에 대한 준거는 제2차 세계대전이 끝난 뒤 1946년 프랑스 공화국 헌법의 전문에서도 엄숙하게 재천명되었다. 전문에 따르면, "모든 인간은 인종과 종교와 신념의 차별 없이 양도할 수 없는 신성한 권리를 갖는다". 신성함은 또한 헌법적 원칙의 불가침성을 승인하는 규정들 속에서 암묵적으로 천명되기도 한다. 예를 들어 독일 기본법 제79조는 인간 존엄성의 원칙 및 독일연방공화국의 민주적이고 사회적인 연방국가 원칙에 반하는 기본법 개정은 허용되지 않는다고 규정하고 있다.[6] 공적인 것과 개인적 이익의 결합은 고대 로마, 프랑스 앙시엥레짐의 왕국들 또는 근대국민국가 등 매우 이질적인 법체계들을 지탱했다. 지난 두 세기 동안 이 서양의 제도적 몽타주는 서양의 세계 지배와 함께 전례 없이 전 세계로 확산되면서, 권력을 교화시키는 다른 방식들, 예를 들어 아시아[7]나 아프리카[8]의 의례주의, 또는 유대교[9]나 이슬

----

5   *Sunt enim quædam publice utilia, quædam privatim. Publicum jus in sacris, in sacerdotibus, in magistratibus consistit* ("공공에 이로운 것이 있고 사인에 이로운 것이 있다. 공법은 신성한 것에, 사제에, 법무관에 있다", Digeste, *loc. cit.*).

6   국가가 종교, 신성한 것의 보호, 양심과 신앙의 자유, 종교의 자유를 동시에 보장한다고 규정하고 있는 튀니지 신헌법 제6조에 대한 일부 프랑스 정치인의 비판은 프랑스 헌법의 고유한 헌법적 기초에 대한 무지 탓이라고 하지 않을 수 없다.

7   Cf. L. Vandermeersch, "Ritualisme et juridisme," in *Études sinologiques* (Paris: PUF, 1994), p.209 이하.

8   Cf. "Le Chemin du rite. Autour de l'œuvre de Michel Cartry," *Archives de sciences sociales des religions*, 4/2011(no.156)(Paris: Éditions du Félin, 2010). 특히 Alfred Adler, "Logique sacrificielle et ordre politique: le statut de la personne du chef en relation avec son statut de sacrifiant", pp.149~168.

9   Cf. Joseph Mélèze-Modrzejewski, *Un peuple de philosophes. Aux origines de la condition juive* (Paris: Fayard, collection "Les Quarante Piliers", 2011), ch.XI, "Tora et nomos", p.193

람교의 종교적 율법주의는 수세에 처했다.

근대국가는 이처럼 "로마의 것의 지위"를 물려받았으며, 그것에 불멸의 존재라는 형상을 부여했다. 이 불멸의 존재는 "자명한 진리" 및 "양도할 수 없는 신성한 권리"가 존중될 수 있도록 불침번을 서면서 세대와 세대의 교체를 넘어 국민의 지속성을 보증한다. 하지만 계몽주의 철학 이래 서양 사상의 일면은 이러한 제도적 몽타주에 내재하는 도그마적 차원을 몰아내고, "자연에 새겨져 있는 법칙들" 위에 법질서를 세우고자 노력했다. 그 결과 '신성한 것'에 대한 관조는 사적 영역의 '종교적 감정'으로 축소되고, 그 자리에는 순전히 도구적인 법 개념이 점차 자리를 잡았다.

'과학적' 인간 경영

20세기에 번성했던 전체주의 체제는 법과 제도를 일체의 형이상학적 준거로부터 해방시켜 인종주의적 생물학 또는 과학적 사회주의에 의해 발견된 '진정한 법칙' 속에 닻을 내리게 하겠다고 주장한 최초의 체제였다. 이러한 과학주의적 전망에서는 개인 간의 관계는 더 이상 '신성한 것'에 의거하는 공법에 종속되는 것이 아니라, 인종 간의 역관계 또는 계급 간의 역관계에 관한 '진리'에 의해 지배된다.

나치즘은 그 당시의 생물학[10]이 가르쳐준 법칙들에 의거하여, 다른 모든 인종들을 지배하도록 약속된 '우월한 인종'의 도래를 위해 활동했다. 『히틀러 청소년단 교본』[11]은 다음과 같이 선언했다. "우리는 유전학의 평결에 따라 우리

이하.

10   Cf. A. Pichot, *La Société pure. De Darwin à Hitler, op. cit.*, 및 *Aux origines des théories raciales. De la Bible à Darwin, op. cit.*, 520 p.

11   Hannah Arendt, *Le Système totalitaire* (1951), 프랑스어판(Paris: Le Seuil, 1972), p.76에서

인민의 삶과 법을 제조한다." 히틀러에 따르면, "국가는 하나의 목적을 위한 수단일 뿐이다. 그 목적은 인종을 보존하는 것이다".[12] 이러한 국가에서 법은 강자의 의지와 완전히 동일시된다. '건전한' 시민의 의무는 실정법을 준수하는 것이 아니라, 지도자의 뜻을 유심히 살펴 미리 실천하는 것이며, 지도자는 지켜야 할 규칙이 아니라 달성해야 할 목표를 각자에게 심어준다. 유일 정당은 지도자의 뜻을 사회의 가장 작은 단위에까지 퍼뜨리고, 국가는 유일 정당이 활용하는 도구이다.[13] 지도자에 대한 충성이 법률의 준수를 대체한다. 나치 체제에서 계엄령이 곧 헌법이었던 것은 이러한 점에서 볼 때 당연한 일이었다.[14] 이처럼 예외 상태를 법질서의 토대로 삼는 것은 카를 슈미트의 이론에 부합하는 것이었다.[15] 슈미트의 이론은 정치권력이 정치권력의 정초 규범에 구속되는지 여부를 구별하지 않는다. 즉 전체주의 국가와 법치국가를 혼동한다.[16] 이 둘을 혼동하는 것은 광기와 이성을 구별하지 않는 것과 동일하며, 오웰이나 이오네스코(Ionesco) 같은 작가들이 보여준 바와 같이 사실 전체주의 국가는 광기의

재인용[한국어판: 한나 아렌트, 『전체주의의 기원 2』, 박미애·이진우 옮김(한길사, 2006)].

12 *Ibid., loc. cit.*

13 히틀러가 1936년 7월 바이마르에서 연설하면서 드러낸 관점에 의하면, 나치당의 임무는 통치하고 입법하는 것이며, 국가의 임무는 관리하는 것이다. 그러나 이러한 형식적 구분은 실제로는 큰 의미가 없었다. 왜냐하면 나치당은 모든 수준에서 당의 통제를 느끼게 만들었기 때문이다[Cf. Ernst Fraenkel, *The Dual State: A Contribution To The Theory Of Dictatorship* (Oxford University Press, 1941, reprint Clark, New-Jersey, Lawbook Exchange, 2006), p.XV].

14 바이마르헌법이 보장하는 기본권들을 정지하는 1933년 2월 28일 명령.

15 법치국가 개념 자체에 적대적이었던 슈미트(Schmitt)는 새로운 체제가 존중받을 수 있도록 하기 위해서 "아돌프 히틀러의 독일 법치국가" 개념을 고안했다(Cf. M. Stolleis, "Que signifiait la querelle autour de l'État de droit sous le IIIe Reich?," in Olivier Jouanjan(dir.), *Figures de l'État de droit, op. cit.*, p.378).

16 Cf. E. Fraenkel, *The Dual State, op. cit.*, pp.9~56; William Ebenstein, *The Nazi State* (New York: Farrar & Rinehart, 1943), p.3 이하. 또한 M. Stolleis, *The Law Under the Swastika. Studies on Legal history in Nazi Germany* (University of Chicago Press, 1998, 263 p); Olivier Jouanjan, "Prendre le discours juridique nazi au sérieux?," *Revue interdisciplinaire d'études juridiques*, vol.70(2013/1), pp.1~23; "Qu'est-ce qu'un discours 'juridique' nazi?," *Le Débat*, no.178(2014/1), pp.160~177.

상태라고 할 수 있다.

한편, 마르크스-레닌주의를 추동한 것은 역사의 법칙에 대한 믿음이었다. 역사는 경제적 토대의 변화에 따라 발전하며, 종국에는 계급과 법이 없는 사회가 도래할 것이라는 믿음이다. '부르주아적' 법은 계급지배를 강화하기 위한 상부구조에 지나지 않기 때문에, 역사의 대단원을 앞당기기 위해서는 법형식을 몰락시키고, 과학적 인간 경영의 도래를 방해할 수 있는 일체의 법적 보장을 제거하기 위해 노력하는 것이 합당하다. 이처럼 정치가 일소된 과학기술적 세계관은 마르크스주의의 아버지들에게서 이미 나타난 것이었다. 엥겔스에 따르면, 프롤레타리아 혁명이 완수되고 나면,

> 사회관계에 국가권력이 개입할 필요성은 사라진다. 사회의 통치는 사물의 관리 및 생산활동의 경영으로 대체된다. 국가는 폐지되는 것이 아니라 사멸한다.[17]

마오쩌둥주의는 이 점에서 특별히 급진적이었으며, 특히 문화혁명 시기에 그러했다. 그리고 과거 마오쩌둥주의에 열광했던 자들 중 상당수가 오늘날 중국 및 서양에서 무정부-자본주의적 '탈규제'의 이론가들로 재등장하는 것은 충분히 자연스러운 일이다.

그런데 정치 체제를 과학 위에 세우려는 시도는 완전히 환상이다. 왜냐하면 법이 자유로운 과학 연구에 규범적 토대를 제공하는 것이지, 그 반대가 아니기 때문이다. 과학적 연구에 가치를 부여하고 보호를 제공하는 법적 토대가 없으면 과학은 자유롭게 탐구될 수 없으며, 나아가 공식적인 '과학적' 진리에 근거한 규범 체계 속에서 질식될 수밖에 없다. 지난 한 세기 동안 (인종주의 생물학 또는 과학적 사회주의 등) 과학적 토대 위에 근거하고 있다고 주장했던 체제들은 또한 그러한 토대에 반할 수 있는 연구를 일체 금지함으로써 과학을 궁지로 몰아넣었던 체제이기도 했다. 이 역사적 경험은 과학은 스스로를 정초할 수 없다

---

17   F. Engels, *Anti-Dühring, op. cit.*, p.317.

는 사실을 가르쳐준다. 인간의 법은 언제나 전체주의 같은 체제가 의거하는 과학적 유사 법률을 극복하고야 만다. 예를 들어 제2차 세계대전이 끝난 후 서양 나라들은 인간의 존엄성 존중이라는 정언명령을 국가의 준거로 삼아 국가의 역할을 회복시키고자 노력했다. 그리고 그러한 기초 위에 사회적 정의를 진전시키기 위한 새로운 국제 법질서를 재정초하려고 노력했다.[18] 그것을 위해 '새로운 세대'의 인권이 천명되었다. 즉 경제적, 사회적, 문화적 권리가 그것이다. 이 새로운 권리들의 실현은 국가의 개입을 요구했고, 서유럽에서 전례 없는 사회국가의 발전을 가져왔다.

그러나 경제적 교환에 대한 사회권의 우위는 지난 30년 동안 뒤집혔다. 극단적 자유주의 혁명은 스스로 규율할 수 있고 '자생적 질서'를 만들어낼 수 있는 초인간적 힘, 즉 시장의 힘에 대한 신앙을 재부상시켰다. 이미 18세기에 데이비드 흄은 법과 도덕을 떠받치는 궁극적 법칙을 발견했다고 생각했다. 흄은 "도덕적 주체에 경험적 방법을 도입하기 위한 시론"이라는, 과학적 야망을 명료하게 밝히고 있는 부제를 달고 있는 책 『인간본성론』에서 인간 사회의 통치 질서를 뒷받침하는 "자연의 세 가지 근본법칙"을 밝히고 있다. "우리는 이제 자연의 세 가지 근본법칙을 검토하는 단계로 넘어왔다. 소유권 안정의 법칙, 합의에 의한 소유권 이전의 법칙 그리고 약속 이행의 법칙이 그것이다. 인간 사회의 평화와 안전은 전적으로 이 세 가지 법칙을 엄격히 준수하는 데 달려 있다. 이 법칙들을 지키지 않을 때 인간들 사이에 바람직한 조화를 확립할 가능성은 절대 없다."[19] 놀랍지도 않게, 두 세기 후에 하이에크는 자생적 시장질서의 존재를 주장하고 "사회정의의 환상"[20]을 타파하기 위해 이 세 가지 법칙을

---

18 이 전후의 도그마적 도약에 대해서는 A. Supiot, *L'Esprit de Philadelphie, op. cit.*

19 David Hume, *Treatise on Human Nature* (1739-1740), in *Philosophical Works* (Édimbourg, 1826), II, p.302, 프랑스어판: *Traité de la nature humaine. Essai pour introduire la méthode expérimentale dans les sujets moraux*, André Leroy 옮김(Paris: Aubier-Montaigne, 1968), t. 2, p.646[한국어판: 데이비드 흄, 『인간이란 무엇인가』, 김성숙 옮김(동서문화사, 2016)].

20 F. A. Hayek, *Law, Legislation and Liberty*, vol.2: *The Mirage of Social Justice* (Londres: Routledge, 1976), 프랑스어판: *Droit, législation et liberté. Une nouvelle formulation des*

준거로 삼았다. 그런데 이 세 가지 법칙은 계약의 자유, 재산권 그리고 민사책임이라는 사법상의 규칙에 해당한다. 그러므로 시장질서를 확대하기 위해서는 이 사법상 규칙에 공법에 대한 우위성을 부여해야 한다. 마치 옛날에 인정법(人定法)이 신정법(神定法)에 대해서 그랬듯이, 공법은 단순한 "조직법"으로서 "시장의 보이지 않는 손"[21]을 방해하면 안 되고, 그것을 "강화하기" 위해 필요한 필요악으로 치부된다. 이것이 지구화의 법률 프로그램이다.

공/사 위계의 전복

이 이데올로기는 1980년대 이후 승리를 거두었다. 사회권은 가짜 권리로 비난받았고, 복지국가의 사유화는 일국적 차원 및 국제적 차원에서 우선적인 정치 의제가 되었다. 국가들의 포석으로 구성되는 국제 법질서가 아니라, 효용계산으로 움직이는 계약 입자들로 가득 찬 '위대한 열린사회'를 구성하는 국제 법질서에 대한 환상이 자리 잡았다. 이 환상에 힘입어 금융과 기술과 경제는 국경 없는 공간을 지배한다. 자본과 상품의 자유로운 이동을 위한 국경의 개방은 새로운 정보통신기술과 결합해 국가의 주권을 심대하게 위협하고 국가의 입법권을 제한했다. 하이에크에 따르면, "위대한 사회의 구성원들을 결합하는 관계는 오로지 경제적 관계이다. …… 위대한 사회를 결속하는 것은 돈의 네트

principes de justice et d'économie politique, vol.2: *Le Mirage de la justice sociale* (1976), Raoul Audouin 옮김(PUF, 1981), p.48[한국어판: 프리드리히 하이에크, 『법, 입법 그리고 자유 2』, 양승두 외 옮김(올재, 2017)].

21 F. A. Hayek, *Law, Lesgislation and Liberty*, vol.1: *Rules and Order* (Londres: Routledge, 1973), 프랑스어판: *Droit, législation et liberté. Une nouvelle formulation des principes de justice et d'économie politique*, vol.1: *Règles et ordre* (1973), R. Audouin 옮김(PUF, 1980), p.162[한국어판: 프리드리히 하이에크, 『법, 입법 그리고 자유 1』, 양승두 외 옮김(올재, 2017)].

워크이며, 인류를 하나로 결집시키는 위대한 이상은 요컨대 사람들의 물질적 수요를 최대한 만족시키기 위한 충동에 의해 지배되는 요소 간의 관계에 달려 있다".[22] 요컨대 중요한 것은 개인적 이익의 추구를 공익에 종속시키는 것이 아니라, 반대로 공적인 것을 개인적 효용의 극대화를 자유롭게 추구하기 위한 도구로 삼는 것이다. 법적인 차원에서 볼 때 공과 사의 위계 전복은 **규범권력의 사유화**를 초래한다. 이러한 현상을 초래하는 첫 번째 원인은 사적 영역의 확대를 위해서 공적 영역이 수축되는 것이다. 종전까지 국가가 담당하고 있던 임무들이 사적 행위자들에게 부여되는 직접적인 결과가 바로 민영화이다. 민영화는 단지 사회국가의 서비스만 대상으로 하는 것이 아니라, (중재 제도의 확대와 함께) 사법이나 감옥의 관리 등 국가의 특권에 속하는 일부 기능도 대상으로 한다. 미국에서 이러한 흐름을 가장 급진적으로 지지하는 자들은 "야수를 굶주리게 하기(starving the beast)"를 원한다. 세금 반대 투쟁의 중심 인물인 그로버 노키스트(Grover Norquist)는 이미지 풍부한 말로 이러한 전략을 묘사하면서, 자신의 목표를 "25년 안에 국가 기구를 욕조에 익사시킬 수 있을 정도로 충분히 작은 크기로 쪼개는 것이다"[23]라고 천명했다. 이 강력한 정치적 운동을 지지하는 이론적 작업들은 매우 다양한 지평에 걸쳐 있지만, 국가라고 하는 거추장스럽고 억압적인 형상에서 풀려난 사회에 대한 기획을 옹호한다는 점에서 모두 공통점을 갖는다.[24] 국가의 사멸에 대한 예언을 신자유주의적으로 변형시킨

22　F. A. Hayek, *Le Mirage de la justice sociale, op. cit.*, p.135.

23　"My goal is to cut government in half in 25 years, to get it down to the size where we can drown it in the bathtub."[Grover Norquist, in Ed Kilgore, "Starving the Beast," *Blueprint Magazine*(journal de Democratic Leadership Council), 2003.6.30.에서 재인용].

24　Cf. David Friedman, *The Machinery of Freedom*(1973), 프랑스어판: *Vers une société sans État*(Paris: Les Belles Lettres, 1992). 좀 더 온건한 관점으로는 Robert Nozick, *Anarchy, State and Utopia*(New York: Basic Book, 1974), 프랑스어판: *Anarchie, État et utopie*(Paris: PUF, 1988, 442 p)[한국어판: 로버트 노직, 『아나키에서 유토피아로』, 남경희 옮김(문학과지성사, 1997)]. 아마존 부족사회에 대한 민속지적 경험을 동원하고 있는 Pierre Clastres, *La Société contre l'État*(Paris: Minuit, 1974)[한국어판: 피에르 클라스트르, 『국가에 대항하는 사회』, 홍성흡 옮김(이학사, 2005)]와 비교.

이 종말론적 역사관은 서양의 고유한 특징이며, 마르크스주의는 그중 하나에 지나지 않는다. 소련의 해체는 역사법칙에 대한 신앙이 얼마나 부질없는 것인 가를 보여주는 것이었음에도 불구하고, 반대로 시장의 힘이 보편적이고 결정 적인 방식으로 승리한 신호로, 즉 역사법칙의 표현으로, 나아가 가장 열광한 자들이 보기에는 "역사의 종말"[25]로 해석되었던 이유도 여기에 있다.

이 장엄한 전망은 물론 실정법에서는 발견되지 않는다. 실정법은 오히려 국 가가 숫자에 의한 협치에 예속되는 과정을 보여준다. 구조조정계획이나 유럽 식 재정정책은 이 예속 과정을 가장 선명하게 보여주는 사례들이다.[26] 유럽연 합법은 유럽의 공익과 경제적 자유의 옹호를 동일시하면서 공적인 것과 사적 인 것의 가치 전복에서 핵심적인 역할을 수행한다. 물론 유럽연합법은 국가에 구조적 지위를 부여한다. 하지만 그것은 종속된 지위이다. 유럽연합법은 공적 인 것과 사적인 것의 구별에 근거하기보다는 오히려 경제적인 것(유럽연합법의 배타적 목적)과 사회적인 것(각 국가에 유보된 권한)의 구별에 근거하고 있다. 유 럽사법재판소는 기업을 "법적 지위 및 출자 양식에 상관없이 경제적 활동을 수 행하는 일체의 단위"[27]로 정의하는데, 여기에서 경제적 행위는 일종의 도그마 적 범주로서 사적인 단위에 의해서도 수행될 수 있는 일체의 활동을 가리키며, 민간 영역에서 이루어지든 공공 영역에서 이루어지든 별로 중요하지 않다.[28] 경제적 권리를 보편적 성질을 갖는 권리로, 사회적 권리를 본질상 특수성을 갖 는 권리로 구별하는 것은 순전히 이데올로기적이다. 사실 경제적 차원과 사회 적 차원을 동시에 갖고 있지 아니한 법률관계는 존재하지 않는다.[29] 그러므로

<hr />

25 Francis Fukuyama, *The End of History and the Last Man* (Harper Perennial, 1993)[한국어 판: 프랜시스 후쿠야마, 『역사의 종말』, 이상훈 옮김(한마음사, 1997)].

26 이 책 제8장 참조.

27 유럽사법재판소, 1991.4.23., C-41/90(Höfner et Elser), *Rec.* p.I-1979, point 21; 유럽사법재판 소, 1995.11.16., C-244/94(Fédération française des sociétés d'assurance), *Rec.* p.I-4013, point 14; 유럽사법재판소, 1999.9.21., C-67/96(Albany), point 77. 이에 대해서는 Sylvie Hennion-Moreau, "La notion d'entreprise en droit social communautaire," *Droit social*, 2001, p.957.

28 유럽사법재판소, 1991.4.23., C-41/90(Höfner et Elser), point 21 et 24.

29 예를 들어 노동관계는 경제적 관계이자 동시에 사회적 관계이다. 이 둘은 분리할 수 없다. 여

경제적 권리와 사회적 권리를 그런 식으로 구분하는 것은 과학적 소여(所與)가 아니라, 국가의 역할을 최소화하려는 도그마적 구성으로 파악해야 한다. 유럽 사법재판소는 그러한 관점에 입각해서 사회보장제도가 구현하고자 하는 연대는 자유 경쟁의 원칙에 대한 적법한 예외를 구성하지만 제한적으로 해석되어야 한다고 판결했다.[30] 또한 유럽사법재판소는 단체협약을 기업 간 경쟁에 대한 제한으로 해석하면서, 단체협약이 사회정책상의 목표를 추구하는 경우에만 경제적 담합의 금지에 대한 예외로 인정한다.[31] 익히 알려진 바이킹 판결은 이 점에서 특히 시사적인데, 이 판결은 편의선적(便宜船籍)을 기업 소재지 설치의 자유로 해석하고 있기 때문이다. 따라서 법률의 적용은 사적 효용 계산에 좌우되는 결과에 이른다.[32] 피에르 로디에르(Pierre Rodière)가 분석한 바와 같이, "유럽사법재판소가 보기에 문제는 언제나 자유에 대한 침해가 예외적으로 허용될 수 있는지 여부를 확인하는 것이다. 재판소는 유럽연합법이 승인하고 있는 경제적 자유에서 출발하여, 정말로 필요한 경우에만 자유에 대한 예외 혹은 침해를 인정한다."[33] 공공서비스를 담당하는 기업들의 독점과 관련해서도 동일한 논리가 적용되었다. 즉 "수익성 있는 사업 부문과 수익성이 떨어지는 사업 부문 간의 보상을 위해 경제적 수익성이 있는 부문에서 민간 사업자들에 대한 경쟁의 제한이 정당화"[34]될 필요가 있는 경우에만 공기업의 독점은 용납된

기에서 노동자는 객체이자 동시에 주체이다.

30 유럽사법재판소, 1993.2.17., C-159 et 160/91(Poucet et Pistre), *Droit social*, 1993, p.488, note Ph. Laigre et obs. J.-J. Dupeyroux; 유럽사법재판소, 1995.11.16., C-244/94(Coreva), *Droit social*, 1996, p.82, note Ph. Laigre; 유럽사법재판소, 1996.3.26., C-238/94(Garcia), *Droit social*, 1996, p.707. 이 주제에 대해서는 J.-J. Dupeyroux, "Les exigences de la solidarité," *Droit social*, 1990, p.741; Pierre Rodière, *Traité de droit social de l'Union européenne* (Paris: LGDJ, 2014, 제2판), no.354-355, p.394 이하.

31 유럽사법재판소, 1999.9.21., C-67/96(Albany), § 60 이하.

32 유럽사법재판소, 2007.12.11., C-438/05(Viking).

33 Pierre Rodière, "Actualité des solidarités sociales en droit européen," in A. Supiot(dir.), *La Solidarité. Enquête sur un principe juridique*, collection "Travaux du Collège de France" (Paris: Odile Jacob, 2015).

34 유럽사법재판소, 1993.5.19.(Corbeau), *AJDA*, 1993, p.865, note F. Hamon, § 17. 이것과 같은

다는 것이다.

프랑스의 국내법도 사적 영역의 확대를 위해서 공적 영역을 축소시키는 과정에서 예외가 아니다. 중재[35] 또는 단체교섭[36] 같은 다양한 영역에서 공서(公序)의 범위를 축소하는 것이 이를 증명한다. 단체교섭의 경우는 좀 더 들여다볼 필요가 있는데, 왜냐하면 사회적 공화국의 원칙 자체를 직접 건드리기 때문이다. 일반법상으로 사법상 계약은 공서 규정을 위반할 수 없는데, 노동법에서는 사태가 좀 더 복잡하다. 노동법에서는 두 가지 종류의 공서를 구분한다. 어떠한 예외도 허용하지 않는 절대적 공서 및 노동자들에게 유리한 경우에는 합의에 의한 예외를 허용하는 사회적 공서가 그것이다.[37] 사회적 공서는 프랑스 국사원에 따르면 "노동법의 일반 원칙"[38]에 해당한다. 입법자는 노동조합과 사용자 단체로 하여금 법령에서 규정하고 있지 아니한 의무를 개별 사용자에게 부과할 수 있는 권리를 부여함으로써, 매개 조직들에게 규제적 기능을 인정하는 동업조합적 관행을 새로운 형태로 재도입한 바 있다.[39] 그러므로 사회적 공서는 이미 처음부터 규범적 권력의 사유화를 매개하는 첫 번째 수단이었다고 할 수 있다. 하지만 이 규범적 권력은 노동계약에서 취약한 위치에 있는 당사자의 지위를 개선하기 위한 **사회적** 기능에 엄격하게 국한되어 있었다. 노사의 규범적 권력은 사회적 국가의 행위를 보조하는 것일 뿐, 결코 법률이 갖는 구

논리를 유럽연합기능협약의 공익적 경제 서비스 관련 규정(제14조, 종전 유럽공동체조약 제16조에 해당)에서도 볼 수 있다.

35 Cf. É. Loquin et S. Manciaux, *L'Ordre public et l'arbitrage, op. cit.*

36 Cf. Florence Canut et François Gaudu(dir.), *L'Ordre public en droit du travail* (Paris: LGDJ, 2007, 513 p).

37 프랑스 국사원의 1973년 3월 22일자 의견, *Droit social*, 1973, p.514.

38 프랑스 국사원, 1994.7.8., no.105471(CGT).

39 Cf. A. Supiot, "Actualité de Durkheim. Notes sur le néo-corporatisme en France," *Droit et Société* (Paris: LGDJ, 1987), no.6, pp.177~199. 이 논문은 프랑스가 1970년대 정치학이 확인했던 신조합주의적 경향에서 벗어나지 못했음을 보여주었다. 관련 정치학 논의로는 특히 Philippe Schmitter & Gehrard Lehmbuch(eds.), *Trends towards Corporation Intermediation* (Beverly Hills/London, Sage Publications, 1979, 328 p).

속력을 부정하지 않았다. 그러나 노사가 노동자 보호 입법의 규정을 배제하고
자신들이 마련한 규정을 적용할 수 있는 권한을 획득한 이후로 사정이 달라졌
다. 1981년, 노동시간과 관련해 법령의 규정을 대체할 수 있는 단체협약이 처
음으로 허용된 해부터 2013년 6월 14일 고용안정법에 이르기까지, 이러한 법
기술은 끊임없이 확장되면서 1970년대 이후 사용자 단체들이 추진했던 기획
에 점차 뚜렷한 윤곽을 부여했다. 이 기획은 당시 '기업별 단체계약'이라고 불
렀던 것으로서, 소수의 절대적 공서 규정을 제외하면 법률의 지배를 벗어날 수
있는 권리를 기업에게 인정하고, 기업을 사법상 규칙들이 지배하는 자율적 법
질서로 만들고자 하는 것이다. 최근에 경제분석위원회(CAE)가 내놓은 보고서,
일명 바르텔레미-세트(Barthélémy-Cette) 보고서는 이 개념을 다시 채택하면서
"사회법의 재정초"를 권고한다. 사회법의 재정초를 매개하는 것은 단체교섭인
데, 보고서에 따르면 단체교섭은 법률의 간섭뿐 아니라 개별적 노동계약의 구
속력으로부터도 해방되어야 할 것이라고 한다.[40]

사적인 것이 공적인 것을 지배하는 과정은 또한 신공공관리 이론의 적용을
통해서 간접적으로 실현된다. 신공공관리 이론은 민간 기업에서 적용되는 경
영 기법을 공공 행정의 영역에 적용하려는 것이다.[41] 효율성이라고 하는 단일
한 기준에 근거하는 조직과학을 사회 전체에 적용하고자 하는 발상은 전혀 새
로운 것이 아니며, 이미 볼셰비키 혁명에서도 등장했던 것이다. 그랬던 것이
숫자에 의한 협치의 현대적 형태들과 함께 재등장하고 있다. 이러한 전망 속에
서는 법률이 더 이상 개별적 이해관계를 초월하는 규범이 아니라, 거꾸로 개별
적 이익에 복무하는 수단이 된다. 이렇게 해서 개인의 의사가 법률관계의 필요
충분조건으로 설정되고 나면, 각자는 자기에게 알맞은 법을 선택할 수 있어야
하고(자기를 위한 법), 또한 자기 자신의 고유한 입법자가 될 수 있어야 한다(법

---

40   Jacques Barthélémy et Gilbert Cette, *Refondation du droit social: concilier protection des travailleurs et efficacité économique*, Rapport du Conseil d'analyse économique(Paris: La Documentation française, 2010, 199 p).

41   이 책 제8장 참조.

으로서의 자기).

자기를 위한 법 그리고 법으로서의 자기

이 두 가지 경향을 드러내는 실정법적 요소는 많다. '자기를 위한 법'은 각자가 자신에게 적용될 **법을 선택할 수 있는 권리**를 부여받고 그럼으로써 모두에게 똑같이 적용되는 공통의 규칙에서 벗어날 수 있는 경우들이 점점 더 늘어나고 있는 상황을 잘 설명해주는 표어이다. 국제사법은 이러한 전복적 현상을 위해 선택된 땅이다. 계약 당사자들이 자신들에게 적용될 법을 선택할 수 있는 자유는 국제사법의 영역에서 상품 및 자본의 자유로운 이동과 함께 새로운 활력을 되찾고 있다. 사법작용을 특정한 영토적 관할권[42]에 결부시키기 위한 객관적 기준들 및 영토적 관할권의 경찰법(즉 공서)은 강제로 적용된다는 원칙은, 경제 행위자들이 자신들의 상품과 생산지 그리고 이윤을 마음대로 자유롭게 옮길 수 있는 세상에서는 적절성을 유지하기 힘든 것이 사실이다. 그 결과, 한 세기 반 전에 국제사법이 탄생시킨 원칙, 즉 의사자치라고 하는 오래된 원칙이 동원되어 국제적 규범 시장을 창설하고, 이 규범 시장에서 각국의 법제는 가격 대비 최상의 품질을 찾아다니는 고객들에게 제공되는 경쟁 상품이 된다.

이 법 쇼핑의 관행은 무역 국경의 철폐로 인해 더욱 촉진되며, 사인들에게 개별적 효용의 극대화에 가장 유리한 공적 규제를 선택할 수 있는 자유를 부여한다.[43] 유럽법의 차원에서 법 쇼핑은 센트로스 판결[44] 및 사회법과 관련해 바

---

42 프랑스어 'for'는 라틴어 'forum'에서 유래한 것으로서, 법적으로는 영토적 관할권을 가리킨다.

43 H. Muir Watt, "Aspects économiques du droit international privé. Réflexions sur l'impact de la globalisation économique sur les fondements des conflits de lois et de juridictions," Académie de droit international de La Haye, in *Recueil des cours*, t. 307(2004) (Leiden/Boston: Martinus Nijhoff, 2005, 383 p); A. Supiot, "Le droit du travail bradé sur le marché des normes," *Droit social*, no.12(2005.12), pp.1087 이하.

이킹 판결과 라발 판결[45]에 의해서 승인되었다. 이 판결들은 기업이 어느 곳에서 영업을 하든지 간에 가장 유리한 법률을 선택할 수 있는 권리가 있다고 인정했다. 그렇게 해서 편의선적은 육지로까지 확대되고, 여기에서 사적 이익의 자유로운 추구는 명백히 공적 질서의 존중보다 우위에 선다. 확실히 법 쇼핑은 '법의 지배'와 부합하지 않는다. 법 쇼핑은 차라리 '법을 이용한 지배'에 해당한다.[46] 법률 없이는 계약도 없다는 격언은 정반대의 격언, 계약 없이는 법률도 없다, 즉 법률을 적용하는 데 동의하는 계약 당사자들이 없이는 법률도 없다는 격언으로 대체된다. 요컨대 유일하게 가치 있는 법은 각자 자신의 이익을 추구하는 것이다. 이러한 맥락에서 우리는 법경제학이 주장하는 효율적 계약파기 이론이 의미하는 바를 이해할 수 있다.[47] 계약은 계약을 지키는 것이 이익인 경우에만 당사자를 구속하고, 그렇지 않은 경우에는 계약을 신뢰한 상대방에게 배상금을 지불함으로써 자유롭게 계약에서 벗어날 수 있어야 한다. 이것은 일체의 타율을 기피하는 데 따르는 논리적 귀결로서, 말은 이제 더는 인간을 위한 법을 만들지 못하게 된다.

"법으로서의 자기"는 사인이 **입법자로 자처할 수 있는 권리**가 인정되는 경우를 가리키는 표현이다. 이것은 개인의 의사가 법규칙의 궁극적 원천이 되는 법질서를 묘사한다. 각 개인은 영화감독 빔 벤더스(Wim Wenders)의 표현에 따르자면 "미니국가"[48]처럼 간주된다. 이러한 관점에서는, 사람들이 가장 확실하다고 믿었던 규칙들, 예를 들어 타인의 신체적 완전성에 침해를 가하는 것을 금지하는 규칙 같은 것도 재검토의 대상이 된다. 고문에 관한 유럽인권재판소 판

---

44   유럽사법재판소, 1999.3.9., C-212/97(Centros), *Rec.* 1999, I, 1459, concl. La Pergola; 이 책 제7장 참조.
45   이 책 제7장 참조.
46   양자의 차이에 대해서는 H. J. Berman, *Law and Revolution* (Harvard University Press, t. II, 2003), p.19.
47   이 책 제7장 참조.
48   "독일 민족은 개인이라는 미니국가로 산산조각 났다."(어떤 운전수의 내면의 목소리, in *Der Himmel über Berlin* (*Les Ailes du désir*, 빔 벤더스의 영화, 1987).

레의 변화가 좋은 사례이다. 1997년까지만 하더라도 유럽인권재판소는 다음과 같이 판결했다. "이론의 여지 없이 국가에 귀속된 역할들 중 하나는 신체적 위해를 초래하는 행위들을 형법을 통해서 규제하는 것이다. 그 행위가 성적 차원에서 행해졌다는 사정은 아무런 고려의 대상이 아니다."[49] 2005년, 남편이 아내를 학대하고 이 광경을 돈을 받고 다른 사람들이 볼 수 있도록 한 사건에서, 유럽인권재판소는 1997년의 판례를 깨면서 다음과 같이 판결했다. "원칙적으로 형법은 합의된 성적 행위의 영역에 개입할 수 없으며, 이것은 개인의 자유의지에 속한다."[50] 자유를 이런 식으로 바라보는 관점은, "자유는 법에 복종하는 것"[51]이라고 생각한 고대 그리스인들의 관점과 정반대이다. 타인의 고통을 즐기는 일을 권리의 대상으로 삼고, 나아가 어떤 국가법도 침해할 수 없는 인권으로 여기는 것은 법의 인류학적 기능을 왜곡한다. 그것은 괴링이 법을 "우리의 즐거움(was uns gefällt)"[52]으로 정의할 때 이미 내세웠던 바와 같이, 개별적 의사의 전능함을 승인하는 것이다. 프랑수아 오스트(François Ost)가 정확하게 지적한 것처럼, 사드적 영웅의 쾌락을 추동하는 동력 중 하나는 "공통법을 자기만의 예외법으로 대체함으로써 그 희생자로부터 집단적 보호를 원용할 수 있는 권리를 박탈하는 것이다."[53] 여기에서 법은 인간의 열정을 인도하고 모든 인간에게 숨어 있는 어두운 부분을 멀리서 억제하는 역할을 수행하는 것이 아니라, 반대로 그것들이 마음대로 활개를 치도록 내버려둔다. 이미 19세기에 노동자들의 동의는 비인간적인 노동 조건을 정당화하는 데 이용되었다. 사회

---

49   유럽인권재판소, 1997.2.19., Laskey, § 43.

50   유럽인권재판소, 2005.2.17., K.A. et A.D. c/ Belgique, § 84. 이에 대해서는 M. Fabre-Magnan, "Le sadisme n'est pas un droit de l'homme," *Recueil Dalloz*, 2005, chronique, pp.2973~2981; Bernard Edelman, "La Cour européenne des droits de l'homme: une juridiction tyrannique?," *Recueil Dalloz*, 2008, chronique, p.1946.

51   Cf. J. de Romilly, *La Loi dans la pensée grecque* (Paris: Les Belles Lettres, 2001), p.146.

52   Rush Rhees, "Wittgenstein's Lectures on Ethics," *The Philosophical Review*, vol.74, no.1 (1965.1), p.25, 프랑스어판, in L. Wittgenstein, *Leçons et conversations* (Paris: Gallimard, collection "Folio", 1992), p.173.

53   F. Ost, *Sade et la Loi, op. cit.*, p.194.

법은 전적으로 약자의 동의만으로 강자의 지배가 정당화될 수 있다는 생각에 반대하면서 구축되었다. 이러한 정신은 프랑스 노동법에 여전히 강하게 닻을 내리고 있지만, 개인의 자유라는 이름으로 점점 더 심하게 비난받고 있다.[54] 오늘날에는 노동자의 개별적 동의만으로 법령상 또는 협약상 보호를 노동자로부터 박탈할 수 있다는 생각이 점점 더 쉽게 받아들여지고 있는 것이다.

주목해야 할 점은 이것이다. 이렇게 법의 기능을 왜곡시키는 용법들 중 어떤 것도 오래 지속되지 못했다. 법의 왜곡은 치명적 난관에 빠지는 결과를 초래했고, 어떻게든 그 난관으로부터 빠져 나와야 하는 상황이 전개되었다. 제2차 세계대전이 끝날 무렵에 도그마적 도약이 일어났던 의미가 바로 그것이다. 사람들은 전쟁 전의 과학주의와 결별하고 인류의 생존이라는 정언명령을 다시 부여잡았으며, 이를 위해 법의 기능은 이기주의와 폭력 그리고 인간의 탐욕에 복무하는 것이 아니라, 반대로 그것을 인도하고 그것이 갖고 있는 치명적 위력을 제거하는 것이라는 점을 인정했다. 그러므로 개인의 이익보다 공공의 이익을 우선시할 수 있는 타율적 기구에 의거하지 않은 채 개인 간의 관계가 규율될 수 있을까 의심하는 데에는 역사적인 이유들이 있는 셈이다. 오늘날 특히 아프리카와 아랍 세계에는 국가가 존재하지 않는 나라들이 점점 늘어나고 있는데, 이 나라들이 질서 있는 사회의 모델이 아니라는 점은 명확하다. 자유지상주의 낙원이 땅 위에 실현되는 곳은 사실상 지옥의 대기실이다. 매순간 강자들의 즐거움을 그들보다 좀 더 강한 무엇인가에, 모두에게 똑같이 적용되며 인간 사회가 정글로 변하지 않도록 막아주는 무엇인가에 예속시킬 필요가 있다.

---

54 Tatiana Sachs(dir.), *La Volonté du salarié*(Paris: Dalloz, 2012, 272 p); P. Adam, *L'Individualisation du droit du travail. Essai sur la réhabilitation juridique du salarié-individu*(Paris: LGDJ, 2005, 553 p).

믿음도 없고 법도 없는 사회는 유지될 수 없다

타율이 제거된 사회는 내전에 빠져들게 마련이다. 이러한 상황을 우려해 사람들은 사랑이나 이해타산으로만 다스려지는 세상을 꿈꾼다. 하지만 사랑이나 이해타산만으로는 사람들을 하나로 묶을 수 없으며, 같은 사회에서 함께 살아가도록 만들 수 없다. 그리고 만약 이 꿈을 현실과 혼동한다면, 폭력의 온상이 마련되는 것은 필연이다. 타율적 법이 정화된 세계에 대한 꿈, 혹은 차라리 약속은 기독교적 기원을 갖는 것이지만, 성서에 기반을 둔 다른 두 개의 종교에서는 발견되지 않는다. 카를 뢰비트는 이 꿈이 신학적 뿌리를 갖고 있으며 기독교의 기원 이래 수많은 변형들을 거느리고 있는 역사철학의 특징이라는 점을 보여주었다.[55] 기독교를 운운할 때면 흔히 그렇듯이, 여기에서도 시작은 사도 바울이다. 사도 바울은 『고린도서』에서 율법의 시대가 끝나고 은총의 시대가 도래했음을 천명했다. 이 은총의 시대는 모두가 구별 없이 같은 믿음을 공유하는 시대이다. 이러한 관점이 가장 뚜렷하게 제시된 문서가 『갈라디아서』이다. 이 문서는 유대 민족에게 정체성과 연대감을 부여하는 율법, 즉 모세의 율법을 철저하게 지키고자 하는 독실한 유대인들에게 보낸 편지이다.

믿음이 오기 전에는 우리가 율법 아래 갇혀, 믿음이 계시될 때까지 율법의 감시를 받아 왔습니다. 그리하여 율법은 우리가 믿음으로 의롭게 되도록, 그리스도께서 오실 때까지 우리의 감시자 노릇을 하였습니다. 그러나 믿음이 온 뒤로 우리는 더 이상 감시자 아래 있지 않습니다. 여러분은 모두 그리스도 예수님 안에서 믿음으로 하느님의 자녀가 되었습니다. 그리스도와 하나 되는 세례를 받은 여러분은 다 그리스도를 입었습니다. 그래서 유다인도 그리스인도 없고, 종도 자

---

55 K. Löwith, *Weltgeschichte und Heilsgeschehen. Die theologischen Voraussetzungen der Geschichtsphilosophie* (1983), 프랑스어판: *Histoire et Salut. Les présupposés théologiques de la philosophie de l'histoire* (Paris: Gallimard, 2001, 285 p).

유인도 없으며, 남자도 여자도 없습니다. 여러분은 모두 그리스도 예수님 안에서 하나입니다.[56]

연대의 차이를 제쳐 놓는다면, 이 열정적인 문서는 세계화와 시몬 드 보부아르를 동시에 환기시킨다. 왜 세계화인가? 왜냐하면 그리스도는 모든 인간에게 구별 없이 다가가기 때문이다. 국적에 의한 구별도 없으며(유대인도 없고 그리스인도 없다), 사회적 신분에 의한 구별도 없다(노예도 없고 자유인도 없다). 그리고 시몬 드 보부아르("여성은 태어나는 것이 아니라 만들어진다"). 왜냐하면 국적이나 사회적 신분에 따른 구별과 마찬가지로, 남성과 여성의 구별도 법적 구성물에 불과하며 인류의 하나됨을 위해 사라져야 하기 때문이다. 이 전교회적 일치의 이상향, 이 보편적 이상향은 세상의 종말에 가서야 비로소 완전히 실현될 것이지만, 기독교 공동체는 그것을 이 낮은 곳에 미리 나타내어 보여야 한다. 여기에서 기독교인은 율법과 어떤 관계를 맺어야 하는가? 바울은 『로마서』에서 좀 누그러진 어조로 이 질문에 답한다. 바울이 분명하게 썼듯이, 바울은 "형제 여러분, 여러분이 율법을 아는 사람들이기에 말합니다. 율법은 사람이 살아 있는 동안에만 그 위에 군림한다는 사실을 모릅니까?"[57]는 사실을 알고 있으며, 권위 있는 자들이 강요하는 우연의 법(여기에 복종해야 하는데, "사람은 누구나 위에서 다스리는 권위에 복종해야 합니다. 하느님에게서 나오지 않는 권위란 있을 수 없고, 현재의 권위들도 하느님께서 세우신 것입니다"[58])과 기독교인들에게 적용되는 더 높은 법을 구별한다. 그러나 기독교인들의 법은 진짜 법은 아니다. 왜냐하면 바울은 기껏해야 법을 사랑 속에 용해시키기 위해서 말하고 있을 뿐이기 때문이다.

아무에게도 빚을 지지 마십시오. 그러나 서로 사랑하는 것은 예외입니다. 남

---

56 『갈라디아서』, 3:23~28.
57 『로마서』, 7:1.
58 『로마서』, 13:1.

을 사랑하는 사람은 율법을 완성한 것입니다. 사랑은 이웃에게 악을 저지르지 않습니다. 그러므로 사랑은 율법의 완성입니다.[59]

이 『로마서』에 대해서는 많은 주석이 있지만, 여기서는 야콥 타우베스(Jacob Taubes)의 날카로운 통찰만 취하기로 하자. 바울은 신을 향한 사랑에 대해서 말하지 않았다는 것. 바울이 제시하는 유일한 계명은 이웃에 대한 사랑이다.[60] 『로마서』에는 이처럼 기독교의 세속화, 즉 기독교가 루트비히 포이어바흐(Ludwig Feuerbach)가 묘사했던 바의 인류교로 전환되는 요소가 이미 함축되어 있다.[61] 이것을 더 간단히 말하면, 사랑으로만 다스려지는 사회에서 법이 소멸된다는 예언, 즉 역사의 종말에 관한 예언 또는 율법의 종말에 관한 예언은 이미 기독교의 기원에 존재한다. 이 예언은 기독교 세계 전체에서, 비록 서양과 동방에서 각각 다른 형태를 띠기는 했지만, 제도의 역사에 엄청난 영향력을 행사했다. 중세 유럽은 이 시간의 끝, 임박했다고 생각했지만 언제나 도래하지 않았던 종말을 기다리면서 유스티니아누스 법전을 성경과 함께 제2의 경전으로 삼았다. 이 부분에 대해서는 르장드르가 잘 분석한 바 있다.[62] 제도들이 퇴적층처럼 발전해가는 역사 속에서 바울의 서신들은 근대의 여명기에 새로운 해석들과 함께 다시 등장했으며, 믿음만으로 구원을 얻을 수 있다는 개신교의 교리를 탄생시켰다. 이것은 장 카르보니에의 관점이기도 했는데, 이 위대한 개신교 법학자인 카르보니에는 자신의 책 『법에 관한 에세이』의 발문 "모든 법은 그 자체로 악인가?"[63]에서 바울과 같은 말을 하고 있다. "성인 같은 사람들

59 『로마서』, 13:8, 13:10.

60 Jacob Taubes, *Die Politische Theologie des Paulus*(1993), 프랑스어판: *La Théologie politique de Paul. Schmitt, Benjamin, Nietzsche et Freud*(Paris: Le Seuil, 1999), p.83.

61 Ludwig Feuerbach, *Das Wesen des Christentums*(1841), 프랑스어판: *L'Essence du christianisme*, Jean-Pierre Osier(Gallimard, 1992, 527 p).

62 Pierre Legendre, *L'Autre Bible de l'Occident: le Monument romano-canonique. Étude sur l'architecture dogmatique des sociétés*(Paris: Fayard, 2009, 582 p).

63 Cf. Jean Carbonnier, *Essais sur les lois*(Paris: Rép. Defrénois, 1979), p.281 이하.

에게 법은 무용할 것이다."[64] 법은 악의 존재와 연결되어 있기 때문에 악이 사라지면 같이 사라질 운명에 처하게 될 필요악인 것이다.

19세기 이후, 타율적 법이 깨끗하게 정화된 세상에 대한 예언은 세속적 형태를 취하게 되었다. 사람들은 피안에 대한 믿음 대신, 자연의 법칙을 제어하고 이용할 수 있는 풍요와 박애의 시대가 도래했음을 선포했다. 그러한 곳에서는 국가와 법이 사멸할 것이다. 마르크스는 다음과 같이 "공산주의 사회의 높은 단계"를 묘사하면서, 그러한 사회에서는 노동이 생존의 수단에 그치는 것이 아니라 생의 첫 번째 욕구가 될 것이라고 했다. "개인들의 다양한 발전과 함께 생산력도 증가하고 또 집단적 부의 모든 원천이 흘러넘칠 때, 그럴 때에만 비로소 부르주아 법질서의 편협한 지평이 마침내 극복되고 사회는 그 깃발에 다음과 같이 쓸 수 있을 것이다 — 각자는 능력에 따라, 각자에게는 필요에 따라."[65] 이 예언을 실현하기 위해 레닌은 "국가 사멸의 경제적 기초"를 놓고자 했다.

> 국가가 존재하는 한 자유는 없다. 자유가 있을 때, 국가는 더 이상 존재하지 않을 것이다. …… "각자는 능력에 따라, 각자에게는 필요에 따라" 원칙이 실현될 때, 즉 사람들이 사회생활의 근본 규칙들을 지키는 데 익숙해지고 또 그들의 노동이 각자 능력에 따라 원하는 대로 일할 수 있을 만큼 생산성이 높아질 때, 국가는 완전히 사멸할 것이다. 각자는 '필요에 따라' 자유롭게 퍼 갈 것이다.[66]

"국가 사멸의 경제적 기초"를 놓겠다는 기획은 현실 공산주의가 붕괴됐음에도 완전히 사라지지는 않았다. 계산을 통한 조화에 대한 믿음을 재등장시킨 것

----

64 *Ibid.*, p.295.

65 K. Marx, *Gloses marginales au programme du Parti ouvrier allemand* (1875), in K. Marx et F. Engels, *Critique des programmes du Gotha, et d'Erfurt* (Paris: Éditions sociales, 1966), p.32.

66 Lénine, *L'État et la Révolution* (1917)(Paris: La Fabrique, 2012), Laurent Lévy 서문, p.232 et ch.V: "Les bases économiques de l'extinction de l'État", 인용은 p.185[한국어판: 블라디미르 일리치 레닌, 『국가와 혁명』, 문성원·안규남 옮김(돌베개, 2015)].

은 신자유주의적 지구화 및 자유지상주의적 요구들인데, 이 양자는 사실상 동전의 양면, 즉 경제적 측면과 사회적 측면이다. 이 믿음을 전파하는 자들 역시 각자가 각자의 통치자로서 명시적으로 동의하지 아니한 강제는 따를 필요가 없는 풍요의 시대가 도래했음을 선포하고 있다. 하지만 공산주의적 예언이 지상의 버림받은 자들에게 구원을 약속한 반면, 자유주의적 종말론은 사회적 정의 개념을 일체 거부한다. 정반대로, 필립 디리반느(Philippe d'Iribarne)가 지적한 바와 같이, 현대의 해방 신탁은 약자들을 위한 것이 아니라, 전면적 경쟁의 시대에 주인임을 천명하지 못하는 자들에게 빈곤과 고독의 형벌을 내린다.[67] 언론들이 이 새로운 신앙의 포교에 상당히 공을 들이고 있지만, 대다수의 사람들을 지속적으로 이 신앙으로 개종시킬 수 있을지에 대해서는 매우 회의적이다. 피안을 목적으로 하든 차안을 목적으로 하든 구원의 약속이 공동체를 하나로 묶을 수 있으려면 모든 구성원들에게 열려 있어야 한다. 적어도 이것이 모든 종교의 역사가 가르쳐주는 교훈 중 하나이다. 불교가 소수의 선택된 자들만 탈 수 있는 '소승(히나야나: 작은 수레)'과 달리 모든 사람들에게 해탈을 약속하는 '대승(마하야나: 큰 수레)'의 교리를 택하지 않았다면, 불교는 지금처럼 동아시아로 퍼져 나갈 수 없었을 것이다.[68] 좀 더 좁은 차원에서 보면, 아프리카의 무리드(Mourides)[69] 또는 터키의 낙쉬벤디(Nakshibendi)[70] 또는 인도의 다양한 소수 종파들[71] 같은 이슬람 종단들의 경제적 성공은 구성원 간의 강력한 연대

---

67   Cf. Philippe d'Iribarne, *Vous serez tous des maîtres. La grand illusion des temps modernes* (Paris: Le Seuil, 1996, 209 p).

68   대승불교와 소승불교 및 아시아에서 불교의 확산에 대해서는 René de Berval(dir.), *Présence du Bouddhisme* (Paris: Gallimard, 1987), 2e partie, pp.419~702. 종합적인 설명으로는 cf. Jean-Noël Robert, *Petite histoire du bouddhisme* (Paris: Librio, 2008), p.38 이하.

69   Claude Prudhomme(dir.), *Les Religions dans les sociétés coloniales(1850-1950)*, in *Histoire, monde et cultures religieuses*, Karthala, 2013.3.

70   Cf. Serif Mardin, "The Nakshibendi Order of Turkey," in Martin E. Marty(ed.), *Fundamentalism and Society* (University of Chicago Press, 1993), pp.204~233.

71   Cf. Pierre Lachaier, Catherine Clémentin-Ojha, *Divines richesse. Religion et économie en monde marchand indien* (Paris: École française d'Extrême-Orient, 2008, 238 p). Pârsîs의 사

감에 기인한다. 막스 베버가 자본주의의 기원을 발견했다고 믿었던 개신교도 차안의 그 누구에게도 구원의 전망을 박탈하지 않는다. 누구도 이 구원의 전망에서 배제되었다고 자칭할 수 없다. 그런데 극단적 자유주의는 반대로 모든 종류의 연대를 해체하고 경쟁과 적자생존을 옹호한다. 더군다나 작은 규모의 공동체 차원이 아니라 전 지구적 차원에서 그렇게 한다. 그러므로 바울의 메시지와 달리 신자유주의적 예언에서는 율법의 소멸을 지속적으로 대신할 수 있는 수단을 믿음의 공유에서 찾기를 기대할 수 없다. 신자유주의적 예언은 우리를 막다른 골목으로 내몬다. 왜냐하면 믿음도 없고 법도 없는 사회는 결코 지속될 수 없기 때문이다. 자유지상주의 정치는 법의 타율성을 공격하지만, 경쟁의 확대가 이로운 것이며 그 결과로 빚어지는 불평등은 정의로운 것이라고 믿게 만들지도 못하면서, 이른바 '시민사회'를 해체시킬 수밖에 없다. 이러한 주장은 국가가 붕괴했거나 또는 국가가 인격의 정체성과 약속을 보증하는 **제삼자**의 역할을 수행하지 못했던 나라들의 역사적 경험에 근거한 것이다.

....

례에 대해서는 Eckehard Kulke, *The Parsees in India: A minority as Agent of Social Change* (München: Weltforum, 1974, 300 p).

제11장

인치(人治)의 재부상

"사담 후세인 이라크 대통령이 스스로 무장해제하지 않으면, 미국이
동맹을 이끌고 그를 무장해제시킬 것이다."[1]

— 조지 W. 부시

인간관계의 준거로 삼을 수 있는 타율적 심급이 없는 경우 인간관계는 적과
동지의 이분법적 논리를 따르게 된다. 카를 슈미트는 이 이분법이 정치의 핵심
이라고 생각했다.[2] 오늘날 우리는 국가의 몰락으로 인해 그와 같은 유형의 상
황에 처해 있다. 그런데 이러한 상황은 오랫동안 지속될 수가 없기 때문에, 사
회를 정초할 수 있는 다른 방식들이 법치의 잔해 속에서 재부상하고 있다. 유
럽의 경우 그것은 사람에 의한 통치, 즉 인치(人治)의 독특한 형태로 나타나고
있다. 주종관계의 네트워크가 그것이다.

----

1   George W. Bush, 2002년 11월 20일 프라하 기자회견(http://edition.cnn.com/2002/WORLD/
   europe/11/20/prague.bush.nato).

2   Carl Schmitt, *Der Begriff des Politischen* (1932), 프랑스어판: Maris-Louise Steinhauser, *La
   Notion de politique. Théorie du partisan*, préface de Julien Freund(Paris: Flammarion, 1992,
   323 p)[한국어판: 카를 슈미트, 『정치적인 것의 개념』, 김효전·종정태호 옮김(살림, 2012)].

적과 동지의 이분법

　카를 슈미트의 이론은 '법의 퇴장'이 초래하는 구조적 효과들을 파악하는 데 도움을 준다. 슈미트에 따르면 최종 심급에서 인간 사회를 결속시키는 것은 법이 아니라 적과 동지를 구별할 수 있는 능력이다. 그런 점에서 슈미트는 확실히 사도 바울의 상속자라 할 수 있으며, 실제로 슈미트는 바울의 서신들을 오랫동안 궁리했다. 하지만 슈미트는 미완성 상태이긴 하지만 구조주의적이라고 부를 만한 동지애 개념을 도입하는 방식으로 바울의 메시지를 세속화한다. 슈미트에 따르면 정치적 동지애는 실존주의적 위협을 체화하고 현실화하는 적에 맞서는 경우에만 의미를 갖고 지속될 수 있다.[3] 카를 슈미트의 반유대주의와 나치 부역은 잘 알려져 있거니와, 슈미트는 바이마르 공화국과 국제연맹이 바탕하고 있었던 토대들을 평화주의적 환상이라고 비난했다.[4] 슈미트에 의하면 정치적 통일체로서의 사회가 존재하기 위해서는 그 구성원들이 공통의 적을 인식할 수 있어야 한다. 슈미트는 이 적을 타자, 이방인으로 정의한다. "적의 본질은 그 존재 자체에서 그리고 특별히 강조된 의미에서 타자, 이방인이기만 하면 된다. 그리고 선험적으로 확립된 일반적 규범들이나 중립적이고 무관한 제삼자의 판결에 의해 해소될 수 없는 궁극적 투쟁의 대상이 될 수 있기만 하면 된다."[5] 대부분의 경우 타자와 이방인은 하나이다. 국가가 내부적으로 평화를 유지하고 있는 일반적인 상황에서 적은 외부에 존재한다. 이러한 경우에 공통의 적에 대한 인식은 동지들의 공동체를 형성시키며, 반드시 전면적인 투

3　사도 바울이 개종하지 않은 유대인들을 지칭하기 위해 사용한 "복음의 적"(『로마서』, 11:28) 개념에 대한 슈미트의 해석 참조. 이에 대해서는 J. Taubes, *La Théologie politique de Paul. Schmitt, Benjamin, Nietzsche et Freud, op. cit.*, p.81.

4　슈미트의 헌법 이론에 깔려 있는 정치적 배경에 관해서는 Olivier Beaud, "Carl Schmitt ou le juriste engagé," in Carl Schmitt, *Verfassungslehre*, 프랑스어판: *Théorie de la Constitution* (Paris: PUF, 1993), 프랑스어판 서문, pp.5~113.

5　C. Schmitt, *La Notion de politique, op. cit.*, p.65.

쟁으로 귀결되지는 않는다. 단지 그 가능성을 상정할 뿐이다.[6] 이처럼 인간들이 공동체를 형성하도록 은근히 압력을 가하는 위협은 바로 죽음의 위협이다. 왜냐하면 적과 동지의 적대적 관계는 공감이나 반감의 문제가 아니라, 실존적 문제이기 때문이다.

동지, 적, 투쟁의 개념들은 한 인간의 신체적 죽음을 초래할 수 있는 가능성, 이 실제의 사태와 형성하는 지속적 관계로부터 객관적 의미를 획득한다. 전쟁은 적대로부터 비롯되며, 적대는 타자에 대한 실존적 부정이다. 전쟁은 적대의 궁극적 현실화에 불과하다.[7]

적과 동지의 이분법이 더 이상 국경에 한정되지 않고 국가의 내부로 이식될 경우, 실존적 부정은 더 이상 이방인을 겨냥하는 것이 아니라 계급, 인종, 종교, 사상 등에 따라 집단적으로 규정되는 동료 시민들을 겨냥하게 된다. 내전의 그림자가 드리우는 것이다. 사회는 붕괴의 위협에 직면하고, 그 운명은 결정적 상황에서 외부의 적을 지명함으로써 사회를 다시 하나로 결속시키겠다는 의지, 아니면 내부의 적을 공식적으로 지명하고 그 적을 성공적으로 제거하겠다는 의지를 관철시킬 수 있는 자에게 달려 있다.[8] 카를 슈미트는 이처럼 위력으로 관철시키는 의지를 모든 법질서의 토대라고 생각한다.[9] 이 점이 바로, 나치뿐만 아니라 좀 더 일반적이고 현대적인 차원에서 법을 권력의 도구일 뿐이라고 생각하는 모든 사람들에게서 슈미트의 이론이 성공을 거둔 부분이다. 실제로 슈미트에 의하면 법질서의 진실이 드러나는 순간은 "예외 상태", 즉 법질서

---

6   *Ibid.*, p.67.

7   *Ibid.*, p.71.

8   *Ibid.*, p.86.

9   이 점에 대해서는 C. Schmitt, *Politische Theologie. Vier Kapitel zur Lehre von der Souveräntät*(Berlin, 1922, 1934, 제2판), 프랑스어판: Jean-Louis Schlegel, *Théologie polit- ique*(Paris: Gallimard, 1988, 182 p)[한국어판: 카를 슈미트, 『정치신학』, 김항 옮김(그린비, 2010)].

의 초석이 무너지거나 무너질 위협에 직면해 있는 상태이다. 그러므로 "극단적 필요성의 경우가 존재하는지 여부 및 그러한 경우마다 그것을 끝내기 위해 취해야 할 조치들"[10]을 결정하기 위해 법질서의 바깥으로 나가 주권을 천명하는 자가 내리는 결단에 모든 것이 달려 있다고 슈미트는 본다. 요컨대 법의 토대는 가설적인 근본 규범이 아니라, 실정법의 바깥에서 자신의 의지를 관철시킬 수 있는 자의 결단인 것이다. 슈미트가 보기에 이것만이 유일하게 현실적인 관념이다. 이러한 점에서 슈미트는 법실증주의자와 자연법주의자 양자 모두로부터 스스로를 구분했다. 슈미트가 보기에 법실증주의자들은 법의 원초적 무대가 보여주는 이 돌연성을 외면하며, 자연법주의자들은 실정법보다 "상위의 질서"라고 생각하는 것을 법의 무대에서 관철시키고자 한다.[11] 자연법주의자들의 기획이 성공하면, 그들의 지배는 인류 전체의 이름으로 행사된다고 주장하는 만큼 훨씬 더 잔인할 수 있다.[12]

　법실증주의와 자연법주의에 대한 슈미트의 비판은 힘도 있고 적절한 부분도 있다.[13] 그러나 슈미트의 법이론은 요컨대 사회적 진화론의 변종에 불과한 것이기 때문에 훨씬 더 심각한 비판을 야기한다. 슈미트는 "적과 동지를 식별할 수 있는 능력"[14] 및 적에 대한 "실존적 부정"에 결정적인 역할을 부여함으로써 자연선택 개념을 개인이 아니라 집단에 적용하고자 하는 사조에 동참한다.[15] 이 이론은 앨프리드 월리스(Alfred Wallace)가 1864년에 제시했고 나중에 다윈도 채택했는데, 이것에 따르면 어떤 집단의 구성원들 사이에 일어나는 상호부조, 즉 이른바 생물학적 이타주의는 다른 집단들과 벌이는 경쟁에서 이익

10　C. Schmitt, *Théologie politique, op. cit.*, p.17.

11　C. Schmitt, *La Notion de politique, op. cit.*, p.111 이하.

12　*Ibid.*, pp.96~97.

13　슈미트는 자유주의 체제가 윤리와 경제를 위해 정치를 소멸하는 경향이 있다고 분석한다. C. Schmitt, *La Notion de politique, op. cit.*, p.116 이하.

14　*Ibid.*, p.112.

15　사회생물학에 대해서는 A. Pichot, "Biologie et solidarité," in A. Supiot(dir.), *La Solidarité. Enquête sur un principe juridique, op. cit.*

이 된다. 다윈은 이렇게 말한다.

한 나라에 살고 있는 두 원시 부족이 경쟁할 때, 다른 모든 조건이 같다면, 더 많은 구성원이 용감하고, 교감 능력이 뛰어나며, 믿음직스럽고, 언제나 서로 돕고 서로 지켜줄 준비가 되어 있는 쪽이 다른 쪽을 이길 것이라는 사실은 의심의 여지가 없다. …… 유대가 없으면 아무것도 안 되는데, 이기적이고 다투기 좋아하는 민족에게는 유대가 없다. 방금 우리가 말한 자질을 높은 수준으로 소유하고 있는 종족은 세력을 확장하고 다른 종족보다 우위에 선다. 그러나 역사를 통해서 보건대 이 종족도 시간이 지나면 훨씬 더 뛰어난 종족 앞에서 패할 수밖에 없다. 이렇게 해서 사회적, 도덕적 자질은 천천히 진보하며 세계 전체로 확산된다.[16]

월리스와 다윈은 생물학과 법과 도덕을 종합하고자 했다. 그러나 자연선택의 대상을 개인에서 집단으로 옮겨 놓는 사회생물학은 결국 전쟁을 가장 뛰어난 집단을 선택하는 결정적 순간으로 만든다. 양차 세계대전의 결과는 모두 그러한 사실을 알려준다. 제1차 세계대전은 적의 생물학적 자원들을 소멸시키는 것을 목적으로 했던 최초의 총동원 전쟁이었으며, 제2차 세계대전을 히틀러는 아리아 인종과 유대 인종 간의 결정적 투쟁으로 정의했다.[17] 동시대의 모든 지식인들과 마찬가지로 카를 슈미트도 과학주의적 인간관에 젖어 있었으며, 제1차 세계대전의 경험은 슈미트에게 깊이 각인되었다. 적과 동지의 이분법 그리고 전쟁이라고 하는 "완벽한 결정적 순간"[18]을 준거로 삼는 태도는 슈미트 법이

----

16 Charles Darwin, *La Descendance de l'homme et la sélection sexuelle* (1871)(Paris: Librairie C. Reinwald, 1891, 제3판), p.140[한국어판: 찰스 다윈, 『인간의 기원』, 총2권, 추한호 옮김 (동서문화사, 2018)].

17 1942년 1월 30일의 연설에서 히틀러는 다음과 같이 선언했다. "한 가지 분명한 사실은, 전쟁은 두 가지 방법으로만 끝날 수 있다는 점이다. 아리아인이 멸종하거나 유럽의 유대인이 사라지거나."[Max Domarus, *Hitler. Reden und Proklamationen, 1932-1945*, vol.2(Süddeutscher Verlag, 1965), p.1828].

18 C. Schmitt, *La Notion de politique, op. cit.*, p.73.

론의 주춧돌이다. 그것이 바로 슈미트가, 법학자들이 주권의 징표로 언급하는 다양한 요소들 중에서 사법권이나 입법권이 아니라, "jus belli" 즉 선전포고권을 가장 중요하게 생각하는 이유이다.[19]

적과 동지의 이분법이 재부상하는 것은 사실상 제도적 위기의 징후이다. 이 제도적 위기가 법적 구조물에 대해서 갖는 의미는 지진이 주거 구조물에 대해서 갖는 의미와 같다. 즉 그 구조물이 얼마나 튼튼한지 알 수 있는 진실의 순간이다. 지구화로 인해 '시장의 힘'과 신흥개발국의 경쟁 앞에서 유럽 국가들의 주권이 박탈되는 상황은 아마도 그러한 종류의 위기일지도 모른다. 이것은 갑작스러운 천재지변이 아니라, 사회적 삶을 규율하는 법체계의 견고함에 상처를 낼 수 있을 정도로 충분히 반복된 고강도의 진동이다. 공익과 사익의 위계가 전복되는 경우, 가장 강력한 사익은 자본과 상품의 자유로운 이동에서 법의 지배를 피할 수 있는 수단을 발견하고, 정치적 공동체는 균열된다. 정치적 입장 차이를 불문하고 적과 동지의 이분법이 국가 내부에서조차 재등장하고 있으며, 권력을 유지하거나 쟁취하기 위해 절대 다수를 결집시키는 데 필요한 내부의 적을 찾아내려는 열병이 그와 함께 번지고 있다. 이 적은 (이슬람주의자와 동일시되는) 무슬림이거나 (구호 대상자와 동일시되는) 이민자이거나 (반계몽주의자와 동일시되는) 보수 가톨릭주의자이거나, 언제나 "타자"의 형상을 하고 있다. 그리고 공통의 법에 대한 인식이 점차 희미해짐에 따라 공적인 논쟁은 상대방을 깎아 내리기 위한 주장들과 아귀다툼에 자리를 내어주고 있다. 지금 우리가 겪고 있는 위기는 경제적 위기인 만큼이나 제도적 위기이다.

그런 점에서 볼 때 적과 동지의 이분법이 법의 정당성에 대한 위기의 징후를 발견하고 해석하는 데 도움이 된다는 점은 부인할 수 없다. 그러나 반대로 이 이분법은 법의 정당성을 확립하는 것이 무엇인지에 대해서는 아무것도 가르쳐 주지 않는다. "법질서가 의미를 갖기 위해서는 질서가 바로 서야 한다"[20]라는 슈미트의 말은 법의 지배가 제기하는 질문을 교묘하게 회피한다. 피에르 닥

---

19 *Ibid.*, p.84 이하.

20 C. Schmitt, *Théologie politique, op. cit.*, p.23.

(Pierre Dac)의 말을 빌리자면, "힘에 의한 질서의 확립은 마지막 질서의 확립인 경우가 많다"![21] 사실 문제는 결단의 의지나 위력의 사용이 질서의 확립에 도움이 될 수 있는지 여부가 아니다. 그것은 의심할 여지가 없다. 문제는 어떤 조건에서 "힘이 법으로 전환되고 복종이 의무로 전환되는지"[22] 이해하는 것이다. 왜냐하면 의지도, 결단도, 위력도, 동지애도, 사랑도 지속적인 법질서를 확립하는 데 충분하지 않기 때문이다. 나치 체제의 항상적 예외 상태는 그 지도자가 약속했던 것과 달리 1000년이 아니라 12년밖에 유지되지 못했다. 법질서를 **확립**하기 위해서는, 치안적 또는 군사적 의미에서 질서를 **수복**하는 것으로는 충분하지 않다. 지속적인 **상태**의 확립이라는 본래의 의미에서 법질서를 확립한다는 것은 세대의 연속을 뛰어 넘어 사회를 제도화한다는 것을 상정한다. 사회의 제도화는 주관적 차원을 갖는다. 왜냐하면 모든 정부는 그 지속을 위해서 구성원들의 신뢰를 필요로 하기 때문이다. 여기서 "신뢰"라는 말은 본래적 의미와 기술적 의미 양자 모두로 쓰인다.[23] 본래적 의미라 함은 도그마적 차원에서의 믿음을 의미한다. 즉 우리 모두에게 관철되는 법적 진실에 대한 믿음이다. 기술적 의미라 함은 이 도그마적 믿음이 사적인 일이 아니라 모두에 대해서 대항할 수 있고 **제삼자**에 의해서 보증되는 믿음이라는 의미이다. 이 신뢰가 높을수록, 기존 질서의 정의로움에 대한 믿음은 더욱 커질 것이며, 정부의 유지를 위해서 위력을 사용할 필요는 더욱 적어질 것이다.

사회의 제도화가 주관적 차원을 갖는다는 사실은 최근의 발견이 아니다. 이미 토크빌은 이렇게 말했다. "그러한 믿음이 없이는 어떤 사회도 번영할 수 없다. 아니, 어떤 사회도 그렇게는 존속할 수 없다."[24] 좀 더 최근에 와서는 카스

21 Pierre Dac, *Pensées* (Presses de la Cité, collection "Pocket", 1972), p.18.
22 Jean-Jacques Rousseau, *Du Contrat social* (1762), livre I, ch.III, in *Œuvres complètes*, t. 3 (Gallimard, collection "Bibliothèque de la Pléiade", 1970), p.354[한국어판: 장자크 루소, 『사회계약론』, 김영욱 옮김(후마니타스, 2018)].
23 이 책 서론 및 제5장 참조.
24 Cf. A. Tocqueville, *De la démocratie en Amérique*, II, I, ch.2: "De la source principale des croyances chez les peuples démocratiques," in *Œuvres*, *op. cit.*, t. 2, p.518 이하.

토리아디스가 사회적 제도화의 주관적 차원을 새롭게 강조한 바 있으며, 또 르장드르는 정신분석학의 도움으로 이러한 점을 명확히 밝힌 바 있다. 평화가 정착될 수 있기 위해서는 살인의 금기를 위시해 금기의 내면화가 필요하다. 그리고 세속화된 사회에서는 이 금기의 논리를 실행해 사람들이 사회를 만들 수 있도록 하는 것은 법의 역할이다. 법의 이 인류학적 기능을 인정하는 것, 인류의 존속을 위한 이 금기의 구조적 필요성은, 그러나 특정한 사회에서 준수해야 할 금기가 무엇이어야 하는지에 대해서는 아무것도 말해주지 않는다.[25] 그러므로 이것은 로크의 "세 가지 근본 법칙"같이 이성이 확인하고 지구상 모든 곳에서 준수되어야 할 자연권을 인정하는 것하고는 전혀 다른 것이다. 반대로 법의 인류학적 기능을 인정하는 것은 제도들이 신뢰를 상실하는 법학적 위기의 시대를 이해하는 데 도움을 준다.

양차 대전의 종전 후 사람들은 새로운 국제 질서를 법의 지배 원칙 위에 세우고자 노력했다. 다양한 국제기구들이 사회, 문화, 경제, 화폐 등 각 영역에서 공통의 규칙을 확립하고, 정의로우면서도 지속적인 평화의 법적 토대를 놓는 역할을 맡았다. 1970년대 초 브레튼우즈 체제가 붕괴하고 변동환율제가 도입된 이후, 그러한 기획은 시장을 전 지구적 차원에서 화폐와 자연과 노동의 가치를 판단하는 유일한 심판으로 세우려는 수치(數治)로 점차 대체되었다. 화폐자원과 천연자원 그리고 인적자원을 '염가 처분'한 결과는 재정적, 생태적, 사회적 재앙이었으며, 이와 동시에 근본주의가 대두하고 폭력이 급속히 확산되었다. 극단적 자유주의의 신자들만이 그 중대성과 원인을 이해하지 못하고 있다. 2008년의 금융시장 붕괴도, '공해배출권' 시장의 실패도, 생태학적 위기의 증가도, 대중의 빈곤화도, 빈번하게 발생하는 내전도 이들을 도그마의 잠에서 깨어나게 하지 못하는 것 같다.[26]

....

25 이 점에 대해서는 A. Supiot, *Homo juridicus. Essai sur la fonction anthropologique du droit*, op. cit.

26 Cf. A. Supiot, "Le sommeil dogmatique européen," *Revue française des affaires sociales*, no.1(2012), pp.185~198.

사회적 정의의 법적 토대를 무너뜨린 효과는 더 이상 강조할 필요가 없을 정도로 잘 알려져 있다. 현기증 날 정도로 극심한 불평등, 갈수록 취약해지는 일자리, 청년실업을 비롯해 많은 나라에서 해결의 기미가 보이지 않는 대량 실업, 노동자들의 정신건강에 가해지는 새로운 위험들 등등. ILO 사무국은 2008년 세계노동 연례보고서에서 지구화가 노동조건에 미친 영향을 결산한 바 있다. 당시 사무총장인 후안 소마비아(Juan Somavia)는 연구 결과를 다음과 같이 요약했는데, 이 글은 자유무역의 사회적 효과라는 터부를 풍부한 참고자료를 곁들여 구체적으로 분석한 드문 사례 중 하나이다.

소득불평등 현상에 숨겨진 주요 요소들을 종합해서 볼 때, 어떠한 경제학 분석도 정당화할 수 없을 정도로 소득불평등이 증가했으며, 소득불평등의 사회적, 경제적 비용은 중대하다는 사실이 드러났다. 그 결과 지금까지 금융의 세계화가 진행되어온 방식에 대한 객관적 분석에 근거하는 비판이 제기된다.

여기에 수록된 사실들은, 금융위기로 귀결된 지금까지의 성장 모델은 더는 지속될 수 없다는 국제노동기구의 관점을 강화시켜준다. 이는 공정한 세계화의 확립을 위해서뿐만 아니라 경제의 재활성화를 위해서도 경제적 목표, 사회적 목표 및 환경상의 목표 사이에 다시 균형을 잡는 일이 필수적이라는 점을 확인해준다.[27]

2008년 금융위기 이후로도 지구화의 효과들은 반전되기는커녕 훨씬 더 심화되었다. 거의 전 세계의 인구 1%가 전 세계 부의 거의 절반을 차지하고 있으며, 열 명 중에 일곱 명은 지난 30년 동안 경제적 불평등이 증가한 나라에서 살고 있으며, 조사 대상 26개국 가운데 24개국에서 1980년과 2012년 사이에 1%의 최상위 부유층의 소득 부분이 증가했으며, 미국에서는 1%의 최상위 부유층이 금융위기 이후 즉 2009년 이후의 성장 가운데 95%를 독차지한 반면 90%의 사람들은 더 가난해졌다.[28] 소득불평등의 폭발적 증가는 임금노동자의 지위가

---

27   Juan Somavia(ILO 사무총장), "Préface," *Rapport sur le travail dans le monde 2008. Les inégalités de revenus à l'heure de la mondialisation financière* (Genève: OIT, 2009, 170 p).

균열된 것과 맥락을 같이 한다. 사다리의 맨 위에서는 소수의 경영진들이 고용의 안정과 이윤의 분배를 다 누린다. 사다리의 아래에서는 취약한 일자리와 비공식 노동이 확산되고 있는데, 비공식 노동은 브라질에서는 노동력의 51%, 인도에서는 85%를 차지한다.[29] 프랑스에서는 가장 최근의 '노동조건' 통계로서 2005년에 나온 자료에 따르면, 경제활동인구의 27%가 취약한 일자리에 고용되어 있거나(17%) 일자리가 사라질 위협에 처해 있는(10%) 등, 불안정한 일자리에 고용되어 있다.

이렇게 불평등이 심화되고 삶의 질이 악화되는 데 더하여, 전쟁과 폭력도 증가하고 있다. 언론은 그 이유를 쉽게 종교적 문제 또는 정체성의 문제로 돌리지만, ILO 헌장을 인용하자면 "사회적 정의 없이는 평화도 지속될 수 없다"는 사실에서 그 근본적인 원인을 찾아야 한다. IMF의 경제학자들도 불평등의 증가가 경제 성장에 부정적인 영향을 미친다는 점을 지적하는 보고서에서 정의와 평화 사이의 상관관계를 인정하기에 이르렀다.[30] 이것은 질베르 아슈카르(Gilbert Achcar)가 보여준 바와 같이 아랍 혁명에서도 진실일 뿐만 아니라,[31] 대도시 교외의 빈민가에서 사회적 관계가 해체되고 있는 모습에서도 진실이다. 전 세계 모든 곳에서 대량 실업과 빈곤은 가족의 해체와 범죄 그리고 종교 또는 정체성을 둘러싼 '인정투쟁'을 낳는다.

적과 동지의 이분법이 다시 등장하는 것은 **제삼자**의 형상에 대한 신뢰가 하락하고 믿음이 사라진 결과이다. 각자에게 모두로부터 인정받는 자리를 보장

28   Oxfam International, *En finir avec les inégalités extrêmes. Confiscation politique et inégalités économiques* (Oxford, 2014.1., 34 p); 장기적 관점에서 불평등의 변화에 대한 연구로는 Thomas Piketty, *Le Capital au XXIe siècle, op. cit.*

29   출처: BIT, *Mesurer l'informalité. Manuel statistique sur le secteur informel et l'emploi informel,* 2013. 인도의 사례에 대해서는 Supriya Routh, *Enhancing Capabilities through Labour Law: Informal Workers in India* (Routledge, 2014, 288 p).

30   Jonathan D. Ostry, Andrew Berg, Charalambos G. Tsangarides, *Redistribution, Inequality, and Growth* (IMF－Research Department, 2014.2., 30 p).

31   Gilbert Achcar, *Le peuple veut. Une exploration radicale du soulèvement arabe* (Arles: Actes Sud, 2013, 431 p).

하는 공통의 준거가 사라지면, 사회는 적대적인 집단들로 해체될 위험에 빠진다. 카를 슈미트가 주장한 것과 반대로 이러한 위기를 극복하기 위해 반드시예외 상태를 설정해야 하는 것은 아니다. 법체계의 약화는 이전에도 있었고 지금도 새로운 형태로 재부상하고 있는 또 다른 위기를 초래할 수 있다.

봉건적 주종관계

20세기에서 21세기로 넘어가는 시점에, 한때 유일한 제국적 권력이었던 미국이 세계의 질서를 재구성하는 방식에 중대한 변화가 일어났다. 미국은 결정적 임무를 수행하기 위해 국제기구들의 힘을 빌리는 대신 미국의 깃발 아래 도열할 준비가 되어 있는 국가들을 하나의 동맹으로 결집하는 방식을 취했다. 2003년 미국의 이라크 침공은 이처럼 국제법을 위반한 채 "의지의 동맹"이라는 형태로 이루어졌다.[32] 이른바 신유럽 나라들의 지도자들은 이 동맹에 참여하기 위해 서둘렀는데, 이들의 또 다른 공통점은 극단적 자유주의 경제 정책에 철저하게 줄을 섰다는 점이다. 이처럼 이라크 전쟁은, 봉건시대 때 영주가 원정을 위해 봉신들을 불러 모으면 각 봉신은 각자의 서열과 지위에 비례하는 규모의 군대를 이끌고 영주에게 합류해야 했던[33] 봉건적 관행을 부활시켰다. 그런 식으로 부시 대통령이 이끄는 동맹에 기여한 병력의 수는 영국이 7100명, 폴란드가 700명, 체코가 97명 그리고 우크라이나는 기껏해야 29명이었다. 국제 위기 상황을 처리하기 위해 국제연합의 작동 규칙을 위반한 채 이러한 유형

---

32 "의지의 동맹" 개념은 미국 국방장관 콜린 파웰이 2001년 11월에 언급했던 것인데, 조지 W. 부시 미국 대통령은 이것을 2002년 9월 미국의 안보전략(Security Strategy of the United States of America)(http://www.state.gov/documents/organization/63562.pdf) 전문에서 다시 언급했다. 이후 미국의 이라크 공습을 지지한 49개국을 결집시키는 구호가 되었다.

33 Cf. Marc Bloch, *La Société féodale* (Paris: Albin Michel, 1939, 재출간, 1994), p.310 이하[한국어판: 마르크 블로크, 『봉건사회』, 총2권, 한정숙 옮김(한길사, 2001)].

의 동맹을 활용하는 것은 불과 몇 년 사이에 유행이 되었다.

국제무역과 관련해서도 같은 유형의 변화가 일어났다. 거대 국제기구들 중에서 가장 늦게 탄생했으며 별도의 분쟁 해결 기관을 갖고 있는 세계무역기구(WTO)는 다자간 차원에서 일반적 적용규칙을 마련하기 위한 목적으로 1994년 설립되었다. WTO는 이와 관련해서 많은 일을 했지만, 특히 서비스와 농업 분야에 자유무역을 확산하는 데 실패했다. 이러한 부진은 양자 간 자유무역협정(FTA)의 증가와 대조된다. 자유무역협정은 미국이나 유럽연합 같이 작은 나라에 자신의 조건을 관철할 수 있는 거대한 상업 권력의 이익에 훨씬 더 부합하며, 작은 나라는 큰 나라가 시장을 개방한 대가로 큰 나라에 충성을 서약한다. 현재 유럽연합과 미국 사이에 협상 중인 '범대서양 무역 투자 동반자 협정(TIPP)'의 경우에는 확실히 더욱 더 치열한 접전이 벌어진다. 그러나 이 협정으로 인해 유럽이 미국의 사회법과 조세법 그리고 환경법에 종속되지 않을까 사람들이 염려하고 그래서 주저하는 것은 마찬가지다.

국제기구가 쇠퇴하고 동맹이 득세하는 것 그리고 국제 규범이 쇠퇴하고 불평등 조약이 득세하는 것은 좀 더 일반적인 차원에서 통치 양식이 변화하고 있음을 보여주는 징후이다. 사실 법적 구조라는 것은 천 가지 다른 방식으로 굴절될 수는 있을지 몰라도 그 유형이 무한히 다양한 것은 아니다. 중국 정치철학의 오래된 구분법을 적용한다면, 법적 구조의 유형은 크게 보아 법치(法治)와 인치(人治)로 구분할 수 있을 것이다.[34] 법치의 체계에서 일반적이고 추상적인 법에 모든 사람이 구속되는 것은 각자에게 자유가 인정되기 위한 조건이다. 법치의 구조는 개인들의 의사와 이익을 초월해 법을 수호하는 **제삼자 보증인**의 존재를 함축한다. 법치의 구조는 『학설휘찬』이 첫머리에서 신중하게 구별하는 두 가지 차원의 법규칙을 결합시킨다. 하나는 개인의 효용 계산에서 벗어나 있는 대상을 목적으로 하는 규칙들인데, 이 규칙들은 심의와 법률의 영역에 속한다. 또 하나는 개인의 효용 계산에 속하는 대상을 목적으로 하는 규칙들로

34　이 책 제3장 참조.

서, 이 규칙들은 협상과 계약의 영역에 속한다.[35] 이러한 유형의 몽타주는 계약적 차원에서 인간과 사물을 동일한 화폐적 기준으로 비교할 수 있는 가치를 갖는 추상적이고 교환할 수 있는 단위들로 취급할 수 있도록 해준다. 왜냐하면 인간과 사물의 질적인 차이는 법률이 관장하는 비계산의 영역이 맡아 주기 때문이다. 인치의 체계에서는 사람들이 상호 의존의 관계망에 소속된다. 인치에서 추구하는 것은 모두에게 똑같이 적용되는 추상적인 법이 아니라, 각자가 관계망에서 차지하고 있는 자리에 알맞게 행동하는 것이다. 아랫사람은 윗사람에게 최대한 이익이 되도록 해야 하며, 윗사람은 아랫사람의 충성을 헤아릴 수 있어야 한다. 이처럼 인치의 구조에서는 비인격적 법률의 보편적 적용이 아니라 주종관계에 소속되어 있다는 사실이 인간의 법적 조건을 정의하는데, 이것은 사람과 사람의 관계뿐만 아니라 사람과 사물의 관계에서도 적용된다. 인치의 구조에서도 **제삼자 보증인**은 존재한다. 그러나 법률의 보증인이 아니라 관계의 보증인이다. 이러한 몽타주에서는 주권적 국가의 형상이 생략될 수 있다. 반면에 계산의 영역과 비계산의 영역이 혼동되는 것은 필연적이다. 비계산의 영역이 제삼자적 기구에 의해 처리되지 않기 때문에 공적인 것과 사적인 것의 구분은 희미해진다.[36]

역사적으로는 다양한 형태의 인치를 확인할 수 있다. 앞에서 간략하게 설명했던 의례주의도 그중 하나이다.[37] 봉건주의도 그중 하나인데, 봉건주의는 유럽의 역사에서 훨씬 더 중요한 역할을 수행했다. 법치와 인치를 진정으로 결합하는 데 성공한 정치 체제는 드물다(중국 제국은 드문 사례에 속하며, 아마도 중국 제국이 예외적으로 오래 지속될 수 있었던 비결 중 하나가 그것이 아닐까 한다). 가장 흔하게 볼 수 있는 것은 어느 한쪽의 흔적을 계속 간직하면서 다른 한쪽의 통치 양식을 주로 적용하는 방식이다. 이러한 체제에서는 한쪽의 통치 양식이 쇠

---

35   이 책 제6장 참조.

36   이 점에 대해서는 G. Chevrier, "Remarques sur l'introduction et les vicissitudes de la distinction du jus privatum et du jus publicum," *art. cit.*, p.16 이하.

37   이 책 제3장 참조.

퇴하면, 제도의 기억에서 결코 단 한 번도 완전히 사라진 적이 없었던 다른 쪽의 통치 양식이 재부상하게 된다. 12~13세기 유럽에서 봉건주의와 함께 그 통치 양식인 인치가 쇠퇴하면서 동시에 법치에 근거하는 주권 국가가 권좌에 오르게 된 것도 그러한 까닭이다. 그렇게 해서 열린 시대가 이제 유효기간이 만료하고 있다고 생각할 만한 여러 가지 이유들이 있다. 법치의 위기와 수치(數治)의 난관에 직면해 인치가 전에 없던 새로운 형태로 수면 위로 재부상하고 있다. 중국에서는 사회적 조화에 관한 유교적 이상이 부활하면서 진정한 법치국가의 건립이 생략되고 있다.[38] 유럽에서는 법치가 쇠퇴하면서 봉건적 법구조가 재등장하고 있다. 사실 모두에게 동일하게 적용되는 법에 의해 안전이 보장되지 않는 경우, 사람들은 서로 간의 주종관계 속에서 안전의 보장책을 찾는 수 외에 다른 출구가 없다. 충성을 맹세하는 것은 자기보다 더 강한 자의 보호를 얻는 수단이며, 보호를 제공하는 것은 자기보다 더 약한 자의 지지를 획득하는 수단이다. 이 봉건적 주종관계는 법적인 표현을 획득하기 이전에 현실의 사태 속에 먼저 자리 잡는다. 마약 밀매상의 네트워크 또는 내전 지역이나 정치 정당에서도,[39] 금융의 영향력에 포섭된 정치인의 모습[40]이나 모회사나 원청기업에 종속된 자회사 또는 하청기업의 모습에서도 주종관계가 발견된다. 법률의 타율성을 침식한 수치(數治)는 개인의 자율성에 온전히 근거하는 지배를 도래하게 한 것이 아니라, 공적인 것과 사적인 것이 뒤섞이는 봉건적 예속관계를 초래하고 있는 것이다. 이러한 결과는 현대의 이상에 비추어볼 때 확실히 아이러니한 것이다. 왜냐하면 주종관계를 새롭게 핵심적인 통치 양식으로 재

----

38 이에 대해서는 Anne Cheng, *Annuaire du Collège de Frnace, 2010-2013*, 강의 요약문을 참조. 또한 Ji Zhe, "Confucius, les libéraux et le Parti. Le renouveau du confucianisme politique," *La Vie des idées*, 2005.5., pp.9~20; 같은 저자의 "L'éthique confucéenne du travail et l'esprit du capitalisme à la chinoise," *Revue du MAUSS permanente*, 2012.3.30.

39 Cf. Christian Le Bart et François Rangeon, "Le néo-féodalisme politique: l'éternel retour des fiefs," in José Lefebvre(dir.), *L'Hypothèse du néo-féodalisme. Le droit à une nouvelle croisée des chemins* (Paris: PUF, 2006), pp.115~136.

40 Christian Chavapneux et Thierry Philipponnat, *La capture* (Paris: La Découverte, 2014).

등장하도록 만든 것은 결국 비인격적 권력에 대한 추구이기 때문이다.

주종관계가 사회의 모든 영역으로 확장되면서 봉건적 법구조가 수면 위로 재부상하고 있다. 많은 저자들이 제시하고 있는 법의 재봉건화[41] 가설은 중세 시대로 회귀하고 있다는 의미가 아니라, 봉건적 법구조가 재등장하고 있음을 지적하는 것인데, 이 봉건적 법구조는 국민국가가 등장하면서 사라졌던 것, 아니 좀 더 정확하게 말하면 그 잔해 위에 국민국가가 터를 잡았던 바로 그 법구조이다. 이것을 이해하려면, 과거의 도그마적 범주들은 단선적 역사 속에 머물러 있는 것이 아니라, 의미의 저장고로 묻혀 있다가 언제나 다시 돌아와 모습을 드러내고 새로운 규범적 효력을 만들어낸다는 사실을 기억해야 한다.[42]

봉건주의는 중앙권력이 약해질 때마다 항상 재등장했다.[43] 그러나 매번 다른 모습이었다. 예를 들어 중국이나 일본의 봉건주의는 중세 유럽의 봉건주의와 여러 가지 점에서 구별된다.[44] 의례주의와 마찬가지로 봉건주의를 지배하는 것은 인적 관계 개념인데, 로마 제국의 잔해 위에 건설된 서양의 봉건주의

....

41 특히 A. Supiot, "Actualité de Durkheim. Notes sur le néo-corporatisme en France," *art. cit.*, pp.177~199; "La contractualisation de la société," in Y. Michaux(dir.), *Université de tous les savoirs*, vol.2, *Qu'est-ce que l'humain?*(Paris: Odile Jacob, 2000), pp.156~167; P. Legendre, "Remarques sur la re-féodalisation de la France," *Études en l'honneur de Georges Dupuis* (Paris: LGDJ, 1997), pp.201~211, in *Nomenclator. Sur la question dogmatique en Occident II* (Paris: Fayard, 2006), p.271 이하; J. Lefebvre(dir.), *L'Hypothèse du néo-féodalisme. Le droit à une nouvelle croisée des chemins, op. cit.*

42 Cf. Aziz Al Azmeh, "Chronophagous Discourse: A Study of Clerico-Legal Appropriation of the World in an Islamic Tradition," in F. E. Reynolds & D. Tracy(eds.), *Religion and Practical Reason* (Albany, State University of New York Press, 1994), p.163 이하.

43 Cf. Perry Anderson, *Les Passages de l'Antiquité au féodalisme*(Paris: Maspero, 1977, 325 p) [한국어판: 페리 앤더슨, 『고대에서 봉건제로의 이행』, 한정숙·유재건 옮김(현실문화, 2014)]; 같은 저자의 *L'État absolutiste. Ses origines et ses voies* (Paris: Maspero, 1978), tome I, *L'Europe de l'Ouest*, 207 p.[한국어판: 페리 앤더슨, 『절대주의 국가의 계보』, 김현일 옮김 (현실문화, 2014)]; Jean-Pierre Poly et Éric Bournazel, *La Mutation féodale Xe- XIIe siècles* (Paris: PUF, 1991, 제2판, 535 p).

44 Cf. L. Vandermeersch, "Nature de la féodalité chinoise," in *Études sinologiques, art. cit.*, pp.63~104. 같은 의미로 Marc Bloch, *La Société féodale, op. cit.*, pp.610~612.

를 특징짓는 요소들 중 하나는 인적 의존 관계에 일정한 법형식을 부여했다는 점이다.[45] 여기에서 사회라는 직조물의 씨줄에 해당하는 기본관계는 봉신제(封臣制)이다. 봉신제는 매우 독특한 유형의 계약으로서, 인적(채권적) 요소와 물적(물권적) 요소를 결합한 것이다.[46] 인적 요소는 어느 한쪽의 사람이 다른 쪽의 사람에게 종속되는 것을 말하며, 당사자들의 조건에 따라서 봉신 또는 농노로 구현된다. 물적 요소는 양도인을 위해 물권을 설정한 재산을 피종속자인 양수인에게 양도하는 것을 말하며, 당사자들의 조건에 따라서 영지 또는 소작지로 구현된다. 이 봉건적 법구조는 인격적 종속과 사물의 양도에 관한 새로운 법기술이 나타나는 현대법의 변화 양상을 해독하는 데 길잡이가 될 수 있다.

인격의 봉건적 예속

오늘날 인격의 봉건적 예속은 이른바 네트워크라는 이름으로 나타나고 있다.[47] 커뮤니케이션 단위들의 네트워크로 세계를 표상한 것은 제2차 세계대전 이후 등장한 사이버네틱스의 상상력이었으며, 이후 탈근대주의 철학과 법경제학에 영감을 제공했다. 오늘날 이 상상력은 목표관리 경영기법에 의해 실천되

---

45 Cf. M. Bloch, *La Société féodale, ibid.*, pp.618~619.

46 전체적인 설명으로는 Jean-François Lemarignier, *La France médiévale. Institutions et société* (Paris: A. Colin, 1970, 416 p); J.-P. Poly et E. Bournazel, *La Mutation féodale Xe-XIIe siècles, op. cit.*

47 Manuel Castells, *The Rise of the Network Society* (Blackwell, Oxford, 1996), 프랑스어판: *La Société en réseaux* (Paris: Fayard, 1998)[한국어판: 마누엘 카스텔, 『네트워크 사회의 도래』, 김묵한 외 옮김(한울, 2014)]; F. Ost et M. van de Kerchove, *De la pyramide au réseau? Pour une théorie dialectique du droit* (Bruxelles, Publications des Facultés universitaires Saint-Louis, 2002, 587 p); Laurence Amiel-Cosme, "La théorie institutionnelle du réseau," in *Aspects actuels du droit des affaires. Mélanges Y. Guyon* (Paris: Dalloz, 2003), pp.1~40; Elsa Peskine, *Réseaux d'entreprises et droit du travail* (Paris: LGDJ, 2008, 363 p).

고 있는데, 이것은 인간의 행동을 규칙의 준수가 아니라 목표의 달성을 위해 조직하는 것을 말한다.[48] 네트워크 구조는 숫자에 의한 협치의 핵심적 요소이다. 많은 학자들은 네트워크에 관한 이론을 만들기 위해 생물학 모델이나 정보통신 모델을 차용했다.[49] 그러나 네트워크는 봉건사회의 전형적인 조직 양식이기 때문에, 네트워크의 법적 성질은 봉건사회가 우리에게 남겨준 개념들에 비추어볼 때 매우 명확하게 드러난다. 봉신제적 구조의 재등장이 표출되는 것은 절대군주에서 봉건군주로의 변위 그리고 법률에서 관계로의 변위라는 이중의 변위를 통해서이다.

절대군주에서 봉건군주로의 변위는 유럽에서 인격의 봉건적 예속을 가장 극명하게 보여주는 현상이다. 절대군주가 최고 권력의 보유자로서 스스로 정립하고 자기의 원인이며 모든 신민에 대해서 직접 권력을 행사할 수 있는 반면, 봉건군주는 자신의 고유한 봉신에 대해서만 권력을 직접 행사할 수 있을 뿐 봉신의 봉신에 대해서는 그렇게 하지 못한다. 중세 말에서 오늘날까지 절대군주의 특성, 즉 주권 개념이 근대적 국가론의 요체를 구성했던 이유가 바로 그것이다. 주권 개념은 현대 사회에서 국가가 겪고 있는 변화를 이해하는 데에는 부적절하다. 국가의 지위는 절대군주의 모습에서 점점 더 멀어지고 있으며, 봉건군주의 모습에 점점 더 가까워지고 있기 때문이다. 유럽연합은 이 봉건군주의 귀환을 가장 극명하게 보여주는 사례이다. 유럽연합의 공적 권력이 주권적 권력이 아닌 것은 분명하다. 유럽연합은 마스트리히트 조약 이후 공식적으로 "보충성의 원칙"[50]을 따르기 때문에, 군대도 없고 진정한 정부도 없으며 포괄하

---

48   이 책 제8장 참조.

49   특히 G. Teubner, "The Many-Headed Hydra: Networks as Higher-Order Collective Actors," in J. McCahery, S. Picciotto & C. Scott, *Corporate Control and Accountability* (Oxford University Press, 1993), p.41 이하; 같은 저자의 *Netzwerk als Vertragsverbund Virtuelle Unternehmen* (Baden-Baden, Nomos Verlag, 2004, 286 p).

50   유럽연합기능협약 제5조. 보충성의 원칙과 그 계보에 대해 쥘리앵 바로시(Julien Barroche)는 "유럽의 겪고 있는 논리적 궁지에 이름 하나를 부여함으로써 신자유주의적 협치의 새로운 레퍼토리에 자리 하나를 마련하려는 것"이라고 강력하게 비판한다. Julien Barroche, *État, libéralisme et christianisme. Critique de la subsidiarité européenne* (Paris: Dalloz, 2012, 748

는 인구에 비해서 턱없이 적은 공무원을 두고 있다. 유럽연합은 스스로 세금을 올릴 수 없으며, 유럽연합이 (지침의 형식으로) 제정하는 규칙의 대부분은 회원국의 국내법으로 이식되어야만 적용될 수 있다. 전임 유럽집행위원회 위원장이었던 자크 들로르(Jacques Delors)는 유럽연합을 "미확인 정치 물체"[51]라고 표현하기도 했다. 유럽연합의 제도들에 주권 또는 절대군주 개념이 아니라 봉건군주 개념을 적용하면 이 물체의 정체를 확인하는 것이 쉬워진다. 유럽연합은 유럽 시민들에 대해서 간접적인 권력을 행사할 뿐이며, 이를 위해서는 각자의 봉신들을 보유하고 있는 회원국들의 매개가 필요하다. 유럽연합의 핵심적인 특성은 회원국들을 봉건적 방식으로 예속시키는 데 있으며, 이것은 곧 자신의 시민들에 대해서 주권의 핵심 속성을 행사할 수 없는 법주체에 회원국들이 예속된다는 것을 의미한다. 다시 말하면, **봉건군주적 존재에 대한 예속**이다.

유럽연합의 봉건군주적 지위는 일부 국제 경제 기구에서도 찾아볼 수 있다. 예를 들어 IMF가 그렇다. IMF가 사람들의 삶에 대해서 행사하는 권력은 IMF가 강요하는 개혁 프로그램에 구속됨으로써 주권의 일부를 포기하는 국가들의 충성을 통해서만 행사될 수 있다.[52] 이 개혁 프로그램은 진정한 의미의 계약에 근거하는 것이 아니라, 해당 국가가 IMF에 제출하는 의향서를 통해서 정식화되는 충성 행위에 근거한다. 이 의향서는 부속문서와 함께 IMF 인터넷 사이트에 공개되는데, 대부분 거의 같은 형식이다.[53] 예를 들어 말리 정부가 2013년 12월 2일 IMF 총재에게 제출한 의향서를 보면, 말리 정부는 IMF가 부과한 정책들을 실현하는 데 진전이 있었으며, 상응하는 지표들을 달성했음을 확인한다. 말리 정부는 또한 거시경제적 안정성을 유지하고, 공공재정의 운영을 개선하며, 금융부문을 위시해 민간 부문의 발전을 촉진하기 위해 향후 3년 동안 집

---

p), 인용은 p.563.

51 1985년 9월 9일 룩셈부르크 제1회 정부간 컨퍼런스에서 들로르 위원장의 발언(*Bulletin des Communautés européennes*, 1985. 9., no.9, p.8).

52 이 책 제1장 참조.

53 www.imf.org/external/index.html.

행할 경제 및 재정 정책들을 제시한다. 말리 정부는 마지막으로 신용 편의 확대의 명목으로 4600만 달러의 지급을 요청한다.[54] 이 국제기구들이 주장하는 '경제적 협치'의 외양 뒤에, 해당 나라 시민들의 주권과 부합할 수 없는 봉건화의 기법을 간파하기란 어려운 일이 아니다.

2008년 금융시장이 붕괴한 이후 이러한 흐름은 더욱 가속화되었다. 파산에 직면한 은행가들을 구조하기 위해서 또는 그들의 탐욕과 무능이 초래할 경제적, 사회적 파장들을 줄이기 위해서 국가와 중앙은행 들은 마구 돈을 뿌려 대었고, 그 결과 산더미 같은 민간 부채가 막대한 공공 부채로 전환되기에 이르렀다. 이렇게 위기의 청구서가 결제되고 난 후, 새로 불어난 공공 부채에 근거해 다음과 같은 주장이 전개되었다. 국가는 아직 공공서비스로 남아 있는 분야를 민영화하고 노동시장을 완전히 탈규제해야 한다고. 필요한 경우에는 위기의 원인에 있었던 은행가 출신 인사들을 국가의 수장에 잠시 취임시키면서 말이다. '그리스의 위기' 사례가 보여주는 것처럼 여기에는 이익의 사유화와 손실의 사회화라고 하는 잘 알려진 기법 그 이상이 있다. 즉 시민들의 자기결정권을 정면으로 부정하는 것이 그것이다. "정치의 폐위"[55] 및 부의 분배 문제를 선거의 영역에서 제외하는 "제한적 민주주의"를 주장한 하이에크의 언명이 이렇게 유럽에서 방법론적으로 실행되고 있다.

법률에서 관계로의 변위는, 계약 당사자들이 특정한 것을 주거나, 하거나, 하지 않을 의무를 목적으로 하는 것이 아니라, 어느 한쪽 당사자가 다른 쪽 당사자의 기대에 부합하게 행동할 의무 관계를 창설하는 것을 목적으로 하는 새로운 계약들이 증가하는 현상의 특징을 설명한다. 어떤 자연인 또는 법인이 다른 자연인 또는 법인에 경제적으로 종속되는 계약의 대부분이 이러한 경우이다. 이러한 계약들은 한쪽을 다른 쪽의 사업 조직에 편입시키면서 당사자들의 조건에 대해서 역으로 작용한다. 그리고 계약 당사자들은 최소한의 안정성을 갖

---

54 http://www.imf.org/external/np/loi/2013/mli/fra/120213f.pdf.(2014.9.4. 열람).

55 Cf. F. A. Hayek, *Droit, législation et liberté. Une nouvelle formulation des principes de justice et d'économie politique*, vol.3, *L'Ordre politique d'un peuple libre, op. cit.*, p.153 이하.

춘 관계를 정의할 의무를 부담한다. 미국에서 이언 맥닐(Ian MacNeil)이 분석한 바 있는 "관계적 계약(relational contract)"의 경우가 특히 그러하다.[56] 또 최근에 루카 노들러(Luca Nodler) 및 우도 라이프너(Udo Reifner)가 공동 연구를 통해서 다루었던 것, 즉 노동계약이나 임대차계약 또는 부동산담보대출 등 "종신계약 (lifetime contract)"도 그러한 경우에 속한다.[57]

국가의 행위에서도 이와 동일한 기법들을 발견할 수 있다. 국가가 사인이나 공인의 행위를 규제하는 대신, 국가가 정한 목표를 달성하기 위한 구체적 방안을 그들 스스로 마련하도록 역할을 부여하는 한편, 적정한 기구를 통해서 그 실행 여부를 감독하고 미비점이 발견되는 경우에는 개입할 수 있는 가능성을 남겨 두는 경우가 이에 해당한다.[58] 우리는 앞에서 이미 이러한 기법들을 언급한 바 있는데, "국가 행위의 계약화"라는 이름으로 국가와 지방자치단체 또는 공공기관 사이에 빈번하게 활용되는 법기술이 그것이다.[59] 이러한 기법들은 정량적 수행평가에 관한 지표와 절차를 활용하면서 숫자에 의한 협치의 이상을 실현하고자 한다. 법학적 관점에서 보면 이 기법들은 미셸 라로크(Michel Laroque)가 "후견기법"[60]이라고 불렀던 것으로 나타난다. 즉 공공기관은 더 이

56 Ian R. MacNeil, "Contracts: Adjustments of long-term economic relations under classical, neoclassical and relational contract law," *Northwestern Law Revue*, 1978, p.854; "Relational contract: What we do and do not know," *Wisconsin Law Revue*, 1985, p.483; "Reflections on relational contract," *Journal of Institutional and Theoretical Economics*, 1985, p.541; Corinne Boismain, *Les Contrats relationnels* (Presses universitaires d'Aix-Marseille, 2005, 526 p); Y.-M. Laithier, "À propos de la réception du contrat relationnel en droit français," *Recueil Dalloz*, 2006, p.1003.

57 Luca Nodler & Udo Reifner(eds.), *Life Time Contracts. Social Longterm Contracts in Labour, Tenancy and Consumer Credit Law* (La Hague: Eleven International Publishing, 2014, 666 p).

58 Cf. M.-A. Frison-Roche(dir.), *Droit et économie de la régulation* (Paris: Dalloz, 2004, vol.1, *Les Régulateurs économiques: légitimité et efficacité*, 205 p).

59 Cf. Conseil d'État, *Le Contrat, mode d'action publique et de production de normes*, Rapport public 2008(Paris: La Documentation française, 2008, 398 p) 및 이 책 제8장 참조.

60 Michel Laroque, "La contractualisation comme technique de tutelle: l'exemple du secteur social," *AJDA*, 2003, p.976.

상 법률의 보호 아래 행위하는 것이 아니라, 자신이 동의한 계약적 관계의 보호 아래 행위한다는 것이다. 숫자에 의한 협치를 위해 복무하는 이 도구 일습의 이면에서 국가와 공공기관들 사이에 봉신관계가 맺어진다. 이 기관들은, 예를 들어 지방의료공단(ARS)[61]이나 고등교육연구기관공동체(CUE)[62]처럼 국가와 이용자, 나아가 국가와 공공서비스 제공자 사이를 분리시키기에 이르렀다.

유럽연합법 차원에서 이 기법들은 경제적 협치라는 이름으로 확산되고 있다. 이것은 공공재정과 관련해 회원국들이 동의한 의무 사항들을 준수하는지 여부를 지속적으로 감독할 수 있는 메커니즘을 도입하는 것을 말한다.[63] 이 메커니즘도 또한 숫자에 의한 협치의 기획에 속하지만, 그 결과는 애초 기획한 자들이 꿈꾸었던 자동항법장치와는 전혀 다른 것으로 귀결된다. 마스트리히트 조약의 기준들은 유로존의 국가들이 거의 한 번도 준수한 적이 없으며, 그래서 유럽연합 신재정협약이 도입한 자동교정 메커니즘이 어느 날 '자동으로' 개시될지 여부는 의심스럽다. 사이버네틱스로부터 영감을 얻은 이 장치들이 실제로 초래한 결과는 민주주의를 유럽집행위원회와 유럽중앙은행에 대해서 종속적 지위로 전락시키는 것이다. 요컨대 이 두 개의 비선출 기구에 대한 주종관계는 사회경제정책을 결정할 때 법률보다 우위에 선다.

사물의 양도

사물의 양도 기법이 증가하는 현상은 인치의 재등장을 보여주는 또 하나의 징후이다. 부의 핵심이 토지에 있었던 봉건사회의 시스템에서 사람은 단순히 토지 재산의 경작인으로 취급되었고, 토지는 궁극적으로 신에게 속하는 것이

61　의료 개혁에 관한 2009년 7월 21일 법률 제2009-879호.

62　프랑스 교육법전, L.718-7조 이하.

63　이 책 제8장 참조.

었다. 이러한 관념은 오늘날에도 여전히 영국법에 남아 있다. 영국법에서는 어떠한 신민도 비록 토지에 대한 배타적 향유권을 보유하고 있는 경우에도 기술적 의미에서 토지의 '소유권자'가 될 수 없다. 왜냐하면 모든 토지는 군주에게 속하기 때문이다.[64] 그러므로 사람들은 언제나 다른 사람에게서 토지를 얻었으며, 토지에 대해 행사하는 권리들 중에서 인격적 종속관계로부터 비롯하지 않는 것은(자유토지의 경우와 같이) 예외일 뿐이었다. 중세시대는 농민의 하급소유권(사용수익권)과 영주의 상급소유권(비용익소유권)을 구분했는데, 영주는 이 상급소유권을 봉신의 영지나 평민 소작지 또는 농노 소작지의 형태로 양도했다. 이 양도는 양도인과 양수인 사이의 인적 관계, 봉신이 주군에게 바치는 신의 또는 평민이나 농노가 영주에게 바치는 경제적 급부와 분리할 수 없다. 공적인 또는 종교적인 부담의 할당에 관한 봉건법에서도 동일한 양도 시스템을 발견할 수 있다. 부담을 지는 자는 그 대가로 베네피키움(beneficium) 또는 은대지(恩貸地)라고 하는 재산을 하사받았다. 복무한다는 뜻의 오피키움(officium)과 그것에 대한 대가를 의미하는 베네피키움의 관계는 앙시엥레짐이 끝날 때까지 번성했던 매관매직의 기원이었으며,[65] 지금도 공증인이나 택시처럼 별도의 규제를 받는 일부 직업에서 규율 원리로 작동하고 있다. 이처럼 사람과 사물의 관계는 언제나 사람과 사람의 관계가 드리우는 그림자였다.[66] 뒤몽이 보여준 것처럼, 경제적 이데올로기는 반대로 사람과 사람의 관계가 사람과 사물의 관계에 종속된다는 것을 함축한다.[67] 사실 시장경제는 교환에 적절한 재

---

64   F. H. Lawson & B. Rudden, *The Law of Property* (Oxford University Press, 1995, 제2판), p.80; Kevin & Suan Grey, *Elements of Land Law* (Oxford University Press, 2009, 제5판), p.67. 영국왕의 상급소유권의 역사적 기원에 대해서는 P. Anderson, *Les Passages de l'Antiquité au féodalisme, op. cit.*, p.172 이하.

65   Cf. Adhémar Esmein, *Cours élémentaire d'histoire du droit français* (Paris: Larose, 1898), pp.139 이하, 271 이하 및 411 이하.

66   이에 관해 명료하고 간결한 설명으로는 P. Ourliac et J. de Malafosse, *Histoire du droit privé*, t. 2, *Les Biens* (Paris: PUF, 1971, 제2판), p.148 이하.

67   L. Dumont, *Homo æqualis I. Genèse et épanouissement de l'idéologie économique* (Paris: Gallimard, 1985, 제2판), p.13.

화, 일체의 인적 관계가 말끔하게 청소된 사물을 필요로 한다. 여기서 다시 한 번 실정법의 분석은 소유권의 분할과 기능의 소작으로 특징되는 봉건적 구조의 재등장을 보여준다.

소유권의 분할 현상은 지적재산권을 인정하는 데 따른 당연한 결과이다. 지적재산권은 다른 사람이 물적 소유권을 갖고 있을 수 있는 사물에 대한 권리를 인정하는 것이다. 지적재산권의 구체적인 내용은 경우에 따라 다르지만, 언제나 사물에 대한 물적 소유권의 절대효를 상실시킨다는 공통점을 갖는다. 왜냐하면 지적재산권은 사물을 쫓기 때문이다. 사물의 물적 소유권자가 누구인지는 중요하지 않다. 마르셀 모스가 지적한 것처럼,[68] 지적재산권은 원시 사회에만 있는 것이라고 생각했던 "사물의 정신"을 현대 사회에 재등장시킨다. 사물의 정신은 사물이 가는 곳이면 어디든지 쫓아다니며, 사물을 유통시킨 자에게 언제나 되돌아간다. 사물의 자유로운 유통을 보장하고 전 세계 어디서든지 그 사물을 가지고 있는 자는 누구나 사물의 정신을 소유하고 있는 자에게 합의한 부채를 갚도록 하는 것, 이것이 세계무역기구(WTO) 차원에서 체결된 '무역 관련 지적재산권에 관한 협정(TRIPs)'[69]의 존재 이유이다. 상급소유권과 하급소유권에 관한 봉건시대의 낡은 구별법이 여기에서 다시 등장하고 있다는 점은 분명하다. 그런데 지적재산권자의 권리와 물적 소유권자의 권리가 하나의 동일한 대상에 중첩되는 현상은 필연적으로 후자가 전자에게 종속되는 결과로 이어진다. 미국 연방대법원은 법률에 의해서 지적재산권의 적용 범위가 유기체로 확장된 이상 유기체의 재생산 능력은 해당 유기체를 목적으로 하는 특허권으로 이전된다고 판결했다.[70] 그러므로 몬산토의 종자를 구입한 농부는 그 종

---

68 M. Mauss, *Essai sur le don* (1923), in *Sociologie et anthropologie* (Paris: PUF, 1983), p.260 [한국어판: 마르셀 모스, 『증여론』, 이상률 옮김(한길사, 2002)].

69 *Agreement on Trade-Related Aspects of Intellectual Property Rights*, 1994.4.15., 마라케쉬에서 체결.

70 미국연방대법원, 2013. 5. 13., Bowman c/ Monsanto, 569 U.S.(2013). 이에 대해서는 Laure Marino, "Bowman c/ Monsanto: victoire des brevets sur des semences OGM à la Cour suprême des États-Unis," *Gazette du Palais*, 2013.7.18., p.14.

자로 재배한 작물에서 채집한 씨앗을 이듬해 파종하기 위해 보관할 수 없다. 그것은 몬산토의 특허권을 침해하는 것이다. 이 농부는 또한 동일한 지적재산권에 합의한 다른 생산자로부터 구매한 식용 종자를 이용할 권리도 없다. 농부들에게 종자를 제공하는 기업의 권력에 농부들이 유례없이 예속되는 것이다. 농부들은 특허권 기간 동안(이 사건에서는 20년) 독립적인 생산자가 아니라, 온전한 소유권을 향유하지 못하는 소작인일 뿐이다. 좀 더 일반적으로 말하자면 지적재산권은 사람뿐 아니라 국가까지 지적재산권자에게 종속시키는 지대 경제의 원인이다.[71]

지적재산권이 소유권 분할 현상의 유일한 요소는 아니다. 소유권은 사물에 대한 경제적 지배의 현실, 사인이든 공적 권위든 복수의 소유권자로 분리되고 있는 현실을 더 이상 충분히 설명해주지 못한다. 이것은 노동이나 자연 또는 화폐와 같이 상업적 거래에서는 의제의 효과에 불과한 '사물'에 관한 한 놀라운 일이 아니다.[72] 사물화 의제는 이른바 인적자원이나 천연자원을 자기 것으로 삼는 자들의 권리를 제한함으로써만 유지될 수 있다. 이 자원들의 보존과 갱생은 공동선에 관련되기 때문이다. 노동과 자연을 **마치** 상품인 것처럼 취급할 수 있는 이유는 노동법이나 환경법이 이 자원에 대한 착취를 감당할 수 있는 수준으로 제한해주기 때문이다. 노동법과 환경법은 최근에 '지속 가능한 개발'이라는 표어 아래로 수렴되고 있는데, 이것은 국민공동유산이나 인류공동유산[73]처

---

71 지적재산권의 신봉건주의적이면서 신식민주의적인 효과에 대해서는 Andreas Rahmatian, *Copyright and Creativity. The Making of Property Rights in Creative Works* (Edward Elgar Publishing, 2011), p.247 이하.

72 Cf. K. Polanyi, "Le marché régulateur et les marchandises fictives: travail, terre et monnaie," in *La Grande Transformation. Aux origines politiques et économiques de notre temps* (1944)(Paris: Gallimard, 1983), pp.102~112[한국어판: 칼 폴라니, 『거대한 전환』, 홍기빈 옮김(길, 2009) 제6장].

73 인류공동유산의 개념은 해양법에서 먼저 등장했으며(cf. 1982.12.10. 몬테고베이 협약), 이후 우주와 육지로 확대되었다. 공동재 문제의 재등장에 대해서는 Béatrice Parance et Jacques de Saint Victor(dir.), *Repenser les biens communs* (Paris: CNRS Éditions, 2014, 314 p); David Bollier, *La Renaissance des communs* (Paris: Éditions Charles Léopold Meyer, 2014,

럼 초월적 존재의 상급소유권에 속하는 자원들에 대한 사적 소유권의 상대적
성격을 환기시켜준다. 여기에서 유산의 개념은 재산법과 인격법을 장기적 전
망 속에서 결합하는 역할을 수행한다.[74] 이 유산이라는 개념은 나아가 인간 게
놈으로 확장되어, 인간 게놈의 무분별한 이용과 상업화를 제한하는 역할을 수
행하기도 했다.[75]

책임법제도 이제 하나의 동일한 사물에 복수의 법률관계가 중첩되는 현상
에 협조한다. 19세기 말에 고안된 객관적 책임 개념은 어떤 사물이 야기한 손
해에 대해서 그 사물을 관리하는 자가 책임을 지도록 함으로써 사물의 보유자
가 소유자가 아닐 수도 있다는 관념을 이미 재등장시킨 바 있다. 사람과 그 소
유권 사이의 배타적 관계가 약화되는 모습은 제조물의 하자로 인한 책임 개념
에서 훨씬 더 명백하게 드러난다.[76] 상품의 생산자, 즉 상품을 만들거나 시장에
유통시킨 자는 피해자와 계약 관계에 있는지 여부를 불문하고 그 상품의 하자
로 인해 발생한 손해에 대해서 책임을 진다. 지적재산권과 마찬가지로 제조물
책임도 사물을 쥐고 있는 손을 쫓아다니며 제조물의 '이력'을 추적, 관리하도록

....

192 p)[한국어판: 데이비드 볼리어, 『공유인으로 사고하라』, 배수현 옮김(갈무리, 2015)].

74   Cf. Alain Sériaux, "La notion juridique de patrimoine. Brèves notations civilistes sur le
verbe avoir," *Revue trimestrielle de droit civil*, 1994, p.801; François Terré, "L'humanité, un
patrimoine sans personne," *Mélanges Ph. Ardant* (LGDJ, 1999), p.339; David Hiez, *Étude
critique de la notion de patrimoine en droit privé actuel* (Paris: LGDJ, 2003), 459 p.

75   1997년 11월 11일 인간 게놈과 인권에 관한 보편선언, 제1조. Cf. G. B. Kutukdjian, "Le gé-
nome humain: patrimoine commun de l'humanité," in *Héctor Gros Espiell Amicorum Liber*
(Bruxelles, Bruylant, 1997), pp.601~610; Mohamed Bedjaoui, "Le génome humain comme
patrimoine commun de l'humanité ou la génétique de la peur à l'espérance," in *Federico
Mayor Amicorum Liber* (Paris: Unesco et Bruxelles, Bruylant, 2 vol.), vol.II, pp.905~915;
Bartha-Maria Knoppers, *Le Génome humain: commun de l'humanité?* (Québec, Fides, 1999,
41 p).

76   제조물 하자로 인한 책임에 관한 1985년 7월 25일 지침 85/374/CEE. 이에 관해서는 Yvan
Markovits, *La Directive C.E.E. du 25 juillet 1985 sur la responsabilité du fait des produits
défectueux* (Paris: LGDJ, 1990), préface J. Ghestin; Simon Taylor, *L'Harmonisation commu-
nautaire de la responsabilité du fait des produits défectueux. Étude comparative du droit an-
glais et du droit français* (Paris: LGDJ, 1999), préface G. Viney.

한다.[77] 여기에서 상품과 함께 유통하는 것은 저작권자의 채권이 아니라 생산자의 부채라는 점만 다르다. 생산자는 제조물이 누구의 손에 있든지 그 안전을 보증하며, 그 결과 제조물로 인한 책임은 제조물을 관리하고 있는 자에게 부과되는 하급책임 및 생산자에게 여전히 부과된 채로 남아 있는 상급책임으로 이원화된다.

기능의 소작 현상은 공적 영역과 사적 영역 모두에서 나타나며 공과 사의 경계선을 희미하게 만든다. 이 현상은 민간 기업의 경영에서 먼저 확인되었다. 경제의 금융화에 따라 기업들은 사업을 비용 단위와 이윤 단위로 분리하고, 이 단위들이 수익 증대의 요구에 따라 운영되도록 만들었다. 이 자율화 조치와 쌍을 이루는 것은 수익성이 떨어지는 기능을 외주화하는 것 그리고 이른바 '핵심 분야' 즉 금융시장의 관점에서 볼 때 가장 경쟁력이 있다고 여겨지는 분야에 기업의 역량을 집중하는 것이다. 그 결과 익히 알려져 있다시피 오늘날 기업의 패러다임이 변하고 있다. 즉 통합적이고 위계적인 '포드주의' 조직 모델에서, 생산에 필수적인 사업 부문을 다른 기업에 양도하는 그물형 기업 모델로 변하고 있는 것이다. 이것을 위해 다양한 법기술이 동원되었다. 기업집단은 한 회사(모회사)가 다른 회사(자회사)에 "지배적인 영향력"[78]을 행사하기 위해 필요한 정도의 충분한 자본을 보유하는 법기술에 근거한다. 그리고 계약적 법기술을 활용하는 경우들이 있는데, 유통업의 판매대행이나 프랜차이즈,[79] 제조업의 하

---

77 Cf. Philippe Pedrot, *Traçabilité et responsabilité* (Paris: Economica, 2003, 323 p).

78 유럽노사협의회 설치에 관한 2009년 5월 6일 지침 2009/38/CE, 제3조; 프랑스 노동법전, L.2331-1조 및 L.2341-2조. 같은 의미로 프랑스 상법전 L.233-3조의 정의. 이에 대해서는 Philippe Didier et Paul Didier, *Droit commercial*, t. 2, *Les Sociétés commerciales* (Paris: Economica, 2011), p.960 이하; G. Teubner, "Unitas Multiplex: Corporate Governance in Group Enterprises," in D. Sugarman et G. Teubner(eds.), *Regulating Corporate Groups in Europe* (Nomos, Baden-Baden, 1990), pp.67~104; Isabelle Daugareilh(dir.), *Le Dialogue social dans les instances transnationales d'entreprises européennes* (Presses universitaires de Bordeaux, 2014, 171 p).

79 Philippe Le Tourneau, *Les Contrats de franchisage* (Paris: LexisNexis, 2007, 제2판, 323 p); Martine Behar-Touchais et Georges Virassamy, *Les Contrats de la distribution* (Paris: LGDJ,

도급,[80] 농업 분야의 계약생산,[81] 대형유통매장의 납품업체 선정 계약[82] 등이 있다. 하지만 이 모든 법기술들은 일종의 소작관계라는 유사한 구조를 갖고 있다는 점에서 공통점이 있다. 즉 지배기업은 소작인(하청업체, 유통업체, 납품업체등)에게 이윤이 남는 경제 활동을 보장하고, 그 대신 소작인은 지배기업이 정한 규칙을 준수한다. 이 소작인도 다른 기업을 자기의 지배 아래 둘 수 있다. 2차 하청의 경우가 그러한데, 2차 하청은 봉건사회의 배신(陪臣), 즉 봉신의 봉신과 유사하다.[83] 배신도 또한 3차 하청을 둘 수 있다. 하청업체는 지배기업에 대해서 좀 더 많은 자율성을 확보하기 위해 여러 명의 주인과 일할 수도 있다. 예를 들어 자동차 공기 조절 장치나 소프트웨어를 납품하는 하청업체는 복수의 완성차 업체와 거래할 수 있다. 봉건시대의 네트워크와 마찬가지로 이 상업적 네트워크는 그러므로 반드시 피라미드식은 아니다. 아니 좀 더 정확하게 말하면 어떤 경우에는 거꾸로 선 피라미드일 수도 있다. 사실 봉건사회에서 한명의 봉신은 여러 명의 영주를 모실 수 있었는데, 그 결과 영주들 사이에 경쟁관계 또는 충성의 충돌이 발생할 수 있다. 이러한 이익충돌을 방지할 목적으로 한 명의 영주에게만 봉신의 의무를 다한다는 충성을 맹세하는 "가신" 제도가 발명되었다.[84] 오늘날 상업관계에서 활용되는 독점조항[85]이나 노동법에서 말

1999, 938 p).

80 하도급에 관한 1975년 12월 31일 법률 제75-1334호. 이 법률은 하도급을 "원사업자가 도급계약의 전부 또는 일부 또는 발주자와 체결한 공사의 일부를 원사업자의 책임 하에 하도급계약을 통해서 하도급사업자에게 위탁하는 행위"라고 정의한다.

81 Louis Lorvellec, *Écrits de droit rural et agroalimentaire* (Paris: Dalloz, 2002), p.292 이하.

82 이 계약은 기존의 상사계약을 급작스럽게 해지하는 것을 규제하는 프랑스 상법전 L.442-6조에 의해 보호된다. 이에 대해서는 Rémy Libchaber, "Relation commerciale établie et quasi-contrat," *Répertoire du notariat Defrénois*, 2010, 1, 114.

83 Cf. J.-F. Lemarignier, *La France médiévale, op. cit.*, p.143 이하; P. Anderson, *Les Passages de l'Antiquité au féodalisme, op. cit.*, p.159 이하.

84 Cf. Marc Bloch, *La Société féodale, op. cit.*, pp.299~308; J.-F. Lemarignier, *La France médiévale, op. cit.*, pp.145~147.

85 G. Parléani, "Les clauses d'exclusivité," in *Les Principales Clauses des contrats conclus entre professionnels* (Presses universitaires d'Aix-Marseille, 1990), p.55; Nicolas Éréséo,

<그림 11-1> 봉건시대 주종관계

왕

대영주
(공작, 백작)

소영주
(성주)

하급기사
(봉토를 소유한
하급 봉신)

하는 경업금지조항[86]도 거의 유사한 기능을 수행한다. 이런 식으로 우리는 학
교 교과서에서 봉건주의를 설명하기 위해서 사용하는 이미지와 섬유산업의 공
급망 이미지를 비교해볼 수 있다(물론 일대일로 무리하게 선잇기를 하자는 것은 아

L'Exclusivité contractuelle (Paris: Litec, 2008, 410 p).

86   Marc Gomy, "L'autonomie de la clause de non-concurrence post-contractuelle en droit du
travail," in *Mélanges en l'honneur d'Yves Serra* (Paris: Dalloz, 2006), pp.199~216.

〈그림 11-2〉 섬유산업의 공급망

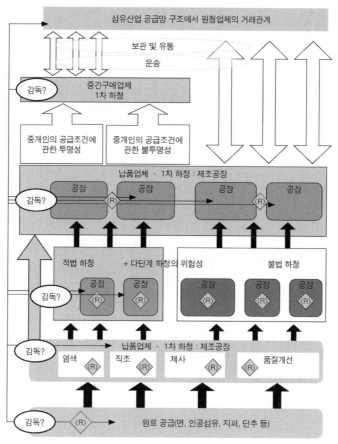

니다).[87]

한편, **공적 기능의 소작** 현상은 국가 행위의 계약화 현상에 내재하는 것이다. 국가는 민간 기업의 경영 방식에서 영감을 얻어 국가의 기능을 다양한 영역으로 나눈 다음 '핵심 분야'에 속하지 않는다고 보이는 분야를 외주화하는 방식을

---

87 출처: OCDE, *Rapport sur la mise en œuvre des principes directeurs de l'OCDE dans la filière textile-habillement* (Paris: 2013.12.2.), p.16.

채택하기 시작했다. 외주화되지 않은 분야는 경영의 자율성을 보장받고, 그 대신 일정한 목표를 달성하기 위해 수치화된 지표를 준수할 의무를 진다. 핵심 분야에 속하지 않는 분야는 민영화되고, 그 대신 전기, 도로, 통신, 증권, 철도, 교도소 등 특정한 상품이나 서비스와 관련해 공익을 수호하는 역할을 맡은 규율기관에 의해 규율된다.[88] 여기에서도 다시 봉건적 법도구들이 새로운 형태로 재등장한다. 한 세기 전에 아데마르 에스마인(Adhémar Esmein)이 "괴물 같은 조직"[89]이라고 불렀던 매관매직이 공기업의 독점을 해체한다는 명목으로 다시 힘을 얻고 있다. 소작관계는 유럽연합 기능 조약이 "공익적 경제서비스"(제14조 및 프로토콜 제26호)라고 부르는 것의 통상적인 행위 형식이 되었다. 그리고 경제적 행위자와 규율자의 분리라는 원칙 이면에는 권력과 권위의 구분, 모든 권력들을 서로 연결해 절대권력이 출현할 위험을 방지하고자 했던 봉건적 방식의 전형적인 구분법이 재등장하고 있다.

다시 한 번 강조하지만, 이것은 우리가 중세로 회귀하고 있음을 주장하려는 것이 결코 아니다. 단지 '지구화'라고 하는 무비판적인 개념 뒤에서 거대한 규모로 진행되고 있는 제도적 변화를 분석하는 데 봉건사회의 고유한 법개념들이 훌륭한 실마리를 제공해준다는 점을 말하고자 할 뿐이다. 나아가 이 단계에서 제도의 변화에 대한 가치판단을 내리고자 하는 것도 아니고, 마치 역사에 새로운 법적 형상은 없다는 듯이 '영원한 회귀' 이론을 옹호하고자 하는 것도 아니다. 세계를 숫자에 의한 협치가 일률적인 방식으로 전개되는 평평한 세계로 생각하는 것이 잘못된 만큼, 세계를 다양한 문화가 불변의 존재로 완강히 병치되어 있는 것으로 생각하는 것도 문화의 상호 침투성을 이해하지 못한다는 점에서 어리석은 생각일 것이다. 지난 두 세기 반 동안 진행된 식민지배와 경제적, 문화적 제국주의의 결과, 오늘날 이 세상에는, 심지어 바누아투(Vanuatu)나 아마존 유역에도 서양의 통치 양식으로부터 영향을 받지 않은 문명은 없다.

---

88   Nicole Decoopman, "Les autorités administratives indépendantes et l'hypothèse du néo-féodalisme," in Jean Lefebvre, *L'Hypothèse du néo-féodalisme, op. cit.*, pp.137~150.

89   A. Esmein, *Cours élémentaire d'histoire du droit français, op. cit.*, p.403.

모든 문화권에서 법치가 쇠퇴하고 수치(數治)가 득세하고 있다. 그리고 모든 문화권의 제도 심장부에서 봉건적 주종관계가 확대되고 있다. 그러므로 구조의 재등장은 과거의 반복을 의미하지 않는다. 구조의 재등장은 구제도의 잔해들을 재활용하는 새로운 구조물이 등장하고 있음을 의미한다. 남은 문제는 이 탄생 중인 세계의 특징을 규명하는 일이다. 그리고 사람들을 노동하게 만드는 방식보다 통치 양식을 더 잘 관찰할 수 있는 곳은 없다.

제12장

진정으로 인간적인 노동체제 Ⅰ
총동원에서 포드주의의 위기까지

"일부 나라들이 진정으로 인간적인 노동체제를 채택하지 않는 것은
다른 나라들이 노동자들의 지위를 개선하려는 노력을 방해한다."

― 국제노동기구 헌장 전문

숫자에 의한 협치는 무엇보다도 우선 노동이 제기하는 문제에 답하고자 하는 것이었다. 노동의 분리, 즉 분업은 사회 전체를 조직하는 데서 핵심적인 위상을 차지한다. 이것은 일찍이 정치경제학[1]과 사회학[2]의 창시자들이 주목했던 측면이다. '노예사회', '농업사회', '유목사회', '봉건사회' 혹은 '산업사회'를 말한다는 것은 전체로서의 사회를 조직하는 데서 노예제, 농업, 목축, 농노제 혹은 임금노동에 핵심적인 지위를 인정하는 것이다. 오늘날의 세계를 지칭하기 위해 '탈산업사회'라는 말이 곧잘 인용된다. 이러한 표현은 현대사회를 특징짓는

----

1   Adam Smith, *Recherches sur la nature et les causes de la richesse des nations* (1776)(Paris: Gallimard, 1976)[한국어판: 애덤 스미스, 『국부론』, 총2권, 김수행 옮김(비봉출판사, 2007)]. 제1장의 제목은 "분업"이다.

2   É. Durkheim, *De la division du travail social* (1893)(Paris: PUF, 1978, 416 p)[한국어판: 에밀 뒤르켐, 『사회분업론』, 민문홍 옮김(아카넷, 2012)].

노동체제를 정의하기가 어렵다는 사정을 드러내는 어법이라고 할 것이다. 사실, 테일러주의적 형태를 취하는 산업은 사라진 것이 아니라, 비서양으로 대거 이동했을 뿐이다. '탈-'이라는 말은, '탈근대'나 '탈인간' 등과 같이, 태동하고 있는 새로운 세상에 대한 물음표의 역할을 한다. 그러므로 '탈산업사회'는 현대사회의 제도들이 겪고 있는 위기는 산업시대에 열려 있는 역학 속에 자리 잡고 있으며, 우리는 아직 그 역학을 이해하거나 착상하는 데 이르지 못하고 있음을 말하고자 하는 것이다. 그러므로 지난 한 세기 동안 노동이 겪어온 변화를 법학적으로 분석하는 것이 이 위기의 본질과 위기로부터 빠져나갈 수 있는 출구는 어디에 있는지 명확하게 밝혀줄 수 있을 것이라고 생각해도 좋은 충분한 이유가 있다. 우리는 1919년 베르사유 조약이 "진정으로 인간적인 노동체제"라고 명명한 것의 다양한 변용들을 분석함으로써 위의 가설을 검토할 것이다. 제12장에서는 진정으로 인간적인 노동체제가 등장하고 발전한 시기부터 포드주의의 위기까지를 다루고, 제13장에서는 숫자에 의한 협치가 기업에 정착하는 과정을 동반하는 주종관계의 구조를 다룰 것이다.

포드주의적 타협

포드주의적 타협이라고 부르는 것으로부터 비롯되는 임금노동의 지위를 이해하기 위해서는 산업사회를 정초하는 사건, 즉 제1차 세계대전으로 거슬러 올라갈 필요가 있다. 제1차 세계대전은 일견 모순되어 보이지만 서로 관련되어 있는 두 가지 결과를 노동의 역사에 가져왔다. 하나는 "인적자원"을 산업적으로 관리하는 것이고, 다른 하나는 "진정으로 인간적인 노동체제"를 정초해야 한다는 요청이다.

웡거는 다음과 같이 썼다. "제1차 세계대전 동안 각 나라는 연쇄로 이루어진 군대를 생산해 하루 24시간 내내 전선으로 동원하는 거대한 공장으로 변신했다. 전선에서는 피비린내 나는 소비 과정이 …… 완벽하게 기계화되어 시장의 역할을 수행했다."[3] 테일러식 노동조직은 현대화된 공장의 울타리를 벗어나 사회 전체로 확산되기 시작했다. 윙거는 이러한 변화를 "총동원"이라는 표현으로 묘사한다. "옛날식" 전쟁, 즉 19세기까지 유럽의 군주국들이 치렀던 전쟁의 양식은 교전국들이 갖고 있는 인적, 물적 자원의 일부만을 동원하는 것이었다. 제1차 세계대전은 "총동원" 곧 "모든 존재를 에너지로 변환하는 과정"[4]을 진정한 규모로 경험한 첫 번째 사건이었다. 윙거에 의하면, 군사적 행위로 표상되는 전쟁의 이미지는 "점점 사라지고, 그 대신 전쟁을 거대한 노동과정으로 표상하는 훨씬 더 광범위한 이미지가 자리 잡았다".[5] 이러한 변화의 마지막 단계는 제1차 세계대전 동안 이미 시작되었는데, 그 단계에서는 "재봉틀에서 일하는 하녀의 일이라고 할지라도, 적어도 간접적으로나마 전쟁경제를 위한 생산이 아닌 일은 아무것도 없다".[6] 그런데 이처럼 제1차 세계대전 동안 실현된 조직 양식은 평화가 찾아온 뒤에도 계속 그 표식을 남겼다. 1919년에 미국의 엔지니어 조지 밥쿡(George Babcook)은 경영학진흥학회에서 다음과 같이 연설했다. "전쟁이 우리에게 가르쳐준 가장 큰 교훈은, 테일러의 과학적 조직원리의 형식으로 발전한 산업조직원리의 확산과 심화는 그 어느 때보다도 무거운 중책을 맡으면서 그 정당성이 현실적으로 입증되었다는 점이다."[7] 이러한 견해는 경영학의 필요를 위해 고안된 것인데, 윙거는 이를 다음과 같이 국가의 조직 원리로 확대했다.

....

3   Ernst Jünger, "Die totale Mobilmachung"(1930), 프랑스어판: "La Mobilisation totale," in Lion Murard et Patrick Zylberman(dir.), *Le Soldat du travail*, in *Recherches*, no.32/33 (1978.9), p.42.

4   E. Jünger, "La Mobilisation totale," *op. cit.*, p.39.

5   *Ibid.*, p.39.

6   *Ibid.*, p.39.

7   George Babcook, "Conférence à la Harvard University Graduate School of Business Administration, 3-4 octobre 1919," J. Querzola, "Le chef d'orchestre à la main de fer. Léninisme et taylorisme," in *Le Soldat du travail, op. cit.*, p.63에서 재인용.

마지막 전투들은 끔찍하기도 했지만 또한 장엄한 스펙터클이었다. 인간들은 자신들의 조직 재능이 피비린내 나는 승리를 거두는 장면을 목도했다. 하지만 최후의 가능성은 아직 달성되지 않았다. 전쟁의 기술적 측면이 성취한 가능성이 주목할 만한 것이기는 하지만, 최후의 가능성은 전쟁 모델이 평화상태의 공공질서에 적용되는 순간부터 비로소 달성될 수 있을 것이다. 이와 같이, 전후의 수많은 국가들에서 새로운 조직 방식들이 얼마나 이미 총동원 모델을 따르고 있는지를 관찰할 수 있을 것이다.[8]

총동원 개념은 카를 슈미트가 사용한 전체국가 개념뿐만 아니라 한나 아렌트(Hannah Arendt)의 전체주의 개념에도 영감을 주었다. 이 개념은 오늘날 총동원이 전체주의적 시장의 형태를 띠고 있다는 점에서 여전히 커다란 발견적 가치를 지니고 있다.[9] 전체주의적 시장은 모든 존재를 수량적 자원으로 변환하며,[10] 세계 모든 나라의 모든 사람을 무자비하고 끝나지 않는 경제전쟁에 참가시킨다.

제1차 세계대전이 노동체제에 가져다준 두 번째 교훈은 좀 더 자주 언급하고 기념한다. 바로 베르사유 조약으로 창설된 ILO이다.[11] ILO의 창설 이유는 ILO 헌장의 전문에 명시되어 있다.

세계의 항구적 평화는 사회정의에 기초함으로써만 확립될 수 있다는 점, 수많은 사람들에게 불의와 고난과 궁핍을 초래하는 노동조건이 존재하며, 이는 세계의 평화와 화합을 위험에 빠뜨리게 하는 불안을 야기한다는 점, 따라서 그러한 노동조건을 개선하는 것이 시급하다는 점, …… 일부 나라들이 진정으로 인간적

---

8   E. Jünger, "La Mobilisation totale," *op. cit.*, p.41.

9   A. Supiot, *L'Esprit de Philadelphie: la justice sociale face au marché total* (Paris: Seuil, 2010, 179 p)[한국어판: 알랭 쉬피오, 『필라델피아 정신』, 박제성 옮김(한국노동연구원, 2012)].

10   Luigi Doria, *Calculating the Human: Universal Calculability in the Age of Quality Assurance* (Palgrave Macmillan, 2013, 210 p).

11   베르사유 조약, 제8편 제1장 제387조 이하.

인 노동체제를 채택하지 않는 것은 다른 나라들이 노동자들의 지위를 개선하려는 노력을 방해한다는 점을 고려하여, 체약 당사국들은 정의와 인도주의 및 세계의 항구적 평화를 보장하고자 하는 염원을 담아 다음과 같이 합의한다. …… 전문에 규정된 목표를 달성하기 위해 상설 기구를 설립한다.

사회정의가 없으면 전쟁이 일어난다. 사회정의는 "진정으로 인간적인 노동체제"를 함축한다. 그런데 그러한 체제는 세계적 차원에서 사회적 경쟁을 감시하지 않고서는 이룩할 수 없다. 그러므로 모든 국가에 공통적으로 적용되는 노동규범을 정의하고 적용하는 국제기구가 있어야 한다. 이것이 곧 제1차 세계대전의 경험이 노동조직의 문제에 제시하는 두 번째 교훈의 요약이다. 이 교훈은 지속될 것이다. 왜냐하면 국제연맹이 해체된 후에도 존속했던 유일한 국제기구가 바로 ILO이기 때문이다. ILO의 사명은 제2차 세계대전 후에 필라델피아 선언을 통해서 다시 천명되고 구체화되었다. 그리고 2019년에는 마땅히 창설 100주년을 기념할 준비를 하고 있다.

제1차 세계대전이 가져다준 이 두 가지 교훈을 어떻게 결합시킬 수 있을까? 진정으로 인간적인 노동체제는 "과학적 노동조직"과 양립할 수 있을까? 또 인적자본을 총동원하는 전면적 경쟁 체제와 양립할 수 있을까? 대답은 "진정으로 인간적인 노동체제" 개념을 어떻게 해석하는가에 달려 있다. 이 개념은 사실 강한 의미로도 해석될 수 있고, 약한 의미로도 해석될 수 있다.

강한 의미에서는, 노동 그 자체가 진정으로 인간적인 것이 되어야 한다는 의미로 해석할 수 있다. 하지만 진정으로 인간적인 노동이란 무엇인가? 일단, 노동하는 자가 자기의 일부를 그 노동에 투여할 수 있는 노동이라고 말할 수 있을 것이다. 왜냐하면 그것이 인간의 노동에 고유한 특성이기 때문이다. 인간의 노동이 동물의 노동이나 기계의 노동과 구별되는 점이 바로 그것이다. 그러한 특성은 노동하는 자가 사물의 세계나 상징의 세계에 새겨 놓고자 하는 정신적 표상들 속에 뿌리를 내린다. 그러한 점에서 노동은 이성의 학교라고 할 수 있다. 즉, 노동은 우리의 정신적 표상을 외부 세계의 현실과 대결시킴으로써, 세상의 한계와 표상의 한계를 인식하도록 강제한다. 베유는 누구도 흉내 낼 수 없는 섬광 같은 통찰들로 가득 찬 글들 가운데 어느 한 글에서 이 점에 관해서 다음과 같이 말했다. "이성은 노동을 통해서 비로소 세상 그 자체를 파악하고 헛된 망상을 다스린다."[12] 이러한 대결은 우리가 매우 부적절하게도 육체노동이라고 부르는 것에서만 온전히 존재한다. 육체노동은 신체와 정신을 동시에 동원하여 어떤 노하우를 표현하는 것이다.[13] 정신노동도 역시 일정한 신체적 차원을 갖는다. 왜냐하면 정신노동은 최소한의 건강 상태를 요구하기 때문이다. 하지만 정신노동은 농부나 공장 노동자의 노동 또는 조각가나 무용수의 노동이 하는 것과 같은 식으로 신체를 세계와 대결시키지는 않는다. 프루동은 다음과 같이 말했다. "손바닥에 깊게 패인 주름에 자신의 생각을 간직하고 있는 사람은 머릿속에만 생각을 갖고 있는 사람보다 더 지적이며, 어쨌든 더 완전한 사람이다. 후자는 문장 말고 다른 식으로는 그것을 표현할 줄 모르기 때문이다."[14] 로버트 라이시(Robert Reich)가 "상징조작자들"[15]이라고 부르는 자들의 노동은 말하는 법, 읽는 법 혹은 계산하는 법을 동원한다. 하지만 할 줄 아는 법은 아니다. 그러한 노동은 노동하는 자와 세상의 현실을 직접 대면시키지 않는

---

12   Simone Weil, *Sur la science* (Paris: Gallimard, 1966), p.83.

13   이것이 바로 베유가 "인간을 향한 의무"에 관한 책을 맺으면서 육체노동은 잘 조직된 사회적 삶의 정신적 중심이 되어야 한다고 주장한 까닭이다. Simone Weil, *L'Enracinement. Prélude à une déclaration des devoirs envers l'être humain* (1943), in *Œuvres, op. cit.*, p.1218. 같은 의미로 간디가 주권 개념을 착상하면서 육체노동에 부여한 의미를 볼 것. Gandhi, *Hind Swaraj. L'émancipation à l'indienne* (1909), 프랑스어판, Annie Montaut(Paris: Fayard-IEA de Nantes, collection "Poids et mesure du monde", 2014, 222 p)[한국어판: 마하트마 K. 간디, 『힌두 스와라지』, 김선근 옮김(지만지, 2011)].

14   P. J. Proudhon, *Les majorats littéraires. Examen d'un projet de la loi ayant pour but de créer, au profit des auteurs, inventeurs et artistes, un monopole perpétuel* (Bruxelles, Office de publicité, 1862), p.16. 또한 리처드 세넷의 역사적 연구도 참조할 것. Richard Sennett, *The Craftsman* (Yale University Press, 2008), 프랑스어판: *Ce que sait la main. La culture de l'artisanat* (Paris: Albin Michel, 2010, 405 p)[한국어판: 리처드 세넷, 『장인』, 김홍식 옮김(21세기북스, 2010)].

15   Robert Reich, *The Work of Nations* (1991), 프랑스어판: *L'Économie mondialisée*(Paris: Dunod, 1993), pp.163~165[한국어판: 로버트 라이시, 『국가의 일』, 남경우 옮김(까치, 1994)].

다. 그러한 까닭에 이 자들은 망상에 빠질 위험이 있다. 에밀 시오랑은 사상가의 일에 관해 다음과 같이 언급한 바 있다.

둘이 마주 앉아 사상을 논하는 것은 헛소리를 야기하고, 판단을 폐색시키며, 전능함의 망상을 낳는다. 사실, 사상과 실랑이를 벌이는 것은 무분별한 짓이며, 정신의 균형을 박탈하고, 오만함을 충동질한다. ······ 수신자도 없는 종이를 더럽히고 있는 사상가는 자신이 세상의 중재자라고 믿는다.[16]

이러한 정신착란의 경향은 사상가나 이데올로그의 전유물은 아니다. 그것은 또한 금융공학자의 경향이기도 하다. 이들의 노동은 그러한 정신착란 경향을 수치(數治)의 핵반응로 속에 장착한다. 최근의 몇몇 사례들(프랑스에서는 케르비엘 사건)[17]이 보여주는 바와 같이, 금융공학자의 일 또한 "판단을 폐색시키며, 전능함의 망상을 낳는다." 그것은 증권거래인들을, 그리고 우리도 함께, 투기의 고리 속으로 이끄는데, 결국에는 현실의 엄격함에 의해 파탄나면서 재앙으로 귀결될 수밖에 없다. 케르비엘(Kerviel) 사건에서 프랑스 대법원은 사용자인 소시에테제네랄(Société générale) 은행이 이 중개인에 대해 지휘감독을 제대로 하지 아니함으로써 "[이 중개인이 저지른] 사기 행위와 그것이 초래한 금융상의 손해 발생에 가담했다"고 판단하고, 따라서 해당 직원은, 형사상의 처벌은 별론으로 하고, 그 금융상의 손해 발생에 대해 민사상의 책임을 질 수는 없다고 판결했다.[18]

이처럼 인간의 노동이 유의미하기 위해서는 넘어서지 말아야 할 두 가지 한계가 있다. 사고의 거부와 현실의 거부가 그것이다. **사고의 거부**는 인간의 노동

----

16 Émile M. Cioran, *Essai sur la pensée réactionnaire* (1957)(Fata Morgana, 2005), p.14.

17 소시에테제네랄(Société générale) 은행의 직원인 제롬 케르비엘(Jérôme Kerviel)은 불법적인 선물거래를 했다가 49억 유로의 손실을 냈다. 이 손실액은 프랑스에서 민간 부문의 연간 연구 예산의 3분의 2에 해당한다.

18 프랑스 대법원 형사부, 2014.3.19., no.R 12-87.416.

을 기계의 모델에 꿰맞추고자 할 때 일어난다. 그것이 아무리 효율적이라고 할지라도 말이다. 테일러주의는 그렇게 노동을 비인간화하는 양식이 가장 높은 수준으로 표현된 것이다. 테일러주의는 노동을 시간 단위로 측정된 일련의 동작으로 축소시킴으로써 노동자들에게 생각하는 것을 금지했다. 생각을 하는 대가를 받는 사람들은 따로 있다고 테일러는 말했다. **현실의 거부**는 상대적으로 덜 눈에 띈다. 현실의 거부는 상징의 조작 노동을 그 상징화의 기저에 잠재되어 있는 현실에 대한 일체의 경험과 단절할 때 일어난다. 오늘날 널리 회자되고 있는 은유를 사용한다면, 그러한 종류의 노동은 땅을 지도로 대체하는 것과 같다.[19] 즉 그러한 노동은 상상된 표상을 위해 사실을 몰아낸다. 현실의 거부는 과학지상주의와 숫자에 대한 물신주의에 의해 배양되며, 개인적 혹은 집단적 정신착란의 위험에 노출된다. 불행히도 현실의 거부는 금융공학자들만을 위협하는 것이 아니라, 널리 모든 정치지도자들과 경제지도자들도 위협하고 있다. 그들이 수치화된 표상으로만 세상을 인식하는 한 말이다. 이 두 가지 노동의 비인간화는 양자택일의 두 측면이 아니다. 20세기의 무분별한 학살들은 그 두 가지가 서로 결합할 수 있다는 사실을 보여주었다. 사고력을 상실한 대중들이 환각에 사로잡힌 지도자들에게 충성할 때가 그러하다. 과학지상주의적 망상도 종교적 광신과 마찬가지로 학살의 잠재력을 내포하고 있으며, 오늘날 이 둘은 서로를 배양하면서 커가고 있다.

그러므로 노동자를 짐승이나 기계의 상태로 추락시키는 체제는 비인간적인 체제이다. 그러한 체제는 노동자를 순전히 타인의 구상을 실현하기 위한 도구로만 여긴다. 하지만 노동자가 자신의 행위를 통해서 경험하게 되는 실재의 세계로부터 노동자를 단절시키는 체제도 마찬가지로 비인간적인 체제이다. "진정으로 인간적인" 노동은 이 두 가지의 경계 안에 자리 잡고 있으며, 다음과 같이 환원할 수 없는 양면성을 지닌다. 즉, 진정으로 인간적인 노동은 세상에 대한 지배이자 동시에 세상에 대한 복종이다. 노동은 창조이자 형벌이다. ILO 헌

---

19 이 책 제9장 참조.

장은 이러한 의미로 해석될 수도 있었을 것인데, 이러한 해석론은 노동 그 자체에 중심을 두는 것이다.

그러나 "진정으로 인간적인 노동체제"는 좀 더 약한 의미로 해석될 수도 있다. 즉 인간적이어야 하는 것은 체제이지, 반드시 노동 그 자체는 아니라는 식으로 말이다. 이렇게 이해할 때 ILO의 목적은, 그 자체로 인간적인 것은 아닌 노동을 인간적으로 감내할 수 있도록 만드는 데 있을 것이다. 노버트 위너가 『사이버네틱스와 사회』라는 책의 부제를 짓기 위해 선택한 단어들로 말하자면, "인간의 인간적 활용"[20]을 모색하는 것으로 만족하게 될 것이다. 베르사유 조약의 입안자들이 머릿속에 가지고 있었던 생각은 의심할 바 없이 바로 이 약한 의미였다. 조약의 영어본이 이를 입증한다. 영어본에서는 프랑스어본의 "진정으로 인간적인 노동체제(régime de travail réellement humain)"가 "인간적인 노동조건(humane conditions of labour)"으로 번역되어 있다. 이 표현에서 인간성의 요구는 노동 그 자체가 아니라 노동의 이행 조건에 맞추어져 있다. 이처럼 좁은 의미로 해석하는 것은 노동조건의 예들을 예시하고 있는 전문 제2항에 의해 뒷받침된다. 예시되고 있는 조건 중 어떤 것도 노동 그 자체와 관련된 것은 없다. 단지 노동의 가격, 노동의 기간, 노동의 무해성 및 단결의 자유와 직업훈련만을 언급할 뿐이다. 다시 말하면, 이 조건들은 임금노동의 교환조건에 관한 것일 뿐, 노동의 질적인 차원에 관한 것은 아니다.

제1차 세계대전 이후 지금까지 지배적인 것은 바로 이 좁은 의미의 해석이다. 논쟁과 반박이 없었던 것은 아니다. 하지만 트렌틴이 포드주의의 위기에 관한 역작에서 지적하고 있는 바와 같이, 이 반론의 목소리는 좌파 정치인과 노동조합에게는 들리지 않았으며, 좌파의 대다수는 과학적 노동조직 개념에 전도되었을 뿐만 아니라, 이것을 사회 전체의 통치 모델로 삼았다.[21] 예를 들어

---

20 N. Weiner, *Cybernetics and Society. The Human Use of Human Being* (1950), 프랑스어판: *Cybernétique et Société. L'usage humain des êtres humains, op. cit.*

21 Bruno Trentin, *La città del lavoro. Sinistra e crisi del fordismo* (1997), 프랑스어판: *La Cité du travail. La gauche et la crise du fordisme, op. cit.*

레닌은 테일러주의를 "과학의 거대한 진보"[22]로 여겼다. 레닌은 말했다. "사회주의를 수립하려는 노동대중들이 거대한 기계산업의 노동양식에 제도들을 적응시키는 데 성공하지 못한다면 사회주의를 수립하는 것은 무망할 것이다."[23] 트렌틴은 한편 그람시를 인용하는데, 그람시에 의하면 산업노동의 분리는 프롤레타리아로 하여금 "세계 전체는 동일한 지시와 동일한 방법 그리고 프롤레타리아가 노동하는 공장에서는 필수적인, 동일한 질서로 조직된 단일하고 거대한 공장이라는 필연성"[24]을 느끼도록 만들었다.

배유에 의하면, 이처럼 과학적 노동조직에 대한 일반적 매혹은 전통 자연과학의 모델이 인간의 정신에 행사하는 지배력에서 비롯된다. 특히 갈릴레이부터 19세기까지의 고전물리학의 모델이 그러한데, 이 모델은 입자와 에너지의 계산으로 세계의 작동 원리를 설명할 수 있다고 생각했다. 에너지 개념은 노동을 신체적 능력으로 바라보는 가장 기초적인 노동 개념에서 직접 파생된 것이다. 테일러주의가 실현한 것도 바로 이렇게 기계적 에너지 상태로 환원된 노동이라고 하는 비인간화된 노동 개념이다.[25] 그런 점에서 테일러주의는 과학에 대한 매혹이 공장 안에서 표현된 것에 불과하다고 할 수 있다. 이와 같이 과학에 매혹되는 태도는 문화의 모든 영역에서 표출되어 인간을 하나의 기계로 간주하게끔 만든다. 산업의 발달은 19세기 후반기에 사회과학의 발달을 수반했는데, 사회과학은 마치 사물을 연구하는 것과 마찬가지로 인간을 연구하고자 했다. 물리학, 생물학, 산업기술, 사회과학 그리고 과학적 노동조직, 이 모든 것은 서로 관련되어 있으며, 모두 인간을 하나의 사물처럼 관찰하고 취급할 수

22 J. Querzola, "Le chef d'orchestre à la main de fer. Léninisme et taylorisme," *art. cit.*, p.58에서 재인용.

23 Lénine, *Première ébauche de l'article "Les tâches immédiates du pouvoir des Soviets,"* in *Œuvres complètes*, vol.27, J. Querzola, "Le chef d'orchestre à la main de fer. Léninisme et taylorisme," *art. cit.*, p.66에서 재인용.

24 A. Gramsci, *La settimana politica. L'operaio di fabbrica*, in *L'Ordine nuovo*, 1920. 2., p.433, B. Trentin, *La Cité du travail. La gauche et la crise du fordisme*, *op. cit.*, p.244에서 재인용.

25 Simone Weil, "La rationalisation"(1937), in *La Condition ouvrière*, *op. cit.*, p.289.

있다고 간주한다. 그리고 사물의 이용은 선이나 정의에 대한 고려로부터 일체 벗어나 있다고 간주된다. 베유는 다음과 같이 갈파했다. "자연과학보다 더 선에 낯선 것은 없다. 자연과학은 가장 단순한 형태의 노동, 즉 노예노동을 세계를 재구축하는 원리로 삼는다. 여기에서 선은 심지어 반대의 개념으로도, 대조적으로도 언급되지 않는다."[26]

이와 같이, 효율적으로 노동하는 방식에 대한 일종의 합의가 과학의 진보라는 이름으로 도출되었다. 노동시간과 그 과실의 분배에 대해서는 논쟁이 이루어져도, 반대로 노동의 내용에 대해서는 논쟁이 없다. 왜냐하면 노동의 내용은 과학적이고 기술적인 정언명령을 따른다고 간주되기 때문이다. 이것이 바로 '포드주의적 타협'이라고 부르는 것이다. 이 표현은 헨리 포드의 이름에서 비롯되는데, 포드는 자기의 공장에 테일러식 노동조직을 도입하고, 이로부터 얻은 생산성의 일부를 노동자들에게 배당했다. 1914년에 포드는 임금을 두 배로 인상함으로써 노동자들을 자기가 만드는 자동차의 단골손님으로 만들었다. 이 "복지자본주의(welfare capitalism)"는 매우 수익이 좋은 것으로 드러났으며, 얼마 지나지 않아 따라야 할 모델이 되었다. 이런 방향으로 합의가 성립하자, 사회정의의 범위는 ILO 헌장 전문에서 언급하는 세 가지 영역으로 축소되고 말았다. 즉, 임금노동 교환의 양적 조건들(임금, 노동시간, 복지 및 부가급여), 노동자의 신체적 안전 그리고 집단적 자유(단결의 자유 및 단체교섭) 등이 그것이다. 반면에 노동의 방향에 관한 질문은 기술의 영역에 완전히 맡겨졌다. 그것은 효율성의 문제이지 정의의 문제가 아니며, 따라서 정치적 민주주의 및 사회적 민주주의와는 무관한 것이라고 간주되었다. 이처럼 정의가 기술의 뒤로 물러나는 현상은 현대법의 역사에서는 일관된 것이다. 일단 기술에 의해 정당화되는 순간, 생각이 금지된 자들의 노동과 생각으로 보수를 받는 자들의 노동 사이의 분리는 성격이 변한다. 그것은 더 이상 근본적 부정의로서 법이 교정해야 하는 것이 아니라, 일종의 필요악으로서 법이 보상해야 하는 것이 된다. 이제 사회

---

26 Simone Weil, *Sur la science* (Paris: Gallimard, 1966), p.131.

법의 목적은 정의로운 분업을 확립하고 각자에게 '진정으로 인간적인 노동'의 경험을 보장하는 것이 아니라, 다수를 위해 불가피하다고 여겨지는 노동의 소외를 보상하는 것이 된다. 이렇게 해서 오늘날 '호스피스 좌파'라고 부르는 것이 나타났다. 그 야망은 기술적, 경제적 진보를 위해서는 불가피하다고 여겨지는 희생들을 인간적으로 좀 더 감당할 만한 것으로 만드는 데 그친다. 대량 실업이 고착화된 이후, 원래는 삶의 끝에 있는 병자들에게 인정되었던 '동반권'[27]이 그렇게 해서 노동법에서 힘을 얻었다.[28]

현대 노동법의 기본 개념들은 이처럼 사회정의의 범위를 제한하는 것으로부터 유래한다. 예를 들어 **종속** 개념은 명령에 복종하는 것을 노동계약의 핵심적 판단 기준으로 만들고, **고용** 개념은 법이 이 종속 상태에 결부시키는 각종 보호책들, 즉 노동시간의 제한, 최저임금, 보건과 안전, 해고로부터의 보호, 사회보험 등의 일체를 가리킨다. '고용하다'를 의미하는 프랑스어 'employer'는 어원상으로는 '안으로 말아넣다(in-plicare)'라는 뜻이며, 그런 의미에서 고용은 노동자가 노동을 수행하는 데서 타인의 의사에 말려들어가는 조건을 가리킨다. 프랑스 헌법이 천명하고 있는 '고용권'은 타인에게 복무하는 노동으로부터 인간답게 살아갈 수단을 획득할 권리를 말한다. 1948년 세계인권선언은 훨씬 더 포괄적인 방식으로 규정되어 있다. 왜냐하면 제23조에서 '노동권'을 천명하고 있기 때문이다. 이 제23조는 (사회보장에 관한 제22조와 함께) 명시적으로 인간의 존엄성에 근거해서 권리를 천명하고 있는 유일한 조문이라는 점에서 더욱 주목할 만하다. 하지만 이 조항은 "[각자와] 그 가족에게 인간의 존엄성에 부합하는 존재를 보장하는 …… **공정하고 만족스러운 보수를 받을 권리**"에 의지함으로써 그렇게 할 뿐이다. 다시 말하면, 노동에 대한 금전적 대가의 관점에서만 인간의 존엄성을 호출할 뿐이며, 노동의 내용은 인권의 범위를 벗어나는 것

---

27 프랑스 공중보건법전, 제1110-9조. "모든 환자는 그 상태가 요구하는 바에 따라 일시적인 치료 및 동반을 받을 권리가 있다."

28 프랑스 노동법전, L.5131-3조 및 R.5131-4조 이하. Franck Petit, "Le droit à l'accompagnement," *Droit social*, 2008, pp.413~423.

처럼 간주된다는 것이다.

이처럼 노동법은 일견 양립하기 어려운, 전쟁이 가져다준 두 가지 측면을 양립시키는 데 기여했다. 하나는 전기에너지를 사고파는 것처럼 노동을 사고 팔수 있는 '노동력'으로 은유해 상품화하는 것이고,[29] 다른 하나는 이 상품화가 초래하는 신체적, 경제적 결과들로부터 노동자의 인격을 보호하는 임금노동의 지위를 모든 노동계약에 편입시키는 것이다.[30] 이렇게 착상된 노동법은 상품으로서의 노동이라는 허구를 감당할 수 있게 했으며, 사회보장법 및 공공서비스와 더불어 노동시장의 제도적 기초들 중 하나를 구성했다. 한편, 노동시장의 명칭이 변해온 과정은 교훈적이다. 영광의 30년 동안 임금노동의 지위가 공고해짐에 따라, '노동시장'이라는 애초의 명칭은 '고용시장'이라는 명칭에 자리를 양보했다. 1980년대 신자유주의 이후, 노동시장은 정치와 경제의 어휘 목록에서 자신의 자리를 재획득했다. 유럽집행위원회와 국제경제기구들이 항상 되풀이하는 말, '노동시장 개혁'은 포드주의 시기의 유산인 노동법을 파괴하려는 작전명이다(이 개혁에는 '과감한'이라는 수식어가 붙는데, 사실 약자를 때리려면 용기가 필요하다). 노동법의 파괴는 '인적자본'에 유동성을 부여하고, 세계경제의 경쟁 속에서 노동의 '총동원'을 가능하게 할 것이 틀림없다.

노동법의 해체

포드주의적 타협을 문제 삼는 것은, 이미 광범위하게 언급된 바와 같이,[31] 두 가지 이유 때문이다. 우선 기술적 이유이다. 디지털 혁명과 그것이 수반하는

29 Thierry Revet, *La Force de travail(Étude juridique)*(Paris: Litec, 1992, 727 p).

30 A. Supiot, *Critique du droit du travail*(Paris: PUF, 1994)[한국어판: 알랭 쉬피오, 『노동법비판』, 박제성 옮김(오래, 2017)].

31 이 책 제1장 참조.

상상력의 변화는 이제 더는 노동을 시계의 기계장치 모델로 사고하는 것이 아니라, 컴퓨터의 사이버네틱스 모델로 사고하도록 이끈다. 동시에 경영이론들은 테일러주의에서 성과경영으로 이동했다. 다음으로는 정치적 이유이다. 공산주의의 몰락과 자본 및 상품의 자유로운 이동은 기업과 노동자들만이 아니라 사회법과 조세법까지도 전 세계적 차원에서 경쟁하게 만드는 효과가 있었다. 이러한 변화들은 노동법이 일국적 차원에서 노동의 상품화와 노동자의 보호 사이에 확립했던 타협의 기초들을 허문다. 이렇게 해서, ILO의 설립자들이 피하고자 했던 바로 그 결과에 이르게 된다. 즉, 오늘날 일부 국가들이 진정으로 인간적인 노동체제를 도입하지 않는 것은 '다른 나라들이 노동자들의 지위를 개선하려는 노력을 방해한다'는 것이 그것이다. 이러한 반전은 저렴한 노동력이 해당 국가들에게 가져다주는 '비교우위'를 존중한다는 명목으로 국제 경제·금융기구들과 유럽집행위원회가 지지하고 있는데, ILO는 이것을 막거나 저지할 수가 없었다. 동서의 진영 대립이 사라지면서 정치적으로 약화된 ILO는 개별 국가들이 국제 노동 규범을 비준하고 준수하도록 촉발할 당근도 채찍도 없다.

디지털 혁명과 그것을 동반하는 수치(數治)는 노동의 조직을 근본적으로 수정했다. 이제 복종하는 것으로는 충분하지 않다. 경쟁력이 있어야 하고 성과가 있어야 한다. 이것이 총동원의 새로운 차원이다. 이 새로운 통치 양식은 전체주의 체제의 작품 속에 이미 앞서 등장한 바 있다. 무라르(Murard)와 질버만(Zylberman)은 나치 체제에 대해서 다음과 같이 썼다. "오로지 중요한 것은 끊임없이 새롭게 설정되는 목표를 향해 계속 앞으로 나아가는 것이다. …… 법이 없는 국가에서는 문자에 복종하는 것은 무의미하다. 신성한 시민은 질서보다는 지배자의 의사로 간주되는 바에 따라 스스로를 규율한다."[32] 숫자에 의한 협치는 지배자의 의사를 숫자의 목표로 대체할 뿐이다. 인적자원 관리의 현대적 양식들은 노동자가 마치 피스톤이나 톱니바퀴처럼 주어진 명령에 기계적으로

---

32   L. Murard et P. Zylberman(dir.), *Le Soldat du travail, op. cit.*, p.518.

복종할 것을 요구하지 않는다. 그 대신 프로그램에 의해 설정된 목표를 실현하기 위해, 외부에서 도달되는 신호들에 반응할 것을 요구한다.

그러므로 노동 조직은 더 이상 지시자와 종속자 사이의 분업의 원리에 기초하지 않으며, 종속자들의 노동을 단순하고 측정 가능한 과정들로 분해하는 원리에 기초하지도 않는다. 이제 노동 조직은 모든 노동자들의 능력을 동원하고자 한다. 관리자들도 예외가 아니다. 이들은 모두 반응력을 보여줘야 하고, 수치화되어 할당된 목표를 달성해야 한다. 법적인 차원에서 볼 때, 이 새로운 노동 개념은 자율과 타율의 대립을 낡은 것으로 만든다. 산업적 노동 조직은 독립노동과 임금노동의 분리 및 지시하는 자들에게 **지시받는 자들이 종속된다**는 원리 위에 기초했다. 반면에 탈산업적 노동 조직은 **모두가 프로그래밍된다**는 원리 위에 기초한다. 프로그래밍을 위한 법적, 금전적 방법들만이 다를 뿐이다. 지시하는 자들에게는 당근(보너스, 스톡옵션, 낙하산 등)이 제공되고, 지시받는 자들에게는 채찍(고용 **그 자체의** 불안 및 고용 **안에서의** 불안)이 가해진다. 포드주의 타협의 해체는 극단적 자유주의를 지지하는 자들이 원하고 기획한 것이다. 이들에게 임금노동의 지위는 자생적 시장질서를 방해하는 것이고, 비용과 경직성의 원천이다. 임금노동의 지위를 파괴하기 위해 이용하는 주된 수단은 노동자들을 세계적 경쟁 속에 노출시키는 것이다. 이 경쟁은 우선 에너지와 운송 수단의 가격을 인위적으로 낮춘 덕분에 가능해졌으며, 노동력이 값싼 나라로 생산을 옮기는 탈지역화를 매력적인 것으로 만들었다. 그뿐 아니라 경쟁은 디지털 기술의 발전으로도 고취되었는데, 디지털 기술들은 노동이 구체적 사물이 아니라 신호에 관한 것일 때 노동을 탈영토화하는 것을 가능하게 한다. 이렇게 사회법을 체계적으로 해체하려는 시도에 맞서서 노동조합이 취한 대응책은 보통 현 상태의 방어였다. 이 방어적 태도는 조합원 수의 감소와 대량 실업 및 자본과 상품의 자유로운 유통이라는 맥락에서 기업들이 가진 힘의 지위에 의해 설명된다. 그러한 태도는 노동조합으로 하여금 실업과 빈곤의 증대에 가장 덜 노출되어 있는 자신들의 보루 속으로, 특히 공공 부문 및 민간 부문의 정규직들 속으로 웅크리게 만든다. 그렇게 해서 노동조합은 청년들을 위시해서 불안정한 노동자들과 단절하고, 노동시장의 이중화 또는 사회적 양극화라고 부르는 것, 즉 포드주의적 타협의 위기를 심화시키는 과정에 동참한다.

지난 30년 동안 노동법이 부여하는 권리들은 느리지만 확실하게 침식되었다. 이 변화는 유럽연합에서 특히 두드러진다. 1970년대 말부터 유럽연합이 구공산권 국가들로 확대되는 2004년까지 대처 총리의 영국이 설교한 노동시장의 탈규제는 유럽에서는 고립된 입장으로 머물러 있었다. 영국 정부는 그저 노동법에서 유럽연합 지침들을 막아내는 데 성공했을 뿐이다. 마스트리히트 조약이 체결될 때, 영국은 조약에 부속된 사회권 규정들의 적용 예외를 인정하는 '옵팅아웃(opting-out)' 조항을 얻어냈다. 유럽연합이 구공산권 국가들로 확대되면서 영국의 이러한 정치적 고립은 끝났다. 그 이전과 달리, 2004년의 유럽연합 확대는 기존의 균형들, 특히 유럽사법재판소의 균형에 심각한 변화를 초래했다. 독일 연방헌법재판소가 지적한 바와 같이, 유럽사법재판소는 상당한 규범적 권한을 갖고 있지만 유럽연합이 근거하고 있다고 주장하는 민주주의 원칙에는 벗어난다.[33] 그 구성과 심의 규칙은 회원국의 인구 규모를 고려하지 않으며, 한 국가당 한 명의 재판관이라는 규칙에 따른다. 과거에 유럽사법재판소의 판례는 사회권 영역에서는 매우 신중한 입장을 보여주었지만, 2007~2008년의 유명한 라발 판결과 바이킹 판결 이후 신자유주의를 신봉하는 입장으로 명확하게 돌아섰다. 새로운 판례 입장은 그 이후로도 바뀌지 않았다. 노동법을 신자유주의적 입장에서 해체하는 것을 잘 보여주는 가장 최근 사례는 2014년 1월 15일의 사회중재협회(AMS) 사건 판결이다.[34] 이 사건의 쟁점은 국내법의 규정이 유럽기본권헌장에 의해 승인되고 지침으로 실행에 옮겨진 원칙에 반하는 경우에, 해당국 법원은 해당 국내법 규정을 배제할 수 있는가 여부였다. 동일한 질문에 대해 과거에 유럽사법재판소는 이를 긍정했다. 예를 들어

---

33 이 책 제9장 참조.

34 유럽사법재판소, 2014.1.15., C-176/12(Association de médiation sociale). p.Rodière, "Un droit, un principe, finalement rien? Sur l'arrêt de la CJUE du 15 janvier 2014," *Semaine sociale Lamy*, no.1618(2014.2.17), pp.11~14.

기본권헌장 제21조에 의해 승인된 연령차별금지 원칙에 관한 맨골드(Mangold) 사건과 쿠쿡데베치(Kücükdeveci) 사건 판결이 그러하다.[35] 사회중재협회 사건에서 제기된 쟁점도 기본적으로 같았다. 다만, 관련된 기본권이 헌장 제27조에 의해 승인되고 지침 제2002/14호에 의해 실현된, 노동자의 정보제공 및 협의에 관한 권리라는 점만 달랐다. 그런데 이번에는 유럽사법재판소는 기본권헌장에 어떠한 규범적 효력도 인정하지 않았다. 연령차별금지 원칙에는 인정하는 규범적 효력을 경영 참여권에는 부인하면서 유럽사법재판소는 어떤 논리를 제시하는가? 재판소에 의하면, "연령차별금지 원칙은 그 자체로 개인에게 주관적 권리를 인정하는 데 충분하다".[36] 그렇다면 어떤 이유로, 제2002/14호 지침과 같은 파생법에 의해 명시된 구체적 경우들에서의 경영 참여권이 마찬가지로 "개인이 원용할 수 있는 주관적 권리"가 아니란 것인가? 법적으로는 어떠한 이유도 없으며, 오히려 차별금지 **원칙**보다는 정보제공과 협의에 관한 **권리**가 훨씬 더 실현하기 쉬울 것이다. 사실, 노동자 대표 제도를 설치할 때 노동자들 중 일부를 고려하지 않았는지 여부를 판단하기 위해(이 사건에서 제기된 질문이 바로 이것이다) 노동자들을 상호 비교할 필요는 없다. 정보제공과 협의에 관한 권리는 단결권이나 파업권 또는 단체교섭권과 마찬가지로 결코 국가에 대한 청구권이 아니다. 즉 대사인적 효력이 없거나 단순히 규범적 지향에 불과한 것이 아니다. 이 권리들은 **집단적으로 행사되는 개별적 권리들**이다.[37] 즉, 사용자에게 대항할 수 있는 권리들로서, 다른 모든 시민적 권리와 정치적 권리를 국가가 보호해야 하는 것처럼, 국가가 보호해야 하는 그런 권리들이다.

그러므로 바이킹 판결과 라발 판결 및 그 이후 같은 경향으로 내려진 모든 판결들과 마찬가지로 사회중재협회 사건 판결도 법문의 근거가 없는 것이다. 그저 판결을 통해서 정치적 선택을 표현한 것일 뿐이다. 유럽사법재판소는 법경제학의 이론을 적용한다. 이 이론은 모든 법규칙을 경제적 규범에 비추어 평

---

35 유럽사법재판소, 2005.11.22., C-144/04(Mangold).

36 유럽사법재판소, 2014.1.15., C-176/12, § 47.

37 이 개념에 대해서는 A. Supiot, *Critique du droit du travail, op. cit.*, pp.140~149.

가할 것을 요구하는 것이다. 그런 까닭에 이 이론은 동시에 그리고 동일한 강도로 할 수 있는 한 한껏 집단적 권리들의 영역을 축소하고 그 대신 차별금지 원칙의 영역을 확장한다. 법경제학은 집단적 권리들을 일종의 마켓파워로 바라보고, 따라서 그만큼 경제적 자유의 행사에 대한 잠재적인 장애물로 간주한다. 반면에 차별금지는 '인적자본'의 유동성을 확대하려는 노력에 화답한다. 따라서 그 성질상 당연히 이로운 것으로 평가된다. 왜냐하면 차별금지는 그웨놀라 바갱(Gwenola Bargain)이 "최소의 비용으로 자유롭게 거래하는 익명의 경제 행위자들의 추구"[38]라고 부르는 것에 화답하기 때문이다. 유럽사법재판소도 모든 개인들을 성별, 연령, 국적 등과 무관하게 동질의 교체 가능한 계약적 입자들로 간주하도록 함으로써, 차별금지 원칙과 마찬가지로 노동시장에서 인적자본의 유동성에 기여하는 권리들에 가능한 한 최대한의 효력을 부여한다. 여성의 야간노동 금지를 예로 들 수 있을 것이다. 여성의 야간노동을 금지하는 것은 남녀차별로 판결났으며 유럽법에 의해 금지되었다.[39] 그 결과 야간노동을 해야 하는 노동자들의 비율이 전반적으로 늘어났는데, 20년 동안 여성의 경우에는 100%, 남성의 경우에는 25% 증가했다.[40] 이는 명백히 노동력의 총동원 논리에 해당하는 것이며, 반대로 남녀 모두를 위해 야간노동을 줄여야 한다는 사회적 논리에는 반하는 것이다. 다른 한편으로 유럽사법재판소는 노동시장의 '자생적 질서'를 방해할 수 있는 권리들의 효력은 가능한 한 최대로 축소한다. 그 첫 번째 과녁은 당연히도 이 자생적 시장질서를 반대하는 권리이다. 이 권리는 정보제공 및 협의에 관한 권리, 단결권, 단체교섭권 및 단체행동권 등 다양한 모습으로 변화한다.

그러나 현상유지도, 포드주의 시절의 유산인 권리들을 해체하는 것도, 장기

---

38 Gwenola Bargain, *Normativité économique et droit du travail* (Paris: LGDJ-Lextenso, collection "Droit & Économie", 2014), § 541.

39 유럽사법재판소, 1991. 7. 25., C-345/89(Stoeckel). 이에 관해서는 A. Supiot, "Principe d'égalité et limites du droit du travail(en marge de l'arrêt Stoeckel)," *Droit social*, no.4(1992.4), pp.382-385.

40 Ministère du travail, *Le Travail de nuit en 2012*, Dares Analyses, no.62(2014.8),

간 유지될 수 있는 해법이 아니다. 포드주의적 타협을 사회법 역사의 종착역으로 간주하는 것은, 근대적 산업조직에 내재하는 불안정성에 관한 마르크스의 통찰을 망각하는 것이다. 마르크스에 의하면, 근대산업조직은 본질상 혁명적이며, "생산의 기술적 토대와 함께 노동자의 역할과 노동의 사회적 결합을 뒤엎는다. 근대산업조직은 상시적으로 자본과 노동을 이 생산 분야에서 다른 생산 분야로 투하하면서 기존의 분업을 끊임없이 변혁한다." 그 결과 "노동자의 삶을 지탱하는 모든 안전책들은 파괴되고, 노동자는 노동수단을 비롯해 모든 존재수단들을 박탈당한다."[41] 반대로 노동시장이 삶의 지속성을 무시하면서도 지속적으로 작동할 수 있다고 생각하는 것은, ILO 헌장이 정확하게 천명하고 있는 바와 같이, 상품노동의 허구를 실체로 착각하는 것이며 폭력의 온상을 제공하는 것이다. 유럽연합에 대해서 말하자면, 유럽연합이 '사회적' 야망을 일체 포기하고 사회국가를 체계적으로 해체하는 정책을 택하는 것은 자신의 정치적 정당성을 훼손하고 종국에는 그 존재 자체를 위협할 수밖에 없다는 것을 깨닫기 위해서 대단한 전문가가 될 필요는 없다.

새로운 타협의 길

사회국가의 위기가 제기하는 문제는 포드주의의 유산을 보존하거나 파괴하는 것이 아니라, 영업의 자유와 노동자의 보호 사이에 새로운 타협책을 정의하는 것이다. 지난 세기 말부터 이 문제는 수많은 논의를 낳았으며, 크게 두 가지 경향으로 대별할 수 있다.

첫 번째 경향은 **유연안정성**이다. 중요한 특징들은 2007년 유럽집행위원회가

----

41 K. Marx, *Le Capital*, Livre premier, ch.XV, § 9, in *Œuvres: Économie*, t. 1(Paris: Gallimard, collection "Bibliothèque de la Pléiade", 1965), p.991[한국어판: 카를 마르크스, 『자본론』, 김수행 옮김(비봉출판사, 2015)].

정의한 바 있다.[42] "노르딕 모델"[43]이라고 불리는 유연안정성은 프랑스에서도 많은 보고서와 전문가들에 의해 지지되었다. 이들은 노동법을 경제정책의 조정변수로 바라보는 공통점을 가지고 있다. 가령 2004년 비르빌르(Virville) 위원회의 보고서는 "더욱 효율적인 노동법전을 위해"[44] 50여 개의 제안들을 제시했다. 2005년에 카위-크라마즈(Cahuc-Kramarz) 보고서[45]는 신규 고용계약과 최초 고용계약의 도입을 제안했고, 이는 빌르팽 정부의 정치적, 법적 파산으로 귀결되었다.[46] 캉드쉬(Camdessus) 보고서[47]와 아탈리(Attali) 보고서[48]는 경제성장을 "역동적으로" 만들 수 있도록 노동시장을 "액체화"해야 한다는 국제 경제기구들[49]의 주문을 프랑스로 전달했다. 최근에는 저명한 세 명의 경제학자들이 프랑스에 새로운 사회모델을 확립해야 한다고 주장하면서, 최저임금을 폐지하자고 제안했다.[50] 이러한 주장들이 정말로 새로운 것이라고 생각하기 위

---

42   Commission européenne, *Vers des principes communs de flexicurité: Des emplois plus nombreux et de meilleure qualité en combinant flexibilité et sécurité*(COM [2007] 359 final, 2007.6.27).

43   A. Lefebvre et D. Méda, *Faut-il brûler le modèle social français?*(Paris: Le Seuil, 2006, p.153).

44   Rapport de Virville, *Pour un code du travail plus efficace*, La Documentation française, *Semaine sociale Lamy*, no.1153 et 1154, 2004 참조. 또한 Rapport de Besson, *Flexisécurité en Europe*, 2008.2.

45   Rapport de Cahuc-Kramarz, *De la précarité à la mobilité: vers une sécurité sociale professionnelle*, 2004.12.2., *Liaisons sociales*, no.10/2005(2005.2.11).

46   이 두 가지 제도를 창안했던 자들은 프랑스가 비준한 ILO 제158호 협약의 존재를 몰랐던 것 같다.

47   Michel Camdessus, *Le Sursaut. Vers une nouvelle croissance pour la France*, Rapport au ministre des Finances, La Documentation française, 2004.

48   Commission Attali pour la libération de la croissance française, *300 propositions pour changer la France*, 2008. 이 보고서에 대한 격렬한 비판으로 A. Lyon-Caen, "Le songe d'Attali," *Revue de droit du travail*, 2008, p.65.

49   OCDE, *Réglementation relative à la protection de l'emploi et performance du marché du travail*, 2004.

50   Philippe Aghion, Gilbert Cette, Élie Cohens, *Changer de modèle. De nouvelles idées pour une nouvelle croissance* (Paris: Odile Jacob, 2014, 269 p).

해서는 진짜 기억력이 짧아야 한다. 왜냐하면 그러한 주장들은 이미 19세기에 아동노동의 금지를 반대하면서 제시되었던 것이고, 또 세계를 2008년의 파산으로 끌고 갔던 신자유주의의 신자들이 지난 40년 동안 쉼 없이 설교하던 것이기 때문이다. 이미 20년 전에 장자크 뒤페루(Jean-Jacques Dupeyroux) 교수는 이 수많은 보고서들 중 하나[여기서 말하는 보고서는 맹크(Minc)의 보고서인데, 이 보고서는 최저임금의 기상천외한 관대함을 비난했다]를 읽고 다음과 같이 논평한 바 있다. "두 세기 전부터 부자들은 똑같은 신경질적 강박관념에 사로잡혀 있다. 노동자들은 아귀처럼 먹어댄다는 것이다."[51] 프랑스를 경제침체로부터 벗어나도록 하기 위해서는 사회적 문턱을 제거하고, 노동자들을 일요일에도 일하도록 하고, 최저임금을 폐지하고, 부당해고 소송을 금지하고 또 노동법 파괴 발명품 전시회에 출품된 놀라운 처방들이면 충분하다고, 누가 진지하게 믿을 수 있는가? 기업거버넌스, 자유무역 또는 금융시장의 탈규제의 이름으로 채택된 각종 개혁 조치들의 평가보고서는 단 한 번도 제출하지 않은 채로? 유로의 명백한 결함들에 대해서 자문하지도 않은 채로? 프랑스 경제 엘리트들의 책임에 대해서 자문하지도 않은 채로? 이들은 다른 건 다 차치하더라도 독일의 경제 엘리트들이 갖고 있는 산업 교양도 없지 않은가? 정치경제 엘리트들이 가져야 할 용기는 약자들에게 남아 있는 한줌의 보호책을 빼앗기 전에 자신들의 고유한 책임을 자문하는 것이 아닐까?

반면에, 두 번째의 다른 경향은 시장이 아니라 노동을 정치의 핵심에 위치시키고, '진정으로 인간적인 노동체제'의 문제를 새롭게 제기하는 것이다. 이 경향은 1995년에 「20년 후의 노동」[52]이라는 제목의 부아소나(Boissonnat) 보고서에서 간결하게 제시된 바 있다. 이 보고서는 임금노동만이 아니라 모든 형태의 노동을 고려해 노동법을 재정초할 것을 제안했다. 이 입장은 20세기 말 유럽집행위원회의 요청으로 구성된 연구진이 제출한 보고서에서도 재발견되는데, 이

51   Jean-Jacques Dupeyroux, "Le rapport Minc, une nouvelle trahison des clercs," *Libération*, 1995.1.17. 온라인으로 읽을 수 있다.

52   Jean Boissonnat, *Le Travail dans vingt ans* (Odile Jacob, 1995, 373 p).

〈표 12-1〉 유연안정성과 노동담지성 경향의 사용 어휘 비교

유연안정성	노동담지성
유연성	자유
경제적 효율성	사회정의
시장	법
인적자본	노동
고용 가능성	능력

보고서는 프랑스에서 『고용을 넘어』[53]라는 제목으로 출판되었다. 이 보고서는 "노동담지성(état professionnel)" 개념을 제시했다. 이 개념은 사람들이 일생 동안 진정한 선택의 자유를 누릴 수 있도록 하고, 하나의 노동 상태에서 다른 노동 상태로 이동하는 것을 가능하게 하고, 시민생활과 직업생활을 양립할 수 있도록 해줄 것이다. 이를 위해 보고서는 "사회적 인출권(droits de tirages sociaux)"의 확대를 권고했다. 이것은 특별휴가(직업훈련휴가, 양육휴가 등)처럼 노동자들에게 노동의 자유를 진정으로 행사할 수 있는 수단을 제공하는 것이다. 노동조합 활동의 목적을 재정의하는 것도 이러한 방향에 화답한다. 가령 프랑스노동총연맹(CGT)이 제시하는 "직업적 사회보장" 개념이나 프랑스민주노동총연맹(CFDT)이 제시하는 "직업경로의 보장" 개념이 그런 것이다.[54]

이 두 가지 경향의 차이점을 이해하기 위해서는 각각의 경향이 사용하는 용어들을 비교해보는 것으로 족하다. 유연안정성 개념은 유연성, 경제적 효율성, 시장, 인적자본, 고용 가능성 등의 용어를 구사한다. 반면에 노동담지성 개념

....

53 A. Supiot(dir.), *Au-delà de l'emploi. Transformations du travail et devenir du droit du travail en Europe* (Flammarion, 1999, 321 p).

54 이 개념들에 대해서는 장피에르 쇼사르(Jean-Pierre Chauchard) 교수의 헌정판, *Droit social*, 2011년 12월호에 실린 다음 각 논문들 참조. J.-P. Le Crom, "Sécurité professionnelle, sécurité sociale, sécurité sociale professionnelle", pp.1292~1294; P.-Y. Verkindt, "Sécurité professionnelle, sécurité sociale, sécurité sociale professionnelle - Quelques gammes autour de trois expressions", pp.1295~1299; J.-Chr. Le Duigou, "Quelle 'sécurité sociale professionnelle'?", pp.1300~1305.

은 자유, 사회정의, 법, 노동, 능력 등의 용어를 구사한다.

유연안정성 개념은 유럽연합 기능 조약 제145조에서 발견할 수 있다. 제145조는 회원국들에게 "적응할 수 있는 잘 훈련된 숙련의 노동력 및 경제적 변화에 신속하게 반응할 수 있는 노동시장을 고취할 것"을 명령한다. 유연안정성은 시장의 수요를 출발점으로 상정하고 이 수요에 화답하는 인적'자원'을 기업에 실시간으로 제공하는 것을 목적으로 한다. 노동담지성 개념은 ILO의 필라델피아 선언에서 발견할 수 있다. 이 선언은 "노동자들이 최대한의 능력과 지혜를 제공하고 공동선에 최대한 기여할 수 있는 만족을 가질 수 있는 일자리에 고용되도록 할 것"을 모든 국가의 의무로 부과한다. 또한 유럽사회헌장 제15.1조에서도 발견된다. 이 헌장에 의하면, "모든 사람은 노동할 권리 및 자유롭게 선택하거나 받아들인 직업을 수행할 권리를 갖는다". 유연안정성 개념에서는 시장의 수요에서 출발해 노동력을 그것에 적응시키고자 한다면, 노동담지성 개념에서는 인간의 창의성을 출발점으로 삼고 노동자들이 이 창의성을 표현할 수 있는 법과 경제를 만들고자 한다.[55]

롤랑 바르트에 의하면, "역사는 결코 어떤 반대물이 그것의 반대물에 대해 무조건 승리한다고 보장하지는 않는다. 역사는 만들어지는 과정에서 상상할 수 없는 출구들, 예견할 수 없는 종합들을 드러낸다".[56] 법의 역사는 이 지적이 옳음을 확인하며, 21세기 초 노동법의 변화는 노동을 바라보는 이 두 가지 개념 사이의 긴장에서 비롯된다. 물론 이 변화는 정치경제적 역관계의 새로운 상태를 반영한다. 이 역관계는 노동자들에게 매우 불리하다. 그것은 (아직도 인정되고 있는 곳에서는 여전히 일국의 국경 안에 갇혀 있는) 집단적 자유들과 자본과 상품의 전 세계적 유통의 자유 사이의 불균형이 원인이다. 노동의 자유보다는 자본의 자유에 절대적인 우선성을 부여하고자 하는 광범위한 합의가 정부들

55 같은 취지로 François Gaudu, "La Sécurité sociale professionnelle, un seul lit pour deux rê-
ves," *Droit social*, 2007, p.393.

56 Roland Barthes, *Mythologies* (Paris: Le Seuil, 1957), p.246[한국어판: 롤랑 바르트, 『현대의
신화』, 이화여자대학교 기호학연구소 옮김(동문선, 1997)].

사이에 확립된 것이다. 그들에게는 세계적 경쟁의 장점들에 대한 믿음이 하나의 교리적 가치를 획득했다. 필라델피아 선언의 지침들과는 반대로, 새로운 세계 경제 질서의 효율성은 이제 더 이상 사회정의의 목적에 비추어 그 효과를 평가하려고 하지 않는다. 극히 드문 예외를 제외하면, 2008년의 ILO 보고서[57]는 그런 예외들 중 하나인데, 그런 식의 평가는 금기시된 질문이다. 좌파 정당이든 우파 정당이든 사회정의의 문제를 새롭게 사고하려는 노력을 포기한 것처럼 보이며, 진정으로 개혁적인 일체의 전망은 사라졌다. 그들은 트렌틴이 "이행주의"라고 불렀던 것, 즉 "정치를 상황 적응의 기술 및 풍속과 사회 변화의 통치 가능성이라는 명령과 동일시하는 것"[58]을 실행하고 있다. 따라서 그러한 맥락에서는 얼마 전까지 유럽적 사회모델이라고 불렀던 것을 혁신하기보다는 파괴하는 경향으로 가는 것도 놀랄 일이 아니다. 유럽적 사회모델은 유럽중앙은행 총재가 2년 전에 소멸을 선언한 것인데, 아무도 그것에 대해서 흥분하지 않았다. 지금의 주된 경향은 노동법과 노동시장의 개혁을 투자자들의 기대에 반응하고 적응할 수 있는 능력을 제고하는 방향으로 경쟁에 붙이는 것이다. 2008년의 위기는 금융시장 때문이 아니라 노동시장 때문이며 노동자들과 실업자들이 누리는 과도한 복지 때문이라고 믿게 만드는 데 성공한 정치적 성과를 칭찬하지 않을 수 없다.

그렇지만, 비록 맹아적 수준이기는 하지만, 노동법의 개혁과 관련해서 '진정으로 인간적인 노동체제'를 새롭게 모색하려는 시도 또한 존재한다는 사실을 지적해야 한다. 유럽연합 차원에서도 이러한 방향으로 나아가려는 법적 기반들이 존재한다. 유럽기본권헌장도 유럽사법재판소가 사회권 조항들의 규범력을 박탈하려는 시도만 하지 않는다면 그러한 기반들 중 하나가 될 수 있다. 또한 각종의 조약들과 그 파생법에서도 그러한 기반들을 발견할 수 있다. 로마조약 제117조에 의해 유럽공동체와 회원국들에 부과된 사회적 목적은 삭제 시도들이 있었지만[59] 유럽헌법조약에서도 삭제되지 않았다. 유럽헌법조약 제151

57　이 책 제11장 참조.

58　B. Trentin, *La libertà viene prima* (Rome, Editiori Reuniti), p.128.

조는 다음과 같이 규정하고 있다. "유럽연합과 회원국들은 …… 고용의 촉진, 진보 속에서의 평등을 위한 삶과 노동의 조건 개선, 적절한 사회적 보호, 사회적 대화, 양질의 지속적인 고용 수준을 위한 인적자원의 개발 및 배제에 맞선 투쟁을 목적으로 한다." 물론 유럽사법재판소는 1987년 지메네즈(Giménez) 판결에서 이 규정들은 단순히 프로그램적인 것에 불과하며, 따라서 "각 회원국에 의해 정의되는 사회정책의 일반적 지향은 …… 로마조약 제117조(유럽헌법조약 제151조)에서 규정하고 있는 사회적 목적에 부합하는지 여부에 대해 사법 심사의 대상이 될 수 없을 것이다"[60]라고 설시한 바 있다. 하지만 당시 유럽사법재판소는 다음과 같은 평가의 여지를 남긴 것 또한 사실이다. "제117조에서 규정하고 있는 사회적 목적이 프로그램적 성격을 갖는다고 해서 이 규정이 어떠한 법적 효력도 갖지 않는 것은 아니다. 이 규정은 사실 중요한 요소를 구성한다. 조약의 다른 규정들과 사회적 영역의 파생법을 해석할 때 특히 그러하다. 사회적 목적의 실현은 사회정책의 결과가 되어야 하며, 그러한 사회정책을 정의하는 것은 당국의 권한에 속한다."[61] 그러므로 사회적 목적의 실현은 사회적 목적을 실현하고자 하는 정치적 의지를 상정하는데, 2007년 이후의 유럽사법재판소를 위시해 유럽연합의 제도들은 그러한 정치적 의지를 저버린 것 같다. 그렇지만 그러한 의지 상실은 일부 회원국들의 저항에 직면할 수밖에 없을 것이다. 예를 들어 독일 연방헌법재판소는 리스본 조약에 관한 결정에서, 유럽연합이 사회국가의 기초 원리에 가할 수 있는 침해에 관한 헌법적 통제를 위한 길을 열었다. 독일 연방헌법재판소는 다음과 같이 결정했다. "독일 기본법은 초국가 기구들에 의한 침해에 맞서는 독일 사회국가의 역할을 옹호할 뿐만 아니라, 유럽연합의 공권력이 자신에게 부여된 역할을 수행할 때 사회적 책임을 인식할 수 있기를 바란다."[62] 프랑스에서도 고위 법원 조직들이 그러한 단호함

59 P. Rodière, *Droit social de l'Union européenne* (Paris: LGDJ-Lextenso, 2014, 제2판), no.14, p.33.

60 유럽사법재판소, 1987.9.29., C-126/86(Giménez Zaera), § 17.

61 유럽사법재판소, 1987.9.29., C-126/86(Giménez Zaera), § 14.

을 보여줄 수 있을지 회의적이다. 하지만 입법자는 프랑스 공화국의 사회적 성격을 전적으로 무시할 수는 없다. 2013년의 '노동시장개혁'이 유연화의 명령에 화답하는 것이기는 했지만, 고용의 안전이라는 원칙 아래 자리매김되었던 것도 그러한 연유이다.

그러므로 노동법의 변화를 일방적으로 해석하는 것은 경계해야 한다. 노동법의 변화는 진정으로 인간적인 노동체제가 무엇인가를 다시 정의하는 문제를 또렷하게 드러내기도 한다.

---

62 독일 연방헌법재판소, 2009.6.30., 2 BvE 2/08 결정, § 258.

제13장

진정으로 인간적인 노동체제 II
수량적 교환관계에서
인격적 주종관계로

"재물을 많이 가진 자보다 사람을 많이 가진 자가 더 부자다."[1]
— 바밀레케(Bamiléké) 부족의 속담

포드주의 체제에서 노동계약은 일종의 수량적 교환으로 나타난다. 노동자는 일정한 양의 노동시간에 대한 대가로 일정한 양의 돈을 받는다. 단체교섭의 대상을 구성하는 것은 바로 이 교환의 내용, 즉 노동시간과 임금이다. 프랑스 같은 나라에서 단체교섭의 범위는 법률에 의해 제한된다. 법률은 임금의 최소한과 노동시간의 최대한을 정하고, 법정노동시간을 초과하는 노동에 대해 가산임금을 정한다. 이처럼 노동을 계산할 수 있는 시간의 양으로, 즉 거래할 수 있는 하나의 상품으로 취급하는 것은 일종의 허구인데, 이 허구는 사회법(노동법과 사회보장법)에 의해 유지될 수 있었다. 사회법은 노동자의 삶이 갖는 긴 호흡을 고려하는 하나의 신분을 노동계약 속에 포함시켰다. 이 신분은 한편으로

---

1 J. Nguebou Toukam et M. Fabre-Magnan, "La tontine: une leçon africaine de solidarité," in *Du droit du travail aux droits de l'humanité. Études offertes à Philippe-Jean Hesse* (Presses Universitaires de Rennes, 2003), p.299.

는 노동자의 신체적, 경제적 안전을 보호하고, 다른 한편으로는 (집단적 자유를 통하여) 노동자의 계약의 자유를 보호한다. 고유한 의미에서의 노동은 이 그림에서는 보이지 않는다. 왜냐하면 노동의 조직은 전적으로 사용자가 구매한 노동시간을 처분할 수 있는 권리에 속하기 때문이다. 노동계약의 판단 기준에서 종속 개념이 핵심적인 지위를 갖는 이유이다. 계약의 논리 속에서 노동은 계량적 시간으로 환원되는데, 그 시간 동안 노동자는 자신의 고유한 의사를 포기하고 사용자나 그 이익대표자의 지시에 따를 준비를 한다. 법률은 노동시간의 정의 속에 이러한 사정을 승인한다. "실노동시간은 노동자가 사용자의 처분에 놓여 그 지시에 따르는 시간으로서 개인적 사무에 자유롭게 종사할 수 없는 시간을 말한다."[2]

이 "노동의 축출은"[3]는 2009년의 유명한 〈유혹의 섬〉 판결에서 확연히 나타난다. 이 판결에서 프랑스 대법원은 이른바 리얼리티 방송 프로그램에 참여한 것을 노동계약으로 인정했다.[4] 〈유혹의 섬〉이라는 프로그램은 결혼하지 않은 커플들이 12일 동안 열대의 섬에서 수많은 카메라 앞에서 노출된 채 다른 솔로 미남 미녀들과 다양한 놀이(잠수, 조정, 스키, 요트)를 즐기면서 감정의 변화를 느끼는지 여부를 테스트하는 리얼리티 쇼이다. 각 참가자는 커플과 솔로 들이 함께 지내면서 자연스럽게 형성되는 인간관계들 속에서 자신의 내면을 대중에게 공개하기로 약정하고, 그 대가로 1500유로를 받는다. 스펙터클한 쇼를 위해 인간의 불행을 착취하는 것은 새롭지 않다. 시드니 폴락의 1969년 영화 〈그들은 말을 쏘았다〉는 1929년 대공황의 희생자인 실업자들을 상대로 댄스 마라톤 대회를 개최해 마지막까지 남아 춤을 추는 자에게 상금을 준다는 내용을 그리고 있다.[5] 오늘날 텔레비전도 마찬가지로 수백만의 시청자 앞에서 게임에 참여

---

2 프랑스 노동법전, L.3121-1조.

3 이 개념은 베르크에게서 빌려온 것이다. 베르크는 이 노동의 축출을 "현대의 존재론적 토포스"의 결과라고 본다. A. Berque, *Histoire de l'habitat idéal. De l'Orient vers l'Occident* (Paris: Éditions du Félin, 2010), p.347 이하.

4 프랑스 대법원 사회부, 2009.6.3., no.08-481. 같은 취지로, 하지만 공연예술가의 자격은 인정하지 아니한 판결로 프랑스 대법원 민사부, 2013.4.24., no.11-19091.

하는 젊은이들에게 유명세를 안겨다 주는 똑같은 방식으로 돈줄을 캐고 있다. 게임의 규칙은 언제나 같다. 죄수의 딜레마와 같이,[6] 상대방을 이기기 위해 무엇이든 할 준비를 하는 것이다. 〈유혹의 섬〉 참가자 중 일부는 프로그램 참여 계약을 노동계약으로 재분류해달라는 소송을 제기했다. 이에 대해 제작사는 모든 비용을 지원받으면서 놀이에 참여하는 것은 노동이 아니라고 주장했다. 프랑스 대법원은 "참가자들은 제작사가 일방적으로 정한 프로그램의 규칙을 준수해야 했다는 점, 자신들의 행동을 분석하도록 유도되었다는 점, 일부 장면은 결정적 순간의 가치를 높이기 위해 반복 상영되었다는 점, 자고 일어나는 시간은 제작 일정에 의해 정해졌다는 점, 규정에 의하면 정해진 장소에서 나갈 수 없고 외부인과 통화할 수 없는 상태로 언제든지 촬영에 임할 수 있어야 한다는 점, 계약상 의무를 위반한 경우에는 방송에서 퇴출될 수 있었다는 점" 등을 이유로, 제작사의 주장을 기각했다. 참가자들의 일은 "지시된 활동에 참여해 기대하는 반응을 표현하는 것"이었던 만큼, 참가자들과 제작사 사이에 체결된 계약은 따라서 노동계약으로 재분류되었다.

많은 평석자가 비판을 퍼부었지만, 이 판결은 완벽하게 법에 근거한 것이다. 노동계약을 이끄는 노동의 개념은 마르크스가 말하는 "추상적 노동" 개념이다. 즉 사용가치가 아니라 교환가치에 의해 정의되는 노동이다.[7] 노동계약과 그것에 기반을 둔 노동시장은 인간의 행위들이 갖는 무한한 다양성과 그 각각의 행위에 부여하는 특별한 의미를 시간과 돈으로 측정할 수 있는 (따라서 교환할 수 있는) 수량으로 환원하는 것을 목적으로 한다. 프랑스 대법원이 〈유혹의 섬〉 판결에서 "프로그램 참가자들의 일은 경제적 가치를 갖는 재화의 생산을 목적으로 한 것이었다"[8]고 설시하면서 규명한 것도 바로 이 추상적 노동 개념이다.

5   이 영화의 원작은 Horace McCoy, *On achève bien les chevaux*, 프랑스어판, Marcel Duhamel (Paris: Gallimard, 1959, 180 p).

6   이 책 제7장 참조.

7   K. Marx, *Le Capital*, Livre 1, tome 1, § 4, in *Œuvres: Économie*, t. 1, *op. cit.*, p.607.

8   프랑스 대법원 민사부, 2013.4.24., no.11-19091.

노동자의 신체적 혹은 정신적 건강이 위협받는 경우가 아닌 한, 법원은 노동자가 하는 일의 내용이나 의미 혹은 유용성에 대해서 판단할 필요가 없다. 왜냐하면 일의 내용이나 의미 혹은 유용성은 노동계약이 사용자에게 부여하는 지시권에 속하는 것이기 때문이다.

이 사건에서 가장 흥미로운 점은 노동계약의 판단 기준을 멋지게 적용한 데 있는 것이 아니라, 목표관리와 참여경영이 종속에 새겨놓는 의미의 변화에 있다. 리얼리티 방송 프로그램은 목표관리와 그것이 실현하는 허구에 대한 완벽한 사례이다. 이 허구는 상품으로서의 노동이라는 허구가 아니라, 프로그래밍된 자유라는 허구이다. 이 새로운 양식의 노동관리는 **지시**를 **프로그래밍**으로 대체함으로써 노동자에게 과업 수행상의 일정한 자율성을 부여한다. 리얼리티 방송은 인간에 대한 심리실험을 상업적 쇼로 만듦으로써, 실험 대상자들을 다음과 같은 상황에 처하게 만든다. 즉 이들은 지시에 따르는 것이 아니라, 판례가 정확하게 명명한 바와 같이 "프로그램의 규칙"에 따른다. 그 규칙에 따라 프로그래밍된 참가자들은 자유롭게 행위하는 것이 아니라, "기대하는 반응"을 표현한다.

이 사례는 확립된 판례 법리를 확인하는 것으로서, 프로그래밍된 행위의 이행조건이 종속상태를 드러내는 한 노동법은 이를 완벽하게 소화할 수 있음을 보여준다. 다만, 이 소화 과정은 종속의 의미를 복종에서 프로그래밍으로 전환시킴으로써 노동계약을 그 내부로부터 변화시키는 것이다. 지난 30년 전부터 이처럼 "종속의 새로운 얼굴"[9]이 모습을 드러내고 있다. 이것은 종속노동과 독립노동 사이의 경계를 흐리게 만든다. 노동법에서 **종속 안에서의 자율**이 어느 정도 선포되고 있는 것이다. 이러한 상황은 특히 안전을 이유로 하거나(작업중지권) 또는 보수와 무관하게 다른 일에 종사하기 위해(특별휴가) 노동자에게 종속적 상태를 벗어날 수 있는 권리를 인정하는 제도에서 엿보인다. 그리고 반대로, 법적으로는 독립적인 노동자들 중에서 **자율 속에서의 종속** 상태에 처해 있

9　A. Supiot, "Les nouveaux visages de la subordination," *Droit social*, 2000, p.131.

는 경우가 많이 관찰된다. 이러한 상황은 특히 이 노동자들의 영업을 생산망이나 유통망 속에 편입시키는 계약에서 비롯한다. 이 두 가지 경향은 상호 보완적이며, 임금노동관계든 상사노동관계든 노동관계를 주종관계로 변모시킨다.

이 두 경향은 사라지기는커녕 최근 들어 더 확고해지고 있기 때문에, 이를 좀 더 엄밀하게 분석하는 것이 가능하다. 여기에서는 산업시대 이후 노동체제의 핵심을 구성해온 노동계약의 구조가 변화한 모습을 분석하는 데 그치고자 한다. 이러한 분석을 통해, 노동자가 사용자에게 충성하는 관계가 등장하고 있으며, 반면에 노동계약을 특징짓는 수량적 교환 개념이 후퇴하고 있다는 사실이 밝혀질 것이다. 주종관계는 두 가지 요소를 결합한다. 하나는 인적 요소로서, 노동자가 사용자의 기대에 부응하기 위해 스스로를 동원할 의무, 즉 언제나 이용할 수 있고 반응하는 상태에 있을 의무를 부과하는 것이다. 다른 하나는 물적 요소로서, 노동자를 일자리에 대한 의존으로부터 좀 더 자유롭게 만들기 위해 권리를 노동자의 인격에 연계시키는 것이다.

노동에서의 총동원

총동원이 목표관리를 통해 노동자에게 요구하는 것은 복종이 아니라 다른 것이다. 즉 프로그램에 의해 부여된 목표를 실현하기 위해 주어지는 신호에 실시간으로 반응할 수 있는 능력이다.[10] 그러므로 이제 노동자에게는 사전에 합의된 시간 동안 지시를 이행하는 데 만족하는 문제가 아니다. 숫자에 의한 협치에 내재하는 이 새로운 노동체제에서 노동자는 시장의 요구에 화답할 준비가 되어 있어야 한다. 시장의 요구는 사용자가 평가하거나, 실업자의 경우에는 고용사무소가 평가한다.[11] 다시 말하면, 이제 노동자는 언제나 **동원될 수 있는**

---

10   이 책 제1장 및 제8장 참조.

11   벨기에법은 실업보험의 지출을 '활성화'하는 개척자였다. Daniel Dumont, *La Responsabil-*

상태에 있어야 하며, 때가 오면 목표 달성을 위해 **스스로를 동원해야** 한다.

가용성(可用性)과 반응성(反應性)은 총동원 체제의 두 가지 요소, 소극적 요소와 적극적 요소이다. 법적인 차원에서 보면 이 두 가지 요소는 노동계약의 교환조건이 사전에 특정되지 않는다는 것을 의미한다.

가용성: 노동조건의 불특정

주종관계에서 가용성에 대한 요구는 "영시간계약"이라고 부르는 계약 유형들에서 순수한 상태로 발현한다. 영시간계약은 최근 영국에서 확산되고 있는 것이다. 2014년 초에 그 수는 140만이었으며, 그중 53만 8000개는 주된 일자리인 것으로 조사되었다.[12] 이 새로운 유형의 계약은 주종관계의 지평을 설정할 수 있도록 해준다. 즉 노동자의 가용성을 총동원하는 체제가 그것이다. 이것은 노동자가 제공해야 할 급부를 전혀 특정하지 않는 것을 의미한다. "영시간계약"이란 노동자가 사용자의 처분에 따르는 상태에 있기로 약정하는 계약들을 총칭하는 용어이다. 사용자는 실제로 노동이 수행되고 임금이 지급되는 노동시간의 양과 시기를 자유롭게 정할 수 있다.[13] 실업수당이 가혹하게 삭감되는 맥락에서 관행에 의해 발명된 영시간계약은 호텔식당업, 대인서비스업, 소매업 그리고 건설업 등 일부 업종에 집중되어 있다. 영시간계약과 "호출노동"을 혼동하면 안 된다. 왜냐하면 호출노동은 노동자가 사용자의 동원 명령에 응답할 준비를 하고 있어야 하는 대기시간의 길이와 보수에 대해서 사전에 규

----

isation des personnes sans emploi en question (Bruxelles: La Charte, 2012, 613 p) 참조.

12 Office for National Statistics, *Analysis of Employee Contracts that do not Guarantee a Minimum Number of Hours*, London, 2014.4.30., 21 p.

13 Doug Pyper & Feargal McGuiness, *Zero-hours contract*, Rapport au Parlement no.SN/BT/6553(2013.12.20), House of Commons Library, 16 p.; Ian Brinkley, *Flexibility or Insecurity? Exploring the rise in zero hours contracts* (The Work Foundation, University of Lancaster, 2013.8., 29 p); V. Alakeson, G. Cory, M. Pennycook, *A Matter of Time: The rise of zero-hours contracts* (Resolution Foundation, 2013.6., 21 p).

정하는 것이기 때문이다. 또한 영시간계약을 "임의고용"과 혼동해서도 안 된다. 임의고용은 미국법에서 원칙으로 되어 있는 것으로서, 사용자가 아무 때고 마음대로 노동계약을 해지할 수 있는 재량권을 가지고 있음을 의미한다.

영시간계약의 확산은 법적인 문제를 야기했다. 영시간계약을 체결한 자들은 고용된 종업원(employee)인가, 그냥 노동자(worker)인가? 이것은 프랑스법에서 임금노동자와 비임금노동자를 구분하는 문제와 유사하다. 하지만 단지 유사할 뿐이다. 왜냐하면 영국에는 프랑스처럼 모든 임금노동자에게 적용되는 규칙들의 전체를 체계화한 노동법전 같은 것이 없기 때문이다. 영국은 법률마다 각각 그 적용 범위를 정한다. 어떤 법률은 노동자와 종업원 전체를 포괄하며, 어떤 법률은 단지 종업원만을 적용 대상으로 할 뿐이다. 판례는 종업원과 노동자를 구분하기 위한 기준들을 제시했는데, 이에 따르면 임금노동이란 (a) 개인적으로 (b) 지시자의 감독 아래 (c) 상호적 채무관계에서 수행되는 노동을 말한다.[14] 이 세 번째의 기준이 가장 애매모호한 것인데, 영시간계약의 경우에 어려움을 초래하는 것도 바로 이 기준이다. 또한 법원은 사안별로 접근하는 방법을 취한다. 예를 들어 2012년에 고용항소법원(EAT)은 영시간계약을 노동계약으로 재분류한 바 있다. 고용항소법원에 의하면, **실제로** 노동한 시간이 규칙적이라는 사정은 "포괄적 혹은 '우산' 고용계약"[15]의 범위 안에서 상호적 채무관계가 존재한다고 인정하기에 충분하다.

근본적인 질문은 이런 것이다. 최소한의 노동시간도 보장하지 않는 순수한 영시간계약도 계약인가? 프랑스법에서는 그런 계약은 무효로 간주될 것이다. 프랑스 민법전은 다음과 같이 규정하고 있다. "채무를 부담하는 쪽의 수의(隨意) 조건으로 체결된 계약은 모두 무효이다."[16] 영시간계약에서 사용자는 어떤 채무도 부담하지 않는다. 왜냐하면 자신이 원할 때에만 노동자에게 일거리를

---

14 Simon Deakin & Gillian Morris, *Labour Law* (Hart Publishing, 2012, 제6판), no.3, p.78 이하 및 p.145 이하 참조.

15 영국 고용항소법원, 2012.7.20.(Pulse Healthcare v. Carewatch Care Services Ltd. & Ors).

16 프랑스 민법전, 제1174조.

제공할 것이기 때문이다. 반면에 노동자의 채무(사용자의 처분에 임한다)는 실제적인 것이다. 하지만 일체의 대가가 결여되어 있기 때문에 법적인 의미에서 "원인"이 없고, 따라서 효력이 없다.[17] 보통법에서도 순수한 영시간계약은 무효라고 해야 할 것이다. 보통법에서 계약은 의사의 합치가 아니라, 일종의 거래로 정의되는데, 이 거래는 청약과 승낙 외에도 경제적 가치를 갖는 대가로서의 약인(約因)을 요건으로 한다.[18] 그러므로 영시간계약은 진정한 계약이 아니라 단지 일종의 주종관계에 불과하며, 노동자를 언제든지 동원할 수 있는 자원으로 만든다.

프랑스법에서는 노동관계의 당사자들이 제공해야 하는 급부의 불특정이 그 정도에 이를 만큼 가용성이 요구되지는 않았다. 하지만 최근에는 노동조건의 불특정이 영역을 넓혀가고 있다. 그것은 무엇보다 1996년에 확립된 노동계약의 변경에 관한 새로운 법리에서 비롯된다. 원칙적으로 계약은 당사자들 간의 법으로서 당사자들의 합의에 의해서만 변경될 수 있는 것이다. 그러나 노동계약에서는 일방이 다른 일방의 행위를 지시할 수 있는 권한으로 인해 이 원칙이 곧이곧대로 적용되지는 않는다. 노동계약은 이 권한에 근거를 제공하는 동시에 이 권한을 제한한다. 하지만 그 경계선은 어디인가? 1996년 이전에는 **당사자들의 의사해석 법리**가 적용되었다. 사용자의 결정이 계약의 핵심적 규정에, 즉 계약 체결 당시 노동자의 동의를 형성하는 데 결정적인 역할을 했던 규정에 영향을 미치는 것이라면, 이는 계약의 "본질적 변경"에 해당하는 것으로서 노동자의 동의가 필요하다고 보았다. 판례는 1987년에 계약을 계속 이행했다는 사실만으로는 노동자의 동의를 추정할 수 없다고 판결했다. 사용자는 노동자의 동의를 확인해야 하며, 노동자가 변경을 거부하는 경우에는 해고할 것을 각오해야 한다.[19] 이 판례 법리는 노동계약의 체결 당시만이 아니라 노동계약을

---

17 프랑스 민법전, 제1131조. "원인 없는 채무, 또는 허위의 원인에 근거한 채무, 또는 위법한 원인에 근거한 채무는 어떠한 효력도 가질 수 없다."

18 Hugh Collins, *The Law of Contracts* (Londres: LexisNexis-Butterworths, 제4판), p.58 이하 참조.

이행하는 내내 노동자의 자율성에 새롭게 가치를 부여하는 의미가 있었다. 요컨대 종속 안에서의 자율이다. 1996년에 종속의 변모는 한 걸음 더 내딛는다. 계약에 일어난 변화가 노동계약의 변경인지 여부와 관련해서, 프랑스 대법원은 당사자의 주관적 의사해석 법리를 폐기하고, 그 대신 사용자의 지시권을 객관적으로 정의하는 법리를 채택했다.[20] 이 새로운 법리에 의하면, 사용자는 계약을 일방적으로 변경할 권리는 없지만, 노동조건의 변경은 할 수 있다. 왜냐하면 노동조건의 결정은 사용자의 지시권에 속하기 때문이다.

　이 판례 변경은 단지 용어의 문제가 아니라, 노동관계를 바라보는 관점 자체를 건드리는 것이다. 일반적인 차원에서, 이 새로운 판례 법리는 개별적 노동계약에 새롭게 가치를 부여하는 것으로 해석되었으며, 계약의 구속력은 본질적이지 않은 사소한 부분에 대해서도 사용자가 부정할 수 없다는 것을 인정한 것으로 받아들여졌다. 이러한 해석은 진실의 커다란 부분을 함축하고 있는 것이 사실이다. 1980년대 초에 프랑스 노동부장관이었던 오루(Auroux)의 노동법 개혁이 내걸었던 슬로건이 기억날 것이다. "노동자는 도시의 시민으로서 또한 기업에서도 시민이어야 한다."[21] 오루의 개혁은 사용자가 지시권을 행사하는 속에서도 노동자가 법주체로서의 자격을 잃지 않는 것을 지향했다. 그러한 지향으로부터 한편으로는 새로운 권리들이 인정되었는데, 위험한 상황에서 작업을 중지할 수 있는 권리나 노동자들이 직접 의사를 표현할 수 있는 권리 등이 그러하다. 다른 한편으로는 사용자의 권한을 제한했는데, 1982년 8월 4일 법이 그것이다. "누구도 인간의 권리와 개별적 자유 및 집단적 자유에 과업의 성질상 정당화되지 않거나 목적에 비추어 비례적이지 않은 제한을 가할 수 없다."[22] 이 멋진 규정은 이미 종속관계의 일정한 변모를 드러냈다. 즉, 노동자는

19　프랑스 대법원 사회부, 1987.10.8., no.84-41902 et 84-41903, *Bulletin civil*, V, no.541, p.344 (Raquin et Trappiez).

20　프랑스 대법원 사회부, 1996.7.10., no.93-41137 et no.40-966, *Bulletin civil*, V, no.278, p.196 (Gan vie et Socorem).

21　Jean Auroux, *Les Droits des travailleurs. Rapport au Président de la République et au Premier ministre* (Paris: La Documentation française, 1981), p.4.

사용자의 손에 쥐어진 도구의 상태로 환원되지 않으며, 가능한 한 최대한으로 보호되어야 하는 개별적 자유 및 집단적 자유의 주체이자 행위하는 주체로 인정되어야 한다는 것이다. 하지만 이 동전에는 뒷면도 있는 것이 사실이다. 법은 업무의 수행에 필요한 한도에서는 사용자가 노동자의 권리와 자유를 제한할 수 있는 권한이 있음을 명시적으로 인정하고 있다.

노동계약 변경에 관한 새로운 법리도 마찬가지다. 새로운 법리는 노동자가 계약 주체의 자격으로 획득하는 속성들을 보전함으로써 "기업을 교화"한다. 그리고 동시에 노동자의 입장에서는 아무리 중요할 수 있는 노동조건이라도 그것을 변경할 수 있는 사용자의 권한에 객관적인 기초를 제공한다. 이 법리의 변화를 가져온 사건에서 노동자는 사용자가 부여한 금융 목표를 달성하지 못했다. 그러자 사용자는 해당 노동자를 급여가 더 낮은 종전의 직무로 재배치하기로 결정했다. 바로 이 목표관리의 맥락에서 프랑스 대법원은 사용자에 의해 결정된 노동조건의 변경을 거부한 노동자는 중대한 과실을 이유로 한 해고의 대상이 될 수 있다고 판결했다.[23] 즉 예고도 없고 보상금도 없이 해고될 수 있다는 것이다. 이 새로운 판례는 종속관계를 약화시키는 것이 아니라, 종속관계의 일정한 변화를 가져온다. 계약 주체로서의 모든 속성을 회복한 노동자는 사용자가 정한 목표의 달성을 위해 스스로를 동원해야 한다. 그리고 스스로를 동원한다는 것은 노동조건에 발생하는 일체의 변경을 그 주관적 중요성과 무관하게 사전에 동의하는 것이다. 이렇게 해서 노동계약은 사용자가 결정한 노동조건의 변경에 대한 노동자의 **사전 동의**를 함축하게 된다.[24]

이로부터 비롯되는 불특정성은 원칙적으로 사용자 스스로 동의한 채무들의 불가침성에 의해 제한된다. 하지만 이 점에 대해서도 판례는 지시권을 "객관적으로" 정의하는 방향으로 변했는데, 이는 계약 그 자체의 구속력을 약화시키는

22　프랑스 노동법전, L.1121-1조.

23　프랑스 대법원 사회부, 1996.7.10., no.93-41137.

24　같은 취지로 Muriel Fabre-Magnan, "Le forçage du consentement du salarié," *Droit ouvrier*, 2012, pp.459~470, "백지동의" 개념을 볼 것.

것이다. 실제로 판례는 노동계약 속에는 "순전히 정보를 제공하는" 조항으로서 사용자를 구속하지 않는 조항이 존재할 수 있다는 사실을 발견했다. 이러한 입장은 2003년에 기업 회계사와 관련된 사건에서 나타났다.[25] 계약서에는 파리 남쪽의 도시 앙토니(Antony)에서 근무하게 될 것이라는 내용이 명시되어 있었기 때문에, 이 회계사는 앙토니에서 15킬로미터 정도 떨어져 있지만 대중교통으로는 한 시간 이상이 걸리는 신규 지점으로 출근하라는 지시를 거부했다. 그러자 사용자는 중대한 과실을 이유로 해고했고, 노동자는 노동계약의 구속력을 주장했다. 그러나 프랑스 대법원은 다음과 같은 이유로 노동자의 주장을 배척했다. "노동계약상 노동장소에 관한 규정은, 노동자가 그 장소에서만 노동하게 될 것이라는 점이 명확하게 구체적으로 규정되어 있지 않는 한, 단지 정보를 제공하는 것에 불과하다."[26] 판례는 이후 일관된 입장을 견지하고 있는데, 이것은 계약의 규정보다는 업무와 관련된 "지리적 범위"라고 하는 '객관적' 개념을 더 우선시하는 것이다.[27] 하지만 "지리적 범위"라는 개념은 아무리 그 객관성을 상정하더라도 매우 모호한 개념이 아닐 수 없다. 이 개념은 아마도 교통의 연결 수단은 고려할 수 있을지 몰라도,[28] 노동자의 주거와 노동장소 사이의 거리는 고려하지 못할 것이다. 1996년에 판례가 변경되기 전이라면 아마도 이 '주관적' 고려가 채택되었을 것이다. 이후 프랑스 대법원은 지시권을 객관화하는 방향으로 한 걸음 더 나아가면서 다음과 같은 점을 인정했다. "노동자가 일상적으로 근무하는 지리적 범위를 벗어나서 또는 지리적 이동에 관한 계약상 조항에 규정된 범위를 벗어나서 노동자를 일시적으로 다른 곳에서 근무하도록 하는 것은, 그러한 조치가 사업의 이익을 위한 것이고, 예외적 상황에 의해 정당화되며, 노동자에게 해당 조치가 일시적인 성격의 것이라는 점과 그 예

---

25 프랑스 대법원 사회부, 2003.6.3., no.01-43573, *Bulletin civil*, V, no.185, p.181.

26 *Ibid.*

27 프랑스 대법원 사회부, 2011.2.2., no.09-43022. F. Canut, "Le secteur géographique," *Droit social*, 2011, p.929.

28 프랑스 대법원 사회부, 2004.6.15., no.01-44707(Chaussures Bailly), *Bulletin civil des arrêts de la Cour de cassation.*

상 기간을 합리적인 기간 안에 사전에 고지한 경우에는, 노동계약의 변경에 해당하지 않는다."[29] 이렇게 해서 계약은 이동성의 요구에 양보해야 하거나, 혹은 좀 더 정확히 말하자면, 계약적 **관계**의 지속성은 계약 내용의 구속력의 약화를 대가로 하게 되었다.

노동계약의 구속력의 쇠퇴는 '고용의 안전에 관한' 2013년 6월 14일 법[30]에서도 또한 엿보인다. 전 산업별 전국협약의 결실이자 좌파 정부에 의해 뒷받침된 이 법률은 기업의 유연성과 노동자의 안정성 사이에 새로운 균형을 확립한다고 간주된다. 이를 위해 두 가지 새로운 유형의 기업별 협약이 도입되었다. 이 새로운 기업별 협약들은 개별적 노동계약의 일부 조항의 구속력을 일시적으로 정지시키는 것을 목적으로 한다. 하나는 기업 내부의 **배치전환협약**이다. 이것은 노동자들을 해고하는 대신 직무상 배치전환 또는 지리적 배치전환을 실시할 수 있기를 희망하는 기업에서 체결될 수 있다.[31] 다른 하나는 경기의 변동에 따라 심각한 경제적 어려움에 처한 기업을 위한 **고용유지협약**이다. 이것은 일정한 범위 안에서 임금의 삭감을 규정할 수 있다.[32] 이 두 가지 경우 모두, 계약 일부 조항의 효력 정지를 거부하는 노동자는 해고될 수 있으며, 이 해고의 성격은 법률로 사전에 정한다. 이것은 원칙적으로 사용자를 일체의 사법적 소송으로부터 면제시켜주는 것이다.

이 새로운 기업별 협약들은 노동계약의 구속력을 상대화시키는 데 머물지 않으며, 그 대가로 사용자에게 새로운 의무들을 부과한다. 이 새로운 의무들은

----

29 프랑스 대법원 사회부, 2010.2.3., no.08-41412, *Bulletin civil*, V, no.31.

30 이 개혁에 대해서는 "Loi relative à la sécurisation de l'emploi," *Droit social*, 2013, pp.772~849; Antoine Lyon-Caen et Tatiana Sachs, "L'ADN d'une réforme," *Revue de droit du travail*, 2012, p.162 참조.

31 프랑스 노동법전, L.2242-21조 이하. Gilles Auzero, "De quelques effets de l'ANI du 11 janvier 2013 sur le droit du contrat de travail," *Revue de droit du travail*, 2013, p.179; Paul-Henri Antonmattéi, "L'accord de mobilité interne: il faut l'essayer!," *Droit social*, 2013, p.794.

32 프랑스 노동법전, L.5125-1조. Gérard Couturier, "Accords de maintien dans l'emploi," *Droit social*, 2013, p.805; Elsa Peskine, "Les accords de maintien dans l'emploi," *Revue de droit du travail*, 2012, p.168.

예전 같았으면 가부장적인 것으로 규정되었을 것이다. 즉 사용자는 이제 노동자의 가족 상황, 노동자의 직업자격의 유지 또는 개선을 배려해야 한다.[33] 이 새로운 장치들은 노동시간의 양과 임금의 양을 어떻게 교환할지 사전에 정하는 대신, 지속적인 인적 관계를 약속하는 것으로 이를 대체한다. 물론, 이 협약들이 제시하는 인적 관계의 안정성은 취약하거나 종종 심지어는 환상에 불과하며, 반면에 노동시간과 노동 장소 나아가 임금의 불안정성은 다분히 현실적이다. 하지만 법학적 관점에서 보면, 이 새로운 제도들은 더욱 근본적인 변화를 드러내는 것이라고 할 수 있다. 그것은 특정된 급부의 교환이 후퇴하고 인격적 예속이 등장한다는 점이다. 배치전환협약이나 고용유지협약은 지난 정부에서 "경쟁력-고용"[34] 협약의 이름으로 작성되었던 기획의 요지를 다시 채택한 것으로서, 일시적인 정치적 흥분이 아니라 암묵적인 정치적 합의로부터(노동조합의 합의가 아니다) 비롯된 것이다.

여기에서 또한 확인할 수 있는 것은 개별적 노동계약의 구속력이 쇠퇴하고 기업의 집단적 지위가 부상하는 광범위한 현상이다. 예를 들어 프랑스 헌법재판소는 우파 정부에서 채택하고 좌파 정부에서 유지한 법률 규정, 즉 단체협약으로 1년 단위 탄력적 노동시간제를 도입하는 것은 "노동계약의 변경에 해당하지 않는다"[35]라는 규정에 아무런 이의를 제기하지 않았다. 1년 단위 탄력적 노동시간제는 더 이상 노동시간의 규칙성을 보장받지 못하게 되는 노동자에게는 중대한 속박의 원천이 될 수 있는 것으로서, 노동계약의 규정을 위반하는 것이 될 수도 있다. 따라서 오늘날 헌법적 가치를 인정하고 있는 계약의 자유 원칙을 위반하는 것이 될 수 있다. 이 문제에 관해 프랑스 헌법재판소는 다음과 같이 결정했다. "입법자는 기업의 생산 리듬의 변화에 노동시간을 적응시킬

---

33 프랑스 노동법전, L.2242-22조.

34 "Accords de compétitivité: quels engagements sur l'emploi? Controverse entre M.-A. Souriac et M. Morand," *Revue de droit du travail*, 2012.4., p.194.

35 프랑스 노동법전, L.3122-6조, 법의 단순화 및 행정 부담의 완화에 관한 2012년 3월 22일 법률 제2012-387호.

수 있기를 기대했다. …… 개별 노동자의 사전 동의 없이 노동시간을 배분할 수 있는 가능성은 그러한 조정을 인정하는 기업별 단체협약의 존재를 전제로 한다. …… 그런 점에서 볼 때, 이 사건 규정은 충분한 공익적 동기에 근거한 것으로서, 헌법에 반해 계약의 자유를 침해하는 것이 아니다."[36] 그러므로 노동자를 생산 리듬에 적응시키는 것은 계약의 자유에 대한 침해를 정당화하는 성격을 갖는다. 스스로 적응할 수 있고 경제의 요구에 신속하게 반응할 수 있는 노동력을 장려해야 한다는 로마조약 제145조의 정신이 여기에서 느껴진다. 또한 법과 효율성을 저울질하는 법경제학의 그림자도 비친다. 기업의 생산 리듬에 노동자를 적응시키는 조치를 헌법적으로 승인하는 것은, 노동안전과 노동시간의 조정에 관한 유럽법이 천명하고 있는 원칙, 즉 "노동을 인간에 적응시켜야 한다는 일반 원칙"을 가볍게 여기는 것이다.[37] 프랑스 헌법재판소는 이와는 반대의 원칙, 즉 기업의 생산 리듬에 노동자를 적응시켜야 한다는 원칙을 승인함으로써, 노동자의 계약의 자유 원칙에도 큰 비중을 부여하지 않는다는 관점을 드러낸다. 나중에 보게 되겠지만, 사용자의 계약의 자유가 관련되는 경우에는 프랑스 헌법재판소는 전혀 다른 태도를 취한다.[38]

반응성: 노동 이행의 불특정

새로운 경영 기법들은 노동자의 지적 능력을 동원하고자 한다. 이제 노동자의 노동은 가능한 한 짧은 시간 안에 수행해야 하는 일련의 단순 동작들로 분해되는 것이 아니라, 달성해야 하는 결과들에 의해 조종된다. 노동자의 관점에서 볼 때 이러한 변화는 양면적이다. 이 변화가 노동자의 업무 수행에 일정한 자율성을 복원시켜주는 한, 어느 정도는 노동에서의 자유를 향유할 수 있는 원천이 될 수 있다. 이 자유를 향유할 때 고려해야 할 사항에 대해서는 노동자가

---

36 프랑스 헌법재판소, 2012.3.15., 2012-649 결정.

37 노동시간의 몇 가지 조정에 관한 2003년 11월 4일 2003/88/CE 지침의 제안이유서.

38 프랑스 헌법재판소, 2013.6.13., 2013-672 결정.

책임을 져야 한다. 반대로, 목표관리가 노동에 의미를 부여할 수 있는 수단들을 노동자에게 제공하지 않으면서, 단지 결과에 대한 책임을 노동자에게 부담시키고자 하는 것인 경우에는, 이 변화는 노동의 소외를 악화시키는 원천이 될 수도 있다. 법적인 측면에서는 이 새로운 형식의 노동관리는 노동계약의 구조에서 목표 개념이 차지하는 위상에 관한 질문을 제기한다. 사용자는 일방적으로 목표를 정할 수 있는가? 목표의 달성은 어떤 과정에 따라 평가될 수 있는가? 목표 달성에 실패하면 어떤 결과가 초래되는가? 이 세 가지 질문에 대한 답은 경제적 영역에서 형성되는 새로운 주종관계의 성격을 밝혀준다.

첫째, 목표의 설정은 사용자의 지시권에 속한다.[39] 나아가 노동계약에서 임금의 전부 혹은 일부를 목표의 달성 여부에 연동시키고 있는 경우에는 사용자의 의무이기도 하다.[40] 그러나 목표가 노동자를 구속시키기 위해서는 판례가 제시하는 다음 세 가지 요건이 충족되어야 한다. 투명성(노동자에게 사전에 공지되어야 한다),[41] 실현 가능성(목표는 합리적이어야 하고 시장의 상황과 부합할 수 있어야 한다)[42] 그리고 목표 달성을 위한 개인적 및 물질적 역량(노동자는 업무 수행에 필요한 교육과 자격 및 물질적 수단을 제공받아야 한다)[43] 등이 그것이다. 둘째, 성과에 대한 평가는 목표 달성을 위해 노동자에게 인정되는 자율성으로부터 당연히 귀결되는 것이다. 숫자에 의한 협치와 관련된 모든 장치에서 평가가 존재하는 까닭이다. 마이클 파워(Michael Power)는 『평가사회』[44]라는 책에서

39   Ph. Waquet, "Les objectifs," *Droit social*, 2001, p.120.

40   프랑스 대법원 사회부, 2011.6.29., no.09-65710(Prompt), *Bulletin*, no.173; 프랑스 대법원 사회부, 2012.10.24., no.11-23843.

41   프랑스 대법원 사회부, 2011.3.2., no.08-44977; 프랑스 대법원 사회부, 2011.3.30., no.09-42737.

42   프랑스 대법원 사회부, 1999.3.30., no.97-41028(Samsung). 또한 프랑스 대법원 사회부, 2000.4.19., no.98-40124(Moulinex); 프랑스 대법원 사회부, 2009.1.13., no.06-46208(Cap Gemini et Ernst Young), *Dalloz*, 2009, p.1931, note Pasquier.

43   프랑스 대법원 사회부, 2000.7.11., no.98-41132(Axa Conseil); 프랑스 대법원 사회부, 2004.2.10., no.01-45216(KPMG Fiduciaire de France), *Bulletin*, no.44.

44   Michael Power, *The Audit Society. Rituals of Verification* (Oxford University Press, 1999,

평가가 새로운 사회적 의례로 부각되고 있으며, 평가의 실행은 결코 중립적이지 않으며 조직의 작동에 수많은 역효과를 초래하는 원천임을 분석한 바 있다. 역효과들 중 하나는 노동자의 정신건강을 침해할 수 있는 새로운 위험이 출현했다는 것이다.[45] "노동자를 평가하는 방법과 기술"[46]은 매우 다양한 장치들을 포괄하며, 경영학은 이 장치들의 목록을 작성하기 위해 노력했다. 이 기법들은 물론 계량화를 중요하게 취급한다. 하지만 또한 질적인 방법들도 포괄하는데, 가장 대표적인 것이 평가 면담이다. 평가 면담에서 노동자는 할당된 업무 및 그것을 달성하기 위해 사용한 방법에 대해 자기성찰을 하도록 요구받는다.[47] 마지막으로, 목표의 법적 효과는 노동자에게 결과 채무가 아니라 수단 채무를 부과하는 선에 그친다. 프랑스 대법원에 의하면 원칙적으로 "저성과는 그 자체로는 해고의 이유가 될 수 없다."[48] 하지만 그렇다고 해서 목표의 설정이 노동계약의 이행에 아무런 효과도 없다는 의미는 아니다. 예를 들어 목표 미달성은 임금의 삭감을 정당화할 수 있다.[49] 임금의 총액은 사용자가 부담하는 채무의 핵심을 구성하는 것으로서 징계의 타당한 이유가 있는 경우라도 손댈 수 없다는 점을 안다면,[50] 목표관리가 노동계약의 구조에 미치는 영향력이 어느 정도인지 짐작할 수 있다. 임금의 삭감은 또한 노동자에게 부여된 목표를 사용자가

....

208 p).

45 이 책 제9장 참조.

46 프랑스 노동법전, L.1222-3조. 이에 관해서는 *L'Évaluation en débat*, dossier spécial, *La semaine sociale Lamy*, no.1471(2010); S. Vernac, "L'évaluation des salariés en droit du travail," *Recueil Dalloz*, 2005, p.924; A. Lyon-Caen, "L'évalution des salariés," *Recueil Dalloz*, 2009, p.1124.

47 법률과 판례는 평가 면담의 남용을 규제하기 위해 노력했다. 이 책 제9장 참조.

48 프랑스 대법원 사회부, 1999.3.30., no.97-41028(Samsung), *Bulletin*, no.143; 프랑스 대법원 사회부, 2004.1.13., no.01-45931, 01-45932(Follet Boyauderie Blesoise), *Bulletin*, no.3.

49 노동계약에서 임금의 전부 혹은 일부가 성과에 연동된다고 규정하고 있는 경우에는 계약 규정의 적용에 따라 임금의 감액이 이루어질 수 있다. 이러한 조항은 민법에서는 인정되는 것인데, 임금의 총액을 정할 수 있고 법률 및 단체협약에 의해 정해진 하한선 밑으로 내려가지 않는 한 노동법에서도 마찬가지로 인정된다.

50 프랑스 노동법전, L.1331-2조.

일방적으로 재설정하는 경우에도 발생할 수 있다. 프랑스 대법원은 "노동자의 변동급을 조건짓는 목표를 설정할 수 있는 권한이 사용자에게 속한다고 노동계약에서 규정하고 있는 경우"에는, 사용자에게 그 목표를 일방적으로 재설정할 수 있는 권한을 인정하고 있다.[51] 노동자의 동의 없이는 어떠한 임금 삭감도 노동자를 구속할 수 없다는 규칙, 일부 학자들에 의해 개별적 노동계약의 구속력이 복원되었음을 완벽하게 드러낸 것으로 평가받았던[52] 규칙은 이렇게 폐기된다. 그러므로 노동계약에 그러한 조항을 삽입하는 것은 사용자로 하여금 계약을 재협상하거나 징계권을 행사할 필요 없이(징계권의 행사로 임금을 삭감하는 것은 금지된다) 임금을 삭감할 수 있게 한다.

　노동자를 동원한다는 정언명령이 법적으로 어떻게 드러나는지 약간은 법기술적으로 검토했는데, 이것으로부터 무엇을 알 수 있는가? 첫째, 노동자의 사생활은 사용자의 지시권에서 벗어난다는, 프랑스 대법원이 구사하는 용어법이 얼마나 기만적인지 알 수 있다.[53] 사용자의 지시권에서 벗어나는 것은 사생활의 선택 영역으로서, 품행이나 가족관계 또는 종교나 옷 입는 법 등과 같이 예전에는 사용자의 지시권이 간섭하고자 했던 영역이다. 반면에 노동자의 인격에 대한 지배는 목표관리에 의해 현저하게 강화된다. 임금노동의 고유성은 언제나 노동계약의 주체이자 동시에 객체인 인격을 어느 정도 사물화하는 것이었다. 그 대신 노동자의 노동 이행과 그것에 결부되는 임노동적 신분은 노동자의 직업적 정체성을 형성한다. 즉 노동자가 인격으로서 인정되는 것이다. 노동이행의 시공간적 범위를 불안정하게 만드는 것 그리고 목표관리에 내재하는

51　프랑스 대법원 사회부, 2011.3.2.(Neopost). 이 판례는 일반계약법에서 인정되고 있는, 계약에 수의조항을 삽입할 수 있는 가능성을 노동법으로 확장시킨다. Judith Rochfeld, "Les droits potestatifs accordés par le contrat," in *Le Contrat au début du XXIe siècle. Études offertes à Jacques Ghestin* (Paris: LGDJ, 2001), p.747 이하 참조.

52　Ph. Waquet, "Les objectifs," *art. cit.*, pp.121~122.

53　이 판례 개념에 대해서는 Ph. Waquet, "La vie personnelle du salarié," in *Droit syndical et droits de l'homme à l'aube du XXIe siècle. Mélanges en l'honneur de Jean-Maurice Verdier* (Paris: Dalloz, 2001), p.513.

프로그래밍된 자율은 노동자 인격의 구속을 약화시키는 것이 아니라 반대로 강화시킨다. 이러한 경향은 노동력의 총동원이라는 좀 더 일반적인 요구에 의해 악화된다. 프랑스의 좌우파 정치인들이 일요일 휴무를 폐지하는 데 강박관념을 공유하고 있다는 사실은 이러한 경향을 가장 희화적으로 드러낸다.[54] 시장의 지배에서 벗어날 수 있는 집단적 시간 개념은 이들에게는 참을 수 없는 것이 되었다. 반면에 가장 성과가 좋은 독일 기업들은 반대의 흐름에 동참하고 있다. 즉 휴식시간 동안 노동자들을 회사의 메신저로부터 강제로 차단함으로써 "진정으로 인간적인 노동체제"를 복원하는 흐름에 동참하고 있는 것이다.[55] 휴일노동 또는 야간노동(이것도 계속 증가하고 있다)이 야기하는 가족생활의 해체는 잘 알려져 있지만 숫자에 의한 협치를 지배하는 경제지표들에는 반영되지 않는다. 노동강도 및 직장 내 스트레스 또는 사회심리적 고통과 위험 등, 노동안전의 영역에서 활발하게 논의되고 있는 개념들은 그만큼 노동자의 인격에 대한 지배가 증가하고 있음을 증명한다. 이 지배는 더 이상 명령의 형식으로 외부에서 행사되는 것이 아니라 내부에서 행사되는 것으로서, 포드주의 모델에서는 사용자의 배타적 관할이었던 강제와 위험을 노동자의 내부로 이식하고 체화시킴으로써 가능해진다.

이 지배에 대해 법이 설정하는 한계들은 모두 자유롭고 합리적인 노동자상을 묘사한다. 노동자는 사전에 통지받지 아니한 강제나 감독은 거부할 수 있으며, 노동자가 수행해야 할 업무에 비추어 정당화되지 않거나 비례성을 상실한 것에 대해서는 항의할 수 있는 권리가 주어진다. 노동자는 충성을 맹세한 타인을 위해 스스로의 최선을 동원해야 하는 자유인의 처지에 놓여 있다. 한편, 사용자는 더 이상 노동자의 사생활에 참견할 권리가 없는 반면, 이제 노동자의

---

54 사르코지 정부에서 심하게 훼손된 휴일노동제도의 파괴는 올랑드 정부에서도 로랑 파비우스 관광장관과 에마뉘엘 마크롱 경제장관이 추진하는 경제적 우선 사항이 되었다.

55 2011년부터 폭스바겐 그룹은 18시 15분부터 아침 7시까지 이메일 서버를 차단하기로 결정했다. 다임러 그룹은 휴가 중인 노동자에게 발송된 이메일을 삭제하고 메일 발송자에게 다른 사람과 접촉하거나 해당 노동자가 복귀할 때까지 기다려달라는 답신을 보내는 "부재중 조수" 프로그램을 설치했다(*Le Figaro*, 2014.9.4).

사생활을 배려해야 할 의무가 있다. 예를 들어 가족생활과 양립하기 힘든 새로운 강제를 노동자에게 부과하려고 할 때가 그러하다. 사용자가 노동자에게 정당하게 목표를 부과할 수 있다면, 그것은 그 목표를 달성하는 데 필요한 교육과 물질적 수단을 노동자에게 제공한다는 조건에서 그러하다. 그리고 사용자가 경제적 이유로 노동자를 해고할 수 있는 권리를 보유한다면, 그것은 노동조건의 변경을 통해서든 임금의 삭감을 통해서든 노동자를 계속 고용하기 위해 모든 노력을 다 했다는 조건에서 그러하다. 이상의 법학적 분석은 현실을 충분히 반영하고 있지는 못한 것이 사실이다. 하지만 주종관계의 구조를 명확하게 보여줄 수는 있다. 이 주종관계는 가용성과 반응성에 대한 점증하는 요구와 일정한 수의 새로운 권리들을 결합한다.

인격 연계형의 새로운 권리들

위에서 분석한 바와 같이, 새로운 노동계약 구조는 상품으로서의 노동이라는 허구를 자유로운 노동자라는 허구로 점차 대체한다. 이 새로운 허구를 지탱하기 위해 치러야 할 값은 노동자에게 새로운 권리를 부여하는 것이다. 이 새로운 권리는 노동자가 자신의 책임을 감당할 수 있도록 해준다고 간주되며, 노동자의 '직업적 경로'를 동반하게 될 것이다. 노동자에게 새로운 권리를 부여해야 하는 까닭은, 이 상대적 해방은 해방된 자에게는 커다란 위험으로서 해방된 자는 지금까지 억압의 대가로 누렸던 보호들을 빼앗기기 때문이다. 이것을 이해하기 위해서는 해방이라는 개념이 최초에 어떤 법적 의미를 갖는 것이었는지 기억할 필요가 있다. 로마법에서 자녀가 가장의 부권에서 벗어나는 부권면제를 의미하는 '해방(emancipatio)'은 처음에는 가장이 자녀에게 가하는 일종의 처벌로 나타났는데, 해방된 자녀는 가장의 보호와 상속권을 상실하기 때문이다.[56] 이것은 죽음이나 국외매매보다는 가벼운 처벌이지만, 단순한 상속제외보다는 훨씬 무거운 처벌이었다. 왜냐하면 해방된 자녀는 곧바로 자율적인 법주체가 되는 것이 아니었기 때문이다. 즉 해방은 자녀에게 곧바로 온전한 법적능력을 부여하는 것이 아니었기 때문이다. 해방된 자녀는 권리의 전부 또는 일부를 상실하고, 가족을 위해 죽음으로써만 온전한 법주체가 된다. 해방의 의미가 완화된 것은 나중의 일일 뿐이다. 해방되기 이전에 가장의 돈으로 취득한특유재산에 대한 소유권은 해방된 후에도 자녀가 보유할 수 있다는 점은 인정되었다. 해방의 흔한 한 형식인 '부권해제(remancipatio patri)'는 부권이 해제된자녀를 가장으로부터 자유롭게 된 자로 취급하는 것이었으며, 가장은 해방된자녀에 대해 보호자로서의 특권들을 보유했다.[57]

이 해방된 자녀의 지위는 탈포드주의 시대 노동자의 지위가 갖는 양면성을잘 보여준다. 확실히 노동자의 지위는 테일러주의적 지배에서 벗어난다. 노동자의 노동은 더 이상 일련의 강제된 동작들로 분해되지 않으며, 노동의 이행방식에서 어느 정도의 자율성을 획득한다. 하지만 이 자율성은 종속 안에서의자율성이다. 이는 계약상의 보호는 줄어들고 책임은 늘어난다는 것을 의미한다. 노동자는 테일러주의적 강제에서 해방되고 그만큼 더 자율을 회복하는 대신, 시장의 강제에 더욱 직접적으로 노출된다. 노동자는 시장의 요구에 적응할수 있어야 한다. 노동자가 이 새로운 위험에 대처하도록 하기 위해, 언제 어디서나 동원될 수 있고 반응할 수 있도록 하기 위해, 새로운 권리들이 노동자에게 부여된다. 새로운 권리들은 특정한 직업이나 특정한 기업에 소속되어 있다는 사실에서 비롯되는 것이 아니라, 노동자의 인격에 연계되어 생애 내내 노동자를 동반하는 성격을 갖는다는 특징이 있다. 노동자에게 부과되는 상시적 동원의 요구에 대응하여, 노동자의 권리 일부가 인격화되는 것이다. 이 권리들은흡사 로마법상의 특유재산처럼 노동자의 인격에 결부되어 모든 사용자에게 대항할 수 있는 권리들이다. 2000년대 초반 이후, 이처럼 노동자의 인격에 연계

---

56   Paul-Frédéric Girard, *Manuel élémentaire de droit romain* (Paris: Rousseau, 1911), p.189 이
      하 참조.
57   *Ibid.*, pp.191~192.

된 권리들이 강력하게 부상했다. 이 권리들은 구체적 자유의 확대에서 기대할 수 있는 것과는 반대로, 노동자들이 노동시장의 기대에 적응할 수 있는 능력을 촉진하는 대신 고용과 사회보장 영역에서 최소한도로 제공되는 보호를 보상하는 것을 목적으로 한다. 새로운 권리들은 사용자의 입장에서는 새로운 의무가 된다. 사용자가 노동계약상 부담하는 의무는 일정한 금액의 돈을 지급하는 데 그치는 것이 아니라, 노동자의 직업적 역량을 유지하기 위해 주의를 기울여야 하는 데에도 미친다. 노동자의 신체적 역량만이 아니라, 정신적 역량을 비롯해 직업적 숙련까지 여기에 포함된다. 노동자의 신체적 온전함만이 아니라 노동자의 인격까지 배려해야 하는 사용자의 의무는, 가부장주의가 쇠퇴하고 노동자의 생애를 책임지는 부담이 사회보장제도로 이전함에 따라 점차 노동관계에서 빠져나갔는데, 오늘날 이 의무가 돌아오고 있다. 하지만 그 형식은 새롭다. 이 새로운 사용자의 의무는 크게 두 유형으로 대별할 수 있다. 하나는 사용자가 개인적으로 직접 이행해야 하는 의무이고, 다른 하나는 기업 외부의 기관에 재정적 기여를 통해 벗어날 수 있는 의무이다.

노동자의 직업적 능력을 지원해야 하는 의무는 첫 번째 범주에 속한다.[58] 이 의무는 1992년에 프랑스 대법원에 의해 도입된 것인데,[59] 이후 법률에 의해 승인되었다. 이것은 사용자에게 일종의 결과 채무(노동자가 직무에 적응할 수 있도록 보장할 것)와 일종의 수단 채무(노동자가 직업적 능력을 유지하도록 배려할 것) 및 일종의 단순한 도덕적 채무(노동자의 능력 개발)를 부과한다.[60] 이 중에서 두 번째의 채무, 즉 배려 의무는 봉건적 주종관계의 전형적인 특징이라는 점에서

----

58 능력 개념의 변화에 대해서는 다음을 참조할 것. Sandrine Godelain, *La Capacité dans les contrats* (Paris: LGDJ, 2007, 591 p); S. Deakin & A. Supiot(éd.), *Capacitas: Contract Law and the Institutional Preconditions of a Market Economy* (Oxford & Portland, Hart, 2009, 184 p).

59 프랑스 대법원 사회부, 1992.2.25.(Expovit), *Bulletin civil*, V, no.122,

60 프랑스 노동법전, L.6321-1조. "사용자는 노동자가 업무에 적응할 수 있도록 보장해야 한다. 특히 고용과 기술 및 조직의 변화에 비추어 노동자가 고용될 수 있는 능력을 유지하도록 배려해야 한다. 사용자는 문맹 퇴치 및 능력 함양을 위한 교육을 제안할 수 있다."

강조될 필요가 있다. 일반적으로 말하면, 배려의무는 법률적 관계가 계약적 관계로 이동하는 것을 통해 표출된다. 이 계약적 관계는 주군이 가신의 장기적 이익을 배려할 의무를 내포하는 관계이다. 하청사슬 속의 지배기업과 피지배기업 사이의 관계에서 재발견되는 관계도 바로 이러한 관계이다.[61]

공제의 재생

사용자에게 부과되는 의무의 두 번째 범주는 노동관계의 제삼자에 의해 운영되는 집단적 보장기관의 재정에 대한 기여를 통해 이행되는 의무들을 포괄한다. 이 집단적 보장은 흔히 '공제'[62]라고 부르는 것이다. 이 주제는 좀 더 찬찬히 검토할 필요가 있는데, 두 가지 관점이 은밀하게 충돌하는 쟁점이기 때문이다. 첫 번째 관점은 공제를 보험시장에 의지하는 재산권으로 착상하고, 두 번째 관점은 공제를 시민연대에 의지하는 사회권으로 착상한다. 이 대립이 얼마나 결정적인 것인지를 이해하려면 간략하게거나마 역사적 고찰이 필요하다.

동업조합이 박멸된 후부터 사회보장제도가 도입될 때까지 공제는 개별적 자발성에 맡겨져 있었다. 재해에 대비해 돈을 조금씩 저축했던 노동자들이나, 노동자들이 늙거나 다치거나 병들거나 가족을 부양해야 하는 것에 도덕적 부채를 갖고 있다고 느꼈던 사용자들이 그랬다. 사용자들이 상호 간에 부담을 조정하기 위해 보험회사를 찾았을 때 이 개별적 자발성은 **집단적 차원**을 획득하게 되었다. 노동자들은 협동조합을 설립했는데, 협동조합은 프랑스 혁명 전의 앙시엥레짐에서 동업조합이 담당하던 사회적 기능을 물려받은 것이다. 협동조합은 1852년에 합법화되었고 오늘날 협동조합법에 의해 규율되는데, 조합원들의 대표에 의해 운영되는 비영리 조직이다. 그러므로 이미 이 당시부터 두 가지 공제 유형이 공존했는데, 둘 다 개별적인 자발성에서 비롯되었지만 하나는 보험시장에 속했고 다른 하나는 직업적 연대에 속했다.

....

61 이 책 제10장 참조.

62 이 개념에 대해서는 Gérard Lyon-Caen, *La Prévoyance* (Paris: Dalloz, 1994, 126 p).

1945년 3월 4일 법과 19일 법에 의해 도입된 프랑스의 사회보장제도는 어떤 측면에서는 이러한 전통을 계승한 것이라고 할 수 있다. 영국과 달리 프랑스에서는 사회보장이 국가가 담당하는 공공서비스의 형식을 취한 것이 아니라, 사법과 공법이 혼합된 형식을 취했다. 프랑스 모델의 특징은 사회적 민주주의 원칙 속에 있는데, 이것은 모든 국민을 포괄하는 시스템의 운영을 이해당사자들의 대표에게 맡기는 것이다. 사회보장제도의 창설은 과거의 공제제도와 일정한 질적 단절을 가져온다. 사회보장은 "국민연대의 원칙"[63]에 근거한 것으로서 임의적인 것이 아니라 의무적인 것이며, 그것에서 파생되는 권리들은 사람들의 인격에 결부되어 '요람에서 무덤까지' 사람들을 동반한다. 사회보장은 이처럼 최초의 직업적 경로 보장 제도이면서 또한 사용자의 사회적 책임을 외부화하는 주된 수단이기도 하다. 사회보장은 모든 노동계약의 '불가결한 **제삼자**'가 되었으며, 노동자를 사용자의 가부장주의로부터 해방시켜주는 인격적 권리들을 부여한다. 하지만 이 권리들은 제한적인 것일 수밖에 없었기 때문에, 보충적 공제라고 부르는 것의 필요성은 사라지지 않았다. 이에 따라 입법자는 사회적 당사자들이 단체협약의 방식을 통하여, 노동자들 혹은 그 피부양자들에게 지급하는 급여의 부담을 조정하는 비영리 노사공동운영제도를 창설할 수 있도록 허용했다.[64] 이 노사공동운영제도들은 협동조합의 편에 섰다. 반면에 영리적 보험제도는 보충적 공제의 영역에서 배제되었다. 보충적 공제는 자발적 연대와 사회적 민주주의의 원리에만 근거해야 한다고 생각했던 것이다. 1947년의 협약연금제도와 1958년의 실업보험제도는 이러한 규범적 기초 위에 설립되었다. 실업보험도 단체협약에 의해 도입되었으며 노사가 공동으로 운영한다. 이 보충적 공제 제도들은 의무적인 제도가 되면서 사회보장제도와 근접해졌고, 비록 운영상의 일정한 자율성을 보유하고 있기는 하지만 유럽연합법의

63　프랑스 사회보장법전, L.111-1조.

64　Paul Durand, "Des conventions collectives de travail aux conventions collectives de sécurité sociale," *Droit social*, 1960, p.42. 이 노사공동운영제도들은 그 당시의 사회보장법전의 해당 조문 번호를 따서 "L4"라는 별칭으로 불렸다.

관점에서 보면 거의 동일하다. 반면에 기타의 보충적 공제 제도가 부담하고 있는 위험의 보장에서는 여전히 자발적 연대가 원칙이다.

1980년대 이후 신자유주의적 전환과 유럽연합법의 압력은 보충적 공제의 영역에 민간보험을 재도입하고 이 거대하고 유망한 '시장'에 들어오는 모든 행위자들에게 점차 동일한 규칙을 적용하기 위해 하나로 힘을 합쳤다. 1985년부터 2003년까지 정확하게 여덟 개의 법이 통과되었다.[65] 가장 중요한 법은 1989년 12월 31일에 공포된 에뱅(Evin) 법이다. 이 법의 첫 번째 목적은 대인보험서비스 시장의 자유화에 관한 유럽연합의 지침을 공제의 영역에 이식하는 것이었다. 이 법은 "피보험인의 보장을 강화"(법의 제목이기도 하다)한다는 명목으로 보험가입 시 의무적으로 납부해야 하는 지불예치금을 노사공동운영기구와 협동조합에 대해서도 의무화했다. 대인보험서비스 시장의 활성화 및 세 가지 유형의 행위자들을 서로 경쟁시키기 위한 목적으로 영역분리의 원칙이 침해된 것이다. 이제 노사공동운영기구와 보험회사 그리고 협동조합은 이 시장을 놓고 서로 다투는 처지에 놓였다.[66] 이렇게 해서 1945년 이래로 보충적 공제의 세 가지 특징, 즉 단체협약에 의한 설립, 비영리성 그리고 노사공동운영 사이에 설정된 관계는 깨졌다. 그 대신에 시장에 들어오는 보험사업자들에게는 연대의 원칙에 기반을 둔 몇 가지 규칙(종신보장, 표준요금, 개별적 할증보험료의 금지)이 적용되었으며, 이른바 책임연대계약에 일정한 재정적 혜택이 주어졌다.[67] 이 책임연대계약은 피보험자가 준수해야 하는 치료 경로를 예정하고 있으며 선택적 진료를 허용하지 않는 것이다.

현재의 프랑스 실정법에서 공제는 "사회적 보장들"[68] 또는 "노동자들의 집단

---

65 J.-J. Dupeyroux, M. Borgetto, R. Lafore, *Droit de la sécurité sociale* (Dalloz, collection "Précis", 2011, 제17판), p.1030 이하.

66 Jacques Barthélémy, "Les fondamentaux du droit de la PSC," *Droit social*, 2013, p.873 이하.

67 이 혜택은 2011년 사르코지 정부에서 크게 축소되었다. 현재 책임연대계약에 대해서는 통상적인 계약에 부과되는 9% 대신 7%의 세금이 부과된다. 같은 해에 유럽집행위원회도 이 제도를 비판했는데, 내부 시장과 양립할 수 없는 국가의 지원이라는 이유에서다.

68 단체교섭과 단체협약을 규율하는 프랑스 노동법전 제2편 제2장은 "노동자들이 노동조건과

적 보장들"[69]이라는 명칭으로 불리고 있다. 이 보장들의 비용은 기업이 부담하고 대신 일정한 정도의 조세 혜택과 사회보험료 혜택이 주어진다. 이것들은 원칙적으로 단체협약을 통해서 실시된다. 이 보장들은 사회보장제도가 포괄하지 않거나 불충분하게 부담하는 위험들을 보장하는 것을 첫 번째 목적으로 한다.[70] 이 보충적 공제 제도들은 노동법과 사회보장법 그리고 보험법이 교차하는 영역에 위치하고 있으며, 두 가지 공통점을 갖고 있다. 첫 번째 공통점은 **재정 운용을 외부의 기관에 맡긴다**는 점이다. 이 외부 기관에서는 사용자들로부터 분담금을 징수해 노동자들에게 각종 급여를 지급한다. 그러므로 노동자들은 이 기관에 대해서 일종의 채권을 갖게 된다. 이 채권은 비록 노동계약에 근거한 것이기는 하지만 임금채권과는 구별된다. 사회보장법의 원리와 마찬가지로 채무자인 **제삼자**의 개입 덕분에 노동자와 사용자의 가부장적 의존 관계를 유지하지 않으면서도 계약적 교환의 짧은 호흡과 노동자의 삶이 갖는 긴 호흡이 조화를 이룰 수 있다. 두 번째 공통점은 사용자들의 재정 부담을 **균등하게 조정한다**는 점이다. 하지만 균등 조정을 조직하는 구체적인 방법에 대해서는 언제나 다음의 두 가지 관점이 긴장을 일으킨다. 하나는 시장적 관점으로서 서비스 제공자들 간의 경쟁을 도입해야 한다는 관점이고, 다른 하나는 연대적 관점으로서 직업적 연대의 실현을 촉진해야 한다는 관점이다. **자유경쟁의 관점**에서는 균등 조정은 언제나 보험통계기법, 즉 위험의 발생가능성에 대한 계산 그 자체에 근거한다. 이 관점은 숫자에 의한 협치에 속하는 것으로서 사람들 사이의 관계를 무시한 채 사람들을 위험 요소로 환원한다. **연대의 관점**에서는 균등 조정은 각자에게 일정한 권리를 부여하는 기능만이 아니라 행운과 불행의 불평등을 보상하는 기능을 수행한다. 다시 말하면 연대의 관점은 '각자의 능력에 따라 기여하고 각자의 필요에 따라 분배한다'는 규칙을 고려한다. 이 원리는

....

직업훈련 및 집단적 보장들에 관해 단체교섭을 할 수 있는 권리가 행사되는 규칙을 정한다."(L. 2221-1조).

69   프랑스 사회보장법전, L.911-1조 이하.

70   프랑스 사회보장법전 L.911-2조는 이 위험들을 예시하고 있다.

협동조합의 정의 속에서 오늘날에도 여전히 선명하게 드러난다. 법률의 정의에 의하면 협동조합은 "공제와 연대 및 상호부조 활동을 통해서 …… 조합원들의 문화적, 도덕적, 지적, 신체적 발전 및 조합원들의 생활 여건의 개선에 기여하는 것"[71]을 목적으로 한다. 확실히 이 목적들은 보험시장에서는 들어설 여지가 전혀 없다.

2013년에 프랑스에서 채택된 '고용안정법'은 이 두 가지 관점이 정면으로 부딪히는 계기가 되었다. 이 법은 "경제적 변화를 단체교섭을 통해서 선제적으로 대응"하는 대신, 즉 노동계약의 구속력을 약화시키는 대신,[72] "직업적 경로의 보장을 위한 새로운 개별적 권리들"을 도입했다. 이 명칭은 굉장한 울림이 있는 듯하지만, 법 제1조는 엄밀한 의미에서의 "새로운 권리"를 창설하는 것은 아니다. 단지 협약상 실손의료보험 의무가입제를 모든 노동자에게 확대할 뿐이다. 이미 오래전부터 노동자에게 인정되고 있었던 권리인 의료보험권을 새로운 권리라고 선언하는 이 언어 남용을 어떻게 이해해야 할까? 대답은 노동법에 있지 않고 사회보장법에 있다. 좀 더 정확하게 말하면 건강상의 "사소한 위험"이라고 부르는 것을 보장 범위에서 점점 배제해온 프랑스의 사회보장법에 있다. 지난 20년 동안 프랑스에서 의료보험은 디디에 타부토(Didier Tabuteau)가 "살라미 소시지 정책"이라고 부르는 것의 대상이 되었다. 이것은 "보충적 공제 기관들이 천천히 부드럽게 소화시키기 좋게 의료보험을 얇게 저미는 것"[73]을 말한다. 재정지출의 가혹한 삭감이라는 맥락에서 가장 수익성 좋은 거대한 시장인 의료보험 시장을 부드럽게 민영화시키는 흐름은 오늘날 돌이킬 수 없는 것처럼 보인다.[74] 프랑스에서 의료보험 분야의 재정지출 규모는 2012년에

----

71 프랑스 협동조합법전, L.111-1조.

72 2013년 1월 11일 전산업전국협약 및 2013년 6월 14일 법률 제2013-504호. 이 개혁에 대해서는 이 책 제13장 참조.

73 Didier Tabuteau, *Démocratie sanitaire. Les nouveaux défis de la politique de santé*(Paris: Odile Jacob, 2013), p.141 이하, 특히 pp.146~147.

74 현 상태의 진단에 대해서는 의료보험의 미래를 위한 최고위원회(Haut conseil pour l'avenir de l'assurance maladie)의 연례보고서(Paris, 2013, 273 p.) 참조.

2430억 유로로서 프랑스 국내총생산의 12%에 달한다.[75] 그런데 여기서 숫자에 의한 협치의 마법이 일어난다. 국민계정에서 재정지출이 경제성장 요소로 기적 같이 변신하기 위해서는 해당 분야를 민영화하는 것으로 충분하다. 실손의료보험 시장이 좋은 사례이다. 2011년에 이 시장의 규모는 311억 유로였는데,[76] 사회보장이 부담하는 부분이 줄어드는 만큼 늘어난다. 고용안정법이 실손의료보험 의무가입제에 중요성을 부여한 이유는 이러한 관점에서 더 잘 이해된다. 그것은 노동자들이 노동시장에서 맞닥뜨리게 될 점증하는 위험들에 맞설 수 있도록 진정으로 새로운 권리들을 부여하는 것과는 전혀 상관이 없고, 재정지출 삭감 정책과 의료보험 민영화 정책을 방법론적으로 견지하면서 의료보험의 보장성 약화에 일시적으로 대처하는 것에 불과하다.

시장 대 시민연대

이러한 변화를 염두에 둘 때 제기되는 질문은 어떠한 유형의 민영화를 추진하려고 하는 것인가이다. 보험시장과 자유경쟁을 촉진해야 하는가, 아니면 연대와 비영리 기관을 우선시해야 하는가? 2013년에 실손의료보험이 확대되었을 때, 보험회사들은 1945년부터 끊임없이 제기되었던 이 질문을 다시 끄집어내기 위해 로비를 할 수 있는 기회를 잡았다. 고용안정법은 사회적 당사자들에게 의무적 실손의료보험을 운영할 단일기관을 지정해 업종별 차원에서 "높은 수준의 연대"를 확립할 수 있도록 허용하려고 했다. 이러한 종류의 법률 조항에 대해서 유럽사법재판소는 2011년에 적법하다고 판결한 바 있는데, 경제적 자유에 대한 적대감을 표현한 것은 아니라고 보았다.[77] 그럼에도 불구하고 프

---

75 Marie-Anne Le Garrec et Marion Bouvet, *Comptes nationaux de la santé 2012*, Drees, Document de travail, série Statistiques, no.185(2013.9).

76 출처: Autorité de la concurrence, Avis no.13-A-11, 2013.3.29.

77 J. Barthélémy, "Clauses de désignation et de migration au regard du droit communautaire de la concurrence," *Jurisprudence sociale Lamy*, no.296(2011),

랑스 헌법재판소는 이 조항이 영업의 자유와 계약의 자유를 침해한다고 결정했다. 이것은 연대라는 단어에 대해서 입도 뻥긋하지 않는 고난도의 기술을 구사한 결정이다.[78] 이 결정은 보험회사들의 오랜 숙원을 해결해준 것으로서, 중소기업의 대표들로부터 재앙이라는 평가를 받았다. 가령 수공업연합회(UPA)의 회장은 "보험업이 가하고 있는 온갖 종류의 행태와 압력"에 내맡겨진 소기업들의 비참한 상황을 강조했다.[79]

　의무적 실손의료보험의 확대를 둘러싼 쟁점들은 직업적 경로를 보장하기 위한 권리들을 착상하는 두 가지 서로 다른 관점을 명확하게 드러내준다는 점에서 시사점이 많다. 입법자가 원래 선택했던 관점은 **개별적으로 행사되는 집단적 권리**라는 개념이다. 이 권리를 창출하는 행위(단체협약)의 성격 측면에서 볼 때에도 이것은 집단적 권리이지만, 여기에 재정을 기여하는 자들의 대표들에 의해 운영되는 **연대체제** 위에 이 권리를 정초할 수 있는 권한을 협약의 당사자들이 갖는다는 점에서도 이것은 집단적 권리이다. 노동자의 직업생활 전체를 보호하기 위한 개별적 권리가 그러한 연대체제 위에 정초되어 있다는 점에서 이것은 **사회권**이다. 반대로 프랑스 헌법재판소가 채택한 관점은 순전히 개별적인 권리 개념으로서, 이 권리는 같은 업종의 구성원들 사이에 연대를 제도화하는 체제에서 비롯되는 것이 아니라, 금융기관 혹은 보험회사에 대한 채권에서 비롯되는 것이다. 다시 말하면, 연대에 근거하는 고유한 의미에서의 사회권이 아니라, 저축에 근거하는 **재산권**에 해당한다.

　재산권적 관점은 시장의 제국을 확대하고, '인적자본'의 유동성을 더 높이기

78　J.-P. Chauchard, "La prévoyance sociale complémentaire selon le Conseil constitutionnel," *Revue de droit sanitaire et social(RDSS)*, no.4(2014); J. Barthélémy, "Le concept de garantie sociale confronté à l'article L.1 du code du travail et la décision des sages du 13 juin 2013," *Droit social*, 2013, pp.673~679; J. Barthélémy, "Protection sociale complémentaire. La survie des clauses de désignation," *Droit social*, no.10(2014).

79　Sébatien Chabas, "Complémentaire santé: le Conseil constitutionnel rejette les 'clauses de désignation'," Batiactu.com, 2013.6.14.(http://www.batiactu.com/edito/complementaire-sante---le-conseil-constitutionnel-35457.php)(2014.8.2. 열람)에서 재인용.

위한 노력에 조응한다. 이 관점은 연대의 원리를 제거하고 노동자들 사이의 불평등을 증가시키며, 가진 자에게 더 많이 주고 없는 자에게서 빼앗는 것을 일컫는 말인 '마태 효과'를 방치한다. 다른 사회보장제도들의 최근 변화에서 알 수 있는 것처럼, 연대의 원리에 대한 존중은 사회보장제도의 효율성을 좌우하는 결정적 요건이다. 직업훈련제도 사례는 특히 시사적이다. 프랑스 헌법에 의하면, "국가는 모든 아이와 어른에게 교육과 직업훈련 그리고 문화에 대한 **평등한 접근**을 보장한다".[80] 1971년 7월 16일의 들로르(Delors)법은 평생직업훈련 시스템의 기초를 확립함으로써 이 헌법 규정을 실현했다. 그런데 그 당시의 선택은 **직업훈련 시장**을 제도화하는 것이었지, 직업훈련을 국민교육처럼 공공서비스에 맡기거나 비영리 연대 제도에 맡기는 것이 아니었다. 그러므로 기업의 훈련 수요와 훈련기관의 공급은 직업훈련 시장에서 만나게 된다. 이 시스템의 재정은 사회보험료가 아니라 세금으로 충당된다. 최소한의 직업훈련 비용이 기업에 부과되는데, 그중 일부는 기업이 자기 노동자를 위해 직접 직업훈련을 실시할 때 드는 비용으로 충당되고, 나머지는 직업훈련 인증기관들에 지출된다. 직업훈련 인증기관 관련 제도도 여러 번 개정되었는데, 2009년부터는 의무적으로 노사 동수로 운영해야 하며 스스로 직업훈련을 제공할 수는 없게 되었다. 직업훈련 시장은 업종별 단체교섭과 국가 그리고 지방자치단체에 의해 규율된다.

1971년 이후 직업훈련 시장을 목적으로 하는 수많은 개혁에도 불구하고 직업훈련권의 심각한 불평등은 해소되지 않았다. 중소기업과 여성 및 구직자 들은 가진 자에게 더 주고 없는 자에게서 뺏는 마태 효과가 전면적으로 발휘되는 이 시스템의 가장 큰 피해자들이다. 최근의 프랑스 의회 보고서는 다음과 같이 지적하고 있다. "직업훈련시스템의 재분배 기능은 매우 약하다. 노동자 10인 이상 49인 이하 중소기업들이 대기업의 직업훈련에 연간 5000만 유로의 재정을 기여하는 반면, 직업훈련기금으로 조성된 금액의 3% 미만만이 중소기업을

80　프랑스 1946년 헌법 전문 제13조.

위해 사용된다."[81] 이러한 결과는 노동자의 인격에 연계된 권리들을 조직하는 데 연대 원리를 제거하는 것이 초래하는 불평등의 동학을 보여준다. 이러한 진단은 2014년에 직업훈련법의 개혁으로 이어졌으며, 사회적 당사자들과 입법자는 직업훈련을 시장의 규율에만 맡길 것이 아니라 소기업의 노동자들을 위해 연대의 원리를 도입하기로 했다.[82] 시장 논리가 연대 논리로 전환되는 것과 보조를 맞추어 개인별 직업훈련계좌가 도입되었다. 이 계좌는 학업을 마친 모든 사람에게 개설되며 은퇴할 때까지 유지된다.[83] 그러므로 단지 취업 중인 노동자에게만 해당되는 것은 아니며, 계좌에 적립된 시간의 사용은 계좌 명의자의 주도권에 맡겨져 있다. 계좌 명의자는 직업훈련시간이 노동시간에 포함되지 않는 한 그 시간에 재정을 부담한 사용자의 동의를 얻을 필요가 없다. 또한 "계좌에 기입된 직업훈련시간은 계좌 명의자의 직업적 상황의 변화나 고용 상실의 경우에도 유지된다."[84] 이것은 직업훈련권의 '휴대성'이라고 부르는 것으로서, 예금계좌와 마찬가지로 살아가면서 만나게 되는 여러 가지 어려움을 극복하기 위해 사용하거나 아니면 반대로 새로운 직업적 계획을 실현하기 위해 사용할 수 있는 인출권이다.

여기에서 사용하고 있는 은행 용어는 능력진단, 노동시간계좌, 개인별 직업훈련계좌 등과 같이 인격에 연계된 '새로운 권리들'이 갖는 특징을 잘 보여준다. 하지만 반드시 진짜 자본화로 가는 표식이라고 볼 필요는 없다. 이 새로운 권리들은 사람들의 노동담지성을 구성하는 것으로서 원칙적으로 압류할 수 없고 양도할 수 없으며 재산권과 인격권을 구분하는 회색 지대에 속한다.[85] 그리

---

81 Claude Jeannerot, *Rapport no.359(2013-2014)*, 상원 사회분과위원회 보고서, 2014.2.12.

82 2013년 12월 18일 전산업전국협약 및 2014년 3월 5일 법률 제2014-288호. 이 개혁은 직업적 경로의 보장을 위한 노사공동기금의 역할과 재정을 강화했다. 기금 전체의 20%는 소기업 노동자들을 위해 직업 간 공제에 충당될 것이다. 소기업 노동자들은 직업훈련 시장의 규율이라는 개념에 전적으로 기초했던 종전 제도의 가장 큰 피해자들이었다.

83 프랑스 노동법전, L.6323-1조. 2014년 3월 5일 법률 제2014-288호에 의해 개정.

84 프랑스 노동법전, L.6323-3조.

85 Pierre Catala, "La transformation du patrimoine dans le droit civil moderne," *Revue trimestrielle de droit civil*, 1996, p.185; Jacques Audier, *Les Droits patrimoniaux à caractère per-*

고 특히 이 권리들의 대부분은 화폐의 적립이 아니라 같은 직업군에 속하는 사람들 간의 연대에 근거하고 있다. 이 권리들은 다양한 전통 사회들이 알고 있는 부의 개념에 현대적 형식을 부여하는 것으로서, 이 사회들에서는 황금을 무더기로 쌓아놓은 사람이 아니라 서로 간에 도와줄 수 있는 사람들을 많이 알고 있는 사람이 부자로 여겨진다. 카메룬 바밀레케족의 속담은 다음과 같이 말한다. "재물을 많이 가진 자보다 사람을 많이 가진 자가 더 부자다".[86] 부자란 믿을 수 있는 "사람을 많이 가진" 자이다. 이것은 공제의 노력을 단념시키는 것이 아니라, 아프리카의 톤틴(tontin) 사례가 보여주는 것처럼, 각자의 저축을 가장 확실하게 보장하는 것은 서로서로가 채권자이자 채무자의 관계가 되는 연대라는 점을 말하고자 하는 것이다.

사회보장을 사적 재산권이 아니라 사람들 사이의 연대관계 위에 정초하는 것은 반대로 자유주의적 교리에는 정면으로 반한다. 자유주의 교리에서 표상하는 사회는 객체들로 둘러싸여 있는 주체들의 집합이며, 사적 소유권을 주체와 객체 관계의 처음이자 마지막으로 간주한다. 그 결과 자유주의 교리는, 사람들은 사회적 장소가 되었든 자연적 장소가 되었든 살아가는 데 꼭 필요한 장소에 소속된다는 사실을 전혀 생각하지 못한다.

'사회적 인출권' 개념은 이처럼 인격에 연계된 새로운 권리들을 사고하는 데 유용하며, 이 새로운 권리들이 연대에 기초한 권리들의 귀환을 처음으로 의미했던 사회보장제도와 연결되는 점과 구별되는 점을 이해하는 데 도움을 준다.[87] 사회적 인출권은 고용이 아니라 노동자의 인격에 연계되어 있으며, 그럼으로써 노동 상황의 단절과 이질성을 넘어 계속 유지되는 노동담지성을 보장

....

    sonnel, thèse(LGDJ, 1979), préface Kayser; J. Ghestin(dir.), *Traité de droit civil: Introduction générale*, 4e éd. par J. Ghestin, G. Goubeaux et M. Fabre-Magnan(Paris: LGDJ, 1994), no.217 이하, p.170 이하.

86   J. Nguebou Toukam et M. Fabre-Magnan, "La tontine: une leçon africaine de solidarité," *art. cit.*, p.299.

87   A. Supiot, "Du bon usage des lois en matière d'emploi," *Droit social*, 1997, pp.229~242; A. Supiot(dir.), *Au-delà de l'emploi, op. cit.*, p.90 이하.

하는 데 기여한다. 사회적 인출권은 노동자에게 일정한 시간 동안 종속적 노동 시간에서 벗어나 사회적으로 유용한 다른 일을 할 수 있는 여지를 부여한다. 우선 이 권리는 **인출권**이다. 왜냐하면 이 권리의 실현은 충분한 '적립' 및 적립을 사용하려는 향유자의 결정이라는 두 가지 요건에 달려 있기 때문이다. 다음으로 이 권리는 **사회권**이다. 다양한 연대의 고리들을 동원해 다양한 방식으로 적립되어 구성된다는 구성양식의 측면에서도 그렇고, 권리의 행사로 인해 가능하게 되는 활동의 사회적 유용성을 목적으로 한다는 점에서도 그렇다. 사회보장권이 존재의 위험들로부터 보호하는 것을 목적으로 하는 반면, 사회적 인출권은 직업생활의 영위에서 진정한 선택의 자유를 부여하는 것을 목적으로 한다. 프랑스 실정법의 최근 변화를 보면 특히 직업훈련 및 노동안전과 관련해 '직업적 경로의 보장'이라고 부르는 것에서도 이러한 관점이 완전히 부재하지는 않는다는 것을 알 수 있다. 그렇지만 주된 경향은 어디까지나 노동의 사물화를 강화하는 것이다. 여기에서 노동은 전체주의적 시장의 제국에 완전히 내맡겨진 '인적자본'으로 취급된다. 그러므로 봉건적 주종관계의 보편화가 돌이킬 수 없는 것처럼 여겨지는 반면, 이 주종관계가 취하게 될 형식은 사람들의 행동에 널리 열려 있다고 할 것이다.

　노동관계는 언제나 다양한 현대적 통치 방식들의 핵심이었다. 그러므로 노동관계의 현대적 변화들의 양상을 조금은 따분하게 법학적으로 분석하는 것은 좀 더 일반적인 차원으로 말해서 모든 수준의 사회 조직에서 확대되고 있는 봉건적 주종관계의 구조를 이해하기 위해 필요한 사전 작업이었다고 할 것이다.

제14장

주종관계의 구조

"이익이 있는 곳에는 책임도 있어야 한다."
(*Ubi emolumentum, ibi onus*)[1]

개별적 노동관계의 변화 속에서 밝혀졌던 주종관계의 구조는 지배기업과 피지배기업의 관계 그리고 제국적 국가와 지배기업 사이에서도 재발견된다.

기업 네트워크에서의 주종관계

기업 네트워크에서 주종관계가 형성되는 양상을 생생하게 이해하기 위해서 하나의 끔찍한 사례를 들어보자. 라나 플라자의 참사와 그 이후의 경과들이 그것이다. 사실관계는 언론을 통해서 많이 알려졌다. 방글라데시의 수도 다카 인근에는 서양 대기업들의 하청을 받아 저가의 옷을 만드는 공장이 있었다.

2013년 4월 24일, 이 공장이 들어서 있었던 라나 플라자 빌딩이 붕괴되었다. 1133명이 사망했고, 대부분은 여성 노동자들이었다. 2000명이 부상으로 평생

---

1 Sexte, *De regulis juris*, LV. 이 격언에 대해서는 Henri Roland et Laurent Boyer, *Adages du droit français* (Paris: Litec, 1999, 제4판), pp.913~920.

〈그림 14-1〉 라나 플라자 참사

© Wikipedia

장해를 입었다. 1984년 보팔 참사 이후 가장 큰 규모의 산업 참사인 라나 플라자 참사의 사진들은 전 세계로 퍼져 나갔으며, 지구화가 가난한 나라들에 초래한 사회적 현실을 보여주는 창을 열었다(바로 닫히기는 했지만).

참사 전날, 건물 벽에 여러 군데 균열이 발생한 것이 확인되었고, 금방이라도 건물이 무너질 것 같은 조짐이 보였다.[2] 사람들은 대피했다. 다음날, 복귀하지 않으면 벌금을 물리고 임금을 삭감하겠다는 위협에 어쩔 수 없이 노동자들은 다시 작업장으로 돌아갔다. 라나 플라자는 원래 주거용 건물로 늪지대에 세워졌으며 최소한의 안전 규정도 지키지 않았다. 원래는 5층짜리 건물이었지만, 건축 허가 같은 것은 전혀 없이 4개 층을 신축했다. 옥상에는 발전 장치가 설치되어 있었는데, 이 발전 장치의 진동이 기계들의 진동과 결합해 건물의 붕

---

2   Point-de contact national français, *Rapport sur la mise en œuvre des principes directeurs de l'OCDE dans la filière textile-habillement*, 2013.12.2., 182 p.

괴를 초래한 것 같다. 만들다 만 옷들이 잔해 속에서 발견되었는데, 프랑스(오샹, 까르푸의 텍스, 카마이유, 카지노, 르클레르), 이탈리아(베네통), 영국(프리멕스) 그리고 미국(월마트) 등 서양 대기업들의 상표가 붙어 있었다.

이 참사는 세계화가 개발도상국 노동자들에게도 이익이 되는 좋은 것이라는 주장이 거짓말이라는 사실을 폭로했으며, 지구화된 경제에서 새로운 형태의 노동조직이 초래하는 사회적 영향에 대해서 한동안은 언론들도 주목했다. 문명을 전파하는 경제적 지구화의 미덕에 대한 의심이 퍼져 나가는 것을 감지한 지구화 설교자들은 신성한 교리를 상기시키는 것을 잊지 않았다. 저명한 좌파 시사 주간지 ≪누벨옵세르바퇴르(Nouvel Observateur)≫의 편집장은 다음과 같이 썼다. "세계화를 고결하게 비난하는 데 가담하거나 언제 올지 모르는 혁명의 위대한 그날을 격찬하는 것은 심각한 오류일 것이다. …… 이 젊은 여성들에게 공장의 노동은 농촌에서 나날이 겪는 가족의 학대와 경제적 억압보다는 더 나은 것이다. 역설적으로 라나 플라자의 노동은 그들에게 일종의 해방이었다."[3] 식민주의 담론은 새 옷으로 갈아입었을 뿐 변하지 않았으며, 어제와 마찬가지로 오늘날에도 제3세계 '원주민들'의 복지를 파리에서 결정할 수 있으며 족쇄 풀린 무역의 압착기에 깔려 죽은 자들은 어쩔 수 없다고 생각하는 자들이 있다. 19세기 말에 이미 리옹 상업회의소 의장은 다음과 같이 주장했다. "현대적 의미에서 문명을 전파한다는 것은 구매하고, 교환하고, 소비할 수 있기 위해 일하는 법을 사람들에게 가르쳐준다는 것을 의미한다."[4] 라나 플라자 참사에 관련된 서양 기업들 대부분은 기업의 이미지를 염려해 '사회적 책임'을 다 하겠다고 선언했다. 국제무역의 자유화 이후 언론을 통한 여론화는 산업 시대의 대규모 파업과 유사한 역할을 수행하는데, 세계 여론은 분노했고 그러자 초국적 기업들은 돌연 진정한 책임의 시험대에 올랐다. 기업의 사회적 책임과 관련해 행위준칙을 마련해온 두 개의 국제기구(ILO와 OECD)의 압력 그리고 여

---

3   Laurent Joffrin, *Le Nouvel Observateur*, 2014.4.24.

4   Henri Wesseling, *Le Partage de l'Afrique* (Paris: Denoël, 1996, Gallimard, collection "Folio", 2002), p.169에서 재인용.

론의 힘에 밀려, 2013년 한 해에만 방글라데시에서 245억 달러의 매출액을 기록한 이 초국적 기업들은 유사한 사례의 재발을 방지하기 위한 조치를 취하지 않을 수 없었다.

이 사례는 무엇보다 무역 국경의 철폐가 초국적 기업들에게 미치는 양면적 효과를 보여준다. 무역 국경의 철폐는 국가의 후견으로부터 초국적 기업들을 해방시켰고, 기업들은 조세법, 사회법, 환경법의 법 쇼핑을 즐기고 공장을 자유롭게 해외로 이전할 수 있게 되었다. 해방된 대기업들은 전 지구적 차원에서 직조하는 네트워크에 소규모 기업들을 참여시켜 지배한다. 반면에 초국적 기업들은 일종의 제도적 진공 상태에 빠지면서 새로운 위험에 직면하게 되었다. 기업들이 자율적 규제 능력이나 '사회적 책임'을 언급하면서 이 위험을 도모하고자 하는 것은 당연하다.

국제 법질서가 각자의 국경을 지배하는 주권 국가들에 바탕을 두고 구축되는 동안에는 기업의 활동은 공적인 것과 사적인 것의 결합 속에서 이루어졌다. 국가는 『학설휘찬』이 "성스러운 것"이라고 부르는 것, 즉 비계산에 속하는 모든 것을 떠맡았다. 그것은 곧 인격의 지위와 정치 공동체의 존속이다.[5] 이러한 후견 구조 아래서 개인 간의 교환은 순전히 효용 계산의 논리에 따라 펼쳐질 수 있었다. 이러한 제도적 맥락에서 볼 때, "기업의 유일한 사회적 책임은 이윤을 내는 것이다"[6]라는 밀턴 프리드먼의 주장은 확실히 매우 초보적인 기업관을 드러내는 것이지만,[7] 기본적으로 터무니없는 주장은 아니었다. 기업이 법률을 준수하고 세금을 제대로 납부한다면, 사회적이고 환경적인 차원에서 인간의 삶이 갖는 긴 시간의 호흡을 보장할 입법자의 의무를 기업이 부담하도록 요구할 이유는 없다. 대부분의 소규모 기업들의 경우에 이러한 상황은 여전히 진실

5 이 책 제10장 참조.

6 Milton Friedman, "The Social Responsibility of Business Is to Increase Its Profits," *The New York Times Magazine*, 1970.9.13.

7 Cf. Olivier Favereau, "La 'fin' de l'entreprise privée," in A. Supiot(dir.), *L'Entreprise dans un monde sans frantières* (Paris: Dalloz, 2015).

〈그림 14-2〉 티셔츠 한 벌 가격의 구성

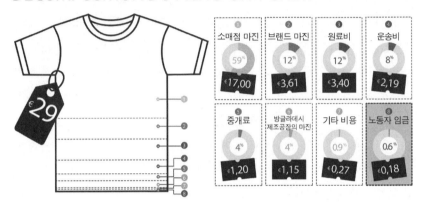

DÉCOMPOSITION DU PRIX D'UN T-SHIRT

① 소매점 마진	② 브랜드 마진	③ 원료비	④ 운송비
59%	12%	12%	8%
€17,00	€3,61	€3,40	€2,19

⑤ 중개료	⑥ 방글라데시 제조공장의 마진	⑦ 기타 비용	⑧ 노동자 임금
4%	4%	0,9%	0,6%
€1,20	€1,15	€0,27	€0,18

자료: Fairwear Foundation

이다. 그러나 초국적 기업들의 경우에는 더 이상 그렇지 않다. 무역 국경이 철폐되면서 초국적 기업들은 국가의 후견으로부터 벗어났으며, 전 지구적 차원에서 가장 수익이 좋은 법제를 선택할 수 있게 되었다. 바꿔 말하면, 무역 장벽의 철폐와 함께 초국적 기업들은 세계인권선언(1948)이 법치 또는 법의 지배라고 명명한 것에서 벗어날 수 있게 된 것이다.

라나 플라자의 참극은 초국적 대기업들이 법을 벗어날 때 실현될 수 있는 기회와 위험을 비극적으로 드러낸다. 한편으로 초국적 기업들은 사회법과 환경법의 규제를 벗어나, 프란치스코 교황이 "노예노동"[8]이라고 정확하게 표현했던 하청노동을 통해서 현기증이 날 정도로 이윤을 증대시킬 수 있다. 서양의 시장에서 티셔츠 한 벌이 팔리는 가격에서 티셔츠를 만드는 노동의 비용이 차지하는 상대적 가치가 폭락한 것이 이를 증명한다.[9]

....

8   Cf. *Le Figaro*, 2013.5.1.

9   출처: Fairwear Foundation, *Rapport OCDE*, Annexe 7, p.107.

그러나 다른 한편으로 초국적 기업들은 인간과 자연에 대한 과도한 착취에서 비롯하는 기본권 침해가 공론장에서 제기될 때 이에 대한 대답을 제시해야 할 위험에 직면한다. 모든 생산 과정을 통합하는 포드주의 기업 모델과 달리, 초국적 기업들은 독립된 법적 지위를 갖고 있는 경제적 단위들의 네트워크로 조직되어 있는데, 이것은 전형적으로 봉건적인 요소이다.[10] 법적인 측면에서 볼 때 원칙적으로 초국적 기업들은 자회사나 하청기업 또는 납품업체가 저지른 과실이나 위험에 대해서는 책임이 없다. 법인격은 사고가 발생했을 때 방화벽의 기능을 수행한다. 이러한 몽타주는 어느 정도까지는 경제적 권력이 존재하는 곳과 책임을 부담해야 하는 곳을 분리시킬 수 있다. 예를 들어 지난 20년 동안 식품 하자와 관련해 반복해서 발생하는 스캔들이 보여주는 바와 같다. 반면에 대기업들은 더 이상 생산 조건을 직접 통제할 수 없다. 물론 대기업들은 간접적으로 통제를 유지한다. 하지만 하청 사슬이 길어질수록 간접적 통제는 약화된다. 그 결과 초국적 기업들에게 두 가지 문제가 생긴다. 첫째는 초국적 기업들이 기술적 경쟁력을 상실하고, 그 결과 자신들의 봉신이 어느 날 경쟁자가 될 수 있다는 점이다. 이것은 유럽과 미국의 기업들이 중국 시장을 '정복'한 결과 치러야 했던 뼈저린 교훈들 가운데 하나이다. 둘째는 인권이나 생태와 관련한 추문의 한복판에 서서, 예를 들면 라나 플라자의 여성 노동자들의 피로 얼룩진 자신의 상표가 언론에 폭로되는 것을 지켜보아야 하는 위험에 노출되는 상황이다. 이러한 상황에서는 법인격이라는 방화벽도 큰 도움이 되지 못한다. 왜냐하면 여론, 즉 자신들의 고객은 대기업들이 책임져야 한다고 판결할 것이기 때문이다.

하청기업이나 납품업체들이 야기한 사회적 손해 또는 생태적 손해에 대해서 직접 책임을 져야 하는 결과를 피하기 위해서, 초국적 기업들은 하청기업들이 책임감을 가지고 기업을 경영하도록 감독하고 필요한 수단을 제공하는 방향으로 원하청 관계를 구조화하려고 한다. 이렇게 해서 초국적 대기업들과 하

---

10 이 책 제11장 참조.

청기업 간에 직조되는 주종관계는 모회사와 자회사 관계인가, 원청과 하청 관계인가, 혹은 고객과 납품업자 관계인가에 따라서 비록 기술적으로는 서로 다르게 표현되지만, 그 분석은 일반적 언어로 수행되어야 한다. 왜냐하면 이것들은 모두 하나의 동일한 봉신관계의 표현 양식이기 때문이다. 이 봉신관계의 본질은 앞 장에서 검토했던 임금노동관계의 변화 양상들과 비교하면 명확하게 드러난다. 노동에서의 주종관계를 보여주는 것은 종속 안의 자율, 즉 노동자가 사용자에게 종속된 상태에서 어느 정도의 자율성을 확보한다는 사실이다. 앞에서 살펴보았듯이 주종관계에서 노동자는 자신의 인격을 더욱 강하게 투입해야 한다. 이제 노동자는 사전에 정해진 시간 동안 정해진 장소에서 명령과 지시에 기계적으로 복종하는 데 만족해서는 안 되며, 자신에게 할당된 목표를 달성하기 위해 스스로를 총동원해야 하고 그 성과에 대한 평가 절차에 따라야 한다. 반면에 사용자는 노동자가 노동시장에서 '고용 가능성'을 유지할 수 있도록 하기 위해 노동자의 신체적, 정신적 자원 및 직업적 능력을 주의 깊게 살펴보고 배려할 의무를 진다.

라나 플라자 참사 이후 체결된 두 개의 협약은 이와 유사한 관계를 정식화했다. 하나는 유럽의 기업들이 체결한 협약이고,[11] 다른 하나는 북미의 기업들이 체결한 것이다.[12] 북미의 협약은 상대적으로 강도가 약하고 협약의 실행 조치와 관련해 노동조합의 관여를 세심하게 배제하고 있다. 유럽의 협약은 좀 더 야심 차고 따라서 교훈거리가 훨씬 더 풍부하다. 유럽의 협약은 ILO의 후원 아래 2013년 5월 15일 일부 초국적 기업들 및 국제 노동조합 연합단체인 인더스트리올 글로벌 유니언(IndustriALL Global Union)과 유니 글로벌 유니언(UNI Global Union) 사이에 체결되었다. 유효기간이 5년인 이 협약은 섬유산업에서 안전과 화재에 대한 감독을 강화하고, 노동자의 건강과 산업안전을 개선하는

---

11 *Accord sur la sécurité incendie et la sécurité des bâtiments au Bangladesh*, 2013.5.13.

12 *The Alliance for Bangladesh Worker Safety*, 2013.7.13. 이 협약의 텍스트는 OCDE, *Rapport sur la mise en œuvre des principes directeurs de l'OCDE dans la filière textile-habillement*, Annexes 5 et 6.

것을 목적으로 한다. 현재 이 협약은 103개의 구매자 상표를 포괄하고 있으며, 1566개의 공장에 대한 노동감독을 규정하고 있다. 협약의 실행에 대한 감독은 ILO 대표자가 이끄는 감독위원회에 맡겨져 있는데, 이 위원회에는 초국적 기업과 노동조합의 대표들이 동수로 참석한다. 강제적 분쟁해결 메커니즘을 갖추고 있는 이 위원회가 추구하는 목표는 다섯 가지이다. 첫째, 신뢰할 만한 **노동감독**을 실시한다. 둘째, 공장들이 안전규범을 준수토록 해 사고를 **예방**한다. 셋째, 안전에 관한 **교육훈련** 프로그램을 실시한다. 넷째, 상향식 **소통** 시스템을 구축한다. 다섯째, 청문 대상 공장에 대한 **투명성**을 보장한다(자료접근권). 협약에 서명한 원청기업들은 주문 금액의 크기에 비례해 협약의 이행(노동감독의 실시, 노동감독관의 교육훈련, 안전규범의 작성 및 배포)에 필요한 재정을 지원한다. 첫 번째 감독보고서가 2014년 가을에 제출되었다. 이 보고서는 8만 건의 안전규칙 위반 사례를 밝혀내고 10억 달러를 넘는 것으로 추산되는 금액의 개선 조치들을 처방했다.[13]

이 협약이 생산관계를 정식화하는 방식에서 주종관계의 세 가지 특징을 도출할 수 있다. 첫째, 협약은 **하청기업들의 종속**을 인정한다. 하청기업들은 원청기업들의 컨소시엄이 요구하는 노동감독을 따르고 감독관들이 처방하는 개선 조치들을 적용해야 하는 한편, 노동자들의 안전에 관한 교육훈련 프로그램을 실시해야 한다. 이를 위반하는 경우에는 대단히 무거운 경제적 제재가 가해진다. 즉 협약에 가입한 기업들이 형성하는 시장에서 배제된다. 다시 말하면, 일종의 **경제적 추방**이다. 종속적 지위에 있는 하청기업은 원청기업 앞에서 투명해야 할 의무를 진다. 이것은 마치 노동자가 평가 면담에서 투명해야 하는 것과 같다. 둘째, 협약은 하청기업들이 새로운 의무를 수행할 수 있도록 하기 위해 **하청기업을 지원할 원청의 의무**를 인정한다. 이것은 장기적 전망 속에서 원청기업과 하청기업의 관계를 설정할 것을 요구하는데, 이러한 관점은 '가치창조'를 추구하는 '코스트킬러'들이 보통 무시하는 것이다. 원청기업들은 "방글라데

---

13 *Le Monde*, 2014.10.14.

시와 장기적 공급관계를 유지하고자" 하는 의사를 천명하면서, 하청공장들이 "협약의 이행에 따른 안전 규범을 준수할" 수 있도록 재정 능력을 보장하는 거래 방식을 하청기업들과 교섭하겠다고 약속했다. 이것은 원청기업이 하청기업에 제공하는 재정 지원의 형식을 취할 수도 있다. 한편, 협약에 서명한 대기업들이 방글라데시에서 기록한 매출액에 비례해 노동감독과 교육훈련에 소요되는 비용을 연대해 부담하는 메커니즘도 협약 속에 마련되었다. 이 상호연대 방식의 감독은 하청공장들에 공통으로 적용되는 안전규범의 채택과 결합해, 노동자의 신체적 안전을 보장하기 위해 들어가는 비용은 경쟁의 범위에서 제외함으로써, 진짜로 공정경쟁을 감시하는 역할을 수행한다. 마지막으로 셋째, 협약은 원청기업과 하청기업 관계의 제3자에 대한 **연대책임**을 도입했다. 하청기업의 노동자가 사용자의 법인격이라는 칸막이를 뚫고 원청기업을 직접 상대할 수 있게 된 것이다. 반면에 원청기업은 협약의 이행과 관련된 사항에 대해서는 하청기업 노동자들의 노무관리에 개입할 수 있는 권리를 가지게 되었다.[14] ILO와 OECD만이 아니라 노동조합들도 이 협약을 모범사례로 평가했는데, 실제로 이 협약은 국제적 차원에서 하나의 모범이 될 만한 가치를 갖는다. 물론 이 협약의 지리적 범위(방글라데시 섬유산업)와 대상 사항의 범위(건물의 안전과 화재의 예방)는 매우 좁다. 그러나 이 협약의 규범적 구조는 프랑스 국내법이나 유럽연합법의 강행규정들이 갖고 있는 규범적 구조와 동일하다. 이 점은 의미심장하다.

사실 초국적 기업들의 주도권만이 주종관계를 법적으로 정의하는 것은 아니다. 프랑스 국내법에서도 오래전부터 기업 간의 종속관계가 나타났으며, 관련 법률이나 판례도 존재한다. 그리고 주종관계의 세 가지 특징과 함께 동일한 법적 구조도 발견된다. 즉 영주가 봉신을 감독하는 것, 영주가 봉신을 지원하는 것 그리고 봉신의 행위에 대해서 영주가 책임을 지는 것이 그것이다.

----

14 이 권리는 다음의 주제들과 관련해 인정된다. 안전 확보 작업을 하는 동안의 고용 보장, 작업 중지권, 집단적 대표권(협약에 의해 의무적으로 설치되는 위생안전위원회에 50% 참여할 권리), 이의제기권.

프랑스에서 원청기업은 불법노동의 방지를 **감독할 권한과 의무**를 부담하며, 프랑스의 법률은 하청기업의 사업자 등록 및 고용 현황 신고를 감독할 의무를 원청기업에 부과하고 있다.[15] 프랑스 판례도 에리카(Erika)호 사건에서 용선계약과 관련해 같은 종류의 의무를 인정한 바 있다. 우리는 거친 날씨에 대서양을 항해하기에는 부적합한 25년 된 유조선이 좌초하면서 초래한 이 생태적 재앙을 기억한다. 프랑스의 거대 석유회사인 토탈(Total)은 유조선의 소유자도 아니고 용선자도 아니기 때문에 민형사 책임이 없다고 주장했다. 운송계약은 토탈의 자회사가 체결했다. 그러나 토탈은 '통상적 주의의무'를 이행하지 않았다는 이유로 처벌되었다. 토탈 스스로 규정했던 기술적 통제에 근거해 토탈은 "유조선 에리카호에 승선하여, 석유 적재 및 하역 작업을 지켜보고, 저유 탱크를 감독하고, 운항일지를 열람할 권리를 확보했으며, 이러한 사정은 토탈이 자기의 하물만이 아니라 선박의 운항에 대해서도 감독할 수 있는 권한을 갖고 있었음을 보여준다"[16]고 할 것인데, 토탈은 그러한 감독권을 행사하지 않았다. 프랑스법은 엑슨발데즈(Exxon Valdez)호 원유 유출 사고 이후 미국이 도입했던 해법과 유사하다. 미국법은 운송 작업에 직간접으로 참여한 모든 자에게 책임을 물을 수 있도록 한다.[17] 따라서 용선자는 운송자가 작업하는 조건을 감독할 수밖에 없다.

영주기업은 봉신기업의 경제적 생존 가능성을 살펴 볼 의무가 있다. 이것이 곧 **배려의무**이다. 프랑스 상법전은 대형유통매장과 그 납품업체들의 관계에서 이 의무를 인정했다. 상법전에 의하면, "당사자들의 권리와 의무에 중대한 불

---

15 프랑스 노동법전, L.8222-1조. 원청기업은 하청기업이 노동자를 채용할 때 규정을 제대로 준수하는지 여부를 감독해야 한다.

16 프랑스 대법원 형사부, 2012.9.25., no.10-82938(Erika), *Revue de droit des transports*, 2012. 10., no.4, commentaire Martin Ndendé. 이에 대해서는 Ph. Delebecque, "L'arrêt 'Erika': un grand arrêt de droit pénal, de droit maritime ou de droit civil?," *Recueil Dalloz*, 2012, p.2711.

17 1990년 해양오염방지법(Oil Pollution Act)에 의하면 "선박을 소유하거나, 운항하거나 또는 용선하는 자는 누구든지" 선박으로 인해 발생한 오염에 대해서 책임이 있다.

균형을 초래하는 의무를 상사 상대방에게 부과하는 행위, 상사관계의 전면적 또는 부분적 단절을 무기로 가격이나 대금지급기한 또는 판매방식이나 매매계약상의 의무에 속하지 않는 사무에 관한 현격히 남용적인 조건을 강요하는 행위, 상업의 관행을 참고해 직업 간 협약으로 정하는 최소한의 예고기간을 준수하는 한편 상사관계의 기간을 고려하는 서면의 예고 없이 갑자기 기존의 상사관계를 비록 부분적으로라도 해지하는 행위"[18]는 금지된다. 판례는 탈법 고용과 관련해 봉신기업의 경제적 생존 가능성을 배려할 의무를 인정한 바 있다.[19] 좀 더 일반적인 차원에서, 원청기업이 하청기업에 정보를 제공할 의무 속에도 일종의 배려의무가 포함되어 있다.[20] 나아가 자회사의 폐업에 모회사의 수익성 증대를 위해 자회사의 고용을 희생시킨 것 외에 다른 이유가 없는 경우에는, 모회사가 자회사의 폐업에 따른 결과에 대해서 책임을 질 수도 있다.[21]

마지막으로 **연대책임**은 프랑스법과 유럽연합법에서 기업 네트워크를 규제하기 위해 한창 부각되고 있는 법기술이다. 이것은 영주기업이 봉신기업의 행위에 대해서 책임져야 한다는 것을 의미한다. 당연한 일이지만, 유럽사법재판소가 법인격이라는 장막의 제거를 인정한 것은 무엇보다 경쟁법의 준수를 강제하기 위한 것이었다.[22] 재판소는 유럽연합법의 관점에서 볼 때 "경제 활동을 영위하고 있는 단위는 법적 지위 및 재정 확보 방식과 무관하게" 하나의 기업으로 간주되어야 한다는 점을 상기하면서, "이러한 맥락에서 볼 때 기업의 개

18   프랑스 상법전, L.442-6-I. 이에 대해서는 R. Libchaber, "Relation commerciale établie et qua-si-contrat," *Répertoire du notariat Defrénois*, 2010, 1, p.114.

19   프랑스 대법원 형사부, 1997.3.11., no.95-82009(SCA La Moutonnade).

20   프랑스 노동법전, L.2323-16조.

21   이 결론은 프랑스 대법원 사회부, 2011.2.1., F-P+B, no.10-30045, 10-30046, 10-30047, 10-30048(Goodyear Dunlop) 판결에서 도출된다. 반면에 프랑스 대법원 상사부는 이 문제에 훨씬 더 소극적이다. 상사부는 모회사가 자회사의 파산에 기여한 부분이 있다고 할지라도 모회사에게 그 책임을 확대하는 것을 피하기 위해 법인격이라는 철의 장막을 걷어 내려고 하지 않는 경향이 있다(상사부, 2012.7.3., no.11-18026, Sodimédical 판결, *Recueil Dalloz*, 2012, p.2212, observation Reinhard Dammann & Samuel François).

22   유럽사법재판소, 2009.9.10., C-97/08(Akzo Nobel).

넘은 하나의 경제활동단위를 가리키는 것으로 이해되어야 하며, 설령 법적인 관점에서 이 경제활동단위가 복수의 자연인 또는 법인으로 구성되어 있다 하더라도 마찬가지다"라고 판결했다. 재판소에 따르면, 이 경제활동단위가 경쟁법을 위반하는 경우에는 "**개인책임**의 원칙에 따라 해당 경제활동단위가 법 위반에 대한 책임을 져야 한다". 그러나 기업을 구성하는 회사들의 법인격을 초월하는 "경제활동단위"가 기업이라고 한다면, 누가 법 위반에 대해서 개인적으로 책임을 져야 하는가? 재판소는 주저하지 않고 모회사가 책임져야 한다고 말한다. "비록 자회사가 구별되는 법인격을 갖고 있다고 하더라도 시장에서의 행동을 자율적으로 결정하는 것이 아니라 핵심적인 사항에 대해서는 모회사의 지시를 적용하는 것에 지나지 않은 경우에는, 이 두 법률적 단위를 결합하는 경제적, 조직적, 법률적 관계에 비추어볼 때 자회사의 행동은 모회사의 책임으로 귀속된다." 재판소에 따르면 이러한 상황에서 "모회사와 자회사는 하나의 동일한 경제활동단위를 구성하며, 따라서 하나의 단일한 기업을 구성한다". 그러므로 "모회사가 법 위반에 개인적으로 관여했다는 사실을 입증할 필요 없이" 모회사를 벌금에 처하는 것이 가능하다. 이 판례는 권력이 실제로 행사되는 곳에 책임을 묻기 위해 서로 다른 법인격들의 장막을 제거할 수 있는 법리를 제시했다는 점에서 매우 흥미롭다.

노동법에서는 무엇보다 탈법 고용을 근절하기 위해 유사한 해법이 도입되었다. 즉 간접적으로 탈법 고용을 이용한 자는 모두 세금과 사회보험료 및 임금의 지급과 관련해 연대책임을 진다. 하청관계를 예로 들면, 원청기업과 하청기업이 연대해 책임을 진다.[23] 좀 더 일반적으로, 프랑스 노동법에서 연대책임은 공동사용자 개념에서 비롯된다. 이것은 자회사의 노동자들이 법인격의 장막을 걷어 내고 지배기업인 모회사에게 책임을 물을 수 있도록 하기 위해 프랑스 대법원 사회부가 이용하는 개념이다.[24]

....

23   프랑스 노동법전, L.8222-5조.
24   프랑스 대법원 사회부, 2011.1.18., FS-P+B+R, no.09-69199(Jungheinrich finance holding c/ Delimoges). 이에 대해서는 Charley Hannoun et Sophie Schiller, "Quel devoir de vigilance

영국에서도 자회사 노동자들의 건강 및 안전과 관련해 판례가 최근에 모회사의 연대책임을 인정했다. 영국 법원이 자회사 노동자들의 건강과 안전에 대해서 모회사의 연대책임을 인정한 법리는 매우 명쾌하다.[25] 영국 법원은 모회사가 자회사에 대해서 지배권을 행사하고 있다는 사실로부터 연대책임을 인정한 것이 아니라, 자회사가 관리하는 노동조건의 위험성을 모회사가 잘 알고 있었거나 잘 알고 있었어야 한다는 사실로부터 연대책임의 근거를 도출했다. 영국 법원에 따르면, "모회사는 자회사와 자회사의 노동자들이 모회사가 갖고 있는 우월적 지식을 이용해 자신들을 보호해주기를 기대한다는 사실을 알고 있었거나 혹은 알고 있었어야 한다". 그러므로 여기에서 영주가 부담하는 보호의무는 봉신과 봉신의 노동자들을 가리지 않는다. 요컨대 이 보호의무는 모회사가 자회사의 일에 개입한 결과가 아니라, 개입의 원인이다. 즉, 자회사와 자회사의 노동자들을 보호하기 위해 모회사의 개입이 필요하다는 관점이다.

유럽연합 차원에서는, 노무의 제공을 위해 국경을 넘어 파견된 노동자들의 보호를 강화하기 위해 최근에 연대책임이 도입되었다. 유럽연합 역내 노동자 파견 제도는 각 나라의 사회법을 경쟁에 붙이는 정책에서 핵심을 차지하는 것으로서, 볼케스타인(Bolkestein) 지침 이래 유럽연합의 권력 기구들이 끊임없이 고무해온 정책이다. 이것은 숫자에 의한 협치의 처방에 따라 기업들로 하여금 공장을 해외로 이전할 필요 없이 입맛에 맞는 사회법을 쇼핑할 수 있도록 하는 것이다. 이러한 목적을 위해, 국내법보다 보호 수준이 더 낮은 외국법의 적용을 받는 노동자들을 외국 노무 공급 회사를 통해서 고용할 수 있도록 하는 지침이 1996년에 통과되었다.[26] 몇 가지 조건을 붙이긴 했지만 크게 강제력은 없었다. 그 결과 서로 다른 법제의 적용을 받는 노동자들이 동일한 영토에서 경

---

des sociétés mères et des sociétés donneuses d'ordre?," *Revue de droit du travail*, 2014, p.441; Frédéric Géa, "Pouvoir et responsabilité en droit du travail," in A. Supiot(dir.), *L'Entreprise dans un monde sans frontières, op. cit.*, pp.219~232.

25   Court of Appeal(Civil Division), EWCA CIV 525(2012), *Revue critique de droit international privé*, 2013, p.632, observation Horatia Muir-Watt.

26   역내 파견 노동자에 관한 1996년 12월 16일 지침 96/71/CE.

쟁을 벌이는 상황이 연출되었다. 속인주의 법적용 관행이 유럽연합법에 다시 등장한 것이다. 역내 파견 노동자를 쓰면 사회보험료를 줄일 수 있기 때문에 프랑스에서도 이러한 고용 형태가 급속히 증가했다. 관련 노동자의 공식적인 숫자는 2000년 7495명에서 2012년 16만 9613명으로 12년 만에 20배 이상 증가했다.[27] 유럽연합 회원국들은 가장 남용이 심한 사례들을 방지하는 데 합의했지만, 이 **저가** 노동자들의 수출로 일부 국가들이 향유하는 '경쟁우위'를 문제 삼지는 않았다.[28] 특히 노동력 수출 기업들은 수입 국가의 경쟁 기업들이 부담하는 사회보험료를 계속해서 내지 않는다. 그렇게 해서 2014년에 채택된 지침의 가장 중요한 내용은 노동자를 고용해서 사용기업에 파견하는 사람 장사꾼들이 임금을 지불하지 않을 위험에 대비해 노동자를 보호하려고 노력하는 것이다. 사용기업은 자기가 사용하는 역내 파견 노동자들의 임금 지급에 대해서 연대해 책임을 진다.[29] 이 연대책임은 건설 부문에서만 의무적으로 적용되지만, 회원국들은 좀 더 엄격한 규정을 마련할 수도 있고 다른 산업 부문을 포함시킬 수도 있다. 또 회원국들은 원청기업이 임금 체불 위험을 예방하기 위해 위험을 사전 예방하는 성격의 **주의감독의무**를 스스로에게 부과하는 제도를 도입할 수도 있다.[30] 이렇게 외부의 규칙을 기업 안으로 내부화하는 메커니즘은 빠르게 확산되고 있는데, 이른바 '자율준수 프로그램(compliance programs)'과 관련해 볼 수 있는 바와 같다.

연대책임은 **환경법**에서도 도입되었다. 자회사의 폐업에 모회사가 과실 있는 방식으로 기여하고, 그 결과 자회사가 공장 부지를 원래의 상태대로 복원하는 조치를 재정적으로 감당할 수 없게 된 경우, 모회사는 연대해 책임을 진다. 연

27 하도급관계에서 발주자와 원청기업의 책임을 강화하고 사회적 덤핑 및 불공정 경쟁을 방지하기 위한 법률안에 관한 사바리(Savary) 보고서, *Travaux Assemblée nationale*, Rapport no.1785(2014), p.22.

28 Étienne Pataut, "Détachement et fraude à la loi. Retour sur le détachement de travailleurs salariés en Europe," *Revue de droit du travail*, 2014, p.23.

29 2014년 5월 15일 지침 2014/67/UE, 제12조.

30 위 지침 제12.5조.

대책임은 모회사만이 아니라, 모회사를 자회사나 손자회사로 두는 모회사로 확대될 수 있다.[31]

프랑스 민법 채권편 개정안, 이른바 카탈라(Catala) 법안은 "타인의 직업 활동을 규제하거나 조직하고 이로부터 경제적 이익을 취하는 자는 타인이 직업 활동을 영위하면서 초래한 손해에 대해서 책임을 진다"라고 규정하면서, 연대 책임의 범위를 일반화할 것을 제안했다. "종속적 상황에 있는 직업인의 경제 활동 또는 재산 활동을 지배하는 자"에 대해서도 비슷한 규정이 제안되었는데, 이 직업인이 "비록 자기의 고유한 계산으로 행위하는 자라 하더라도 손해의 발생이 지배권의 행사와 관련이 있음을 피해자가 입증하는 경우"에는 지배권을 행사하는 자도 책임을 진다.[32] 이 야심찬 개정안이 채택되었더라면 경제 활동을 지배하고 그것으로부터 이익을 얻는 자에게 경제 활동으로 인한 피해의 책임을 지게 함으로써 "이익이 있는 곳에는 책임도 있어야 한다"라는 경구에 법적 근거를 부여할 수 있었을 것이다. 이 개정안이 채택되었더라면 예를 들어 라나 플라자 참사에 프랑스 기업들이 연루되는 상황은 예방할 수 있었을 것이다. 프랑스기업운동(MEDEF)의 집중포화로 이 개정안은 의사일정에서 사라졌으며,[33] 2012년 10월에 샹셀르리(Chancellerie)가 작성한 민법 개정안에서는 어디에서도 카탈라 개정안의 흔적을 찾아볼 수 없었다. 사라졌던 아이디어는 2013년, 라나 플라자 이후의 맥락에서 다시 등장했다. 이번에는 모회사와 원청기업의 주의의무를 도입하는 것을 목적으로 하는 입법안이었다.[34] 그러나 의회는 이 입법안의 본질적인 내용을 재빨리 제거해버렸다.[35]

....

31 프랑스 환경법전, L.512-17조.

32 Avant-projet Catala de réforme du droit des obligations(Articles 1101 à 1386 du Code civil), Rapport au Garde des Sceaux, 2005. 9. 22., 제1360조 개정안.

33 프랑스에 있는 기업들의 해외 이전 위협에 대해서는 Rapport d'information no.558 de MM. Anziani et Béteille, *Travaux parlementaires*, Sénat, 2008-2009, p.64 이하.

34 Assemblée nationale, Proposition no.1524 relative au devoir de vigilance des sociétés mères et des entreprises donneuses d'ordre, 2013.11.6.(http://www.assemblee-nationale. fr/14/propositions/pion1524.asp).

35 법안은 임금체불의 경우에 원청기업의 연대책임을 규정했는데, 의회는 이것이 과도하다고

제국적 국가와 초국적 기업의 주종관계

　2014년에 BNP 파리바 은행이 미국의 사법 절차를 피하기 위해 100억 달러를 납부하기로 한 사건은 지난 20여 년 동안 미국에서 확산되어왔던 관행에 프랑스 언론들이 주목하는 계기가 되었다. 그것은 이른바 '자율준수 프로그램'이라는 것인데, 부정부패나 탈세 또는 미국 정부가 요주의 대상으로 지목한 나라들에 대한 금수 조치와 관련해 미국 법률을 위반했다고 의심되는 초국적 기업들에게 적용된다. 미국에는 해외에서 발생한 사실에 대해서 미국의 법률을 적용한다고 규정하고 있는 법령들이 있는데, 이 법령들은 그러한 사실들을 범죄로 취급한다. 예를 들어 쿠바에 대한 금수 조치를 규정하고 있는 헬스-버튼(Helms-Berton)법(1996)이나 이란에 대한 금수 조치를 규정하고 있는 다마토-케네디(D'Amato-Kennedy)법(1996)이 있다. 또 도드-프랭크(Dodd-Franck)법(2010)이 있는데, 이 법은 미국 연방대법원의 모리슨(Morrison) 판결[36]을 부정하면서, "비록 주식 거래가 미국 밖에서 이루어졌고 해외 투자자들만이 관련되어 있는 경우라고 할지라도 미국 내에서 위법 행위에 유의미하게 가담한 일체의 행위"를 처벌할 수 있는 권한을 미국 증권감독위원회(SEC)에 부여했다. 또 1998년에 개정된 해외부패방지법(FCPA)도 있다. 이 법은 미국 영토와 충분한 결합관계가 있는 모든 자를 대상으로 한다. 미국 증권시장에 상장되어 있거나[37] 또는 단

판단했다(Cf. Rapport Savary 및 Pataut, "Détachement et fraude à la loi. Retour sur le détachement de travailleurs salariés en Europe," *art. cit.*, p.80). 결국, 노동감독관이 하청기업의 법위반 사실을 원청기업에 통보했음에도 원청기업이 하청기업에 대해서 이를 질책하지 아니한 경우에만 원청기업의 책임이 인정되는 것으로 정리되었다(불공정 경쟁을 방지하기 위한 2014년 7월 10일 법률; 프랑스 노동법전, L.3245-2조).

36　Morrison v. National Australia Bank, 130 S. Ct. 2869(2010).

37　FCPA § 78dd1. "이 장의 781 섹션에 따라 등록된 범주의 증권을 발행하는 모든 자, 또는 이 장의 780(d) 섹션에 따라 보고서를 제출할 의무를 부담하는 자, 또는 이 발행인을 대표하는 모든 공무원, 경영진, 직원 또는 대표자 또는 이 발행인의 이름으로 행위하는 발행인의 모든 주주"에게 이 법이 적용된다.

지 달러로 쓰인 계약을 체결한 것만으로도 충분한 결합관계를 구성할 수 있다. 이 규정들은 또한 하나의 기업을 구성하는 서로 다른 회사들의 법인격을 관통할 수 있도록 하고 있다.[38]

자율준수 프로그램은 기업들이 사업을 하는 나라에서 법적 위험에 대비하기 위해서 자발적으로 실시하는 경우도 있다. 그리고 미국만 자율준수 프로그램을 강요하는 것은 아니다. 예를 들어 세계은행은 자기가 재정을 지원하는 사업 발주에서 부정부패의 의혹이 있는 기업을 배제하기 위해서 자율준수 프로그램을 활용했다.[39] 그러나 미국은 이러한 절차를 활용해 초국적 기업들로부터 미국의 법률을 따르는 결과를 얻어낼 수 있을 만큼 충분히 강한 힘을 가지고 있는 유일한 나라이다. 앙투안 가라퐁(Antoine Garapon)과 피에르 세르방슈라이버(Pierre Servan-Schreiber)가 이끈 최근의 주목할 만한 공동 연구는 지난 10여 년 동안 자율준수 프로그램이 괄목할 만한 정도로 확산되고 있음을 보여주었다.[40] 이 새로운 형태의 사법거래와 '유죄 인정(guilty plea)' 관행을 혼동하면 안 된다. 유죄 인정은 판사 앞에서 하는 것이지만, 자율준수 프로그램은 반대로 검찰과 의심기업 사이에 진행되는 양자 협상에 판사가 개입하지 못하도록 하는 역할을 수행한다. 이러한 종류의 협상은 1974년의 소송촉진법에서 규정하고 있는데, 소송촉진법에 따르면 검사는 피의자가 선행을 입증할 수 있도록 기소를 유예할 수 있다. 사실, 통상적인 대심절차를 벗어나 피의자에게 자백을 요구할 때에는 악행을 자백하라고 요구하는 것이다.

실제로는 다음과 같은 방식으로 일이 진행된다. 검찰은 어떤 기업이 미국법

38 미국의 해외부패방지법에 해당하는 영국의 부패방지법 UK Bribery Act(2010)에도 법인격의 장막을 걷어내는 규정이 있다.

39 Cf. Stefano Manacorda, "La dynamique des programmes de conformité des entreprises," in A. Supiot(dir.), *L'Entreprise dans un monde sans frontières, op. cit.*, ch.12; Antonio Fiorella (dir.), *Corporate Criminal Liability and Compliance Programs*, vol.1, *Liability 'ex crimine' of legal entities in member States* (Napoli, Jovene, 2012, 638 p).

40 Antoine Garapon et Pierre Servan-Schreiber(dir.), *Deals de justice. Le marché européen de l'obéissance mondialisée* (Paris: PUF, 2013, 199 p).

을 위반했다는 의심을 가질 만한 정보를 입수한다. 예를 들어 해당 기업이 쿠바와 거래를 했다든지, 사업을 따내기 위해서 외국 공무원을 매수했다든지, 미국 조세 당국을 속이고 탈세를 도왔다든지 하는 경우가 이에 해당한다. 검찰은 다양한 경로로 관련 정보를 입수할 수 있는데, 출처를 밝힐 의무는 없다. 예를 들면, 미국 서부 영화의 위대한 전통을 따라, 기업이 받게 될 처벌 수위에 비례해서 보상을 받을 수 있을 것이라는 유혹에 빠져 기업을 고발하는 제보자들로부터 정보를 입수할 수 있다. 또한, 당연히 예상할 수 있듯이, 국가안보국(NSA)으로부터 정보를 입수할 수도 있다. 국가안보국이 과도한 청력으로 포착한 다양한 정보를 필요한 경우 검찰에 알려주지 않을 이유는 없다. 이러한 의심들로 무장한 검찰은 해당 기업에게 다음의 세 가지 조건을 이행하지 않으면 미국 법정에 기소할 것이라고 알려준다.

첫 번째 조건: 최대한 자세하게 잘못을 자백할 것('사실진술'). 이것은 검찰이 작성한 조서를 승인하는 것이며, 기업은 나중에 진술의 내용을 반박하지 않겠다고 약속한다('입막음조항'). 미국의 사법 당국이 작성한 조서를 승인하는 것은 법적인 의미에서 유죄를 인정하는 것은 아니다. 왜냐하면 사법 절차의 틀 안에서 이루어진 행위가 아니라, 사법 절차를 진행하겠다는 위협 아래 이루어진 행위이기 때문이다. 승인은 일정한 사실관계를 확정하는 효과가 있으며, 기업은 나중에 검찰의 신임을 얻은 변호사 사무실을 통해 자기의 부담으로(이 말이 가지고 있는 모든 의미에서) 내부 조사를 진행할 때 승인 내용을 알려주어야 한다. 이처럼 기업은 조사관들이 보기에 완전히 투명하게 행동할 것을 약속하고, 조사관들은 한편으로는 취조하고 또 한편으로는 자신들에게 일을 맡긴 자를 변호하는 등 마치 사람들의 도덕과 양심을 안내하는 종교 지도자처럼 행동한다.[41] 인용된 사실과 관련이 있을 수 있는 모든 문서와 서신들을 샅샅이 뒤지는 조사에 드는 비용은 터무니없는 금액에 달할 수도 있는데(지멘스의 경우 10억 달러였다)[42], 여기에 다시 기업이 지불하기로 합의한 벌금이 추가된다.

---

41 이 정신분열증적 입장에 대해서는 P. Servan-Schreiber, "L'avocat, serviteur de deux maî-tres?," in A. Garapon et p.Servan-Schreiber, *Deals de justice*, *op. cit.*, p.101 이하.

두 번째 조건: 합의된 벌금을 납부할 것. 벌금의 액수는 몇 백만 달러 혹은 심지어 몇 십억 달러에 달하는데, 주로 외국 기업에 부과된다는 점에서 미국 재정 당국으로서는 상당한 재원이 된다.[43] 미국 정부는 또한 위법 행위에 가담한 자연인들에 대해서도 제재를 가하도록 요구할 수 있다. 위법 행위로 이득을 본 자들이 법인에 모든 책임을 전가하고 자기의 책임에서는 벗어나는 결과를 방지하기 위해서이다. 그래서 징계(해고) 및 형사처벌을 요구한다.

세 번째 조건: 미국법에 부합하는 자율준수 프로그램을 기업 내에서 실시할 것. 검찰의 신임을 얻은 독립된 감독관이 이를 감독한다. 자율준수 프로그램은 미국법의 적용을 용이하게 하기 위해 미국 사법 당국이 마련한 모델에 상응해야 한다.[44] 규범에 상응하는 **상태**를 가리키는 프랑스어 '부합(conformité)'과 달리, 영어의 '준수(compliance)'는 **규범화** 절차, 즉 기업의 경영을 프로그래밍하는 것을 가리킨다. 이것은 기업의 통상적인 운영이 미국 정부의 기대에 부합할 수 있도록 규범과 기업의 간격을 제거하는 것이다. 자발적인 준수 프로그램과 달리 미국 정부가 강제하는 프로그램은 협약 기간 내내(1년에서 4년까지) 독립된 감독관의 후견을 받는다. 감독관은 협약의 적용을 감독하고, 협약 위반 사항을 확인 및 고발하며, 임무를 마칠 때에는 기업이 위법 행위를 반복하지 않을 만큼 튼튼하고 믿을 만한 자율준수 프로그램을 갖추었음을 인증한다. 두 번째 특징은 자율준수를 미국법의 준수에만 연동한다는 점이다. 그런데 미국법의 준수는 기업이 영업하는 다른 나라의 법을 준수하는 것과 충돌을 일으킬 수 있다. 특히 투명성 의무의 경우가 그러한데, 예를 들어 프랑스 기업은 프랑스법이 비밀 유지 의무를 부과하고 있는 정보들을 미국 정부에 밝혀야 하는 상황이 생길 수 있다.

42 Olivier Boulon, "Une justice négociée," in A. Garapon et P. Servan-Schreiber, *Deals de justice, op. cit.*, p.74.

43 그 금액은 1억 3700만 달러(2010년에 Alcatel Lucent에 부과된 금액)에서 90억 달러(2014년 BNP Paribas 은행에 부과된 금액)까지 간다.

44 *Anti-bribery and Books & Records Provisions of the Foreign Corrupt Practices Act*, Title 15, Chapter 2B, § e의 규정들을 보라.

이렇게 해서 합의된 사항들은 '기소유예협약(deferred prosecution agreement)'에 기록하는데, 협약에 서명한 기업은 협약의 조항들을 준수하는 한 미국 사법절차를 피할 수 있다. 일단 기소가 개시되면 기업은 소송이 끝날 때까지 미국 시장에서 추방될 수 있는 만큼, 초국적 기업들이 기소의 위협에 저항하는 것은 사실상 불가능하다. 미국 시장에서 추방하는 제재는 라나 플라자 이후의 협약에서 규정하고 있는 추방 제재와 동일한 것이지만, 비교할 수 없을 정도로 우월한 효력을 갖고 있다. 초국적 기업들의 시장권력(market power)은 결코 어느 특정 산업에 국한되지 않고 영업하는 국가의 후견도 받지 않지만, 미국의 권력시장(power market)은 경제적 죽음을 무릅쓰지 않고서는 저항할 수 없는 절대권력으로 존재한다. 지금까지 어떤 초국적 기업도 그러한 위험을 무릅쓰지 않았으며, 모두 미국 검찰의 요구에 복종했다. 모든 초국적 기업들은 미국 정부에 충성의 맹세를 했으며, 이 주종관계의 법적 구조는 노동관계에서 혹은 원청기업과 하청기업 또는 납품업체 간의 관계에서 이미 확인했던 것과 유사하다.

결론

어떻게 빠져나올 것인가?

> "즉자적 소여의 가장 추상적 형태인 숫자를 도구로 삼는 수학적 형식
> 주의는 사유를 순수한 즉자성에 고정시킨다. 사실이 결정권을 쥐고,
> 인식은 사실의 반복에 머물며, 사유는 단순한 동어반복으로 환원된
> 다. 사유 체계가 기계적으로 존재에 의존할수록 사유는 더욱더 맹목
> 적으로 존재를 재생산하는 데 그치고 만다."
>
> ― 막스 호르크하이머와 테오도르 아도르노, 「계몽의 개념」[1]

"문명 속의 불안"은 프로이트가 이미 1929년 대공황 직후에 진단한 바 있거
니와 새로운 것이 아니다.[2] 하지만 제2차 세계대전 이후 오늘날에는 전례를 찾
아볼 수 없을 정도로 강도를 더해가고 있다. 법학은 정신분석학이 탐구하는 심
층에는 도달하지 못하지만, 그럼에도 불구하고 특정한 사회에서 진행되고 있
는 근본적 변화를 이해하고 그 사회에 영향을 미치는 고통들을 진단하는 데 기

---

1 In M. Horkheimer et Th. Adorno, *Dialektik der Aufklärung* (1944), 프랑스어판: *La Dialectique de la Raison, op. cit.*, p.43(번역은 필자가 수정).

2 "인간은 이제 자연의 힘을 이용해 마지막 한 명까지 서로 절멸시키는 것이 쉬운 일이 될 정도
로 자연력의 지배에서 너무 멀리까지 가버렸다. 자신이 느끼는 근심, 불행, 근원적 불안의 상
당 부분이 그것에서 비롯한다는 사실을 인간은 알고 있다."[Sigmund Freud, *Das Unbehagen
in der Kultur* (1930), 프랑스어판: *Malaise dans la culture* (Paris: PUF, 1995), p.89][한국어판:
지그문트 프로이트, 『문명 속의 불만』, 김석희 옮김(열린책들, 2004)].

여할 수 있다. 경제학 교리서는 이 불안감을 적자와 지표와 곡선에 두드려 맞춘다. 예를 들면, 사람들이 '반전'을 기대하는 실업률 곡선은 사실의 기하학적 표상과 사실 그 자체의 변화를 혼동한다.[3] 이러한 종류의 혼동은 공적인 일을 조직하고 운영하는 데서 땅을 지도로 대체하고 그렇게 해서 현실 감각을 상실한 채 허우적거리는 수치(數治)의 일반적 경향을 드러낸다. 현실을 추방하고 그 자리에 계량화된 표상으로 대체하는 것은 미국 경제학자 폴 크루그먼(Paul Krugman)이 정확하게 말했듯이 프랑스 공화국 지도층의 "지적 붕괴"로 귀결된다.[4] 이 지적 붕괴는 뇌의 퇴화 때문이 아니라, 제도적 퇴화에서 비롯된다. 우리는 그 원인과 양태를 장기간에 걸쳐 추적하고자 했다.

사람이 아니라 법에 의해 통치되는 나라를 꿈꾸었던 고대 그리스의 이상은 근대가 시작된 이후 새로운 형태를 띠었다. 즉 기계의 모델 위에 착상된 통치의 이상이 그것이다. 하나의 동일한 상상력이 과학과 기술의 변화 및 법과 제도의 변화를 이끌었다. 스스로에게 투명한 세계를 꿈꾸는 상상력이 그것이다. 이 투명한 세계를 이해하고 장악하는 순간 인간은 인간의 권력만이 아니라 물질적 필연성으로부터도 해방된 주권적 존재로 스스로를 천명할 수 있게 될 것이다. 고전 물리학과 2차 산업혁명 그리고 법치국가는 각자 나름의 방식으로 이 상상력에 최초의 근대적 형상을 부여하는 데 기여했다. 즉 보편적이고 추상적인 법률, 효과적으로 행위하고자 한다면 준수해야만 하는 법률에 의해 통치되는 세계라는 형상이 그것이다. 비인격 권력에 대한 이상은 제2차 세계대전 이후 새로운 형상을 띠었다. 사람들 사이의 의무를 정초하는 토대가 법률에서 숫자로 점점 대체된 것이다. 디지털 혁명에 의해 뒷받침되는 수치(數治)의 상

---

3   이에 대해서는 Jean-Pierre Dupuy, "La croissance vaut-elle d'être vécue?," *Le Monde Économie et entreprises*, 2014.2.4., p.12.

4   "올랑드 대통령이 유로존에서 두 번째로 큰 경제의 지도자가 되었을 때, 우리는 그가(신자유주의 경제 독트린에 맞서) 단호한 입장을 취할 것으로 기대했다. 그렇게 하는 대신 올랑드는 익숙한 굴종 속으로 떨어졌다. 그 굴종은 이제 지적 붕괴로 넘어가고 있다. 그리고 유럽은 여전히 두 번째 침체에 빠져 있다."(Paul Krugman, "Scandal in France," *The New York Times*, 2014.1.16).

상력은 타율이 없는 사회를 상상한다. 이 사회에서는 법률이 프로그램에, 규제가 규율에 자리를 양보한다. 법률을 효용 계산의 실행을 위한 도구적 기능으로 환원하는 소비에트 계획경제는 이러한 상상력을 현실에 적용한 최초의 계획경제체제였다. 이러한 변화는 사이버네틱스의 상상력과 함께 심화된다. 사이버네틱스의 상상력은 자연과 인간사회에 대한 네트워크적 관점을 관철시키고, 인간과 동물과 기계를 모두 상호 간의 호메오스타시스적(homeostatiques) 또는 항상성(恒常性)에 관한 커뮤니케이션 시스템으로 파악하면서 이들 사이의 차이점을 제거하고자 한다. 경제적 계산을 법의 관할 아래 자리매김했던 경제적 자유주의에서 법을 경제적 계산의 관할 아래 자리매김하는 극단적 자유주의로의 이행은 이 새로운 상상력에 조응한다. 시장 패러다임은 모든 인간 활동으로 확장되어 오늘날에는 전 지구적 차원에서 근본 규범의 자리를 차지하고 있다. 자본주의는 국경을 철폐하고, 국가를 종속시키며, 칼 폴라니가 세 가지 허구적 상품이라고 지적했던 자연과 노동과 화폐를 보호하는 규칙들을 해체하는, 무정부 자본주의로 변했다. 종교 전도의 근대적 등가물인 거대 언론들은 날마다 탈규제의 필요성을 설파한다. 그렇지만 이런 탈규제는 시스템의 붕괴로 귀결될 수밖에 없다. 자연과 노동과 화폐를 마치 상품처럼 취급하는 허구는 그것이 초래할 수 있는 파괴적 효과들을 제한하는 국내법의 틀 안에서만 유지될 수 있었기 때문이다.

한계의 의미를 상실한 모든 이데올로기와 마찬가지로 무정부 자본주의도 종국에는 재앙으로 귀결될 것이다. 재앙은 현실의 엄격함을 무시하는 정신적 표상들이 현실에 뒤쳐질 때 찾아온다. 2008년 금융시장의 붕괴는 이 재앙적 결말을 예감하게 해주었다. 비록 일부에서는 사회국가의 해체를 앞당기기 위해 이 위기를 근거로 이용하고자 고군분투했지만 진실을 감출 수는 없었다. 사회국가의 해체 그리고 민주주의 원칙을 무시한 채 개별적 효용 계산의 전면적 지배를 강제하는 것은 유례없는 폭력으로 귀결될 것이며, 폭력은 자연에 대한 초과착취가 초래하는 생태적 재앙과 결합할 것이다. 왜냐하면 국가가 사람들의 신체적, 경제적 안전과 정체성을 보증하는 역할을 더는 담당하지 않을 때, 사람들은 다른 곳에서, 종족이나 종교 또는 민족이나 범죄집단에 소속되는 것에서 보증을 구하고 자기보다 더 강한 자에게 충성을 맹세하는 것 외에 다른 출구가 없기 때문이다. 오늘날 주종관계의 네트워크는 합법적인 형태로든 불법적인 형태로든 모든 인간 활동의 영역으로 확산되고 있다. 이 네트워크 안에서 각자는 자기에게 의존하는 사람은 보호하고 자기가 의존하는 사람에게는 충성한다. 법의 지배를 천명하게 만든 것은 비인격적 권력에 대한 희구였으며, 숫자에 의한 협치는 비인격적 권력에 대한 희구를 급진적인 방식으로 밀고 나간 것이지만, 역설적으로 사람들 간의 예속관계가 지배하는 세상을 만들어내고 있다. 국가와 기업을 가리지 않고 무차별적으로 적용되는 수치(數治)는 실제로 공적인 것과 사적인 것의 구별을 알지 못한다. 그런데 법질서는 수직과 수평이 만나는 직각의 구조를 갖는다. 수직은 공적인 것의 차원으로서, 비계산에 속하는 일체의 것을 담당한다. 수평은 사적인 것의 차원으로서, 개별적 효용 계산들을 조정하는 장소로 착상될 수 있다. 이렇게 법의 타율성을 제거하는 것(법은 이제 규범 시장에서 경쟁하는 상품으로 취급된다), 그것은 공적인 것의 민간화 그리고 사적인 것의 공공화라는 이중의 현상을 초래한다. 이상의 묘사는 실정법에서 고스란히 나타나는 것이며, 그 자체로는 어떠한 가치판단도 담고 있지 않다. 다만, 숫자에 의한 협치의 지속 불가능성을 진단하고, 미래에 대한 우리의 표상에서 재앙의 전망이 혁명의 전망을 대신하는 이유를 이해하는 데 도움이 될 수 있을 것이다.

서양의 고유한 특징들 가운데 하나는 거대 이념에 대한 맹목적인 숭배이다. 율칙(律則)에 대한 숭배는 숫자에 대한 숭배만큼이나 치명적일 수 있다. 율칙의 지배를 구현하는 다양한 방식들 중에서 법이 갖는 고유한 기능은 율칙의 입법자 자신에게도 적용되는 해석의 시스템으로 율칙을 걸러냄으로써 율칙의 힘을 완화시키는 것이었다. 숫자에 대해서도 마찬가지여야 할 것이다. 수학은 인간이 부릴 수 있는 강력한 도구이다. 수학은 또한 신비로운 경험의 장소이다. 19세기 말 폴란드의 위대한 수학자 소피야 코발렙스카야(Sophie Kowalevski)는 친구에게 보낸 편지에서 이를 다음과 같이 기막히게 묘사했다. "내 삶에서 모든 것이 단조롭고 재미가 없다. 최근에는 수학보다 좋은 것이 없다. 내가 완전히 사라진 세계가 존재한다는 느낌이 얼마나 감미로운지 설명할 말이 없다. 비인격적 주제에 대해서만 말할 수 있다는 게 좋아."[5] 이러한 경험은 피타고라스 이래 사람들이 왜 숫자에 매혹되었는지 잘 보여주지만, 동시에 숫자에는 법을 계산에 종속시키는 위험이 존재한다는 것도 경고한다. 법을 계산에 종속시키는 대가는 과도하다. 인간이 뼈와 살로 되어 있다는 것을 고려하지 않기 때문이다. 숫자를 잘 사용한다는 것은 그러므로 척도의 의미를 전제한다. 법은 규범적 효력을 갖춘 숫자를 작성하고 해석할 때 대심(對審)의 원리를 존중하도록 함으로써 이 척도의 의미를 유지하거나 복원하는 데 기여할 수 있다.[6] 척도의 의미를 복원하기 위해서는 오늘날 많은 나라에서 금권정치를 일삼는 지배계급이 쥐고 있는 권력을 정치적으로 다시 문제 삼지 않을 수 없을 것이다. 이 지배계급들의 동기에는 전혀 신비로운 바가 없으며, 그들의 무절제한 탐욕과 파괴적 위력은 한 세기 반 전에 마르크스가 깨우쳐주었던 자본주의 비판에 온전히 현실성을 부여한다.

신자유주의 경제학의 독트린이 법학을 비롯해 모든 영역에서 차지하고 있는 도그마적 위상을 고려할 때, 이 신앙 체계에 대한 비판이 오늘날 공론장을 대신하고 있는 "사상의 시장"[7]에서 팔릴 가능성은 거의 없다고 할 것이다. 그럼에도 불구하고 미래를 숙고하고 진단에서 대안의 가능성으로 나아가는 데 이 비판이 쓸모가 없지는 않을 것이다. 그러기 위해서는 우선 목전에 직조되고 있는 봉건적 주종관계들의 구조를 해체하는 것부터 시작해야 한다. 왜냐하면 이 주종관계는 모두 숫자에 의한 협치의 지속 불가능성에 대응하기 위한 면역 반응이기 때문이다.

우리가 노동관계의 변화에 오랫동안 머물렀던 것도 그 때문이다. 산업 시대

5 Sophie Kowalevski, 인용은 Arvède Barine, "La rançon de la gloire. Sophie Kovalesky," in *Revue des Deux Mondes*, 1894.5.1., tome 123, p.379.

6 이 점에 대해서는 A. Supiot, *L'Esprit de Philadelphie, op. cit.*, ch.6 및 이 책 제9장 참조.

7 이 개념은 로널드 코스(Ronald Coase)의 것이다. 이에 대해서는 이 책 제7장 참조.

이후로 노동관계는 다른 통치 형태들을 낳는 모태인 것이다. 노동관계의 변화에 대한 분석을 통해서 우리는 주종관계의 현대적 형태를 구성하는 두 가지 요소를 확인할 수 있었다. 첫 번째 요소는 타인을 위해 자기를 총동원한다는 점이다. 테일러 시스템과 달리 이 총동원 시스템은 신체만이 아니라 정신도 대상으로 삼는다. 총동원 시스템의 노동 조직 양식은 명령에 대한 기계적 복종이 아니라 프로그래밍이다. 일정한 자율적 영역이 노동자에게 주어지는데, 노동자는 자기에게 할당된 목표를 달성하기 위해 이 자율성을 사용해야 한다. 종속 안의 자율은 노동자가 사용자의 눈에 투명해질 것을 함축한다. 사용자는 어느 때고 노동자의 '수행'을 측정하고 평가할 수 있어야 하는 것이다. 이처럼 목표는 성과를 측정하는 숫자 지표와 분리될 수 없다(지표는 타율적 방식으로 정의된다). '객관적 지표'에 구속된 노동자는 현실 세계의 경험으로부터 단절된 채 투기적 고리 속에 유폐된다. 노동자는 부정행위나 정신질환을 통해서만 유폐에서 빠져나올 수 있다. 주종관계의 두 번째 요소는 노동자가 기업 안에서나 해고된 뒤에도 시장의 수요에 '실시간으로' 적응할 수 있도록 사용자가 노동자의 경제적 능력 유지를 배려해야 할 의무를 진다는 점이다. 배려의무의 정도는 노동자의 법적 지위에 달려 있다. 정규직 관리자의 경우에는 배려의무의 정도가 최대한이지만, 비정규직 노동자의 경우에는 거의 없다. 지배기업과 피지배기업 또는 미국이라는 제국과 초국적 기업들 사이에서도 유사한 구조를 발견할 수 있다. 봉신적 주체들은 영주기업이나 절대권력을 위해 자기를 투명하게 동원하기를 약속하고, 영주기업이나 절대권력은 반대로 봉신적 주체들의 경제적 생존을 배려하기로 약속한다.

최근에 프랑스의 고용안정법에 대한 헌법재판소의 결정은 새롭게 도입된 노동자 보호 장치들을 포획해 거기에서 연대의 원칙을 제거해내는 전체주의적 시장의 능력을 보여준다.[8] 사용자도 협력해야 할 의무를 부담하는 이 고용안정 장치들은 사실 노동자의 고용이 아니라 노동자의 인격에 결합되어 있다. 그렇

8　이 책 제13장 참조.

게 해서 고용을 넘어 보장책이 유지될 수 있도록 하는 것이다. 이 장치들은 두 가지 서로 다른 형식을 취할 수 있다. 하나는 위험의 통계 계산에 근거하는 보험 방식이고, 또 하나는 시민연대에 근거해 위험을 상호 구제하는 공제(共濟) 방식이다. 보험회사들의 로비에 유리하게 내려진 헌법재판소의 결정은 미래에 어떤 내용의 제도적 논쟁이 핵심 사안이 될 것인지 분명히 보여준다. 즉 법질서 안에서 시장과 연대의 상대적 위상을 정의하는 일이 그것이다. 만약 이 책에서 제시하는 가설들이 맞는다면, 법률에 의한 통치로 되돌아갈 가능성은 별로 없으며 당분간 숫자에 의한 협치가 지속될 가능성이 더 높다. 주종관계가 사회관계의 일반적인 형식으로 재부상하는 현상은 아마도 앞으로 전개될 시대에서는 저항할 수 없는 하나의 경향일지도 모른다. 그러나 모든 법률관계와 마찬가지로 주종관계도 그 구속력을 보증하는 **제삼자**의 존재를 함축한다. 라나플라자 참사 이후 유럽의 기업들이 체결한 협약에서 ILO는 유럽의 원청기업들과 방글라데시의 하청기업들 사이에 마련된 법률적, 재정적 연대를 보증하는 역할을 수행했다. 프랑스 헌법재판소가 실손의료보험과 관련해 부과하는 장치에서는 기업 간의 연대가 제거되고, 그 대신 보험시장이 노동자들의 안전을 보증하는 유일한 존재이다.

오늘날 연대의 원칙은 시장이 법질서에 맞서 스스로를 완전히 관철시키고자 할 때 부딪히는 주된 장애물이다.[9] 탁월한 지성의 소유자 하이에크는, 비록 탁월하게 제한된 지성이기는 하지만, 이 점을 이해했으며 더할 나위 없이 분명한 어조로 이 점을 기술했다. 하이에크에 따르면, 연대는 "부족사회로부터 물려받은 본능"[10]이며, "카탈락시(catallaxie)"의 지배, 즉 "서로 다른 개별적 경제들이 시장에서 상호 조정하는 질서"[11]의 지배가 전 지구적 차원에서 실현될 수 있도록 이 본능을 버려야 한다. 하이에크는 말한다. "위대한 사회는 고유한 의미의 '연대'가 필요 없다. 즉 잘 알려진 목적에 모두가 결합하는 일에 관심이 없

9   Cf. A. Supiot(dir.), *La Solidarité. Enquête sur un principe juridique*, *op. cit.*

10   F. A. Hayek, *Le Mirage de la justice sociale*, *op. cit.*, p.134.

11   *Ibid.*, p.131.

다. 이 둘은 심지어 양립할 수 없다."[12] 전체주의적 시장의 기획에서는 사실 이 둘이 양립할 수 없는 것이 맞다. '인적자본'의 유동성을 추구하는 전체주의 시장의 기획은 연대의 특징인 인적 '동맹'의 모든 형태를 청산하고자 한다. 그러나 칼 폴라니의 분석을 좀 더 밀고 나가, 시장은 "유용하지만 자유사회의 부차적인 요소"[13]라는 점을 인정한다면, 사태는 달라진다. 이때 제기되는 문제는 시장을 사회 속에 다시 '박아 넣는 것', 인간의 삶을 경제로 환원하지 않는 것 그리고 경제를 시장으로 환원하지 않는 것이다. 사실 오늘날 자본주의가 취하고 있는 형태와 단절하는 것은 협력과 경쟁의 균형을 회복하기 위해서 반드시 필요한 조건이다. 이 균형은 노동의 인간화, 기업가 정신,[14] 상품과 서비스 시장의 원활한 작동 그리고 지구의 보호를 위해서 없어서는 안 될 균형이다.

사회국가는 이처럼 시장을 사회 속에 다시 박아 넣으려는 첫 번째 시도였다. 사회국가는 실제로 성공을 거두었지만, 그럼에도 불구하고 두 가지 취약점으로 고통을 받았다. 첫 번째 취약점 그리고 가장 명백한 취약점은 국민국가적 차원의 법체계에 근거하고 있다는 점이다. 오늘날 무역 국경의 철폐, 사회법과 조세법과 환경법의 전 세계적 경쟁, 그리고 사물이 아니라 기호를 대상으로 하는 모든 과업을 탈영토화시키는 디지털 혁명으로 인해 국민국가적 법질서는 흔들리고 있다. 두 번째 취약점 그리고 덜 주목되는 취약점은 공산주의 체제와 마찬가지로 사회국가도 노동을 정의롭게 조직하는 문제를 사회적 정의의 영역에서 배제했다는 점이다. 개인, 기업, 국가, 국제무역 등 모든 차원에서 노동은 과학적, 기술적 조직의 대상이라고 간주하는 데 일종의 합의가 형성되었다. 과거에는 그것이 테일러주의였다면, 오늘날에는 목표관리 경영과 숫자에 의한 협치가 그것이다. 그렇게 해서 노동의 인류학적 차원이 무시되었다. 인간의 활동과 협력을 주재하는 정신적 표상들을 삶의 한가운데 새겨 넣는 행위, 넓고 구체적인 의미로 이해되는 노동은 사회국가의 노동조직에서 제자리를 얻지 못

---

12 *Ibid.*, pp.133~134.

13 K. Polanyi, *La Grande Transformation, op. cit.*, p.302.

14 Cf. A. Supiot(dir.), *L'entreprise dans un monde sans frontières, op. cit.*

했다. 이는 이성의 제도화, 창조성, 그리고 우리가 살아가는 지구라는 환경을 존중하는 문제에서 파괴적인 결과들을 초래한다. 그러므로 지속 가능한 제도적 틀을 복원한다는 것은 한편으로는 한계의 의미, 다른 한편으로는 연대의 의미를 재발견한다는 것을 상정한다. 한계의 의미를 재발견한다는 것은 영토적 한계를 인식하는 것, 그리고 더 나아가 축적의 과도함 그리고 인간이 자연에 대해서 절대권력을 행사할 수 있다는 자만심에 대한 한계를 인식하는 것을 의미한다. 연대의 의미를 재발견한다는 것은 인간 공동체 내부의 연대 및 서로 다른 공동체들 간의 연대가 의미하는 바를 이해하는 것, 그리고 더 나아가 인간과 인간이 살아가는 환경 간의 생태적 연대가 의미하는 바를 인식하는 것을 의미한다.[15]

오늘날 법질서의 구조화에서 봉건적 주종관계가 재부상하고 있는 현상은 바로 이러한 맥락 속에서 분석되어야 한다. 주종관계의 재부상은 국가를 부패시키는 미생물이며, 세계의 많은 지역에서 이미 볼 수 있는 것처럼 정글의 법칙이 재등장하는 결과로 이어질 수 있다. 하지만 다른 한편으로는 국가의 역할을 다시 생각하는 계기가 될 수도 있다. 연대를 조직하는 독점적 지위를 상실한 국가는 이제 국민연대와 시민연대 그리고 주종관계의 네트워크 속에서 직조되고 있는 국제연대의 결합을 보증하는 보증인이 되어야 한다. 개별이익과 금융권력 또는 종교권력보다 일반이익 및 민주주의를 앞세울 수 있는 최종심급의 보증인이 되어야 한다. 이 길로 들어서는 첫걸음은 민주주의 원칙의 복원일 것이다. 유럽연합이 민주주의를 훼손하고 있는 정치적 영역에서만이 아니라, 경제적 영역에서도 민주주의 원칙은 복원되어야 한다. 노동하는 자들에게 자신들이 하는 노동의 목적과 의미를 장악할 수 있는 힘을 되돌려줌으로써.

....

15   Cf. A. Berque, *Poétique de la Terre. Histoire naturelle et histoire humaine. Essai de méso-logie* (Paris: Belin, 2014, 238 p). 같은 의미로 "우주인류학적 연대" 개념에 대해서 Anne Cheng, "Solidarités horizontales et verticales en Chine ancienne," in *La Solidarité. Enquête sur un principe juridique, op. cit.*, ch.7.

찾아보기

지은이

알랭 쉬피오(Alain Supiot)는 1979년에 프랑스 보르도대학교에서 법학박사 학위를 받았고, 1980년부터 푸와티에대학교와 낭트대학교 교수를 거쳐, 2012년에 콜레주 드 프랑스에서 법학 분야의 석좌교수로 선출되어 "사회국가와 세계화: 연대에 관한 법학적 분석"이라는 강좌를 맡고 있다. 2007년에는 낭트고등과학연구원을 설립하여 2013년까지 원장을 역임했다. 주요 저서로는 『노동법원론(Les juridictions du travail)』(1987), 『노동법비판(Critique du droit du travail)』(1994), 『고용을 넘어(Au-delà de l'emploi, Flammarion)』(1999), 『법률적 인간의 출현: 법의 인류학적 기능에 관한 시론(Homo juridicus. Essai sur la fonction anthropologique du Droit)』(2005), 『필라델피아 정신: 시장전체주의 비판과 사회정의 복원을 위하여(L'Esprit de Philadelphie. La justice sociale face au Marché total)』(2010) 등이 있다.

옮긴이

박제성은 서울대학교 법과대학을 거쳐 프랑스 낭트대학교에서 법학박사 학위를 받았고, 2006년부터 한국노동연구원에서 일하고 있다. 한국노동연구원에서 『기업집단과 노동법』(2006), 『사내하도급과 노동법』(2008), 『프랜차이즈 노동관계 연구』(2014) 등의 보고서를 펴냈고, 저서로는 『하청노동론: 근로계약의 도급계약화 현상에 대한 법학적 분석』(퍼플, 2018)이 있다. 알랭 쉬피오의 저서를 한국에 번역, 소개하는 일에 열심이며, 『프랑스노동법』(오래, 2011), 『법률적 인간의 출현』(글항아리, 2015), 『노동법비판』(오래, 2017), 『필라델피아정신』(매일노동뉴스, 2019)을 번역했다.

한울아카데미 2156

숫자에 의한 협치
콜레주 드 프랑스 강의(2012-2014)

지은이 ǀ 알랭 쉬피오
옮긴이 ǀ 박제성
펴낸이 ǀ 김종수
펴낸곳 ǀ 한울엠플러스(주)
편집책임 ǀ 조수임

초판 1쇄 인쇄 ǀ 2019년 5월 10일
초판 1쇄 발행 ǀ 2019년 5월 30일

주소 ǀ 10881 경기도 파주시 광인사길 153 한울시소빌딩 3층
전화 ǀ 031-955-0655
팩스 ǀ 031-955-0656
홈페이지 ǀ www.hanulmplus.kr
등록번호 ǀ 제406-2015-000143호

Printed in Korea.
ISBN   978-89-460-7156-8 93300(양장)
        978-89-460-6641-0 93300(무선)

* 책값은 겉표지에 표시되어 있습니다.
* 이 책은 강의를 위한 학생용 교재를 따로 준비했습니다.
  강의 교재로 사용하실 때에는 본사로 연락해주기 바랍니다.